Auf wieviele Ressourcen kann Ihr Anlageberater zurückgreifen?

Nehmen Sie mit uns Kontakt auf unter Telefon **+41 (0)1 228 29 90** oder **www.cspb.com**

Finanzberatung. It's time for an expert.

**Kapitalanlagen
Heinz Brestels Jahrbuch 2001**

ZKB Private Banking

**Was Tradition und Kontinuität Ihrem Vermögen in Zukunft bringen, zeigt sich in Zürich heute.
Willkommen bei ZKB Private Banking.**

Banken kokettieren gerne mit dem Alter und der Beständigkeit ihres Hauses. Als eines der ältesten Bankinstitute an der Zürcher Bahnhofstrasse darf dies die Zürcher Kantonalbank auch. Unsere Berater können auf die reiche Erfahrung einer 130-jährigen Schweizer Bank bauen. Und sie nutzen alle Erkenntnisse aus modernsten Analyse- und Research-Methoden, um Ihr Vermögen zu vermehren. Dank unserer Tradition und Kontinuität profitieren Sie auch von der ausgewiesenen Zuverlässigkeit der traditionsreichen Bank auf dem internationalen Finanzplatz Zürich. Wir freuen uns, Sie kennen zu lernen. Zürcher Kantonalbank, ZKB Private Banking, Bahnhofstrasse 9, CH-8010 Zürich, Telefon 0041 1 220 61 14.

Standard & Poor's bewertet die Zürcher Kantonalbank als einzige Schweizer Bank mit dem AAA-Rating, das für höchste Bonität steht.

www.zkb.com

Heinz Brestel

Kapitalanlagen
Heinz Brestels Jahrbuch 2001

Der Wegweiser zum Finanzerfolg

 Conzett Oesch Frankfurter Allgemeine Buch

Die Deutsche Bibliothek – CIP-Einheitsaufnahme
Ein Titeldatensatz für diese Publikation ist bei
Der Deutschen Bibliothek erhältlich

Frankfurter Allgemeine Zeitung
Verlagsbereich Buch
© Frankfurter Allgemeine Zeitung GmbH
60267 Frankfurt am Main

Conzett/Oesch Verlag
Jungholzstr. 28
CH-8050 Zürich

Hirt Institut AG
Winterthurerstr. 338
CH-8062 Zürich

Alle Rechte, auch die des auszugsweisen Nachdrucks, vorbehalten
Gestaltung: F.A.Z.-Marketing/Grafik
Herstellung: Druck & Beratung E. Schäfermeyer, Hanau
Erste Auflage 2001

Das Werk einschließlich aller seiner Teile ist urheberrechtlich geschützt. Jede Verwertung außerhalb der engen Grenzen des Urheberrechtsgesetzes ist ohne Zustimmung des Verlages unzulässig und strafbar. Das gilt insbesondere für Vervielfältigungen, Übersetzungen, Mikroverfilmungen und die Einspeisung und Verarbeitung in elektronischen Systemen.

ISBN 3-89843-017-0 Frankfurter Allgemeine Buch
ISBN 3-905267-70-5 Conzett/Oesch Verlag

Beat Caduff, Wineloftbesitzer, Zürich

Die besten Weine findet Beat Caduff nicht in Sauternes oder Bordeaux, sondern in Wordenbach, Pünderich und Hatzenport.

Mit uns können Sie über Geld reden.

 Dresdner Bank (Schweiz) AG
Private Banking

Dresdner Bank (Schweiz) AG, Utoquai 55, CH-8034 Zürich, Tel. 41 1 258 51 11

PRIMUS

Ein kompetenter Partner

In Aktien anlegen, ohne alle Risiken der Aktienmärkte zu tragen

Dank einer ausgewählten Produktepalette mit kalkulierbarem Risiko und optimalen Performancechancen helfen wir Ihnen:

- Unnötige Anlagerisiken zu vermeiden
- Ihre Altersvorsorge zu sichern
- Ihre Rendite auf regelmäßiger Basis zu optimieren
- Steuern zu sparen

Mehr Leistung für das gleiche Geld!

… und wenn Sie die Chance eines guten Ertrages verstärkt nützen möchten, prüfen Sie unsere darlehensfinanzierten Anlagegeschäfte

Haben wir Ihr Interesse geweckt?
Dann nehmen Sie mit unserem Verantwortlichen, Herrn Dr. Peter Riedi, Kontakt auf.

Primus Finanz- und Wirtschafts-Beratung A
Via San Gottardo 10 - CH-6900 Lugano
Tel: 0041/91/911.88.50 - Fax: 0041/91/911.88.52
E-mail : primus.finanz@ticino.com

Kapitelübersicht

An den Leser 17

Kapitel I: Der Trend 21

Kapitel II: Das neue Geld 57

Kapitel III: Die Börsen 2001 83

Kapitel IV: Geldwertes 195

Kapitel V: Sachwerte 231

Kapitel VI: Von der Liebhaberei zum Vermögen 271

Kapitel VII: Aus der Praxis im Umgang mit Geld 293

Porträts der Inserenten 331

Das triste Ende einer Epoche

»Die Börse ist ein ansehnliches Gebäude in Handelsstädten, wo die Kaufleute meist gegen Mittag zusammenkommen, um über alles, was Handlung und ihre Geschäfte betrifft, Unterhandlungen zu pflegen und Wechsel, Geld und Wertpapiere zu tauschen. Der Name Börse soll von einer adligen Familie aus Flandern stammen«: So ist es im vergilbten »Konversationslexikon von F.A. Brockhaus, Leipzig 1824« nachzulesen. Damals standen schon die Börsen in Amsterdam, London und Paris in voller Blüte. In Frankfurt wurden hauptsächlich Staatsanleihen gehandelt, die Wall Street in Amerika war klein und weit weg.

Erst in der zweiten Hälfte des 19. Jahrhunderts wurde die Börse auch in Deutschland zum Symbol und zum Kapitalbeschaffer der damaligen Gründerzeit. Jetzt erleben wir wieder wilde Gründerjahre in einer neuen technischen Revolution, in der nun die Börsen selbst in ihrer herkömmlichen Art mit wegrationalisiert werden. In Frankfurt ist im Jahre 2000 das triste Ende einer Epoche mit dem Umzug der Börse aus ihrem klassischen Geldpalast des 19. Jahrhunderts in einen farblosen Vorort der Mainmetropole vollzogen worden, der den sinnigen Namen »Hausen« trägt. Dort sitzen jetzt hunderte von Angestellten – meist mit verkniffenen Gesichtern – vor den Bildschirmen und drücken auf die Tasten. Die elektronische Börse haust wortwörtlich in Hausen.

Wer noch ahnen will, was mal eine Börse war, der schaue sich im Pariser »Musee d'Orsay« Degas' Gemälde an, mit dem der Geist der alten Börse eingefangen worden war. Menschen in einer geschlossenen Gesellschaft tauschten Wertpapiere noch physisch aus. Börsianer vermochten Humor mit Witz zu verbinden: Humor pflegte über die Widrigkeiten des Tages hinwegzuhelfen. Witze endeten mit treffsicheren Pointen auf dem Parkett. Marlene Dietrich könnte heute klagen: »Sag mir wo die Börse steht? Wo ist sie geblieben?«

Edgar Degas: A la Bourse, 1878/1879, Öl, Paris, Musee d'Orsay

Ich liebe es mit Farben zu experimentieren. Mit meinem Vermögen hingegen mache ich keine Experimente. Deshalb vertraue ich FONDVEST. Die Berater von FONDVEST nehmen sich Zeit für mich. Sie beraten mich individuell, unabhängig und neutral. Meinen Anlagezielen entsprechend erstellen sie mir ein massgeschneidertes Fondsportfolio. Als aktiver FONDINVESTOR kann ich so einfach ein wenig mehr Farbe in mein Leben bringen.

FONDVEST AG, Birmensdorferstrasse 94, CH-8036 Zürich, Telefon +41-1-575 50 00
Fax +41-1-575 50 09, E-Mail: info@fondvest.ch, www.fondvest.ch

Inhaltsverzeichnis

An den Leser 17

Kapitel I
Der Trend 21

Zehn Thesen zum Anlagejahr 2001 22
Im Zeitalter der Macher 25
Die große Illusion 36
Düstere Steuerperspektiven 40
Anlagestrategie 2001: Schöpferische Pause 43
Der Devisentrend 50

Kapitel II
Das neue Geld 57

Europa: »Vorwärts in den Dschungel« 59
Der Bargeldtausch – das große Abenteuer 66
Streiflicht: Wenigstens vor der Börse rollte schon der Euro 75
Euro-Extremismus 77
Die EZB verdient am Wertverlust des Euros 78
Zinsvergleich Ende 1999 bis Ende 2000 81

Kapitel III
Die Börsen 2001 83

Das Euro-Trendbarometer 2001: Deutliche Warnsignale 85
Die Philosophie des Wertedenkens:
   Renaissance des Value Investing 92
Weltbörsen-Panorama 2001 99
   Teil I: Europa-Börsen 100
      Die Dax-Werte 113
      Der Neue Markt 135

Wir sind eine kleine Nummer

die Nr. 1

Für Investoren,

die den Erfolg,

absolute Diskretion

und Flexibilität suchen.

Wir sind der Schweizer

Partner für Ihr Vermögen.

KRATTIGER, HOLZER & PARTNER
Vermögensverwaltungs AG

Rosenstrasse 25, CH–4410 Liestal, Schweiz
Tel. +41 61 926 85 85, www.khp.ch

Teil II: Wall Street 147
Teil III: London 156
Teil IV: Zürich 160
Teil V: Tokio 166
Investmentsparen:
   Stiefkind: Die Publizität 172
Mit Funds-of-Funds den Index schlagen? 182
Mit Fußball-Aktien Börsentore schießen? 191

Kapitel IV
Geldwertes 195

Bankgeheimnis – Geldwäsche – Steuerflucht:
   Die Geheimnisse des Bankgeheimnisses 197
   Schweiz: Das Land steht zum Bankgeheimnis 198
   Was bleibt von der Schweiz, wenn es »die Schweiz« nicht mehr gäbe? 203
   Lichtenstein: Vaduz jetzt »gleichgeschaltet« mit der Schweiz 209
   Luxemburg: Wer geht noch nach Luxemburg? 212
   Österreich: Wenn die »Anonymen« verschwinden,
   bleibt die Anonymität erhalten 215
   Monaco: Das Fürstentum Monaco läßt sich nicht boykottieren 217
   Deutschland: Ein Schattenbankensystem entsteht 219
Notizen aus dem deutschen Geldalltag 221
Zoll für Bankberatung 226
Zum Pflicht-Vorsorgesparen könnte auch Gold gehören 228

Kapitel V
Sachwerte 231

Der Grundstücksmarkt:
   Im ewigen Spannungsfeld zwischen Angebot und Nachfrage 233
Grundstücksmarkt Deutschland:
   Grundbesitz: Die Milchkuh der Nation 238
   Die Eigenheimfinanzierung – ein Abenteuer? 245

WEGELIN & CO. PRIVATBANKIERS

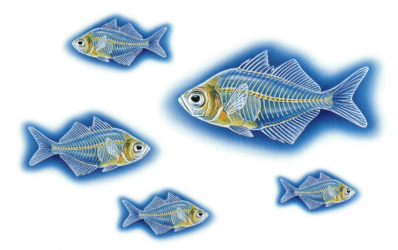

VERMÖGENSVERWALTUNG VOM BODENSEE BIS ZUM LAGO DI LUGANO.

Wir sind die Privatbank, die sich auf das konzentriert, was sie am besten kann: Langfristige Vermögensberatung, ausgerichtet auf die individuellen Bedürfnisse unserer Kundschaft. Seit 1741 für die ganze Schweiz. Und heute mit drei Standorten, in St. Gallen, Zürich und Lugano.

9004 St. Gallen, Bohl 17, Telefon 071 242 64 64, Fax 071 242 64 65, wegelin@wegelin.ch
8022 Zürich, Fraumünsterstrasse 29, Telefon 01 218 13 13, Fax 01 218 13 14, wegelin@zh.wegelin.ch
6901 Lugano, Via S. Balestra 8, Telefon 091 912 11 11, Fax 091 912 11 12, wegelin@ti.wegelin.ch
www.wegelin.ch

Grundstücksmarkt Schweiz:
    Knapp sind die teuersten Wohnungen 252
Aus der Maklerperspektive 257
Edelmetall-Trend:
    »1000 Dollar für die Unze Feingold 2020?« 262
    Silber, Platin und Palladium 267

Kapitel VI
Von der Liebhaberei zum Vermögen 271

Kunstmärkte:
    Jäger – Sammler – Kapitalanleger 273
    Dividende von Herrn Goethe 281
Robben – Pelze – Diamanten:
    Der Brillant in der Ethik-Falle 282
Briefmarken:
    Die Stunde Null auf dem Sammlermarkt 287

Kapitel VII
Aus der Praxis im Umgang mit Geld 293

Gedanken zum richtigen Umgang mit Geld 295
Wieviel Geld braucht der Mensch zum Glücklichsein? 298
Neid ist der große Wohlstandskiller 305
Das Ende aller Sicherheit:
    Die Auswirkungen einer alternden Bevölkerung 315
Zu guter Letzt:
    Die Rothschilds 323

Porträts der Inserenten 331

Wie persönlich ist Ihre Privat Bank?

Bank Hofmann ist ein renommiertes Institut mittlerer Grösse, das alle Dienstleistungen anbietet, die unter den Begriff Private Banking fallen, und die anspruchsvolle Anleger von einer schweizerischen Privatbank erwarten. Das Dienstleistungsangebot erstreckt sich von Anlageberatung und Vermögensverwaltung über Wertschriften-, Derivat- und Devisenhandel bis hin zu ausgewählten Bereichen des privaten und kommerziellen Kreditgeschäftes.

Haben Sie weitere Fragen, die die Vorteile der Bank Hofmann-Dienstleistungen betreffen? Rufen Sie uns jederzeit an, wir freuen uns über Ihren Anruf:
Private Banking: Egidio Parigi, Tel. +41 1 217 51 11, Fax +41 1 211 73 68
Trust und Vermögensplanung: Philipp Novak, Tel. +41 1 211 42 60, Fax +41 1 211 42 62

Höchst Persönlich

BANK HOFMANN

Bank Hofmann AG
Talstrasse 27
CH-8022 Zürich, Schweiz
Internet www.hofmann.ch
E-mail bank@hofmann.ch

Bank Hofmann AG
1, rue de la Rôtisserie
CH-1211 Genève, Suisse

Hofmann Trust AG
Talstrasse 37
CH-8022 Zürich, Schweiz

Ein Unternehmen der CREDIT SUISSE GROUP

An den Leser

Das Tagblatt-Verzetteln tut großen Schaden. Es hält nur von sinnvoller Beschäftigung ab, gibt auch dem Unwichtigen eine aufgeregte Stimme und mehrt den Parteigeist. Vieles steht in der Zeitung, von dem niemand etwas wissen will. Durch die Kenntnis dessen, was der Tag bringt, wird man nicht klüger.

Goethe zu Eckermann, 1830

170 Jahre sind vergangen seit Goethes vernichtendem Urteil über die damaligen »Tagesgazetten«. Der Dichter hat freilich den Strom der Zeit nicht zu stoppen vermocht. Goethe würde sich im Grab umdrehen, wenn er sehen könnte, wie heute die Menschen rund um die Uhr berieselt werden mit Radio, Fernsehen und Internet. Wegwerfware. Vieles, was wir täglich aufnehmen, ist – wie vor 200 Jahren – »eigentlich gar nicht zu gebrauchen«. Anderes aber vermissen wir, vor allem ernsthafte Diskussionen, anstelle von Talksschauen, die nur an der Oberfläche plätschern. Der Philosoph Hans Blumenberg fahndete im abgelaufenen Jahrhundert nach der »Lesbarkeit der Welt«. In nächster Zukunft wird die wohl noch schwerer zu finden sein. Die technische Vernetzung von Informationen feiert Triumphe. Aber das nutzt uns wenig, wenn wir keine Zeit mehr finden, das Gehörte, das Gesehene und das Gelesene in uns aufzunehmen und zu einem verläßlichen Weltbild zu vereinigen. Vor 100 Jahren hat der Schriftsteller Marcel Proust seinen berühmten Roman »Auf der Suche nach der verlorenen Zeit« geschrieben. Heute müßte man Proust ergänzen. »Wir sind auf der Suche nach der verlorenen Glaubwürdigkeit«.

Werbespezialisten belehren uns: »Messages dürfen nicht länger als ein paar Sekunden hörbar, sehbar oder auch lesbar sein. Sonst kommt nichts mehr an«. Die Aufnahmefähigkeit des modernen Menschen ist – und da liegt ein Stück Wahrheit unserer Werbestrategen drin – längst erreicht, ja wohl schon überschritten. Bis ins Unterbewußtsein hinein geht es heute bei der Menschheit chaotisch zu, behaupten Psychologen. Wir leben in einer Art »Häppchen-Zeitalter«, von Massenmedien zelebriert, die uns das Lesen, Schreiben und Sehen angeblich leichter machen wollen. Immer weniger Ansprüche werden an die Empfänger von Werbebotschaften und von Verkaufsempfehlungen aller Art gestellt. Nur schnell und nur kurz. Zeit ist Geld. Die umstrittene deutsche Rechtschreibreform war letztlich auch als ein Entgegenkommen gegenüber angeblich gestreßten Schulkindern gedacht. Man darf den Menschen nicht zu viel zumuten. Typisch ist, daß heute oft Magazine, die sich wissenschaftlich geben, nur Beiträge bringen, die eine Druckseite nicht überschreiten.

Vor dem Leser liegt nun, im Kontrast zu der gefälligen Gegenwartsliteratur, die ewige Hausse, und das schnelle Reichwerden verspricht ein ganz normaler Ratgeber für den Kapitalanleger, geschrieben in der Absicht, Menschen anzusprechen, die sich noch Zeit zum Lesen und Denken nehmen. Wir bieten mit unserem Jahrbuch gleichsam Häppchen-Verkäufern die Stirn. Wir wollen mit jedem der Beiträge zum Nachdenken anregen, was im weitesten Sinne des Wortes geldwert sein sollte. Geld ist die altmodischste Sache der Welt und zugleich die Aktuellste. Geld muß verdient werden. Man muß dann aber auch verstehen, es zu erhalten und sinnvoll zu vermehren. Wenn man so will, ist dieses Jahrbuch eine Art Auffangorgan für Geldgedanken. Der Leser wird vieles finden, was ihn interessiert, zuweilen auch amüsiert, die klassische Mischung, wie man sie früher auf dem Börsenparkett pflegte.

Nehmen wir die Börse: Wer sich auf diese Bühne begibt, braucht Witterung – wie das Wild im Walde, das Gefahren riecht aber auch ständig nach Chancen suchen wird, das beste Futter zu finden. Einfach mit der Herde mitlaufen ist riskant, wie sich im abgelaufenen Jahr sehr eindrucksvoll an den Neuen Märkten gezeigt hat. Dort herrschte zeitweilig Euphorie. Per Saldo haben wenige reichlich verdient, viele verloren. Über den Tag hinausdenken ist der Weisheit letzter Schluß auch am Kapitalmarkt. Was für Wertpapiere gut ist, ist auch für alle anderen Kapitalanlagen gleichermaßen nützlich. In diesem Sinne glauben wir, daß das neue Jahrbuch wieder eine Pfadfinderfunktion haben kann, eine Art Kompaß, der – wenn man ihn zu gebrauchen versteht – nützlich sein wird.

Mit dem Jahrgang 2001 präsentiert sich dieses Buch äußerlich in einem neuen Gewande. »Nach innen« haben wir einen geistigen Quantensprung ins Sparen des 21. Jahrhunderts getan. Um dieses Buch zu gestalten, bemüht sich jetzt eine »Dreier- Koalition«: Die Frankfurter Allgemeine Zeitung mit ihrem breiten Leserkreis im In- und Ausland, der schweizerische Oesch-Verlag in Zürich, der eine anspruchsvolle Lesergemeinde im ganzen deutschsprachigen Raum betreut, und schließlich auch wieder das Hirt Institut in Zürich. Es gibt seit mehr als zwei Jahrzehnten den Fernkurs »Der richtige Umgang mit Geld« heraus, der inzwischen einer ganzen Generation von Sparern Anlagehilfe geleistet hat. Der Autor der »Geldschule« ist zugleich der Herausgeber dieses Jahrbuches und vom Finanzplatz Zürich aus Finanzkolumnist der F.A.Z. Ein wohl einmaliger Dreiklang der Zusammenarbeit in der einschlägigen Geldliteratur.

Wir danken an dieser Stelle wieder allen Mitarbeitern aus allen fünf Erdteilen, die selbst nichts anderes zu verkaufen haben als ihr Wissen und ihre Erfahrung. Den umfangreichen Börsenteil hat wieder Christine Nowschak betreut, und aus New York hat uns wieder Michael Keppler einen nachdenklichen Beitrag geschickt.

Hermann Hesse, der wieder viel Gelesene, hat vor Jahrzehnten geschrieben, daß Lesen nur den einen Wert habe, nämlich »zum Leben zu führen«. Dann würde Lesen auch etwas nützen. Ganz in diesem Sinne empfehlen wir unseren Lesern das neue Jahrbuch. Wir versprechen eine spannende Lektüre.

Der Herausgeber

CATAM ASSET MANAGEMENT AG

Sind Ihnen Vertrauen und Diskretion wichtig?
Dann fühlen wir uns als Ihr unabhängiger Ansprechpartner für eine auf Ihr persönliches Profil abgestimmte Vermögensverwaltung mit einer für Sie transparenten Anlagepolitik.
Sie bestimmen ihre bevorzugte Depotbank!
Profitieren Sie vom Standort Liechtenstein!

Verlangen Sie unverbindlich unsere Unterlagen

Catam Asset Management AG
Zweistäpfle 4
FL-9496 Balzers
Tel. 0042 3 384 40 00
Fax 0042 3 384 40 01
e-mail: **catam@lol.li**
Web: **www.catam.li** (ab 1.1.2001)

Die Catam Asset Management AG, Balzers, ist eine Tochtergesellschaft der **CAT FINANCE AG** in Zürich, eines global und unabhängig tätigen Brokers, der unter Aufsicht der Eidg. Bankenkommission als Effektenhändler agiert.

e-mail: **info@catfinance.ch**
Web: **www.catfinance.ch** (ab 1.1.2001)

Adresse: Zweierstrasse 18, CH-8004 Zürich
Tel. 0041 1 299 93 93 Fax 0041 1 241 43 50

Kapitel I

Der Trend

Zehn Thesen
zum Anlagejahr 2001

I.

Das Wachstum der Weltwirtschaft flacht sich ab, Vorreiter ist Amerika. Die höheren Energiepreise schlagen auf die Verbraucherpreise durch. Die europäische Exportkonjunktur in den Dollarraum verliert an Gewicht. Japan erholt sich, ist aber noch weit von einem nachhaltigen Aufschwung entfernt.

II.

Das gemeinsame Geld in Europa bleibt krisenanfällig. Offen ist, in welchem Umfange die außerhalb Deutschlands umlaufenden rund 60 Milliarden DM-Banknoten Anfang 2002 in Eurobargeld umgetauscht werden. Möglich ist, daß dieses Geld 2001 vorsorglich in Dollar umgewandelt wird. Das kann einen Druck auf den Euro verursachen. Die Hoffnung, daß sich der Euro nachhaltig erholt, sollte nicht zu hoch angesetzt werden.

III.

Der Schweizer Franken wird sich wegen der starken Abhängigkeit vom Euroraum nicht weit vom Wechselkursniveau 2000 entfernen wollen. In der zweiten Jahreshälfte könnte der Franken aber bei einer Abschwächung des Euros im Vorfeld des Bargeldtausches noch einmal in eine Aufwertungsposition gedrängt werden.

IV.

Der Dollar wird als Welthandels- und Welt-Kapitalmarktwährung seine dominierende Stellung behaupten. Ein spektakulärer Kurseinbruch der amerikanischen Währung ist nicht zu erwarten. Die Dollarzinsen bleiben relativ hoch.

V.

Die Zahl der Regionalkriege und »Freiheitsbewegungen« wird noch zunehmen. Die politische und wirtschaftliche Stabilität im Weltmaßstab ist aber nicht bedroht, wird aber zunehmend Geld kosten.

VI.

Die Rohstoffpreise werden etwas abbröckeln, die Nachfrage läßt konjunkturbedingt etwas nach. Der Ölpreis wird größeren Schwankungen unterliegen, per Saldo aber nicht über dem Niveau vom Jahre 2000 hinaussteigen.

VII.

Die Kapitalzinsen werden im Jahresverlauf eher etwas zurückgehen. Das Börsenjahr 2001 wird vermutlich ein gutes Obligationenjahr werden.

VIII.

Das kurzfristige Geld kann im Euro- und Dollarraum vorübergehend noch etwas teurer werden, die Kreditzinsen entsprechend steigen. Im langfristigen Bereich ist eher mit einer Entspannung der Märkte zu rechnen. Der beste Zeitpunkt zum Kaufen: die erste Jahreshälfte.

IX.

An den Aktienmärkten werden die zu einem großen Teil noch überteuerten High-Tech-Werte kritisch beurteilt bleiben. Umschichtungen zugunsten konservativer Titel der »Alten Märkte« nehmen zu. Die Risiken der ostasiatischen, südamerikanischen und osteuropäischen Börsen dürften eher größer werden.

X.

Die Grundstücksmärkte werden sich der Konjunkturabflachung nicht entziehen können. In Europa werden sie vermehrt »Milchkühe der Fiskalbehörden«.

Im Zeitalter der Macher

Von Heinz Brestel

> *Soll sich der Mensch wirklich frei fühlen, so braucht er drei Dinge, die seine Privatsache sind: Seine Religion, seinen politischen Standpunkt (im Rahmen der Verfassung) und die freie Verfügungsgewalt über sein Geld.*

Alle 500 Jahre hat die Weltgeschichte – aus für uns scheinbar unerfindlichen Gründen – im Terminkalender den Vermerk »Großreinemachen« eingetragen. So wie sich in jedem Haus mit den Jahren Gerümpel ansammelt, so ist es auch im Haus der Welt. Das Alte wird unbrauchbar oder müßte zumindest generalüberholt werden, und die zunehmende Kinderschar hat keinen ausreichenden Platz mehr. Die Alten aber können sich nicht entschließen, »die Bude auszuräumen«. Sie schieben das Unvermeidliche hinaus, und das macht alles noch schlimmer. Am Ende werden die Alten aus dem Haus gejagt, wenn sie nicht schon gestorben sind. Der Wandel in der Gesellschaft, das Verhältnis zur Religion, zur Wirtschaft – Stichwort Globalisierung – und zum Eigentum in einem immer gefräßiger werdenden Staat ist heute unverkennbar. Das Saatgut an Erfindungen und Entdeckungen geht auf und ändert die Landschaft vollkommen. Genau an diesem Punkt, dem Ende einer historischen Epoche und dem Anfang einer neuen Zeit, deren Konturen vorerst noch unscharf sind, stehen wir heute.

Viele Menschen fühlen sich als Objekte des Wandlungsprozesses. Sie sind überfordert, und nicht wenige haben Angst vor der Zukunft. Andere lassen alle Hemmungen fallen und werden zu Spielern. Der Spieltrieb: »Zum Millionär in 12 Monaten« wird durch die Massenmedien gefördert und das Klima noch angeheizt.

Nichts Neues gibt es auf der Welt. Schon vor einem halben Jahrtausend gab es so etwas wie die Notwendigkeit eines Großreinemachens. Das Mittelalter hatte Berge von Historischem aufgetürmt. Um 1500 herum wurde dann schließlich das mittelalterliche Weltbild auf den Kopf gestellt: Amerika wurde entdeckt, als der revolutionäre Lehrsatz: »Die Erde dreht sich um die Sonne« geboren war. Die Reformation stellte die Dominanz der Römischen Kirche in Frage, und die Alchimisten experimentierten mit Mixturen, die 300 Jahre später die Grundlagen für den Siegeszug der modernen Chemie lieferten. So ziemlich alles wurde damals auch schon in Zweifel gezogen. Das »Internet des 15. Jahrhunderts« erfand Johann Gutenberg in Mainz, das Gießen beweglicher Lettern, mit denen der Druck von Büchern und Flugschriften – Vorläufer der Zeitungen – ermöglicht wurde. Mit einmal konnten Gedanken vieltausendfach ins letzte Haus gesandt werden. Man mußte freilich erst mal Lesen lernen, so wie das Internet heute erst brauchbar wird, wenn man es zu bedienen versteht.

Till Eulenspiegels Botschaft

In dieser Zeit des großen Umbruchs vom Mittelalter zur Neuzeit lebte in Braunschweig ein Narr, der dem verunsicherten Volk den Spiegel vor Augen hielt und in Gleichnissen – wie in der Bibel – zu sprechen verstand. Wir kennen die Geschichte. Till Eulenspiegel erzählt von dem Wanderer, der – in Schweiß gebadet – mit Mühe seinen Weg nach oben suchte. Aber er ließ keineswegs den Kopf hängen, sondern sang frohen Mutes ein Lied. Er dachte sich, daß jeder Berg auch einen Gipfel habe, dann ginge es leichten Fußes auch wieder abwärts. In froher Erwartung »per Termin« – um es in der Börsensprache zu sagen – wurde ihm der steile Weg »per Kasse« erträglich. Als es dann, wie erwartet, bergab ging, wurde unser Wanderer freilich der Wohltat nicht so recht froh. Der Gedanke an den nächsten Berg, der nun wieder vor ihm lag, verdarb ihm die Freude am »Gewinn«. In vielen tausend Exemplaren wurden Tills Geschichten verbreitet. Die Moral, die der Narr lehrte: »Im Leben geht's mal auf und dann auch wieder mal abwärts. In guten Zeiten keineswegs übermütig werden! Wenn's schlecht geht, an die besseren Tage denken, die vor uns liegen können«. Eine simple Philosophie? Keine schlechte Börsenweisheit.

Wer lesen konnte, vermochte es zu verstehen: »In schlechten Zeiten nicht resignieren, in guten nicht übermütig werden«. Ein solcher Till für unsere Zeit ist weit und breit nicht zu sehen. Die einen lassen die Köpfe hängen, und andere tun gerade so, als könne jetzt ewige Prosperität herrschen und auch ewige Börsenhausse. Immer nur in die Kamera lächeln. Probleme? »Die fegen wir vom Tisch.« Alles ist machbar geworden. Das Zeitalter der Macher hat begonnen. Auf und ab? Überbleibsel von gestern.

Aber – um mit Bert Brecht zu sprechen – »die Verhältnisse sind nicht so«. Die Natur kennt keine Einbahnstraße, und auch wir Menschen gehören zur Natur. Wir können dem Rhythmus von Tag und Nacht, von Sommer und Winter, von Geborenwerden und Sterben nicht entweichen. Wer Politik macht und wer wirtschaftet, und auch wer mit Geld umgeht, muß zwangsläufig das Ein- und Ausatmen bejahen. Wer's nicht von selbst tut, den straft das Leben, und das ist nicht von Ungefähr eine alte russische Weisheit.

Uns wird vieles klarer, warum wir wieder heute plötzlich an der Schwelle so großer Veränderungen stehen, wenn wir Gedanken von drei Wissenschaftlern folgen, die im frühen 20. Jahrhundert entwickelt wurden: Die moderne Zyklen-Theorie von Joseph Schumpeter, Nikolei Kondratieff und Professor Braudel. Vereinfacht ausgedrückt versuchten diese »drei«, die Welt aus dem Blickwinkel zyklischer Auf- und Abschwungsphasen zu erklären. Die Quintessenz ihrer Überlegungen: Es gibt sehr lange Zyklen von 200, ja von 500 Jahren, in denen die Welt nahezu auf den Kopf gestellt wird. Dann gibt es seit Beginn der Industrialisierung Ende des 18. Jahrhunderts Langzeitzyklen von 50–70 Jahren, in denen jeweils neue Erfindungen die Wirtschaft revolutionieren. Schließlich gibt es auch noch die kurzen Wellen, die in der Regel 5–7 Jahre währen.

Mit Hilfe dieser Gedanken lassen sich die großen zyklischen Veränderungen, wie wir sie im 20. Jahrhundert erlebt haben, erklären. Der mutmaßliche Konjunkturverlauf, die Entwicklung der Preise für Geld und Kapital und auch die Aktienkurse lassen sich mit Hilfe der zyklischen Theorien erklärbarer machen. Die Gedanken fließen auch in diesem Jahrbuch in unsere jährlichen Prognosen ein, die wir im »Trendbarometer« optisch zu zeigen versuchen. (Vergleiche Kapitel III). Wir tun dies seit drei Jahrzehnten mit recht schönem Erfolg. Auf- und Abschwungsphasen werden manchmal etwas verkürzt oder verlängert, nie außer Kraft gesetzt. Dieses Gesetz der Zyklen wird auch im 21. Jahrhundert gültig bleiben.

Folgt man den Forschern, so befinden wir uns am Anfang des 21. Jahrhunderts in einer ganz ungewöhnlichen Konstellation, wie es sie nur alle 500 Jahre gibt, also seltener noch als die Sonnenfinsternisse. Wir befinden uns an der Schnittstelle gleich dreier Zyklen: Des ganz langen 500-Jahre-Zyklus (seit dem 16. Jahrhundert), eines 50–70jährigen Langzeitzyklus (der gegenwärtige hat in den 90er Jahren begonnen) und eines kleinen Zyklus von 5–7 Jahren, in dem regelmäßig Übertreibungen und manchmal auch hemmungsloser Optimismus wieder korrigiert zu werden pflegen. Ende 2000 ist wohl die Hälfte der Aufschwungsphase des gegenwärtigen kleinen Zyklus erreicht.

Die zyklischen Uhren in Amerika gehen etwas anders als in Europa. Ursache des nun schon seit den frühen 90er Jahren anhaltenden Aufschwungs ist eine ungewöhnliche Dynamik der technischen Revolution. Aber jetzt gibt es auch drüben Anzeichen dafür, daß der amerikanische »kurze Zyklus« sich zunächst seinem Ende nähern könnte, wohlgemerkt bei Fortsetzung des langen Zyklus, der wohl noch eine Lebenszeit von 20–25 Jahren vor sich haben könnte.

Von Till Eulenspiegel können wir heute noch lernen: einen Vorlauf haben, frühzeitig Anfang und Ende zyklischer Entwicklungen erkennen und darauf reagieren. Den Zyklen selbst können wir uns nicht entziehen. Aber wir brauchen uns nicht überraschen zu lassen. Und das kann schon viel wert sein.

Jede Revolution frißt ihre Kinder

Wenn wir unsere gegenwärtige Position bestimmen wollen, so können wir davon ausgehen, daß wir uns gegenwärtig – im Rahmen des langen Zyklus – in der Übertreibungsphase befinden. Wie der Langzeit-Zyklus eines Tages endet, ob mit einem großen Krach oder nicht, wie der vorausgegangene in den dreißiger Jahren, das können wir (noch) nicht erkennen. Was der gegenwärtige Globalisierungs-Zyklus für jeden Einzelnen bedeutet, braucht nicht erst aufgelistet zu werden. Jeder spürt an seinem Platz – vom Schüler bis zum Rentner – was alles in Bewegung geraten ist. Gegen Windmühlenflügel soll man nicht anrennen. Wir müssen nach vorn denken, ob uns das nun immer gefällt oder nicht. Erkennbar ist, daß wir in Europa mit den zyklischen Problemen schwerer fertig werden als etwa die Amerikaner. Ob wir den Anschluß an Amerika in den nächsten Jahren finden, ist noch lange nicht gesagt.

Jede Revolution – und was wir gegenwärtig erleben hat einen revolutionären Charakter –frißt am Ende ihre Kinder. Die Ansätze einer Gegenrevolution sind schon erkennbar. Anti-Globalisierungskräfte formieren sich auf mehreren Ebenen. Mächtig im Aufwind sind sogenannte »freie Oppositionsgruppen«, die sich dem Kampf gegen Liberalisierung und Individualismus verschrieben haben. Wieder einmal wird für eine »neue Weltwirtschaftsordnung« gekämpft, obwohl doch die »alten Kämpfer« mit Schimpf und Schande gerade erst untergegangen sind. Europa ist – wie es scheint – schon wieder anfällig gegenüber den Schalmeienklängen, die sich bemerkbar machen.

Diktatur durch die Hintertür?

Werfen wir einen Blick zurück zu den Endpunkten früherer Zyklen. Die Industriegesellschaft, die im 19. Jahrhundert heranwuchs und in Deutschland und auch in der Schweiz die Keimzelle einer bürgerlichen, den Staat tragenden Gesellschaft wurde, was wir als »Dampfmaschinenzeitalter« bezeichnen, war zugleich die Mutter des Marxismus. Auch im 19. Jahrhundert gab es zyklische Fußkranke, die mit der neuen Zeit nicht mehr mitkamen und den Bodensatz für den Marxismus lieferten. Der aktivste Teil der Zurückgebliebenen wanderte damals nach Amerika aus und fand dort das Glück – oder auch das Unglück.

Heute ist den Arbeitslosen in Europa das Ventil Amerika verschlossen. Die unzufriedene Masse, gleichsam eingesperrt, wird noch bedrängt durch Zuwanderer aus dem Osten und Süden. Eine Sammelbewegung von Unzufriedenen formiert sich. In Seattle fing es 1999 an. Dort wurden während der Jahreskonferenz der Bretton Wood-Institute (Weltbank und Währungsfonds) Steine geworfen. Es kam zu gewalttätigen Protesten, die sich im Herbst 2000 in Prag fortgesetzt haben. Die Keimzelle der neuen Bewegung sind verschiedene »Nicht-Regierungs-Organisationen«, kurz NGOs genannt, die sich aus allen möglichen schillernden politischen und Umweltschutz-Organisationen rekrutieren. Die Durchschlagskraft der neuen »Protestanten« kann heute durch das Internet beschleunigt und verstärkt werden. Über Internet werden Parolen geliefert und die Aufforderung zum Tanz mit dem »Establishment«.

Was behaupten die Initiatoren der NGOs? Sie predigen wieder, daß die Armut in großen Teilen der Welt das Resultat einer »ungerechten Wirtschaftsordnung« sei. Wörtlich hieß es in einem Aufruf zu Protesten: »Wir wollen, daß alle Menschen der Welt ein menschliches Antlitz haben und nicht hungern müssen. Dies setzt ein Abkoppeln von der Globalisierung voraus«. Das sind schöne Worte, die nicht nur in der Dritten und Vierten Welt ankommen.

Da ist es denn, das bekannte Stichwort: »Stoppt die freien Märkte, stoppt den Prozeß der weltweiten Integration«. Das Zusammenwachsen der Weltwirtschaft sei an allem Schuld. Aus Furcht, die Auseinandersetzung auf die Spitze zu treiben, hat der Währungsfond vorsorglich Gesprächsbereitschaft signalisiert. Aber natürlich wird das nur negative Folgen haben. Mit den NGOs ist genau so wenig zu diskutieren wie früher mit den Marxisten. Der Wille zu einem neuen internationalen Sozialismus, der natürlich nur in einer gelenkten, totalitären Weltwirtschaft möglich wäre, sollte nicht unterschätzt werden. Interessant ist auch, daß Berufseuropäer in Brüssel mit den

NGOs durchaus sympathisieren. Vereinfacht ausgedrückt wird damit geliebäugelt, ein europäisches Modell zur Bewältigung der Probleme der technischen Revolution zu entwickeln, bei dem eine Kombination zwischen der Bewahrung des Besitzstandes der »alten Wirtschaftsordnung« und der unumgänglichen neuen gesucht wird.

Marx im neuen Gewand

Früher wurde das der »Dritte Weg« genannt. Die Organisationsform der Europäischen Union eignet sich vorzüglich für diese Symbiose zwischen Gestern und Heute. Da brauchen die starken Mitgliedsländer Deutschland, Frankreich, Italien und Großbritannien sich nur einig zu werden. Die Kleinen wird man schon auf Vordermann bringen. Das neue Geld – der Euro – ist ein vorzügliches Instrument zur »Harmonisierung«, ein Schlagwort, daß man der Globalisierung entgegenstellt. Vieles, was in jüngster Zeit in der Brüsseler Küche ausgegoren wurde, verstärkt den Verdacht, daß nicht wenige Kräfte, welche die EU beherrschen, einen Weg zwischen Markt und Marx in neuem Gewande suchen. Vorläufig wird das noch kaschiert, aber der Trend ist unverkennbar. Eine Voraussetzung, um diesen nicht ungefährlichen Weg zu beschreiten, ist eine permanente Links-Mehrheit im Euroraum. Auch die Flucht nach vorn in die Osterweiterung der EU wird nicht zuletzt deshalb mit so großem Elan betrieben, um möglichst viele Verbündete für den Gegenkurs zu gewinnen. Gelingt es auch noch, anstelle des Vetorechts jedes Mitgliedslandes künftig in der EU Mehrheitsentscheide in wichtigen ökonomischen Fragen durchzupeitschen, wäre eine Schlacht im Krieg gegen die freien Märkte gewonnen. Die NGOs könnten als Mitstreiter, direkt oder indirekt auch noch von den Steuerzahlern in der EU finanziert werden. So jedenfalls sehen kritische Beobachter die Anfänge einer Gegenrevolution, die sich da zu formieren beginnt. Ins Bild paßt die Diskriminierung Österreichs, weil Wien nicht die »richtige« Regierung hat. Auch die als Kampf gegen die Geldwäscherei getarnten Bestrebungen, das Kapital im Euroraum zu kontrollieren, paßt ganz in diesen Denken. Ein Ziel Brüssels ist es zum Beispiel, das gehaßte Bankgeheimnis – ein Herzstück der individuellen Freiheit – abzuschaffen, die Bürger der Willkür der Finanzbehörden auszuliefern. Am Ende besteht dann auch noch die Gefahr, daß die Europäische Zentralbank »gefügig gemacht« werden könnte, wofür es ja auch schon einige bedenkliche Anzeichen gibt. Die Tatsache, daß der Norden Europas offensichtlich »den Braten riecht« und sich nicht den Fängen des Euros ausliefern will, ist ein Zeichen dafür, daß auf unserem Kontinent verschiedentlich doch noch nüchtern gedacht wird.

Die Demographiefalle

Das einzige, was wir in den nächsten Jahren im Überfluß haben werden, das sind Sorgen, die sich mit dem Stichwort »Demographiefalle« umschreiben lassen. Wir laufen in ganz Europa in ein Vakuum. Die heimische Bevölkerung nimmt ab. Die Gebur-

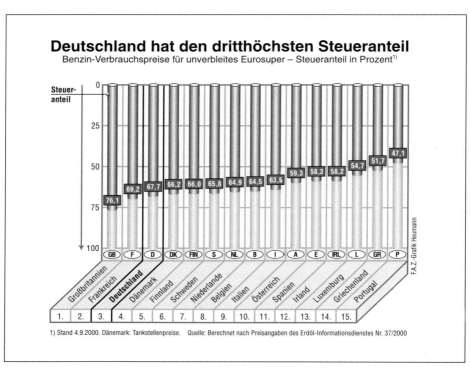

tenrate sinkt rapide. Die Überalterung nimmt zu. Der Anteil der Erwerbstätigen, der das Sozialprodukt erwirtschaftet, schrumpft. Die Zahl der Rentner schwillt an. Die Europäische Zentralbank hat eine eindrucksvolle Analyse erarbeitet, die die schlimmsten Befürchtungen bestätigt (vergleiche Kapitel VII).

Deutschland befindet sich parallel zu der gesamteuropäischen Misere in einer besonders unangenehmen Situation. Die Bevölkerung in den neuen Bundesländern östlich der Elbe schrumpft schnell. Im Raum zwischen Elbe und Oder lebten 1945 rund 18 Millionen Menschen, zu über 95 Prozent Deutsche. Heute sind es weniger als 16 Millionen, und in 25 Jahren sollen es – nach Hochrechnungen, die nicht übertrieben erscheinen – nur noch 9 Millionen sein. Ganze Regionen im Osten werden vermutlich entvölkert. Die Einwohnerzahl Berlins – 4,3 Millionen im Jahre 1939 – beträgt heute nur noch etwa 3,3 Millionen. Sie wird auch kaum zunehmen. Viele junge Menschen, die im Osten aufgewachsen sind, drängt es nach dem Westen. Dort ist mehr Arbeit vorhanden, und dort wird Geld verdient. Die überalterte Bevölkerung im Osten vermindert sich von selbst. So wird denn der östliche Teil Deutschlands in zwei bis drei Jahrzehnten den menschenarmen Landschaften Frankreichs ähneln. Ein Paradies für jene, die nicht zu arbeiten brauchen? Auch darauf ist kein Verlaß. Wer es sich leisten kann, baut sich sein Haus lieber gleich an der Sonne.

Zwei Kirchen in jedem Dorf?

Nun würden wir die Produktionskapazitäten in Deutschland verrotten lassen müssen, wenn es nicht gelänge, das Bevölkerungs-Vakuum durch Zuwanderung aufzufüllen. Deutschland wird wohl oder übel ein großes Einwanderungsland werden. Mit diesem Begriff beginnen die Politiker heute zu spielen. Die düstersten Berechnungen: 25 Millionen Ausländer bei einer gleichbleibenden Gesamtbevölkerung von rund 80 Millionen! Was das in der Praxis heißen würde, läßt sich auf einen einfachen Nenner bringen. In jedem deutschen Dorf könnte in Zukunft neben der christlichen Kirche die Moschee stehen. Kein Zweifel, daß das gewaltige gesellschaftliche Probleme schaffen würde. Deutschland würde nicht mehr Deutschland sein. Minderheiten werden eines Tages politische Forderungen stellen. Sie werden Einfluß auf die Parteien ausüben oder eigene Parteien gründen. Nach der Art der dänischen Minderheit könnten schon kleine Ausländergruppen großen Einfluß auf die Gesetzgebung in Berlin ausüben und die Parteien – um Wähler bemüht – würden diesem Trend entgegenkommen.

Im übrigen Westeuropa wird es im Laufe des neuen Jahrhunderts ähnlich aussehen wie in Deutschland. Eine neue Völkerwanderung zeichnet sich am Horizont ab. Vielleicht kommen die Chinesen nach England, die Nordafrikaner nach Frankreich und die Ostvölker nach Deutschland? Auch die Schweiz dürfte nicht ungeschoren bleiben. Hier ist der Einwanderungsdruck schon sehr hoch. Entweder werden in der Eidgenossenschaft die Industriekapazitäten radikal abgebaut, oder auch hier müßten die Einwanderungsschleusen geöffnet werden. Nachdenken sollte man aber in der Schweiz, ob es wirklich der richtige Weg sei, ausgerechnet jetzt durch Verminderung der Attraktivitäten des Finanzplatzes Schweiz den Dienstleistungssektor zu schwächen. Brüssel arbeitet in diese Richtung, die Eidgenossenschaft »zu disziplinieren«, und im Lande gibt es Kräfte, die Bereitschaft zur Kooperation zeigen, ohne die ganzen Folgen zu übersehen.

Die demographische Bombe tickt nicht nur in Europa. In China leben heute 1,3 Milliarden Menschen. Die »Kinder-Doktrin«, die nur jeder Familie ein Kind »genehmigt«, wird dazu führen, daß die Chinesen ins Ausland drängen. In Indien ist am Anfang des neuen Jahrhunderts gerade der milliardste Einwohner geboren worden, 1945 gab es in Indien 500 Millionen Menschen. 1980 waren es schon 680 Millionen, und nun sind es eine Milliarde. In 25 Jahren könnte es, auf engem Raum zusammengedrängt, mehr Inder geben als Chinesen. In Asien werden wahrscheinlich im Jahr 2050 vier Milliarden Menschen leben, eine erdrückende Mehrheit, die sich natürlich mehr und mehr auch politisches Gehör in der Welt verschaffen wird. Der europäische Halbkontinent könnte nur noch Anhängsel Asiens werden.

Was wird aus der Börse?

Wie viele Menschen haben nach dem 2. Weltkrieg davon geträumt, daß nun endlich in der Welt Friede herrschen möge. Aber so ist es nicht. Wir schlittern ins Zeitalter der

Die »Atombombe« aus dem Baby-Körbchen

Vielleicht war dies die wichtigste Nachricht an der Schwelle des 21. Jahrhunderts: Die Geburt des milliardsten Inders, der genau am 1. Januar 2000 im Baby-Körbchen lag. Nach der Volkszählung von 1964 lebten in Indien 472 Millionen Menschen. (Die Dunkelziffer wurde damals auf 50 Millionen geschätzt.) Im Jahre 2030 dürfte der indische Subkontinent schon 1,25 Milliarden Menschen zu ernähren haben. Inklusive der Nichtregistrierten, die auf der Straße schlafen, werden es wohl mehr als 1,3 Milliarden werden. Etwas östlicher von Indien leben die Chinesen, deren Bevölkerungszahl im Jahre 2000 auf 1,25 Milliarden geschätzt worden ist. Trotz der »Geburtenrationierung« wird nach drei Jahrzehnten mit 1,4 Milliarden Chinesen zu rechnen sein. Die Bevölkerung Chinas und Indiens zusammengenommen beträgt heute schon mindestens 2,25 Milliarden, und dies bei einer Weltbevölkerung von 6 Milliarden. Es wird nicht mehr lange dauern, dann wird jeder zweite Mensch auf dieser Welt ein Chinese oder ein Inder sein.

In den Vereinigten Staaten leben dagegen nur 275 Millionen Menschen, die jedoch praktisch mit dem Dollar und ihrem technischen Know-how die Welt beherrschen. In Europa sind es 400 Millionen Menschen. Die Bevölkerung Rußlands ist durch die »Zellteilung« an den Randgebieten der ehemaligen Sowjetunion auf etwa 150 Millionen geschrumpft. Mehr werden es wohl auch in 30 Jahren nicht sein. Wenn nun ein Prozent aller Chinesen und aller für Deutschland heute schon »greencard-legitimierten« Inder in 30 Jahren zur »Superintelligenzschicht« der Welt gehören würden, wären das über 25 Millionen »neue Einsteins«, und dies ohne die kreativen Japaner. Die asiatische Intelligenz könnte dann die technische und gesellschaftspolitische Entwicklung auf unserer Erde maßgeblich mitbestimmen. Ja vielleicht werden wir in 100 Jahren oder noch früher in einer »asiatischen Welt« leben, mit Wurmfortsatz in Europa und Amerika.

Nach dem 2. Weltkrieg war die Angst vor der Atombombe verbreitet. Sie ist längst abgeklungen, weil es keine »nützlichen Ziele« mehr für sie gibt. Aber dafür ist dem 21. Jahrhundert eine demografische »Atombombe« ins Baby-Körbchen gelegt worden: Die Perspektive einer Überbevölkerung der Welt, in der es zu brutalen Machtkämpfen um Brot und Wasser kommen könnte.

Der milliardste Inder

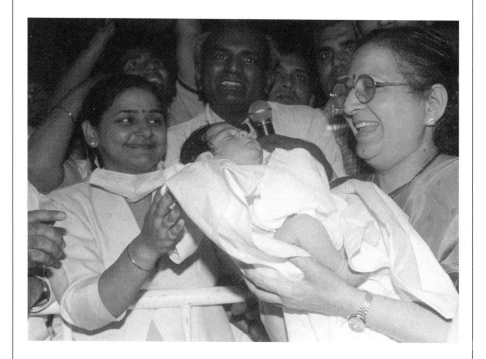

Macher, und das ist riskant. Am »Fliegenfänger-Effekt« läßt sich deutlich machen, was gemeint ist. Wenn plötzlich Fliegen in einer Wohnung überhand nehmen, gibt es zwei Möglichkeiten, sich der Plage zu entledigen. Man kann eine Fliegenklatsche nehmen und hinter jedem Exemplar herlaufen. Beim Totschlagen kann man die halbe Wohnung verwüsten. Aber am nächsten Tag sind schon wieder Fliegen da. Vernünftiger wäre es, zunächst einmal zu klären, wo denn die Fliegen herkommen. Vielleicht von einem Abfallhaufen an der Ecke eines Gartens? Beseitigt man ihn, hat man auch Ruhe vor den Fliegen. Aber das Wegräumen kostet Zeit und Geld. Das Fliegenproblem kann taktisch – mit der Klatsche – oder aber strategisch – mit der Müllabfuhr – gelöst werden.

Sozialpolitik mit der Fliegenklatsche

Nach »Fliegenfänger-Art« wird heute Politik gemacht. Vielfach überwiegt auch schon in der Wirtschaft- und am Kapitalmarkt das kurzfristige Denken, die Sucht nach schnellem Erfolg und das Verdrängen langfristiger Überlegungen. Niemand nimmt sich Zeit. Alles muß schnell gehen. Millionär will jeder in 12 Monaten werden, und die Politiker denken nahezu ausschließlich an die nächste Wahl und nicht an die Folgen übereilt beschlossener Gesetze. Geradezu paradox ist es, wenn heute im Blitztempo über eine Rentenreform in Deutschland beraten wird, die »für die nächsten 30 Jahre« gelten soll. Für die Beratungen gönnt man sich nicht mal 12 Monate. – Sozialpolitik mit der Fliegenklatsche?

Auch die Börse ist das Opfer der Kurzatmigkeit geworden. Erst wird bombastisch der Zusammenschluß der Frankfurter und der Londoner Börse gefeiert, dann stellt sich heraus, daß die ganze Idee ein Windei war. Und das passiert einer der viel gerühmten »größten Banken der Welt«. Ein klassisches Beispiel für die Unfähigkeit, langfristig zu denken und zu handeln ist die viel zitierte Sharholder Value-Doktrin: Wehe, wenn ein Unternehmen nicht pro Vierteljahr einen höheren Gewinn ausweist als im vorausgegangenen, dann straft die Börse die betreffende Aktie mit Kurseinbrüchen. Manager, die ein strategisches Konzept für ihr Unternehmem entwickeln wollen, werden in die Wüste geschickt, weil nicht sofort der Erfolg im nächsten Quartalsbericht erkennbar ist. Fehler über Fehler werden dank einer Politik des Taktierens gemacht. Ein Teil des Wohlstandsgewinns, den die neue Kommunikationsgesellschaft ermöglicht, wird durch hektisches, unüberlegtes Handeln wieder vernichtet.

Da sind wir mitten in der Überlegung, welches Verhalten denn nun in der Zeit der Macher das Richtige für den Sparer sei. Von 7 auf 13 Millionen ist die Zahl der Aktionäre in Deutschland innerhalb kurzer Zeit angeschwollen. Der schnelle Gewinn lockt. Ein Dummkopf, der nicht versucht mitzumachen. Unsere Zeit verlangt auch Anlage-Macher. Zeitverschwendung ist es, darüber nachzudenken, was man eigentlich kauft. »Das Vertrauen zum Neuen Markt ist größer als zum Heiligen Vater«, schrieben italienische Zeitungen. Das Kauffieber hat ganz Europa befallen. Der Virus kommt aus Amerika. Dort aber ist er schon im Abklingen begriffen. Es nutzt nichts, wenn der eine oder andere Warner von blinden Käufen abrät. Die »neuen Spekulanten« müssen wohl erst Lehrgeld zahlen.

   Patentrezepte gibt es nicht, keine Antwort darauf, wie man sich im Zeitalter der »Macher-Börse« richtig verhalten sollte. Die Empfehlung: »Langfristig denken« ist ein wenig billig. »Langfristig sind wir alle tot« spottete mal der berühmte englische Nationalökonom John Maynard Keynes. Tips nachzulaufen ist gefährlich. Wo liegt die goldene Mitte? Nun, in erster Linie im Geldwissen. Gegen die Mode schwimmen, sich Zeit nehmen zum Denken

In diesem Sinne empfehlen wir dem Leser die Lektüre der folgenden Seiten.

Die große Illusion
Nominale und reale Wertsteigerungen bei Aktien

Gewöhnlich vergleichen die Statistiker und auch die Börsen die Aktienkurse »nominell«, so als würde die Kaufkraft der Währungen auch über lange Zeiträume hinweg unverändert bleiben. Aber das ist eine Illusion. Der Sparer, der sich an Indizes orientiert und dem in der Effektenwerbung vorgerechnet wird, wie reich er werden würde, wenn er nur lange genug auf Aktien »sitzenbliebe«, hätte in Wirklichkeit seit dem 2. Weltkrieg mit Aktien im ganz groben Durchschnitt pro Kalenderjahr auch kaum mehr als 5 Prozent »verdient«, wenn man die ganz empfindlichen Kaufkraftverluste des letzten halben Jahrhunderts berücksichtigt. Auf die gezahlten Dividenden kann man bei langfristigen Vergleichen getrost verzichten, weil denen auch in der Regel recht erhebliche Steuerbelastungen gegenüberstehen und es in den jeweiligen Indizes auch immer wieder eine ganze Reihe von Titeln gibt, die kurzfristig oder auch über einen längeren Zeitraum hinweg gar keine Ausschüttungen vornehmen. Dem stehen verschiedentlich Gratis-Aktien-Ausschüttungen gegenüber. Außerdem sind im letzten Jahrzehnt zunehmend auch die Index-Titel geändert worden, so daß exakte Vergleiche ohnehin nur unter Vorbehalt möglich sind.

Wie sieht ein langfristiger Kaufkraftvergleich zwischen 1950 und 2000 aus?

Land	Basis 1950 = 100		Verlust in %
	1950	2000	
Dollar	100	14	86
DM*	100	24	76
Schweizer Franken	100	22,7	77,3

*) = Dem deutschen Kaufkraftvergleich war 1948 eine Währungsreform vorausgegangen, bei der das alte Geld (Reichsmarkt) im Verhältnis 10:1 auf DM umgestellt wurde. Eine solche Währungsreform gab es in Amerika und in der Schweiz nicht.

Ohne die Wertverluste der Währungen zu berücksichtigen, wäre eine nominelle Bewertung der Börsenkursgewinne eine »Milchmädchenrechnung«. Aber die Kaufkraftverluste werden in der Regel bei langfristigen Vergleichen nicht gewichtet.

Dabei ist die Unterscheidung zwischen nominellen und realen Wertsteigerungen in Zukunft von großer Bedeutung, wenn ein Teil der Altersversorgung breiter Bevölkerungsschichten über privates Sparen – auch in Aktien – gesichert werden soll. In der gesetzlichen Altersversicherung wird die Inflation gewöhnlich durch Anhebung der Nominalrenten kompensiert. Das ist beim privaten Sparen natürlich nicht der Fall.

Traumhafte Gewinne des Dow Jones?

Wenn in der Publizistik bei der Wertentwicklung des wichtigsten amerikanischen Aktienindex, des Dow Jones der führenden 30 amerikanischen Gesellschaften, die nominellen Index-Gewinne zugrunde gelegt werden und daraus eine »traumhafte Performance« errechnet wird, so sind solche Vergleiche nur sehr beschränkt brauchbar.

Der Dow Jones-Index stürzte in der großen Krise von 1929/30 von einem Index-Stand von damals 450 auf 45 Punkte. Er verlor also rund 90 Prozent. Die meisten Sparer heute können sich einen solchen Wertverlust beim Aktiensparen gar nicht mehr vorstellen.

Der Dow Jones ist dann von 1930 bis Ende 2000 – also in 70 Jahren – zwar von 45 auf rund 10 000 Punkte gestiegen. Dabei ist aber zu berücksichtigen, daß die Kurskorrektur von 45 bis 450 – also dem Stand vor der großen Krise – immerhin rund 20 Jahre dauerte. So richtig in Schwung kam der Index erst seit Anfang der 80er Jahre (vergleiche Chart).

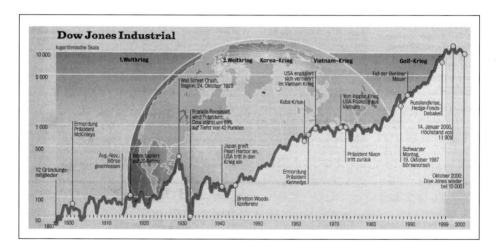

Was sind nun die heutigen 10 000 Index-Punkte wert? Man muß den enormen nominellen Gewinn im Verhältnis zu den nicht weniger enormen Kaufkraftverlusten des Dollars sehen. Klammert man die Kriegsjahre aus, so ist der Wert des Dollars von 100 = 1950 bis Ende 2000 auf 14 gesunken, stärker als der Kaufkraftverlust der DM, indessen wird die »Abschreibung« der alten Reichsmark für die Sparer der Kriegsgeneration nicht einfach ignoriert werden können.

Natürlich verdienen heute auch die Amerikaner nominell mehr Geld als 1950. Aber wer ausschließlich über die letzten Jahrzehnte hinweg von seinem Aktienvermögen gelebt hätte, dem hätte die Einbuße der Kaufkraft am eigenen Leibe sehr hart mitgespielt. Ein Ausgleich wäre freilich durch eine aktive und glückliche Anlagestrategie möglich gewesen. Man hätte Titel bevorzugen müssen, die sich besser als der Dow Jones-Index zu schlagen vermochten. Diese Bemerkung zeigt, wie wenig Aussagekraft ein Aktien-Index auf lange Sicht haben kann.

Noch komplizierter wird die Rechnung, wenn man bedenkt, daß niemand, der im Jahre 1930 zu Tiefstkursen in die amerikanische Börse eingestiegen wäre, heute in den Genuß des gewaltigen Nominalgewinns kommen könnte, weil er wahrscheinlich längst gestorben ist. Nehmen wir den Anleger, der mit voller Wucht Ende der 20er Jahre mit seinem Vermögen in die große Krise geriet. Er war vielleicht damals 45 Jahre alt. Hätte er seinen Aktienbestand bis zum 65. Lebensjahr durchgehalten, so hätte er bis 1950 gerade den Krisenverlust wieder eingeholt, mehr aber nicht. Ganz anders ein Sparer, der im Jahre 1980 zu dem damaligen Dow Jones-Index von 1000 in den Markt eingestiegen wäre. Er hätte nach 20 Jahren – im Jahre 2000 – sich eines Dow Jones-Index von 10000 erfreuen können. Das Timing von der Wiege bis zur Bahre spielt also bei der realistischen Beurteilung der Aktiengewinne eine enorme Rolle.

Reale Wertverluste auch in Zukunft kalkulieren

Aus der Vergangenheit kann man manches lernen. Die Börse ist keine Rechenmaschine. Was heute ist, kann morgen in Frage gestellt werden, weil niemand weiß, was in der Weltgeschichte und auch in der Geldgeschichte in Zukunft alles passieren kann. Die Börse vergibt keine Garantien. Die Annahme, daß in der ersten Hälfte des 21. Jahrhunderts, in dem die Masse der heutigen Sparer sich an der Börse engagieren wird, die Kaufkraft des Geldes – sei es nun der Dollar, der Euro oder der Schweizer Franken – von größeren Verlusten verschont bleiben wird, ist sehr gewagt. Eher wird man damit rechnen müssen, daß die Erosion der Kaufkraft des Papiergeldes anhalten wird, in »Schüben«, je nach der politischen und wirtschaftspolitischen Situation in den einzelnen Währungsräumen. Den Ausgleich für die Kaufkraftverluste wird der Anleger – wenn er Glück hat – in nominell steigenden Kursen erwarten dürfen. Der eigentliche Gewinn liegt im Produktivitätsfortschritt der Wirtschaft, der von einem Unternehmen zum anderen aber sehr unterschiedlich ausgefallen ist und auch in Zukunft ausfallen wird, von »großen Rennern« bis zur Pleite. So war es, wie wir nachzuweisen versuchten, und so wird es auch im neuen Jahrhundert bleiben.

Binnen-Kaufkraft (1950 = 100)*							
Länder	1960	1970	1980	1990	1995	2000	2001
1) Deutschland (WD)	83,1	64,3	39,2	20,0	25,8	24,2	23,5
2) Schweiz	86,7	62,5	38,5	27,6	23,6	22,9	22,7
3) Belgien	82,4	61,3	30,1	20,0	17,8	16,7	16,0
4) Niederlande	73,7	48,5	23,9	18,8	16,3	14,8	14,0
5) USA	81,4	62,0	29,2	18,4	15,8	14,1	13,9
6) Österreich	60,5	42,4	23,1	16,4	14,0	15,1	14,7
7) Japan	67,8	38,7	16,4	13,4	12,5	12,3	12,3
8) Dänemark	72,8	41,3	16,1	9,1	8,3	7,4	7,2
9) Norwegen	64,0	41,4	18,5	8,9	7,9	7,1	6,9
10) Frankreich	58,2	39,1	15,6	8,5	7,6	7,2	6,9
11) Schweden	63,5	42,8	17,7	8,5	7,6	7,4	7,2
12) Finnland	62,3	38,2	13,2	6,9	6,2	5,8	5,4
13) Großbritannien	72,0	48,3	13,4	7,1	6,0	5,3	5,3
14) Italien	73,5	51,3	13,9	5,5	4,3	3,9	3,35
15) Spanien	60,2	33,2	8,2	3,4	2,6	2,4	2,4
16) Portugal	87,3	58,2	11,0	2,2	1,6	1,4	1,3
17) Griechenland	56,8	46,4	12,2	2,1	1,2	0,9	0,8

* Reziprok des Verbraucherpreisniveaus (Lebenshaltung)

Düstere Steuerperspektiven

- In den nächsten 10 Jahren werden mit großer Wahrscheinlichkeit die Belastungen der deutschen Steuerzahler noch weiter wachsen, allen entgegengesetzten Versprechen zum Trotz. Dafür wird es politische und weltwirtschaftliche Gründe geben: Erhöhte Belastung durch die EU-Osterweiterung, höhere Rüstungsaufwendungen und Verteuerung von Rohstoffen auf dem Weltmarkt. Der Umverteilungsprozeß der Steuerbelastung wird sich noch verschärfen.
- Ein Teil der Bürger wird begünstigt, der andere um so höher belastet werden.
- Um die Renten einigermaßen zahlbar zu machen, wird vor allem der Verbraucher Zielscheibe des Fiskus bleiben.
- Die Steuerpraxis wird weiter verschärft. Unter dem Deckmantel der Geldwäschereibekämpfung soll in der ganzen EU eine gesetzliche Meldeplicht für Konsum- und Dienstleistungsausgaben über 15 000 Euro pro Stück eingeführt werden, zu Händen der Finanzämter.
- Die Banken werden noch mehr Hilfsbeamte der Finanzämter. Die Kosten für Melde- und Abrechnungauflagen müssen auf die Bankkunden abgewälzt werden. Bankdienstleistungen werden noch teurer werden. Der Bank-Service (Zweigstellen-Sterben) verschlechtert sich.
- Bahn und Post werden ihre Angebote verschlechtern und verteuern. Auch das Fliegen wird teurer trotz verstärkten Wettbewerbs.
- Der Fiskus sucht sich neue Steuerquellen. Dabei wird auch das Einfamilienhaus nicht mehr lange ungeschoren bleiben.
- Die Belastungen der Miethäuser wird weiter zunehmen. Entsprechend werden wenige Mietwohnungen gebaut, so daß bis 2010 partiell eine neue Wohnungsnot entstehen kann.
- Vor dem Hintergrund noch höherer Steuern und Abgaben werden Lohnforderungen massiv zunehmen. Arbeitskämpfe werden härter, der soziale Frieden kann gefährdet werden. Das innenpolitische Klima wird kälter, gleichgültig welche Farben regieren.
- Die Forderungen nach Mitbestimmung des Volkes bei der Erweiterung der EU und vor allem des Euro-Raums werden allen Parteien Kopfzerbrechen bereiten. (»Beim Geld hört die Gemütlichkeit auf.«) Die Spaltung der EU in drei Klassen 1. Zone mit eigenem Geld, 2. Zone mit nationalem Geld und 3. Zone »auf den Krücken der beiden anderen«, muß befürchtet werden.
- Fazit: Der bis zum Jahre 2000 erreichte Wohlstand wird in Europa kaum gehalten werden können. Die Geldentwertung ist national kaum zu steuern.

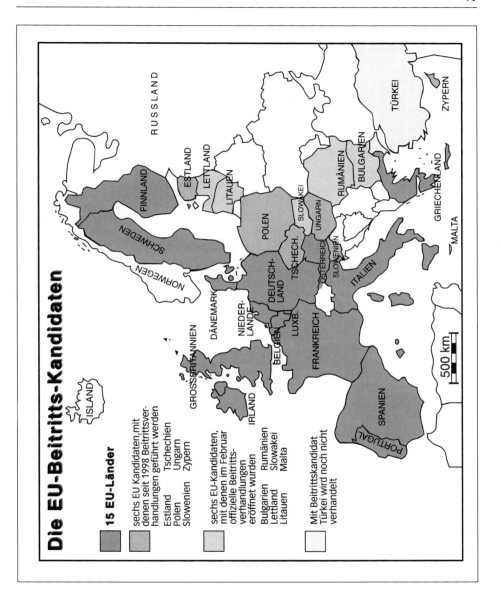

Private Banking

Vertrauen und Diskretion sind Ihnen wichtig. Kontinuität und persönliche Kontakte auch. Was Sie wollen, ist eine Bank die Ihnen Sicherheit gibt. Einen Berater der zuhört, Bescheid weiss und mehr aus Ihrem Vermögen macht. Private Banking bei der Liechtensteinischen Landesbank garantiert Ihnen eine klare Anlagestrategie, die individuell abgestimmt wird. Das bedeutet, dass Sie persönlich, umfassend und erfolgsorientiert beraten werden. Erst wenn Sie dieses Gefühl teilen, sind wir sicher, für Sie das Beste getan zu haben. Verlangen Sie unverbindlich unsere Unterlagen.

Liechtensteinische Landesbank Aktiengesellschaft
FL-9490 Vaduz · Telefon +423 / 236 88 11 · Fax +423 / 236 88 22 · E-Mail llb@llb.li
Liechtensteinische Landesbank (Schweiz) AG
CH-8008 Zürich · Telefon +41 / 1 / 269 91 11 · Fax +41 / 1 / 269 91 22

Internet www.llb.li

Anlagestrategie 2001

Schöpferische Pause

Der Anleger ist der einsamste Mensch der Welt. Die schönsten wissenschaftlichen Erkenntnisse, etwa der Finanzplanung, können immer nur Handwerkszeug sein, mit dem man umzugehen lernen muß. Nicht kopieren, sondern kapieren was geschrieben steht, kann zu individuellen Entscheidungen über den Umgang mit Geld beitragen.

In einer Schweizer Zeitung erschien im Spätherbst des Jahres 2000 eine Karikatur. Vor dem Kirchenportal hatte der Pfarrer ein großes Schild aufgestellt: »Börsenkirche«. »Hier wird für ihre Aktienkurse gebetet«. Die Gläubigen drängen sich in Scharen durch die Eingangspforte. Der Pfarrer strahlte: »Seit dem Zusammenbruch der New Economy haben wir jeden Sonntag ein volles Haus«.

Der Witz traf ins Schwarze. Er erhellte schlagartig die Situation. Ja, so ist es. Wer den Schaden hat, braucht für den Spott nicht zu sorgen, Er kann in die Kirche gehen. Der Leser mag diese religiöse Anspielung verzeihen. Aber Tatsache ist, daß der irrationale Überschwang, mit dem bis zum Sommer des Jahres 2000 das Geld so leicht auf dem Altar blinder Spekulationen geworfen worden war, beinahe schon einen mystischen Charakter angenommen hatte. Die Gazetten jubelten. In Europa nahm die Zahl der Aktionäre in weniger als 18 Monaten um 30 Prozent zu. Aktien wurden beinahe wie Drogen gekauft. An jedem Kiosk konnte man erfahren, wie schnell man reich werden könne.

Der amerikanische Professor Robert J. Shiller hat diese Goldgräberstimmung in einem schnell zusammengezimmerten Buch »Irrational Exuberance« – also irrationaler Überschwang – plastisch geschildert. Die deutsche Ausgabe soll bald erscheinen. Der Professor schrieb, daß die Übertreibungen an den Neuen Märkten vergleichbar seien mit potemkinschen Dörfern. Sich jeder Polemik enthaltend untermauerte Shiller die Gründe für das Phänomen der hysterischen Aktienkäufe, von der sich schließlich die ganze Welt anstecken ließ. Gesellschaftliche, psychologische und ökonomische Mechanismen hätten sich da miteinander gemischt. Schließlich habe es den aufgeblasenen Luftballon gegeben, der das unerbittliche Schicksal aller Luftballons teilen mußte.

Die bonierten Propheten

Unkritisch wurde es den Banken, Brokern und den Massenmedien abgenommen, die alle »high« waren und der Phantasie freien Lauf ließen. Untersucht man die wichtigsten deutschsprachigen Geldmagazine aus dem ersten Halbjahr 2000, so läßt sich erkennen, wie in den Medien über Aktien gedacht wurde:

Titel vom »verstaubten Alten Markt«, die eine hohe Dividendenrendite von 5 Prozent bringen, wurden als »lahme Enten« bezeichnet.

Aktien mit einer Ausschüttungsrendite von 3 Prozent – gemessen am Aktienkurs – wurden geringschätzig als »honoriger Sachwert« heruntergespielt.

Wer Aktien mit 2 Prozent Dividendengarantie hielt, der wurde getröstet, er habe sich in eine »Anti-Inflationsanlage« verliebt.

Aber eine Aktie die garantiert Null-Prozent-Barrendite verspreche, das sei ein »exzellenter Wachstumswert«.

Nun, nachdem die Blase geplatzt ist, beeilte man sich Ende 2000 Schuldige für den Zusammenbruch zu suchen. Plötzlich sind jene Manager, denen die Anleger an den Lippen hingen, schlimme Betrüger. Banken, welche die »heiße Ware« angeboten hatten, sind Mittäter. Natürlich sind sie alle mitverantwortlich. Aber es muß immer wieder betont werden, daß an der Börse letztlich jeder seines Glückes Schmied ist. Eine eingebaute Garantie für Kursgewinne hat nun mal keine Aktie. So blieb denn schließlich den enttäuschten neuen Aktionären nur ein Gewinn übrig: die Erfahrung, daß man so einfach kaum zu Vermögen kommen könne.

Um dies zu erkennen, hätte man sich freilich das Geld für die Tip-Literatur »Wie werde ich reich in 30 Tagen« sparen können. Es wäre billiger gewesen, bei Goethe nachzuschlagen: »Ich weiß, daß wir nichts wissen können«. Was sich an den Neuen Märkten tat, könnte man mit einem Obstgarten vergleichen, in dem – gut gedüngt – die Früchte nur so wachsen, die Früchte der Phantasie. Sie wurden gierig – noch unreif – gepflückt und schmeckten natürlich nicht.

Vergleiche

Ein anderes Beispiel, das die Situation der High-Tech-Spekulation illustriert: Wer in einem fahrenden Zug sitzt und aus dem Fenster schaut, der wird immer nur einen kleinen Ausschnitt der vorbeifliegenden Landschaft zu Gesicht bekommen. Nur wenn er in den letzten Waggon ginge und zurückschauen würde, könnte sich ihm das ganze Panorama der Landschaft öffnen. Aber er wird immer nur jene Bilder zu Gesicht bekommen, die hinter ihm liegen. Die Vergangenheit also. Die Zukunft, die sein Fahrziel ist, wird er nicht sehen können. So ist es auch an der Börse. Man kann noch so viel »von der Vergangenheit wissen« und kann denn doch nicht die Zukunft in den Griff bekommen.

Ein anderes Gleichnis: Je unruhiger die Zeiten, je stürmischer es auf hoher See der Kapitalmärkte zugeht, desto weniger Segel wird ein verantwortungsbewußter Kapitän auf dem schwankenden Schiff aufziehen. Das wichtigste wird ihm dann nicht sein, schnell vorwärts zu kommen, sondern alles zu tun, um nicht unterzugehen. Auf die Börse übertragen: Bei Sturm geht es darum, das Vorhandene zu erhalten. Das ist die goldene Anlageregel. Die Börse hat dafür einen präzisen Begriff: »Liquidität«. Das heißt, flüssig sein – je unberechenbarer die Märkte werden. Für alle Fälle Vorsorge treffen. Wenn man zu viel Vermögen gebunden hat, kann man im Notfalle nicht oder nur mit großem Verlust wieder »zu Bargeld« kommen.

Wer reich ist, braucht nicht zu spekulieren

Nach dieser Philosophie: »Liquidität hat Vorrang« läßt sich um so leichter handeln, je mehr Geld man besitzt. Der verstorbene Börsenguru Andre Kostolany hat das mal auf den Punkt zu bringen versucht: »Wenn man Geld hat, kann man spekulieren. Wenn man keins hat, dann muß man spekulieren«. Das wäre natürlich der Höhepunkt des Leichtsinns. Auf diese Weise mögen ein paar Leute Glück haben. Aber viele Leute werden in die Verzweiflung getrieben. Man nannte früher jene, die – ohne selbst viel zu besitzen – wild drauflos spekulierten, die »Muß-Spekulanten«, die nichts zu verlieren hatten.

Feine Unterschiede gibt es in einer Situation, wie wir sie im Jahre 2000 an der Börse erlebt haben, zwischen dem Verhalten der Deutschen und der Schweizer. Die Eidgenossen, die im vergangenen Jahrhundert von Superinflationen, Währungsreformen und von zwei Weltkriegen verschont geblieben waren, haben im vergangenen Jahr – wenn man in den Markt hineinschaute – nicht so sehr zu den Leichtsinnigen gehört. Das Schicksal hat es mit ihnen gut gemeint. Sie haben über Generationen hinweg Vermögen erworben und vererbt. Sie können sich deshalb auch beim Kapitalanlegen ganz anders verhalten als die »jungen Vermögenden« der ersten Nachkriegsgeneration in Deutschland. Sie sind – und zum Teil auch ihre Kinder – vielfach noch ohne ausreichende eigene Erfahrung im Umgang mit Geld und deshalb leichter beeinflußbar.

Streiflichter aus der Praxis

Die Unterschiede im Denken lassen sich an einem Streiflicht aus der Praxis einer Schweizer Privatbank illustrieren. Da heißt es in einem Bericht der St. Gallener Wegelin Bank, daß sich während der Turbulenzen an den Neuen Märkten ihre traditionelle »große Kundschaft« weit weniger vom Börsenrummel habe anstecken lassen als die Kleinen. Die Bank schreibt: »Uns fällt in der Vermögensverwaltung auf, daß erfolgreiche Unternehmer unter unseren Kunden in ihrem persönlichen Portefeuille oft eine erstaunlich Menge an liquiden Mitteln buchstäblich vor sich herschieben. Diese Liquidität ist synonym mit einer minimalen Rendite. Wir geben zu, daß uns dieses Verhalten als Bank stört. Wir machen immer wieder Vorstöße bei unseren potenten Kunden, brach liegende Beträge doch endlich zu investieren. Aber wenn denn unsere Berater empfehlen, Aktien zu kaufen, würden diese Kunden antworten: »Recht mögt ihr ja haben, aber wir bleiben liquide«.

Die Schweizer Bank glaubt, daß es vielen Vermögenden vorrangig darauf ankomme, sich ihre persönliche Handlungsfreiheit optimal zu wahren. Für's täglich Brot brauchen sie in der Regel das Geld nicht. Die Liquiditätshaltung habe klar einen Versicherungscharakter. Das frei verfügbare Geld halte ihnen den Rücken für künftige Entscheidungen frei. So gesehen sei es für diesen Kundenkreis ökonomisch durchaus rational, ein großes Polster mit flüssigen Mitteln vor sich herzuschieben. »Der Nutzen, den die Liquidität in Form von Handlungsfreiheit abwerfe, übersteigt die möglicherweise zu erzielenden Gewinne aus einer aktiven Aktienanlage.«

Man vergleiche diese Aussage aus der Praxis mit den vielen schönen Anlageplänen, die allenthalben feilgeboten geboten werden. Die Vorsichtigen sind im Jahre 2000 gewiß nicht am Schlechtesten gefahren.

Keine Wende

Natürlich heißt das nicht, nun die Aktien zu verdammen und die Hände von Beteiligungspapieren zu lassen. Die Aktie ist immer noch bei all dem großen Wandel der Börsen und der Börsenstrukturen das geniale Instrument geblieben, mit dem sich der Sparer auch »in kleinen Häppchen« an der großen Wirtschaft und damit auch am Wachstum beteiligen kann. Daß wir in einem neuen Langzeit-Zyklus leben und daß in diesem Zyklus das wirtschaftliche Wachstum ganz überdurchschnittliche Gewinne erwarten läßt, steht außer Zweifel. Es ist richtig, wenn in Amerika ständig gesagt wird, daß jetzt »ein Ruck durch die ganze Welt« gehe. Die New Economy – die neue Wirtschaft – werde noch auf Jahrzehnte ungeahnte Möglichkeiten bieten. Aber: Wie immer bei so großen ökonomischen Umwälzungen ginge es nicht ohne Übertreibungen. Wahrscheinlich werden von je 100 Firmen, die heute an den Neuen Märkten sowohl in Amerika als auch in Europa forschen, verkaufen und verdienen, höchstens fünf in den nächsten 25 Jahren übrigbleiben. Ein Teil wird aufgekauft werden, der andere Teil wird untergehen.

Nichts wäre deshalb so falsch, nach den Enttäuschungen des abgelaufenen Jahres, nun von einem Extrem ins andere zu fallen und vom »Ende des Börsenwachstums« zu sprechen. Erinnern wir uns, daß in den 70er Jahren mal der Club of Rome das Ende wirtschaftlichen Wachstums lautstark verkündet hatte – und wie Unrecht hatte er. Was wir jetzt erleben, sollte man als eine Art schöpferische Pause im Rahmen einer ungebrochenen Wachstumsphase ansehen, die noch lange nicht beendet sein wird. Vergleichen wir die Situation, welche so viele Börsenneulinge schockierte, mit dem täglichen Leben. Niemand kann immer nur wach sein, jeder muß auch mal schlafen. Auf jeden Tag folgt die Nacht und umgekehrt. Was wir jetzt erleben, ist also bei Licht gesehen ein ganz natürlicher Vorgang. Ohne Auf und Ab wird's auch in den nächsten Jahren nicht gehen. Einen guten Garten muß man pflegen und wuchernde Pflanzen beschneiden. Genau diese Funktion haben die Pausen, welche die Börse im Rahmen des langen Zyklus immer wieder machen muß. Gegen eine Mauer soll man nicht laufen. Der nächste Aufschwung wird kommen.

Wo steht das Barometer?

Wie aber soll man erkennen, wann es sich lohnt, wieder mehr Mut zum Kaufen zu haben? An der Börse wird nicht geklingelt. Aber es ist hilfreich, sich an Erfahrungen aus der Vergangenheit zu orientieren. Überschaut man einen langen Zeitraum, so stellt sich heraus, daß es im Durchschnitt nie möglich war, einen Vermögenszuwachs von mehr als 6 bis 8 Prozent (nach Steuern und Inflation) jährlich nachhaltig zu erwirtschaften. Ein paar Jahre mag man vielleicht Glück haben und wesentlich mehr als 6 bis 8 Prozent verdienen können. Aber dann folgen ziemlich gesetzmäßig auch wieder mal schmerzliche Einbußen mit Verlusten, die auch mal 8 bis 10 Prozent in einem Kalenderjahr betragen können, oder sogar noch mehr. Indessen: Wenn man die Kirche im Dorf läßt, führt ein durchschnittlicher Vermögenszuwachs von 6 bis 8 Prozent in einem Jahrzehnt – grob gerechnet – etwa zu einer Verdopplung des eingesetzten Kapitals, wenn eine Mischung zwischen Aktien und Festverzinslichen gewählt worden war. In 20 Jahren würde sich ein Vermögen dann immerhin vervierfachen. Das sind Perspektiven, die heute, wenn es darum geht, mehr Eigenvorsorge für die Altersversorgung zu treffen, nicht unwichtig sind. Die größte Gefahr bei der langfristigen Vermögensbildung besteht freilich in der einseitigen Auswahl der Anlageformen. Zu diesem Thema findet der Leser in den nachfolgenden Kapiteln mannigfache Anregungen.

Nach klassischen Gesetzen pflegt die Börse immer der Konjunktur vorauszugehen, und die Zinsen folgen der Konjunktur. Auf die Gegenwart bezogen ist die Börse in den letzten Jahren der konjunkturellen Entwicklung sehr weit vorausgeeilt. Viele Aktien, besonders in Amerika, wurden mit dem 40 bis 70fachen der Gewinne bezahlt, und manche waren sogar noch teurer. Als »normal« gilt ein Preis-Gewinnverhältnis von 14 bis 18. Wenn die Konjunktur – und damit auch die Gewinne – der Börse nicht mehr folgen können, dann muß es zwangsläufig zu einer Ernüchterung am Aktienmarkt kommen. Genau in dieser Phase befinden wir uns am Anfang des neuen Jahres. Gibt es einen Börsenrückschlag, wird Liquidität vernichtet, es wird weniger investiert, und schließlich wird auch der Verbrauch gedrosselt und die Arbeitslosigkeit kann zunehmen. Ob der Konjunkturrückschlag milde oder stark ausfällt, läßt sich nicht im voraus »errechnen«. Das hängt vom Weltmarkt ab und auch von der Politik der Zentralbanken und der Regierungen, wie sie rechtzeitig auf Rückschläge reagieren.

Dieses Szenarium stellen wir optisch in unserem jährlichen Trendbarometer vor, das der Leser im Kapitel III dieses Buches wieder findet. Wenn nicht alles täuscht, werden wir im neuen Jahr wohl noch mit rückläufigen Aktienkursen rechnen müssen, was nicht ausschließt, daß einzelne Branchen und Titel sich besser als der Durchschnitt verhalten könnten. Die Konjunktur wird der Börse folgen. Die Wachstumsraten werden abflachen. Dies wird den Zentralbanken erlauben, allmählich die Zinsen zu senken, weil bei rückläufiger Konjunktur und schlechter Börse auch die Inflationsgefahr abnimmt. So wird sich denn der Kreis schließen. Die Börsen werden eine neue Basis finden, und das ist die Hoffnung. Ob schon im Jahr 2002 oder erst etwas später, das steht noch in den vielzitierten Sternen. In Amerika wird ziemlich sicher nach einem unvermeidlichen Rückschlag schon wieder im nächsten Jahr mit einer Erholung der Börse gerechnet, wobei die ja noch im vollem Umfange in Gang befindliche technische Revolution eine Lokomotivfunktion haben soll. Ginge es in Amerika aber wieder aufwärts, würde sicherlich auch der Leidensweg der europäischen Börsen abgekürzt werden können. Aber: Verwiesen sei auf die großen Schwierigkeiten, welche die Japaner haben, aus ihrer tiefgreifenden Rezession, die nun schon fast 10 Jahre dauert, herauszukommen. Wenn wir in Europa die Fehler der Japaner wiederholen und uns nicht von Regulierungen und Kartellierungen der Wirtschaft und der Arbeitsmärkte sowie einer verfehlten Steuerpolitik zu befreien vermögen, könnte der Wohlstandsabstand zwischen Amerika und Europa zugunsten Amerikas in den nächsten Jahren noch zunehmen. Darüber ist im Kapitel III einiges zu lesen.

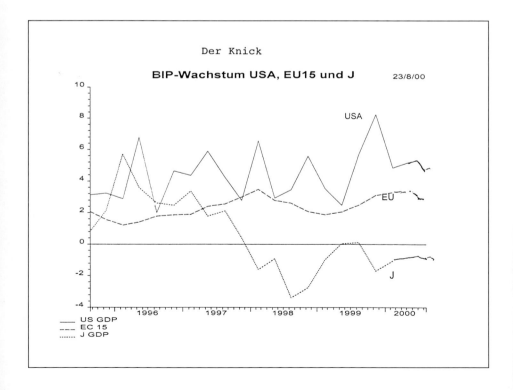

Bemerkungen zum neuen Börsenjahr

Wir glauben, daß den festverzinslichen Märkten im neuen Jahr größere Aufmerksamkeit geschenkt werden kann. Die Zinsen sind im Jahre 2000 kräftig gestiegen. Flacht sich die Konjunktur ab, ist eher im Jahresverlauf mit etwas billigerem Geld und Kapital zu rechnen. Es wäre demnach nicht falsch, jene Teile der Anlagen, die man festverzinslich investieren möchte, vom Geldmarkt weg in die Anleihen zu lenken. Dabei hat der Anleger die Qual der Wahl zwischen großer Sicherheit mit dem Kauf von Staatsanleihen oder mit dem Erwerb hochverzinslicher Unternehmensanleihen, die aber nicht ohne Risiko sind. Bondmärkte sind nicht weniger gefährlich als Aktienmärkte. Wer zu »zinsgierig« ist, kann schneller als bei Aktien seinen Kapitaleinsatz zu hundert Prozent verlieren,, wenn der Schuldner Pleite geht.

Im Kapitel III dieses Buches erhält der Anleger einen Überblick über die internationalen Aktienmärkte und ihre möglichen Chancen für das neue Jahr. Wir verhehlen nicht, daß wir immer noch skeptisch sind, ob sich die fernöstlichen und die südamerikanischen Märkte so schnell erholen, wie das vielfach dem Wunschdenken mancher Kreise entspricht. Wenn wir davon ausgehen, daß auch in den nächsten Jahren Amerika der Weltwachstumsspitzenreiter bleiben wird, dürfte es vertretbar sein, im Jahresverlauf auch wieder vorsichtig auf die Wall Street zu setzen. Im Detail findet der Leser im Börsenteil des Buches Anregungen.

Generell läßt sich sagen, daß das direkte Sparen in Zinspapieren in der Regel vorteilhafter ist als über Fonds. Umgekehrt ist es für den Laien risikoreicher, auf eigene Faust an den kaum noch zu übersehenden Aktienmärkten der ganzen Welt Geld zu verdienen. Hier kann das Fondssparen segensreich sein, freilich muß man auch an diesem Markt die Schafe von den Böcken trennen.

Wie weit es sich lohnt, mit Banken und selbständigen Vermögensverwaltern Verträge zur Fremdverwaltung abzuschließen, muß dem einzelnen Anleger überlassen bleiben. Auch hier ist aber nach dem Prinzip: »Vertrauen ist gut, Kontrolle ist besser« zu handeln. Die Moral von der Geschichte: Zeit für's eigene Geld nehmen.

Der Devisentrend

Keine Alternative zum Dollar

Wenn schon Prognosen an den Aktienmärkten nur mit Vorbehalt gegeben werden können, so sind Voraussagen über die Entwicklung der Devisenkurse auf kurze Sicht – etwa auf 12 Monate – noch viel mehr gewagt. Wer die Devisenmärkte im Griff haben will, der dürfte überhaupt nicht mehr schlafen gehen. Er müßte Tag und Nacht die Kurse an einem Markt beobachten, an dem in 24 Stunden heute rund 1500 Milliarden Dollar (umgerechnet aus diversen Währungen) umgesetzt werden. Im professionellen Devisenhandel gönnt man sich kaum Pausen. Auch die kleinste, möglicherweise kursrelevante Nachricht aus Politik und Wirtschaft kann die Devisenkurse innerhalb von Sekunden nach der einen oder anderen Seite hin beeinflussen. Wenn ein Handelshaus in einer Währung gerade mit mehreren hundert Millionen Dollar engagiert ist, können Kursveränderungen »hinter dem Komma« eine große Wirkung zeigen. Man kann mit einem Mausklick in Bruchteilen einer Minute Millionen verdienen oder verlieren. Devisenhändler sitzen Tag und Nacht auf einem heißen Stuhl.

In einem Jahrbuch ist es müßig, kurzfristige Wechselkursprognosen auf einen Zeitraum von nur wenigen Monaten zu stellen. Das wäre Lotteriespielen. Möglich ist dagegen, weit auszuholen und sich Vorstellungen davon zu machen, welchen Kurs die großen Währungen der Welt wohl auf lange Sicht einschlagen werden. Nehmen wir vorweg: Wir sind überzeugt, daß der Dollar – und nur der Dollar – in den nächsten Jahren unbestritten die Nummer 1 unter den Weltwährungen bleiben wird, und zwar aus zwei Gründen. Die immer mehr zusammenwachsende Weltwirtschaft, die auch zu immer mehr Umsätzen im Internet führt, wobei es keine Grenzen mehr zwischen Ländern und Kontinenten gibt, diese Universalwirtschaft wird sich immer schwerer tun, überhaupt noch mit mehreren Währungen zu rechnen. Man wird einfach zu einer einzigen Internetwährung übergehen, und die ist nun mal der Dollar. Jeder kann dann »zu Hause« den Dollar in seiner Heimatwährung wechseln, wie und wann es ihm beliebt. Der andere Grund ist, daß es neben dem Dollar keine andere Währung gibt, die eine ähnlich hohe Liquidität hat. Nur in Dollar sind Tag und Nacht auch die größten Posten in Geld und Brief handelbar, vor allem auch im Fernen Osten und in Südamerika. Das Dollar-Volumen hat durch die hohen Handelsbilanzdefizite Amerikas in den letzten Jahren sogar noch beträchtlich expandiert. Die Dollar-Schulden Amerikas sind die Dollar-Guthaben in der übrigen Welt. Weder was die Quantität noch die Qualität anbetrifft, kommt der Euro mit dem Dollar mit. Er muß sich erst das Erste-Klasse-Billett im Währungszug verdienen. In der kurzen Zeit seines Bestehens hat der Euro nicht zuletzt wegen der großen Kursschwankungen im Welthandel sich wenig Vertrauen verschafft. Im Grunde genommen ist die europäische Währung nicht viel mehr als eine kontinentale Lokalwährung, die nicht einmal das ganze Europa umfaßt. Die Aussichten, daß sich das in absehbarer Zeit ändern wird, sind wegen der Dollar-Dominanz und der Stärke der amerikanischen Wirtschaft gering.

Daraus ergeben sich auch Konsequenzen, nicht nur für den kommerziellen Waren- und Dienstleistungsverkehr, sondern auch für den Kapitalmarkt. Gewiß kann man heute Euro-Aktien und Euro-Anleihen in großem Volumen handeln. Aber jeder Käufer und Verkäufer auf dem Weltmarkt, der in Euro anlegt, wird sogleich immer fragen: »Wie groß ist mein Dollar-Risiko, das ich mit dem Euro kaufe?«

Zweifel am Euro

Für die internationalen Kapitalmärkte ist der Euro nicht der Nabel der Welt. Aber für 300 Millionen Europäer ist er nun mal das Gemeinschaftsgeld geworden, wenn es sich auch in der Startphase nicht mit Ruhm bekleckert hat. Der Präsident der Europäischen Zentralbank steht schon auf der Abschußliste, und einige deutsche Professoren erwägen, noch vor dem Bargeldumtausch Anfang 2002 eine neue Verfassungsklage in Deutschland einzureichen, um den Ausstieg des Landes aus dem Euro zu erzwingen. Dabei stützen sich die Initiatoren darauf, daß die Grundlagen für die Währungsunion in den Maastricht-Verträgen verletzt worden seien. Die Europäische Zentralbank habe die heilig versprochene Höchstgrenze von 2 Prozent Inflation im Euro-Raum ignoriert. Mögen die Aussichten einer Klage auch minimal sein: Allein die Tatsache, daß es ernstzunehmende Wissenschaftler gibt, die an der Qualität des Euros zweifeln und das rechtzeitige Aussteigen – vor dem Bargeldumtausch – für vernünftig halten, zeigt die ganze Problematik des Gemeinschaftsgeldes, was wir im Kapitel II dieses Buches ausführlich beschreiben.

Wo landet der Euro?

Bleiben wir beim Euro. Händeringend wird alle Tage in Europa gefragt: »Wann ist denn nun der Leidensweg zu Ende? Wann wird der Wechselkurs gegen Dollar sich wieder erholen, und wie weit wird der Euro alsbald steigen können«? Daß die Politiker in Europa jeden Tag aufs neue prophezeihen, der Euro sei unterbewertet und müsse steigen, kann schon niemand mehr hören. Eine Goodwill-Werbung für das neue Geld sind die gebetsmühlenartigen Behauptungen, »der Euro ist stark, nur der Rest der Welt ist so dumm, das zu verkennen«, gewiß nicht.

Das Schlimmste ist, daß diejenigen, die den Euro gesundbeten wollen, ganz genau wissen, wer die Musik spielt: Politiker haben das Privileg, die Wahrheit zu relativieren. Deshalb ist es müßig, sich mit Fakten in die Diskussion um den »richtigen Kurs« des Euros einzumischen. Nur wenn sich der Euro selbst hilft, dann hilft ihm auch der Markt.

Einen Euro-Crash provozieren?

Dennoch ist die Frage berechtigt, wie weit denn der Euro noch fallen kann. Um 85 Dollar-Cent herum will die EZB intervenieren. Aber die ersten Prüfungen waren nicht vielversprechend, eher beschämend, weil nur halbherzig. Schnell ließen die Amerikaner wissen, daß sich die Europäer sich selbst um den Wert ihres Geldes kümmern sollten.

Das Abwärtspotential des Euros wird von Devisenspezialisten, die den Markt ganz genau verfolgen, im Jahre 2001 bis auf 75 Dollar-Cent getaxt. Ganz wenige Beobachter sehen noch schwärzer. Erst auf der Basis von 75 Dollar-Cent könnte wohl damit gerechnet werden, daß sich international die Meinung durchsetze: »Jetzt ist's wohl genug. So viel ist der Euro allemal wert«. Es gibt nun Fachleute, die empfehlen, man sollte es darauf ankommen lassen, statt den Euro zu stützen, ihn bis auf 75 Dollar-Cents fallenzulassen. Am besten sei es, einen regelrechten Euro-Crash zu provozieren, eine Ausverkaufsstimmung zu erzeugen bis zu dem Punkt, an dem sich die Meinung durchsetzen würde, man könne wieder kaufen. Wenn dann die EZB nachhelfen würde, könnte tatsächlich die technische Wende schnell herbeigeführt werden. Ob bis auf 1:1 Euro/Dollar sei dahingestellt. Bei Kursen über 1:1 aber würde schnell wieder aufs Neue die Spekulation animiert werden »drauf loszuschlagen«. Diese Überlegungen zeigen, wie vorsichtig man taktisch vorgehen muß. Strategisch gesehen – also langfristig – besteht auch nach unserer Ansicht noch auf Jahre hinaus keine Aussicht, daß es einen starken Euro geben wird.

Die Euro-Gläubiger führen eine ganze Palette von Gründen an, warum die europäische Währung steigen müsse. Dabei ist es auffällig, daß man sich darauf beschränkt, den Dollar schlecht zu machen, in der Hoffnung, daß dann der Euro stark wird. Negativ wird auf das hohe amerikanische Handelsbilanz-Defizit verwiesen und spekuliert, daß bei schlechter amerikanischer Börse in großem Umfange Kapital aus der Wall Street abgezogen werden könnte. Wohin? Natürlich in den Euroraum, dort wo das Auslandsgeld ganz besonders warm begrüßt werden würde. Mit der geplanten Quellensteuer, um welche die Zinserträgnisse aus Auslandsanlagen im Euroraum gerupft werden sollen. Der deutsche Finanzminister ist von sich so überzeugt, daß er glaubt, die ganz Welt würde Deutschland zu Füssen liegen und ihr Kapitel minus 20 oder 25 Prozent Steuern Europa zur Verfügung stellen. Währungshistoriker werden vielleicht in 100 Jahren eine Satire schreiben.

Der Franken: Fein, aber klein

Wer bietet sich dem Euro noch als Partner oder auch als Gegner an? Da ist der Schweizer Franken, heute vom Euroraum eingekesselt. Der Franken ist zweifellos die feinste vollkonvertierbare Währung der Welt, die sich in den Nachkriegsjahrzehnten einen exzellenten Ruf verschafft hat. Wer als Deutscher zum Beispiel weiter nichts getan hätte, als Anfang der 70er Jahre Franken gegen DM zu kaufen, um die Franken »unter die Bettdecke zu legen«, der hätte in knapp drei Jahrzehnten zinslos ein Vermögen verdient. Für 100 DM mußten die Schweizer bei der damaligen Ölkrise bis 125 Franken zahlen. Heute müssen die Deutschen 130 DM auf den Tisch legen, um 100 Franken zu erhalten. Das Wunder ist, daß die Schweiz dennoch offensichtlich mit dem extrem hohen Wechselkurs zurecht kommt. Es gibt keine Arbeitslosigkeit im Lande und auch keine massenweisen Klagen der Exportindustrie, sie würde im Euroraum nichts verdienen können. Ein schlagender Beweis dafür, daß es eben nicht nur der Wechselkurs ist, der ein Land wettbewerbsfähig macht. Es ist etwas ganz anderes: Das Vertrauen in eine Währung, an der niemand zweifelt, und es ist der verläßliche Finanzplatz, der hinter der Währung steht.

Die Aufwertung des Frankens hat freilich Ende 2000 eine kritische Grenze gegen Euro erreicht.»Viel nach oben« ist da nicht mehr drin, jedenfalls nicht auf längere Sicht. Andererseits aber ist kaum damit zu rechnen, daß sich der Wechselkurs wieder einmal »wie in alten Zeiten« auf etwa 1:1 gegen DM einpendeln wird. Aus der Sicht der Kapitalanlage stellt sich die Frage, ob es jetzt noch opportun ist, Franken-Anleihen zu kaufen. Wird der Euro stark, könnte der Franken-Kurs fallen. Andererseits: Würde der Euro in Gefahr geraten, würden vielleicht die Grenzen zwischen dem Euro-Raum und der Schweiz für den freien Kapitalverkehr kontrolliert werden müssen. Wohl dem, der dann in kritischen Zeiten, zum Beispiel als Deutscher, frei verfügbares Geld in der Schweiz hätte, das er in der ganzen Welt verwenden könnte. Genau diese Überlegungen, sich mit dem Franken ein Stück monetäre Freiheit für alle Fälle zu sichern, zieht immer wieder deutsches Geld nach Zürich. Das Bankgeheimnis ist eigentlich nur sekundär. Wie es damit bestellt ist, versuchen wir im Kapitel IV darzustellen. Schon an dieser Stelle: Keine Angst, die Schweizer Stimmbürger sorgen dafür, daß es beim Schutz der Privatsphäre bleibt, wenn es um ihr Geld geht.

Der Yen: Kaum Zinsen – dennoch fest

Neben Dollar und Euro spielt die japanische Währung – der Yen – eine wesentliche Rolle im Außenhandel, vor allem innerhalb Südostasiens. Eigentlich hätte der Yen viel stärker als der Euro unter der Last des Dollars leiden müssen. Die japanische Notenbank schüttet immer noch das Geld nahezu zinslos, zu 0,5 Prozent, in die Binnenwirtschaft. Die Soll- und Haben-Zinsen in Japan liegen zwischen 1 und 2 Prozent. Kein Europäer und Amerikaner wird japanische Wertpapiere wegen der Zinsen kaufen. Trotzdem hält sich der Yen erstaunlich fest. Das liegt daran, daß japanische Banken und Firmen immer wieder einen starken Yen-Bedarf haben, und deshalb verdiente Dollar in Heimatwährung tauschen müssen. Europäer nutzen zum Teil die niedrigen Kreditzinsen, um sich in Yen zu verschulden. Aber Vorsicht ist geboten, denn es kann durchaus sein, daß der Yen so fest wird, daß bei Rückzahlung der Kredite über den Wechselkurs der ganze Zinsvorteil wieder verloren gehen könnte. Wer sich in Yen verschuldet, muß ihn absichern, und das kostet Geld. Die Nachfrage nach Yen zum Kauf von Yen-Aktien ist immer noch moderat, weil die Aktienmärkte in Tokio unverändert schwach tendieren. Sollte der Nikkei-Index, der Gradmesser des Tokioer Aktienmarktes, im Trend Richtung 20000 Index-Punkte steigen, würde wahrscheinlich auch der Yen gegen Euro teuerer werden, und dann würde ebenfalls die Rückzahlung von Yen-Krediten aus europäischer Sicht teuer zu stehen kommen. Deshalb im Jahr 2001 Vorsicht bei allen Yen-Devisengeschäften, wenn sie ohne Absicherung getätigt werden.

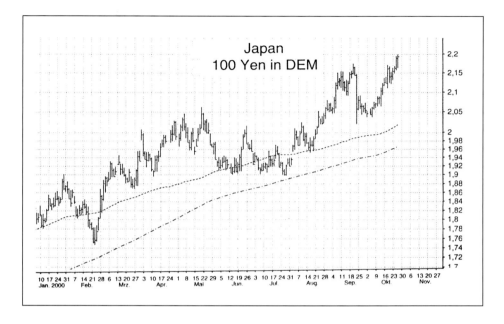

Die Karriere-Bibel

Werner Lanthaler / Johanna Zugmann

Die ICH-Aktie

Mit neuem Karrieredenken auf Erfolgskurs

256 Seiten, ISBN 3-933180-84-8

*Im Buchhandel erhältlich oder
Frankfurter Allgemeine Zeitung GmbH,
Verlagsbereich Buch, 60267 Frankfurt am Main*
Bestell-Fax: 0 69 - 75 91 - 21 87

Kapitel II

Das neue Geld

Europa: »Vorwärts in den Dschungel«

Die Europäische Union ist wie ein Fahrrad.
Wenn es sich nicht bewegt, fällt's um.

(Gey Verhofstadt, Belgischer Regierungschef)

Was ist Europa? Ob wir nun in der heute locker organisierten Europäischen Union leben oder im zu Brüssel distanzierten Skandinavien oder auch in der noch »bündnisfreien« Schweiz, Europa ist eine geographische Einheit vom Atlantik über das Mittelmeer bis zum Ural. In diesem Erdteil leben Germanen, Slawen und Romanen und dazu noch eine ganze Reihe anderer Völkerschaften. Europa, das ist das Zentrum der Christenheit, und es war der Mittelpunkt der ökonomischen Welt bis ins 20. Jahrhundert hinein. Ohne die europäische Kultur und auch die Zivilisation wäre unsere heutige Welt gar nicht denkbar, wenn auch andere Regionen inzwischen mächtig aufgeholt haben. Die Folge des Selbstzerfleischungsprozesses der alten Welt im 20. Jahrhundert war die Erkenntnis, daß es ohne eine enge Gemeinschaft der europäischen Staaten nicht mehr möglich sein würde, das Gewicht Europas in der Welt zu wahren und damit zugleich im Wohlstand mit anderen Regionen mitzuhalten. Europa war unter dem Zwang der Verhältnisse in den Nachkriegsjahrzehnten auf gutem Wege, sich selbst zu finden.

In der Präambel des in aller Hast im 1. Kalenderjahr des 21. Jahrhunderts konzipierten Entwurfs einer »Charta der Grundrechte der Europäischen Union« heißt es: »Die Völker Europas haben untereinander eine immer engere Union begründet und beschlossen, auf der Grundlage gemeinsamer Werte eine friedliche Zukunft zu teilen«. Mit diesem Satz haben die Väter des Entwurfes kräftig in die Zukunftstasten gegriffen. Die Aussage, daß die Grundrechte »für eine immer engere Union« bestimmt seien, ist kühn und vorläufig nichts weiter als eine Hoffnung, hinter der noch keine Realitäten stehen.

Eine Art Verfassung für etwas, was noch gar nicht da ist, nämlich noch kein staatenähnliches Gebilde mit einheitlicher Rechtsverfassung, und dies alles über die Köpfe der Bürger hinweg, das ist mehr als ein Wagnis, es ist ein großes Risiko. Geht es schief, würde alles wieder aufs Spiel gesetzt werden, was im letzten halben Jahrhundert erreicht wurde. Fragt man die »Berufseuropäer«, warum sie unbedingt so schnell treten wollen und warum »das Fahrrad Europa« auch nicht einen Augenblick stillstehen dürfe, spürt man regelrecht die Angst vor dem Umfallen. Die Proklamation von Grundrechten für alle Europäer ohne direkte demokratische Legitimation ist aber typisch für jenes »organisierte Europa«, das hektisch nach immer mehr Kompetenzen drängt. Dabei sind die bisher geschlossenen Europa-Verträge noch gar nicht in vollem Umfange mit Leben erfüllt. Über viele Details ist man sich nie einig geworden. Nun, am liebsten alles Bisherige wie lästigen Staub abwischen und schnellen Schrittes ins Ungewisse gehen. Europa: Vorwärts in den Dschungel?

»Europa-Fusion«

Zitieren wir noch einmal die Präambel des Grundrechte-Entwurfs. Da heißt es: »Die Völker Europas haben untereinander eine immer engere Union begründet und beschlossen, auf der Grundlage gemeinsamer Werte eine friedliche Zukunft zu teilen«. Von Völkern ist da wenigstens noch die Rede. Aber, daß man einfach eine »immer engere Union« voraussetzt, obwohl noch unendlich viele Stolpersteine auf dem Weg zur echten Union liegen, das ist das typische Verhalten der Europa-Politiker unserer Tage. Es ist die große Illusion. Skepsis ist angebracht, weil der Union immer noch die Reife fehlt. Sie muß wohl noch lange um Geschlossenheit und Vollendung kämpfen. Vernachlässigt man diese Aufgabe und öffnet die Gemeinschaft zu früh mehr als einem Dutzend Mitglieder, so sind die Folgen nicht absehbar. Die EU würde in wenigen Jahren aus drei Dutzend souveräner Nationen unterschiedlicher Kultur, Geschichte und Religionen bestehen. Um diese Vielfalt auf einen Nenner zu bringen, würde es vielleicht ein ganzes Jahrhundert brauchen. Zu fürchten ist, daß es innerhalb einer zu großen Organisation später zu bitteren Auseinandersetzungen kommen könnte. Dies würde Gewicht und Schlagkraft der Union untergraben und den Eindruck erwecken, daß es bei der »Fusion« Europas hauptsächlich darum ginge, sich von den heutigen ökonomischen Kräften der Globalisierung und Liberalisierung der Weltwirtschaft abzusetzen, um eine Art »Sozialgemeinschaft« zu bilden, die ohne Zwang nicht funktionieren würde. Soll ein Europa geschaffen werden, ohne daß die Bürger Europas überhaupt gefragt werden?

Die Gefahr ist groß, daß die Freiheit des Individuums im Laufe des »Einigungsprozesses« scheibchenweise abgebaut wird und der Eurobürokratie Tür und Tor geöffnet werden könnte, hin zu einem Überstaat mit Machtmißbrauch. Das alles sind keine böswilligen Unterstellungen. Der gerade hinter uns liegende Österreich-Boykott hat gezeigt, wo die Reise hingehen könnte, wenn man nicht sehr wachsam ist. Ein britischer Soziologe hat in einer Analyse des »organisierten Europas« geschrieben: »Dieser Gemeinschaft fehlt einfach die Seele«.

Ein Jurist, Professor und Staatsbeamter, Johannes Fortuny schreibt in seinen im Herbst 2000 erschienenen »Anmerkungen zum Euro«: »Prüft man die Rechtslage der Europäischen Gemeinschaft objektiv, so sind die institutionellen Positionen völlig verfahren. Ein bloßes Lippenbekenntnis zur Bürgernähe.« Fortuny zitiert den ehemaligen französischen EG-Kommissionspräsidenten Delors, der gesagt haben soll: »Es ist doch eine Torheit, irgendwelchen Bürgern der Gemeinschaft den Maastricht-Vertrag als Lektüre zuzuschicken«.

Aus dem Gruselkabinett

Die heutige Euro-Bürokratie gefällt sich im Verordnen und Gängeln. Ein paar Kostproben aus den Bemerkungen Fortunys: Das Europäische Parlament, das so wenig wirklich zu entscheiden hat, ist ein Wanderzirkus. Die 626 Abgeordneten, die meist von ihren nationalen Parlamenten weggelobt werden, müssen zwischen Straßburg und Brüssel ständig hin und her pendeln. Frankreich achtet streng darauf, daß mindestens 12 Sitzungen des Parlaments jährlich auf französischem Boden stattfinden. In Straßburg steht ein großzügiges Parlamentsgebäude des Europarats für die Sitzungen des EU-Parlaments zur Verfügung. Aber, wie ein Stück aus dem Tollhaus, wurde in Brüssel auch noch ein neues Parlamentsgebäude für die dortigen Tagungen errichtet. Mit 2500 Büros, mit Luxusbädern für die Abgeordneten, 80 Sitzungssälen und einem unübersehbaren Heer von Dolmetschern und Vervielfältigungsmaschinen: Baukosten 2,2 Milliarden DM. Aber das reicht noch nicht. In Straßburg befindet sich ein weiterer Bürokratentempel. Dort entstanden 1200 neue Büros, 30 Säle, 220 000 qm Nutzfläche: Bausumme über eine Milliarde DM. Jugendliche aus allen EU-Ländern pilgern zu den »Domen der Bürokratie«. Sie müssen Aufsätze schreiben, wie schön Europa ist. In den Druckschriften, die den Jugendlichen in die Hand gedrückt werden, heißt es, daß die Bauwerke »Symbole der europäischen Bürger sind«. Jedes der Gebäude wird nicht mehr als höchstens 50 Tage im Jahr benutzt. In Luxemburg befindet sich obendrein das Generalsekretariat, in dem 2000 Beschäftigte »versorgt werden«. Der Riesenapparat wuchert schier endlos. Die Spitzenpositionen des EU-Kommissariats haben sich in den letzten Jahren nicht gerade durch Führungsstärke ausgezeichnet. Und wer kennt überhaupt in den Mitgliedsländern seine »Europa-Abgeordneten«? Eine Umfrage im gesamten Euro-Raum hat totale Fehlanzeige ergeben.

Nun wäre es falsch, dem schwerfälligen, wuchernden bürokratischen Apparat Schlafmützigkeit zu attestieren, analog dem Witz aus Bern, wonach ein Beamter zum Arzt kommt und klagt: »Herr Doktor, seit einiger Zeit fühle ich mich wie gerädert.« »Ja arbeiten sie denn so viel«, fragt der Arzt. »Na, es geht. Früher waren es 44 Stunden, heute sind es noch 40.« »Aha«, strahlte der Arzt. »Da haben wir es ja, da fehlen ihnen vier Stunden Schlaf«. (Der Witz ist der Werbeanzeige einer Schweizer Partei entnommen.) Nein: Die Brüssler sind sehr fleißig. Brüssel regelt alles über die Köpfe der nationalen Parlamente hinweg, ohne manchmal sicher zu sein, ob das juristisch überhaupt zulässig ist. Die Folge sind Hunderte Prozesse beim Europäischen Gerichtshof, der die Verträge sehr »integrationsfreundlich« auslegt.

Ein paar Glanzstücke aus dem Gruselkabinett: Eine Gurke darf nur Gurke im Euro-Raum heißen, wenn sie einen bestimmten Krümmungsgrad hat. Die Gurken müssen vor Brüssel strammstehen. Die Bauern werden belehrt, daß ein Europa-Salatkopf ganz bestimmte Außenabmessungen der Blätter haben muß. Spielzeughersteller müssen nach Weisungen der EU für einen bestimmten Grad von Festigkeit der Glasaugen in Teddybären sorgen. Europäische Wollknäuel müssen ein Mindestgewicht haben. Die vorgeschriebene Höhe der Traktorensitze muß vom Hersteller beachtet werden. Für die Lautstärke der Rasenmäher erläßt Brüssel Vorschriften. Und schließlich wird auch noch der Fettgehalt des europäischen Schweineschmalzes »geregelt«. Die neueste Errungenschaft: Es gibt nun auch den Europa-Hund, der sich so verhalten muß, daß er nicht die Europäer beißt.

Deutschlands Großzügigkeit

Warum das alles, was ein normaler Mensch wohl als totalen Unsinn bezeichnen würde? Nun, nach außen werden alle diese Vorschriften als Schutzklauseln für die Bevölkerung »verkauft«. Geht es Brüssel nicht letztlich darum, Konkurrenten, die nicht Mitglied der EU sind, abzuwehren? Spekuliert wird darauf, daß die Außenstehenden es erst gar nicht wagen, ihre Waren im EU-Raum anzubieten. Wenn nun Entwicklungsländer klagen, sie hätten es wegen der vielen bürokratischen Vorschriften schwer, im Euro-Raum ihre Waren zu verkaufen, sagt die EU in Brüssel: »Keine Angst, euch kann geholfen werden. Wir haben jährlich Milliarden Entwicklungshilfe zu verteilen.« Wer zahlt? Deutsche Steuerzahler dürfen raten. Die Umverteilungsmentalität feiert in der Gemeinschaft Triumphe.

Juristen mit gutem Namen haben manchem, was die EU-Kommission in Brüssel angerichtet hat, eine »ausreichende demokratische Legitimation« versagt. Aber so etwas prallt an der dicken Haut der europäischen Paläste ab. Wer hat schon den Mut, bei jeder Gelegenheit den Europäischen Gerichtshof anzurufen, in dem ja letztlich auch »Europäer« sitzen? Im Europa-Parlament sind die Stimmen nicht nach der Bevölkerungszahl in den einzelnen Ländern verteilt. Deutschland hat freiwillig darauf verzichtet, mit seinen 82 Millionen Einwohnern mehr Einfluß im Parlament zu haben als Frankreich, Italien und Großbritannien, die jeweils rund 20 Millionen weniger Einwohner haben als die Bundesrepublik. Die kleinen Länder der Gemeinschaft haben wieder andere Sorgen. Sie fürchten ständig, daß sie überstimmt werden. Das alles macht böses Blut. Deutschland ist, um die europäische Vereinigung am meisten bemüht, eine Art »Gummibär«, dem man so ziemlich alles zumuten kann. Wenn es um Europa geht, werden die nationalen Belange in Deutschland in auffälliger Weise zurückgestellt, um ja nicht aufzufallen. Wenn die anderen EU-Mitglieder nationale Vorbehalte geltend machen, schlucken die Deutschen die Folgen.

Was wird werden, wenn die Gemeinschaft erst noch größer geworden ist? Da die Kommission in Brüssel eher verkleinert als vergrößert werden soll, wird die Bundesrepublik zeitweilig vielleicht überhaupt keinen EU-Kommissar mehr in der Brüsseler Regierung haben. Das wäre so, als würde man in einer Allparteienregierung einer Partei mit 30 Prozent Stimmenanteil die Teilnahme an der Regierung verweigern. So utopisch ist das nicht, daß vielleicht eines Tages ein ehemaliger Kommunist aus Prag Wirtschaftskommissar in der EU wird, der dann wesentlichen Einfluß auf die deutsche Wirtschaft nehmen könnte. Sicherlich würde dies kein Prototyp liberaler Marktwirtschaft sein. Die Gefahr, daß die Bundesrepublik in wichtigen Fragen überstimmt werden könnte, würde noch dadurch vergrößert werden, daß sich die neuen Mitglieder zusammenschließen und gemeinsam so viel Stimmen präsentieren, daß sie praktisch in Europa herrschen könnten. Wird das Einstimmigkeitsprinzip in existentiellen nationalen Fragen abgeschafft, worum es im Augenblick geht, wäre das eine Einladung zur Fraktionsbildung, mit ungewissen Folgen.

Dreiklassen-Recht

Die Finanzminister Deutschlands und Frankreich haben schon heute nichts wichtigeres zu tun, als in der EU eine möglichst schnelle und wirksame »Steuerharmonisierung« zu fordern. Wer seinen Bürgern niedrigere Steuern gönnt, weil die vielleicht fleißiger als andere sein könnten, muß bestraft werden. Gleichzeitig übt die EU auch Druck auf Nicht-Mitgliedsländer aus, die zum Respektieren der EU-Vorschriften gezwungen werden. Mit der Rute wird gedroht. Das ist das Problem der Schweiz.

Was wir hier schilderten, gibt Anlaß, darüber nachzudenken, ob die Wege, welche jetzt in der Gemeinschaft eingeschlagen werden, tatsächlich im Interesse der Europäer liegen. Aber die Aussichten, daß noch einmal in aller Ruhe über die Grenzen der Kompetenzen der Gemeinschaft nachgedacht werden sollte, sind gering. In der Europa-Politik dominieren die vielzitierten Macher. Keine Einigung gibt es darüber, ob nun die EU ein staatsähnliches Gebilde werden soll oder nicht. Der britische Premierminister Toni Blair ist gegen eine EU-Verfassung. Die Briten sind ohnehin nicht Mitglied des Euro-Raums. Dennoch haben sie erheblichen Einfluß auf die Europa-Politik, über welche die Konservativen in London wiederum Gift und Galle speien. Deutschland dagegen ist zu allem bereit, um seine Souveränität »zugunsten Europas« wegzuwerfen. Es gibt Kritiker, die der Meinung sind, die gegenwärtige deutsche Regierungskoalition mit ihrer farblichen Schlagseite würde sich im Kreis ähnlicher politischer Mehrheiten so wohlfühlen, daß sie alles täte, um eine solche Gruppierung dauerhaft zu erhalten. Im Gespräch ist schon heute eine Dreiteilung der Union, weil man inzwischen wenigstens eingesehen hat, daß man beim besten Willen nicht auf einmal 30 Länder auf einen Nenner bringen kann. In die Diskussion ist nun die Bildung einer Art Vorreiter-Gruppe, die ihre nationale Souveränität Stück für Stück aufgeben soll. Zu dieser Gruppe würden Deutschland, Frankreich, Italien und die Beneluxländer gehören, vielleicht noch die Spanier. Das wäre dann Europa 1. Klasse. Die Engländer würden wohl draußen stehen bleiben und ihre Sonderrolle behalten, ähnlich wie in der Währungspolitik. In eine 2. Klasse würde dann der Rest der jetzigen EU-Mitglieder sitzen dürfen. Die »Holzklasse« – die 3. Klasse – wären dann reserviert für die vielen neuen Mitglieder. Alles zusammen eine bunte Gemeinschaft.

Eine Mauer um Rußland?

Worüber man bei all diesen Spielen um eine europäische politische Integration großzügig hinwegsieht, ist das Problem Rußland. Die Russen haben bereits ihre Bedenken gegenüber einer zu großen Ausweitung der EU angemeldet. Sie fürchten, daß erneut eine Mauer in Europa vor der russischen Grenze aufgebaut werden wird. Der einflußreiche stellvertretende Vorsitzender des Verteidigungsausschusses Rußlands, Alexej Arbatow, hat die Situation, in der sich das Land nach einer schnellen Erweiterung der EU befinden würde, so geschildert: »Heute steht die NATO schon an der russischen Grenze, wenn die Polen erst dabei sein werden. Morgen wird die neue Trennungslinie auch auf wirtschaftlichem Gebiet deutlich gezogen werden. So hatte man sich in Moskau das Ende des Eisernen Vorhangs nicht vorgestellt«. Nun könnte man argumentieren: »Was gehen uns noch die Russen an«? Aber das wäre wohl sehr kurzsichtig gedacht. Rußland hat enorme wirtschaftliche und politische Probleme an seinen Randgebieten. Es ist nicht unwahrscheinlich, daß es in dem Riesenland zu inneren Zerwürfnissen kommt. Das könnte dann die Stunde der Chinesen sein, die auf Teile des asiatischen Rußlands »scharf sind«. Eine fast völlige Menschenleere in Russisch-Asien und eine Überbevölkerung in China. Könnte dann nicht Europa mit in den Strudel einer solchen Krise gerissen werden? Ein russischer Kommissar in Brüssel? Ein Halb-Kommunist in der EU-Kommission? Das sind Albträume, vielleicht für morgen oder übermorgen, die durch eine zu forsche Integration Europas »westlich von Rußland« zur Realität werden könnten.

Auf dem Weg zur Knechtschaft?

Wie wird die Zukunft Europas einmal aussehen? Eine rosa angehauchte »Super-Sozialbürokratie« ohne echte Opposition? Ausgestattet mit einem Riesenapparat, welcher die freiheitlichen Kräfte auf dem alten Kontinent erwürgen würde. Ergebnis: Der Graben zwischen Amerika und Europa würde sichtbar vertieft werden. Kürzlich hat ein deutscher Außenpolitiker in einem kleinen Kreis in Berlin gesagt: »Haben nicht auch die Amerikaner eine Mauer gegen uneingeschränkte Einwanderung aufgebaut? Lassen etwa die Australier jeden Weltbürger, der es wünscht, auf dem menschenleeren fünften Kontinent einwandern? Hat nicht Europa auch ein Recht, die Einwanderung zu regulieren und auch eine zügellose Globalisierung zu bremsen?« Also Lenkung des Außenhandels, bürokratische Einschränkungen der Freiheit gegenüber dem Nicht-Euro-Raum und am Ende auch Begrenzung der persönlichen Freiheit. Was für einen großen Helfer hat sich die EU schon geschaffen? Das europäische Geld. Im Laufe des Integrationsprozesses könnte der politische Einfluß der EU auf die formell unabhängige Europäische Zentralbank mit Riesenschritten größer werden. Erst Wechselkursmanipulationen, dann Kapitalverkehrskontrollen und schließlich der Druck auf die Nachbarn, welche die Kreise der EU nicht stören dürften. Für solche Besorgnisse gibt es schon erste Anzeichen. Werden die Europäer den Mut haben, ihren Bürokraten die Grenzen der Macht zu zeigen? Oder aber wird ein großer Visionär, der österreichische Nobelpreisträger Friedrich A. Hayek, Recht behalten, der noch vor Beendigung des 2. Weltkrieges sein berühmtes Buch »Der Weg zur Knechtschaft« schrieb, in dem er vor einem halben Jahrhundert bereits manches voraussah, was heute in Europa schon im Begriff ist, verwirklicht zu werden?

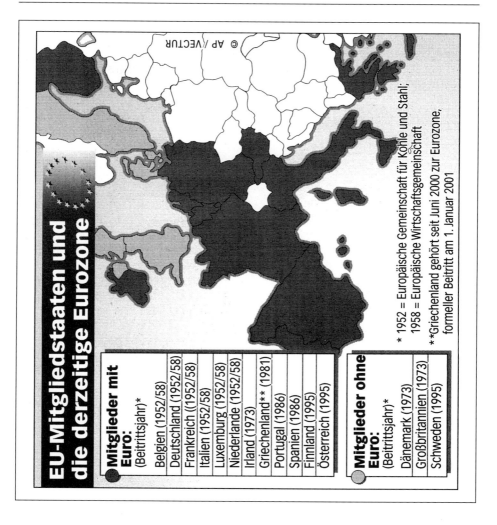

Der Bargeldtausch – das große Abenteuer
Richtig verhalten spart Nerven und Geld

Doch mit des Geschickes Mächten
Ist kein ew'ger Bund zu flechten.
Und das Unglück schreitet schnell
Der Wahn ist kurz, die Reu ist lang.

Friedrich Schiller

Der Totenschein für die Deutsche Mark trägt das Datum vom 31. Dezember 1998. Aber Beerdigung ist erst in der Silvesternacht zwischen 2001 und 2002. Solange schwebt noch der Geist des alten Geldes über dem Währungshimmel. Juristisch ist das alte Bargeld der elf Tauschländer gar keine richtige Währung mehr, sondern nur noch Hilfsmittel, weil die neuen Scheine und Münzen noch nicht verfügbar waren. Über die Verzögerung des Geldtausches war die große Mehrheit der Deutschen und auch der anderen Europäer nicht traurig. Was man hatte, das kannte man. Die Menschen auf der Straße fühlten sich ohnehin überfahren. Sie wurden nicht gefragt, ob sie ihr Geld tauschen wollten. Im Deutschen Bundestag wurde – wenn auch verklausuliert – von allen Parteien übereinstimmend dem Stimmvolk der Sachverstand aberkannt. Das Symbol des deutschen Wirtschaftswunders, die Deutsche Mark, wurde stillschweigend auf dem Altar eines Europas geopfert, dessen Umrisse nicht einmal vage zum Geldtauschtermin erkennbar waren. So etwas »Verrücktes« hat es in der Geldgeschichte wohl noch nicht gegeben.

Der letzte Akt der Währungsumstellung in elf souveränen europäischen Ländern ab 2002 ist vor dem Hintergrund des Eilmarsches der Europäischen Union in die Ungewißheit der Folgen der Expansion der Gemeinschaft mit bis 27 Mitgliedern zu sehen. (Vergleiche den Beitrag Europa: »Vorwärts in den Dschungel.«) Im günstigsten Falle wird es gelingen, die Union bis zum Jahre 2003 auf die Aufnahme von 12 Ost- und südeuropäischen Ländern vorzubereiten. Die großen Stolpersteine sind die gemeinsame Agrar- und Finanzpolitik. Der Entscheidungsmechanismus in der Gemeinschaft muß vereinfacht und gestrafft werden, damit der schwerfällige bürokratische Apparat zumindest nicht ganz zum Stillstand kommt. Von »Harmonisierung«, etwa der Steuergesetze und dem Wettbewerb unter den Mitgliedsländern, wagt man schon gar nicht mehr zu sprechen. Um so mehr wird von einer »Harmonisierung« im Kampf gegen Steuerhinterzieher gesprochen. Das, was man »Wettbewerbsverzerrungen« nennt, ist in Wahrheit die lästige Konkurrenz unter den Mitgliedsländern. Die nationalen Interessen sind noch viel zu groß und nicht in wenigen Jahren einfach totzukriegen. Der ganzen Schwierigkeiten, die sich vor einem großen Zusammenschluß Europa auftürmen, werden die Bürger der Gemeinschaft wohl nur am Rande gewahr werden. Sie lesen zuweilen Zeitung, haben aber viel zu viel eigene Probleme, um sich den Kopf über Europa zu zerbrechen. Resignierend: »Wir können ja doch nichts machen«. Das neue Geld wird »zur Europa-Realität im Portemonnaie«.

»Wir sind die Eingeborenen von Trizonesien«

Mit dem Bargeldumtausch 2002 soll nun die letzte Phase zur einheitlichen Währung in Europa beginnen. So bekommen es die Schulkinder erzählt. Aber in Wirklichkeit kann – wenn es nicht gutgehen sollte – mit der Einführung des Euro-Bargelds schon wieder die nächste Teilung Europas eingeleitet werden. Zunächst stimmt es ja gar nicht, daß der Euro in Europa die nationalen Währungen abgelöst hat. Gehören etwa die Engländer und die Skandinavier (mit Ausnahme der Finnen) nicht zu Europa? Die aber haben alle zunächst »Danke« gesagt. Sie bleiben draußen vor der Tür und schauen sich erst mal den Euro-Zirkus aus der Ferne an. Die Dänen haben das noch einmal Ende September 2000 mit dem Stimmzettel unterstrichen. Die neu aufzunehmenden Mitglieder werden etwa ab 2003 bis 2005 eine dritte Gruppe bilden, die angibt, zum Euro-Raum zu gehören, aber noch völlig unreif für die Währungsgemeinschaft sein wird, sofern man nicht die Stabilitätskriterien des Maastrichter Vertrages völlig über Bord werfen würde.

Wie aber soll man nun eine Gemeinschaft nennen, in der nur eine Minderheit gemeinsames Geld hat, die Mehrheit aber weiter ihre nationalen Währungen behält? Nun, wie wäre es, wenn man das künftige Europa einfach »Trizonesien« nennen würde? Das Wort kennen noch die Großväter in Deutschland, vorwiegend vom Karneval. Da gab's ein schönes Lied: »Wir sind die Eingeborenen von Trizonesien«. Nach dem Kriege wurden die drei westlichen Besatzungszonen Deutschlands vorübergehend bis zur Gründung der Bundesrepublik 1949 zu einer »Trizone« wirtschaftlich zusammengeschlossen. Gemeinsam für diese Zone wurde dann auch am 21. Juni 1948 die Deutsche Mark geschaffen. Der Rest Deutschlands – die vierte Zone - blieb draußen vor der Tür und formierte sich zur DDR mit der Ostmark, die nie konvertibel, also frei austauschbar, geworden war.

Die Italiener, ein Land, daß sich glücklich schätzen kann, die Lire in den Po werfen zu dürfen, diese Italiener feierten kürzlich das Europageld, das uns »immun gegen die Folgen nationaler Inflation« gemacht habe. Irland, Spanien und Italien können heute ruhig hohe Inflationsraten haben. Das schadet offensichtlich gar nichts. Der Euro ist für die Gerechten und für die Ungerechten gut. Von irgendwelchen Anstalten, die »Bösewichte« zu bestrafen, die mehr als eine doppelt so hohe Inflation haben als etwa Deutschland, ist weit und breit nichts zu hören. Eine merkwürdige Vorstellung von Solidarität. Müssen die Guten für die Schlechten ewig bürgen, genauer gesagt, ewig zahlen, denn der Markt ist brutal, er schätzt den Euro als Ganzes ein. Das muß vor allem Deutschland »schlucken«.

Umrechnungs- und Tauschwert

Am Neujahrstag des Jahres 1999 wurden für den Euro-Raum die Schlüsselzahlen für die Umrechnung des nationalen Geldes in Euro festgelegt. So erfuhren die Deutschen, daß für sie ein Euro genau 1,95583 DM beim Tausch wert sein würde. Nur eine kleine Abweichung von der heutigen »Volksmeinung«, daß der Euro genau 2 DM wert sein würde (vgl. Tabelle). Auch für die anderen nationalen Währungen des Euro-Raums wurden die definitiven Umrechnungskurse Anfang 1999 fixiert. Sehr schnell erfuhren jedoch die vom neuen Geld beglückten Europäer, daß der Umrechnungs- und der Tauschwert zwei Stiefel sind. Der erstere ist fixiert. Der zweite aber ist dem rauhen Wind der Devisenmärkte ausgesetzt. Am freien Markt begannen sofort am 1. Januar 1999 die Kurse zu schwanken. Die Devisenhändler nahmen sich des jüngsten Kindes der Währungsgeschichte an. Sie gaben dem Euro für kurze Zeit Vorschußlorbeeren und zahlten knapp 1,20 Dollar für einen Euro. Aber alsbald ging's bergab, bis auf unter 0,85 Dollar. Daraufhin mußte der Euro im September 2000 zum ersten Mal von Zentralbanken gestützt werden. Etwas halbherzig machten die Amerikaner anfänglich mit. Was für ein Beweis der Güte des neuen Geldes.

Über die Gründe des so schnellen Wertverfalls des Euros braucht nicht lange spekuliert zu werden. Der feste Dollar ist eine Mischung zwischen Vertrauen und Zins, der Euro eine Mixtur zwischen Mißtrauen und Zinsen, die dem Rest der Welt nicht marktgerecht erscheinen. Und nun kommt das Tragische. In dieser kritischen Situation, in die sich die neue Währung selbst hineinbugsiert hatte, setzten sich die europäischen

Schlüsselzahlen

Umrechnung in Euro				
Ein Euro kostet:		**Landeswährung in Euro:**		
1,95583	DM	100	DM	51,1292
6,55957	Francs	100	Francs	15,2449
13,7603	Schilling	100	Schilling	7,26728
1936,27	Lire	1000	Lire	0,516457
2,20371	Gulden	100	holl. Gulden	45,3780
40,3399	belg. Franc	100	belg. Franc	2,47894
166,386	Peseten	100	Peseten	0,601012
200,482	Escudos	100	Escudos	0,498798
0,787564	irische Pfund	100	irische Pfund	126,974
5,94573	Finmark	100	Finmark	16,8188

Quelle: ap

Finanzminister zusammen. Sie hatten nichts besseres zu tun, als zu beschließen, durch eine Steuer das Kapital in Europa zu verteuern. Das ist nämlich in Wahrheit der Effekt der besonders vom deutschen Finanzminister forcierten Quellensteuer auf Zinseinkünfte von EU-Bürgern, die so dreist sind, ihr Geld außerhalb der Euro-Zone verwalten zu lassen, etwas, was von der Konvertibilität des Euros voll gedeckt ist. Doch nicht genug: Damit von der Zinssteuer auch lückenlos alle Sparer in Europa »erfaßt« werden, sollen auch die Schweizer und die Liechtensteiner, obwohl sie nicht zur EU gehören, bedrängt werden, Hilfsbeamten der Euro-Finanzämter zu werden. Sie sollen die Quellensteuer von Auslandsvermögen einsammeln.

Die beiden Boxer

Allen heiligen Schwüren zum Trotz ist das europäische Geld schon zwei Jahre nach seiner Geburt ganz schön ins politische Fahrwasser geraten. Die Europäische Zentralbank (EZB) kann es nicht wagen, eine stabilitätsnotwendige autonome Zinspolitik zu betreiben. Nach klassischen Grundsätzen muß eine Währung teuer sein, wenn sie schwach wird. Aber beim Euro wird das Gesetz auf den Kopf gestellt. Der Euro wird billig gehalten, aber dem Rest der Welt wird suggeriert, daß er dennoch fest sei. Die Devisenhändler haben freilich für solche »Gaukeleien« – wie sie sagen – nicht viel übrig. Sie hauen alle Tage tüchtig drauf und zeigen den »Währungsmachern«, wo es lang geht. Die administrativen Eingriffe in den Wechselkurs zugunsten des Euros durch Intervention sind typischee Elemente des monetären Dirigismus, mit dem der Preismechanismus eingeschränkt oder ganz außer Kraft gesetzt werden soll. Die Geld- und die Kapitalzinsen im Dollar-Raum sind ein bis zwei Prozent höher als die vergleichbaren Euro-Zinsen. Wundert es da, daß so mancher Europäer und natürlich auch die Euro-Ausländer, von denen sich manche anfänglich vom Euro begeistern ließen, nun aus der neuen Währung flüchten und ihre Euro-Guthaben in Dollar wandeln? Das ist die simple Erklärung dafür, warum der Euro schwach ist. Es werden einfach mehr Dollar und weniger Euro auf dem Markt gesucht und neuerdings auch wieder Schweizer Franken. Dies, obwohl sich die Schweiz noch niedrigere Zinsen als der Euro-Raum leisten kann. Dies ist die Folge eines Vertrauensbonus, den sich der Franken in mehr als 100 Jahren ohne »zwischenzeitliche Währungsreformen« erarbeitet hat. Die Glaubwürdigkeit des Schweizer Geldes wird gleichsam im Zins abdiskontiert. Umgekehrt muß die Tatsache, daß der Markt gegenüber dem Euro skeptisch geworden ist, mit einer Prämie bezahlt werden, entweder mit höheren Zinsen oder mit niedrigerem Wechselkurs.

Nun beschwören die europäischen Finanzminister alle Tage, der Euro sei ungerechtfertigt in die Baisse geraten, und er werde ganz bestimmt bald steigen. Worauf aber basieren diese Erwartungen? Auf der Annahme, daß es möglichst bald den Amerikanern schlecht gehen würde, so daß die ganze Welt eines nicht so fernen Tages den Dollar auf den Markt werfen und Euro kaufen würde. Das ist so, als ob sich zwei Boxer gegenüberstünden. Der eine ist bärenstark und der andere wackelt. Der letztere mußte schon mehrfach auf die Bretter und wurde »angezählt«. Der Manager des letzteren aber ruft den Reportern zu: »Wartet nur, unser Gegner wird bald umfallen«.

2001 wird ein heißes Jahr

Am 1. Januar 2002 wird nun das große Tauschabenteuer beginnen. Die Weltöffentlichkeit wird den Atem anhalten. Auf den Fernsehschirmen wird man die langen Schlangen sehen, die sich vor Banken und Wechselstuben bilden werden. Die Leute werden nervös reagieren. Wenn einer eine Mark mehr als 30 000 DM auf den Wechseltisch legt, soll er registriert werden. Vielleicht wird die Höchstsumme der »unregistrierten Tauschsumme« aber noch niedriger sein. Das Ausschreiben der Quittungen erfolgt nur gegen Vorlage des Passes (und wird vielleicht auch noch von einer Überprüfung durch Spezialisten im Hintergrund, ob der Paß nicht gefälscht sei, begleitet). Das alles wird die Leute wütend machen. Letztlich haben 99,9 Prozent, die bei den Banken anstehen müssen, ihr Geld ehrlich verdient und nun werden sie vielleicht wie »halbe Verbrecher« behandelt, jedenfalls könnten sie sich so fühlen. Es ist schon ein starkes Stück, was da den Europäern zugemutet wird.

Ersparen wir uns die Zahlen, um die es beim Tausch geht. Der Turm der neuen Banknoten würde, wenn man sie aufeinander stapelte, 400 mal höher sein als der Mount Everest. Ob das nun stimmt oder nicht, Tatsache ist, das es auch riesige logistische Probleme bei der Anlieferung der neuen Banknoten im ganzen Euroraum geben wird. Die Eisenbahnzüge und die Lastwagen müssen von Polizei oder gar Militär geschützt werden. Die Banken werden angehalten, das Geld für längere Zeit bis zu den Tauschterminen aufzubewahren. Wird etwas gestohlen, sind sie selbst Schuld. Die Sachversicherungen werden ein fettes Geschäft machen. Flugzeuge, die das neue Geld transportieren, werden gekidnappt werden. Noch schlimmer aber ist, daß wahrscheinlich in großem Stile gefälschte Noten in den Verkehr gebracht werden. Druckplatten sind bereits gestohlen worden. Man wird sie nicht alle auswechseln können.

Gleichsam zur Beruhigung der Gemüter und als »Gruß von der EZB«, werden Banken und Sparkassen schon im Dezember 2001 kleine Päckchen mit neuem Wechselgeld zu 20 Euro anbieten. Diese Münzen sollen dann am Neujahrstag zum ersten Mal offizielles Zahlungsmittel sein. Die kleinste Münze ist 1 Cent, ihr Wert also rund 2 Pfennig. Eine Euromünze im Wert von 1 Pfennig wird es nicht geben.

Zustände wie im Alten Rom

Außerhalb des Euroraums kursieren allein 100 Milliarden DM in Bargeld, vorwiegend auf dem Balkan und in Osteuropa. Dieses Geld wird man wohl nicht einfach wertlos machen können. Aber man wird es auch nicht über lokale Banken und Wechselstuben tauschen, so wie das im Euro-Raum geschehen wird. Den Besitzern von DM-Bargeld außerhalb des Euro-Raums wird nichts weiter übrig bleiben, als das

Geld nach Deutschland oder in die Schweiz zu bringen, wobei sich »Transportunternehmer« finden werden, die kräftige Provisionen verlangen werden. Die Angst der Euro-Banker: Beim schwierigen Geldtausch auf dem Balkan könnten »Zustände wie im Alten Rom« herrschen.

Der Währungstausch soll zwei Monate dauern, vielleicht aber auch drei. Ob die Supermärkte noch lange nach dem 1. Januar altes Geld annehmen, ist offen. Schnell wird es sich aber zeigen, daß es besser ist, Schlange zu stehen, um sich des alten Geldes so bald wie möglich zu entledigen, denn ein Annahmezwang für die alten Scheine besteht dann nicht mehr. Ein anderes Problem: Die Automaten. Halbherzig werden die Euromünzen nicht einheitlich geprägt. Sie haben noch jeweils auf der Rückseite nationale Symbole. Es kann passieren, daß die Münzautomaten aber schon auf kleinste Abweichungen der einzelnen Münzen »passen« und die Annahme verweigern. So ist ein Durcheinander zu befürchten. Das Schlimmste von allem aber, was uns beim Umtausch blüht, ist das Einsickern von Falschgeld, das wahrscheinlich in großen Umfange schon gedruckt ist und in irgendwelchen Lagern schlummert, um dann gleich in der Startphase der Euro-Ära in den Verkehr gebracht zu werden. Die Fälschungen werden raffiniert sein. Echte Druckplatten wurden bereits gestohlen.

Die neuen Banknoten

Die neuen Münzen

Sechs praktische Tauschhinweise

1) Wer größere Beträge DM in neues Geld tauschen will, sollte sich vorher genau überlegen, wie viel er aufgrund seiner letzten Steuererklärung an Bargeld »haben darf«, ohne nicht »aufzufallen«. Mit der Weitergabe von Durchschlägen der Tauschbelege an die Finanzverwaltung ist zu rechnen.
2) Es ist nicht verboten, Bargeld jeder Zeit auf Auslandskonten legal einzuzahlen. In der Schweiz können zu diesem Zweck Euro-Konten errichtet werden, von denen dann nach dem 1. 1. 2002 auch Bargeld in neuem Geldes abgehoben werden könnte. Am einfachsten wird ein solcher »Vortransfer« sein, wenn Ausländer in der Schweiz schon ein Konto besitzen. Irgendwelche Laufzettel beim Tausch von Bargeld zugunsten der Europa-Finanzämter wird es in der Schweiz, in Liechtenstein und auch in Luxemburg – in den Ländern mit intaktem Bankgeheimnis – nicht geben. In Österreich ist vorsorglich »die Lage« abzuklären.
3) Schon vor dem Geldtausch im Inland können für DM fremde Banknoten erworben werden, zum Beispiel Dollar, Schweizer Franken oder Pfunde. Dieses Geld kann dann nach dem 1. 1. 2002 in neue Euro-Noten zurückgetauscht werden. Die fremden Noten können zu Hause etwa in Tresoren aufbewahrt werden. Man kann sich aber auch Fremdwährungskonten einrichten lassen, die später in Euro-Bargeld getauscht werden könnten.
4) Eine andere Möglichkeit ist, Travelerchecks etwa in Dollar vor dem 31. Dezember 2001 zu Hause zu erwerben und dieses Geld dann ab 2002 im Ausland in Euro-Bargeld zu tauschen. Alle Tauschvorgänge außerhalb des Euroraums sind gebührenpflichtig.
5) Größere DM-Beträge können auch zu Hause, auf mehrere Banken verteilt, getauscht werden. Dabei sollten die Obergrenze für nicht registrierpflichtige Beträge beachtet werden.
6) Rechtzeitig mit dem Steuerberater in Verbindung setzen und die zweckmäßigste »Tauschtechnik« absprechen. Im Laufe des Jahres 2001 können noch detaillierte Tauschbestimmungen erlassen werden.

Streiflicht:
Wenigstens vor der Börse rollte schon der Euro

Den Euro populär zu machen, ist gar nicht so einfach – dies hat die Europäische Zentralbank (EZB) zu spüren bekommen. Es gibt inzwischen schon mehr Euro-Witze als Euro-Hymnen. »Da muß etwas geschehen«, hat man sich in der Höhle des Löwen, in Frankfurt am Main, gesagt. Frankfurt ist »City of the Euro«. In Deutsch möchte man das Domizil der Gemeinschaftswährung nicht gern nennen. Letztlich ist Englisch die Weltsprache. Der Euro muß erst noch Weltwährung werden.

Am Main hatte sich im Sommer 2000 eine Gruppe begeisterter Euro-Enthusiasten zusammengefunden, angeführt von ein paar jungen Damen, die sich darüber geärgert hatten, daß die »Alten« über den Euro schimpfen. Dabei sieht er doch so schön aus, meinten die Damen. Also: Riesen-Euros aus Kunststoff basteln und auf dem Börsenplatz in Frankfurt stellen. Die Börse ist das Symbol schwankender Kurse. Die Standortwahl war also treffsicher.

Was die Damen nicht wissen konnten: Dieser Börsenplatz hat Vergangenheit. Er hat schon zwei deutsche Währungsreformen im abgelaufenen Jahrhundert erlebt, er war das traurige Symbol der Geldvernichtung geworden. Nun aber soll die Geldgeschichte geändert, der Börsenplatz mit dem neuen Euro Inbegriff guten Mutes werden. Kinder hatten die Euros schön bunt bemalt. Kinder sind eben klüger als die Erwachsenen. »Sie verbinden mit dem Euro unsere Zukunft, und daran sollten sich die Erwachsenen ein Beispiel nehmen«, sagten die Initiatoren.

Daß die spontane Aktion der Euro-Freunde nicht uneingeschränkten Beifall finden würde, war vorauszusehen. Ein paar Londoner Banker, die gerade zu Besuch an der Frankfurter Börse waren, lächelten mild: »So etwas hat das neue Geld nun nötig.« Die Engländer haben gut lachen. Sie sind nicht »dabei«, was der britische Premierminister Toni Blair ausgerechnet zur großen Euro-Show noch einmal unterstrich.

Die Werbung für das neue Geld wurde sogleich auch noch mit einer guten Sache verbunden. Man beschloß, die Riesen-Euros zu versteigern. Eine Million Euro sollen dabei herauskommen. Das Geld soll indessen nicht der Europäischen Zentralbank geschenkt werden, obwohl diese es im Herbst 2000 so nötig gehabt hätte, um den Euro zu stützen. Stattdessen wird das gesammelte Geld der Krebshilfe zugute kommen. »Der starke Euro hilft kranken Kindern«.

Das neue Geld hatte unverhofft auf dem Frankfurter Börsenplatz auch noch Glück. Man fragte sich, worauf heute die jungen Leute »stehen«? Natürlich, auf liebe Tiere. Also auch Tiere müssen für den Euro werben. Die Lokalredaktion einer Zeitung fand es heraus: In Australien gibt es eine Känguruh-Art, die tatsächlich den Namen Euro trägt. Warum, weiß man nicht, aber das ist nicht so wichtig. Der Opel-Zoo in Frankfurts Nähe machte mit. Er besorgte für jedes Euro-Land ein Euro-Känguruh. Die Tiere sollen später einen »Paten« finden. Pro Stück für 5000 Euro. So hat denn der Euro im Jahre 2000 in Frankfurt wenigstens sichtbar schon Konkurrenz bekommen.

Wer die Hintergründe nicht kennt, muß spekulieren.

Testen Sie die F.A.Z.: 0180-2-52 52

Euro-Extremismus

So genau ist es nicht auszumachen, ob es nun eingefleischte Gegner des Euros sind oder aber politische Extremisten, die »Huckepack« mit dem Euro ihr Süppchen kochen wollen: Die Polemik gegen das neue Geld ist im Begriff zuzunehmen. Sie kumuliert im Nachdruck von alten Inflationsscheinen von 1923. Die damalige Reichsbanknote über hunderttausend Mark – die nur ein paar Groschen wert war – wird auf Flugblättern verfremdet in »hunderttausend Euros«, das »echte« Bild des damaligen Reichspräsidenten durch ein Konterfei des jetzigen deutschen Regierungschefs Gerhard Schröder ersetzt. So wird suggeriert, das neue Geld werde das Schicksal des alten Inflationsgeldes erleiden, und Schuld seien die heutigen Politiker. Die Agitation mit der Angst sollte nicht auf die leichte Schulter genommen werden. Ein »Euro-Extremismus« könnte den zu bekämpfenden politischen Extremismus ergänzen. Die beste Medizin ist natürlich, wenn der Beweis erbracht wird, daß das neue Geld eben kein Inflationsgeld ist, sondern »gutes Geld«. Diesen Beweis zu erbringen bleibt die Aufgabe der Europäischen Zentralbank.

Die EZB verdient am Wertverlust des Euros
Ein Bilanzvergleich 1999/2000

Wieviel Geld hat die Europäische Zentralbank? Anhand der Wochenausweise des Euro-Systems läßt sich die Frage beantworten. Die Bilanzsummen der 11 Notenbanken des Euroraums sind im Jahresvergleich vom Oktober 1999 zum Oktober 2000 von rund 724 Milliarden auf 816 Milliarden Euro gewachsen. Die Expansion hielt sich statistisch damit in Grenzen.

Eine andere Schlüsselzahl: Der Banknotenumlauf (umgerechnet noch aus dem Notenumlauf der nationalen Währungen) ist von rund 344 Milliarden im Jahresvergleich auf 356 Milliarden ebenfalls nur moderat gestiegen. Die Geldmengen selbst sind in einigen Mitgliedsländern prozentual wesentlich stärker gestiegen, als dies für den gemeinsamen Währungsraum ausgewiesen wurde. Offensichtlich sind schon erhebliche Mengen einiger nationaler Noten im Jahre 2000 in Fremdwährungen – vor allem in Dollar – getauscht worden. Ein Teil der zurückgenommenen Banknoten sind vielleicht schon vernichtet worden. Aber das läßt sich aus den konsolidierten EZB-Ausweisen nicht ersehen.

Eine wichtige Kennzahl ist die Position 2 auf der Aktivseite: »Forderungen in Fremdwährung« an Ansässige außerhalb des Eurogebietes. Im Jahresvergleich sind diese Forderungen um rund 43 Milliarden Euro gestiegen.

Die EZB hat an der Abwertung ihrer eigenen Währung, des Euro, verdient. Sie wies im Herbst 1999 einen Bestand an Gold und an Goldforderungen von knapp 115 Milliarden Euro aus. Ein Jahr später, im Oktober 2000, waren Gold und Goldforderungen auf 125 Milliarden Euro angewachsen. Dies war zweifellos der Aufwertung des Dollars gegen Euro zu verdanken. Der Wert des Goldes wird ja in amerikanischer Währung bestimmt. Wieviel Gold einzelne nationale Notenbanken in jüngster Zeit verkauft haben, sagt uns die EZB-Bilanz auch nicht. Wahrscheinlich haben einige nationale Notenbanken aus dem Währungssystem im Jahresverlauf Gold verkauft.

Überhaupt: Die Bilanzzahlen geben wenig Aufschluß über das, was sich innerhalb des Währungssystems im Jahresverlauf alles getan hat. Die veröffentlichten Zahlen lassen keinen Spielraum für aussagekräftige Interpretationen. Die nationalen Notenbanken besitzen zum Beispiel immer noch eigene Goldbestände und auch Devisen, die nicht in den Bilanzen der EZB integriert worden sind. Wieviel – das läßt sich aus den Wochenausweisen der EZB natürlich nicht ersehen und ist auch nicht »nachrichtlich« ergänzend publiziert worden.

Der Banknotenumlauf in nationalen Währungen wird sich wohl im Jahre 2001, also dem Jahr vor dem Notentausch in Euro, erheblich verändern. Wieviel des nationalen Bargelds wird noch vor dem offiziellen Geldumtauch in Fremdwährungen gewechselt werden? Dabei wird es hauptsächlich um große DM-Bestände gehen, die außerhalb Deutschlands kursieren und die man auf rund 100 Milliarden DM schätzt.

EUROPÄISCHE ZENTRALBANK

Konsolidierter Wochenausweis des Eurosystems zum 13. Oktober 2000
(in Millionen Euro)

Aktiva	Stand zum 13. Oktober 2000	Veränderungen zur Vorwoche aufgrund von Transaktionen
1 Gold und Goldforderungen	124.948	0
2 Forderungen in Fremdwährung an Ansässige außerhalb des Euro-Währungsgebiets		
2.1 Forderungen an den IWF	27.408	-89
2.2 Guthaben bei Banken, Wertpapieranlagen, Auslandskredite und sonstige Auslandsaktiva	255.910	12
	283.318	-77
3 Forderungen in Fremdwährung an Ansässige im Euro-Währungsgebiet	15.993	-410
4 Forderungen in Euro an Ansässige außerhalb des Euro-Währungsgebiets		
4.1 Guthaben bei Banken, Wertpapieranlagen und Kredite	4.154	205
4.2 Forderungen aus der Kreditfazilität im Rahmen des WKM II	0	0
	4.154	205
5 Forderungen in Euro an den Finanzsektor im Euro-Währungsgebiet		
5.1 Hauptrefinanzierungsgeschäfte	175.001	-4.999
5.2 Längerfristige Refinanzierungsgeschäfte	44.998	0
5.3 Feinsteuerungsoperationen in Form von befristeten Transaktionen	0	0
5.4 Strukturelle Operationen in Form von befristeten Transaktionen	0	0
5.5 Spitzenrefinanzierungsfazilität	101	-81
5.6 Forderungen aus Margenausgleich	23	-24
5.7 Sonstige Forderungen	192	67
	220.315	-5.037
6 Wertpapiere in Euro von Ansässigen im Euro-Währungsgebiet	25.497	-181
7 Forderungen in Euro an öffentliche Haushalte	58.867	0
8 Sonstige Aktiva	83.230	201
Aktiva insgesamt	816.322	-5.299

Differenzen in den Summen durch Runden der Zahlen.

EUROPÄISCHE ZENTRALBANK

Konsolidierter Wochenausweis des Eurosystems zum 13. Oktober 2000
(in Millionen Euro)

Passiva	Stand zum 13. Oktober 2000	Veränderungen zur Vorwoche aufgrund von Transaktionen
1 Banknotenumlauf	355.766	-1.719
2 Verbindlichkeiten in Euro gegenüber dem Finanzsektor im Euro-Währungsgebiet		
2.1 Einlagen auf Girokonten (einschließlich Mindestreserveguthaben)	111.962	-4.683
2.2 Einlagefazilität	110	43
2.3 Termineinlagen	0	0
2.4 Feinsteuerungsoperationen in Form von befristeten Transaktionen	0	0
2.5 Verbindlichkeiten aus Margenausgleich	2	-9
	112.074	-4.649
3 Verbindlichkeiten aus der Begebung von Schuldverschreibungen	4.574	0
4 Verbindlichkeiten in Euro gegenüber sonstigen Ansässigen im Euro-Währungsgebiet		
4.1 Einlagen von öffentlichen Haushalten	45.914	814
4.2 Sonstige Verbindlichkeiten	3.441	-254
	49.355	560
5 Verbindlichkeiten in Euro gegenüber Ansässigen außerhalb des Euro-Währungsgebiets	9.502	430
6 Verbindlichkeiten in Fremdwährung gegenüber Ansässigen im Euro-Währungsgebiet	900	-12
7 Verbindlichkeiten in Fremdwährung gegenüber Ansässigen außerhalb des Euro-Währungsgebiets		
7.1 Einlagen, Guthaben und sonstige Verbindlichkeiten	13.277	104
7.2 Verbindlichkeiten aus der Kreditfazilität im Rahmen des WKM II	0	0
	13.277	104
8 Ausgleichsposten für vom IWF zugeteilte Sonderziehungsrechte	7.077	0
9 Sonstige Passiva	64.507	-14
10 Ausgleichsposten aus Neubewertung	144.152	0
11 Kapital und Rücklagen	55.138	1
Passiva insgesamt	**816.322**	**-5.299**

Differenzen in den Summen durch Runden der Zahlen.

Zinsvergleich Ende 1999 bis Ende 2000

Devisen	Ende 1999	Ende 2000
US-Dollar/Euro	1,03 $	0,85 $
US-Dollar/Sfr.	1,55 $	1,51 $

Geldmarktzinsen (3-Monatsgelder)	Ende 1999	Ende 2000
Euro	3,22	5,01
Sfr.	1,81	3,53
US-Dollar	6,04	6,77
Yen	0,19	0,52

Kapitalmarkt-Rendite (Benchmark, 10 Jahre Laufzeit)	Ende 1999	Ende 2000
Deutschland	5,47	5,16
Schweiz	3,71	3,74
Amerika	6,44	5,73
Japan	1,74	1,82

Gold (Unze in US-$)	288	265

Der Kunstkatalog „Europa malt für krebskranke Kinder"

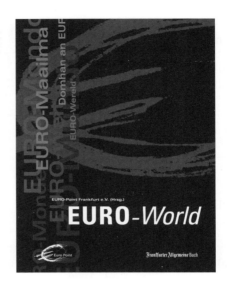

Euro-Point Frankfurt e. V. (Hrsg.)

EURO-World

Europa malt für krebskranke Kinder

368 Seiten, vierfarbig, ISBN 3-89843-000-6

*Im Buchhandel erhältlich oder
Frankfurter Allgemeine Zeitung GmbH,
Verlagsbereich Buch, 60267 Frankfurt am Main*
Bestell-Fax: 0 69 - 75 91 - 21 87

Kapitel III

Die Börsen 2001

VERMÖGENSVERWALTUNG
ANLAGEBERATUNG

MAERKI BAUMANN & CO. AG

PRIVATBANK

CH-8022 ZÜRICH · DREIKÖNIGSTRASSE 6 · TELEFON ++41 1 286 25 25
INTERNET www.mbczh.ch · E-MAIL helpdesk@mbczh.ch

Das Euro-Trendbarometer 2001

Deutliche Warnsignale
Ein Euroraum – ein Zins – eine Konjunktur – eine Börse

Eine Erfolgsgeschichte war das neue europäische Geld seit seiner Einführung im Januar 1999 nicht. Der Euro, dem so große Vorschußlorbeeren geschenkt worden waren, ist im Jahre 2000 auf den harten Boden der Realitäten zurückgeführt worden. Er verlor fast 25 Prozent seines Außenwertes im Vergleich zu Anfang 1999.

Aber ein Erfolg konnte mit Hilfe des Gemeinschaftsgeldes doch im ersten Anlauf erzielt werden: Es gelang, die Zinsen in Europa, die Konjunktur und auch die Börse in einem ansehnlichen Umfange »zu harmonisieren«, also »auf Gleichschritt« zu trimmen. Die Europäische Zentralbank kann nur »einen« Geldzins festsetzen. Da die Zinsen einen wesentlichen Einfluß auf den Wirtschaftsverlauf haben, brachte der Einheitszins auch die Wirtschaft in den elf Euro-Mitgliedsländern näher zusammen. Schließlich wirkte sich dies auch auf die Börsen aus. Bezeichnend für die Annäherung auch der Aktienkurse war die Entwicklung der hundert größten europäischen Aktienwerte die im »Euro Top-100 Index« gewichtet werden. Dieser Index zeigte im Jahre 2000 geringere Ausschläge nach beiden Seite als die nationalen Aktien-Indizes der elf Mitgliedsländer. Die Jahreshöchststände wurden größtenteils schon Ende März 2000 erreicht. Unter Schwankungen lag dann der europäische Aktien-Index am Jahresende fast 15 Prozent unter dem Jahreshoch.

Das »Zusammenraufen« der europäischen Volkswirtschaften hatte seinen Preis. Jene Länder, die vor der Einführung des Euros hohe Geld- und Kapitalzinsen hatten, profitieren nun von den niedrigeren Durchschnittszinsen, die sich im einheitlichen Eurogeldzins widerspiegeln. Ein Land wie Irland wurde geradezu für seine großzügige Inflationspolitik belohnt. Bei einer Geldentwertungsrate von rund 7 Prozent im Jahresverlauf konnten sich die irischen Banken bei der EZB zu Zinssätzen zwischen 4 und knapp 5 Prozent das ganze Jahr über »bedienen«. Genaugenommen bekamen sie das Notenbankgeld – real nach Inflation – geschenkt. Umgekehrt war Deutschland »der Dumme«. Obwohl die deutschen Inflationsraten bis zum Herbst deutlich unter 2 Prozent lagen, mußte Deutschland die höheren Eurozinsen mit schlucken. Alles läuft darauf hinaus, daß bei der Angleichung der Qualität der Euro-Währungen Deutschland Nachteile, die Südländer der EU dagegen permanent Vorteile haben werden.

Wir sehen uns in unserem vorjährigen Entscheid, die bisherigen elf nationalen Börsen jetzt in einem gemeinsamen Euro-Barometer zusammenzufaßen, bestätigt. Unser Trendbarometer für 2001 kann weiter einheitlich für alle Eurobörsen fortgeschrieben werden. Gewisse Abweichungen wird es dagegen auch weiter an der Londoner Börse und – in geringerem Umfange – an den skandinavischen Märkten geben, die ja nicht mit dem Euro integriert sind. In welchem Umfange der Übergang zum Euro-Trendbarometer richtig war, läßt sich aus dem Vergleich zwischen unserer Trendprognose 2000 (errechnet Ende 1999) und dem tatsächlichen Trendverlauf Ende 2000 nachweisen:

Euro-Trendprognose (Ende 1999) für 2000:		Trend real Ende 2000
Zinsen	80 – 90 Grad	70 Grad
Konjunktur	140 – 160 Grad	140 Grad
Börse	200 Grad	210 Grad

Der Hauptgrund für die steigenden Zinsen im Euroraum war, daß der Euro dem Dollar folgen mußte. Die anhaltende Hochkonjunktur in Amerika zwang im Jahresverlauf 2000 zu einer mehrfachen Verteuerung der kurzfristigen Dollar. Daß der Euro nur in abgeschwächter Form von der EZB verteuert wurde, mußte mit dem Kursrückgang des Euros gegen Dollar bezahlt werden. Die Politiker im Euroraum rühmten sich noch des Exportbooms, obwohl ja doch die Bürger des Euroraums Geld verloren haben, wenn sie Euro gegen Fremdwährungen wechselten.

Die Börsen haben freilich frühzeitig »den Braten gerochen«. Sie ließen sich nicht täuschen. Nur in den ersten Monaten des abgelaufenen Kalenderjahres stiegen die Aktienkurse noch. Dann gab es eine mehrmonatige Stagnationsphase, die schließlich durch einen deutlichen Rückgang der Kurse ab dem III. Quartal abgelöst wurde. So haben sich denn per Saldo die Trenderwartungen für das ganze Kalenderjahr 2000 erfüllt.

Ende des Jahres lassen sich nun in der Wirtschaft der Vereinigten Staaten Anzeichen für eine Rücknahme des Wachstumstempos erkennen, ohne daß aber zu befürchten wäre daß dies schon der Anfang des Endes der langen Aufschwungsphase sein würde, geschweige denn, daß ein wirtschaftlicher Rückschlag – eine Rezession – 2001 zu fürchten wäre. Europa wird sich diesem amerikanischen Konjunkturtrend nicht verschließen können. Die Amerikaner können sich durch hohe Produktivität vor Inflation schützen. Dies ist in Europa viel schwieriger. So ist denn die EZB gezwungen, im Jahre 2001 die Zinsen vorläufig eher noch weiter zu erhöhen. Damit rechnen wir.

Entsprechend wird sich der europäische Zinszyklus um weitere 70 Grad bis auf 140 Grad vorwärts bewegen. Auch der Konjunkturzyklus wird um etwa 70 Grad auf 210 Grad laufen, womit er zwar noch in der »guten Konjunktur« verbleibt aber doch in die Nähe rückläufiger Erwartungen im Jahresverlauf kommt. Dies wird die Börse wegen ihrer Vorlauffunktion frühzeitig mit Kursrückgängen »honorieren«. Wir haben den Börsenzyklus von 210 auf 280 Grad nach vorn gerückt und damit wird er ins Feld der Konjunktureinbrüche geraten.

Natürlich können nicht voraussehbare Ereignisse vorübergehend die zyklische Entwicklung stören. Dafür gab es im Jahre 2000 ja einen Beweis, als plötzlich der Erdölpreis anzog, was die Märkte durcheinander brachte. Indessen ist »die Karawane weitergezogen« und Zinsen, Konjunktur und Börsen laufen wieder im erwarteten Trend. Die ungünstige Börsenkonstellation für 2001 braucht nicht zu bedeuten, daß nun alle Aktien vom Rückschlag gleichmäßig betroffen werden. Es wird auch im neuen Jahr wieder Ausnahmen geben. Bei kurzfristigen Schwankungen im Jahresverlauf wird sicherlich beim kurzfristigen »Traden« etwas zu verdienen sein. Für den langfristig orientierten Anleger wird kein Grund bestehen, die Flinte ins Korn zu werfen und Aktien als Kapitalanlage im Jahre 2001 abzuschreiben. Der Langzeitzyklus der Kommunikationsgesellschaft, in dem wir mittendrin stecken, bleibt ungebrochen, und die Börsen werden als erste den nächsten kleinen fünf- bis siebenjährigen Zyklus vorwegnehmen.

Erläuterungen zum Trendbarometer

Hausse-Halbkreis (1–180 Grad)
Konstellation

Viertel	Grad	*Börse*	*Konjunktur*	*Zins*
1.	1–45	Bodenbildung	Talsohle	sehr niedrig
2.	46–90	Meinungskäufe	Besserungstendenz	noch niedrig
3.	91–135	fester	Aufschwung	Zinserhöhung
4.	136–180	Überhitzung	Boom	Hochzins

Baisse-Halbkreis (181–360 Grad)
Konstellation

Viertel	Grad	*Börse*	*Konjunktur*	*Zins*
1.	181–225	unsicher	noch Hochkonjunktur	noch Hochzinsen
2.	226–270	rückläufig	Rückschlag	Zinsentspannung
3.	271–315	Kurseinbrüche	abwärts	Zinslockerung
4.	316–360	Baisse	Rezession	Niedrigzins

Das Euro-Trendbarometer 2001

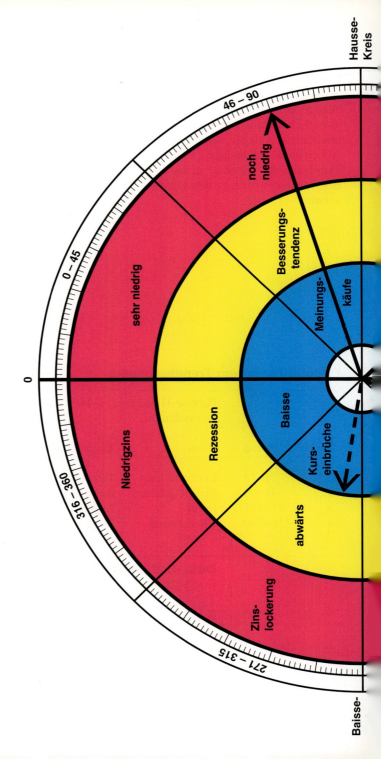

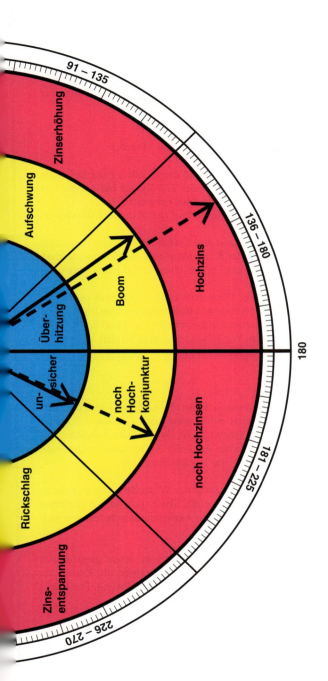

Die drei zyklischen Bewegungen: Ende 2000   Ende 2001*

	Ende 2000	Ende 2001*
Der äußere Kreis (rot) = Zinszyklus	70	140
Der mittlere Kreis (gelb) = Konjunkturzyklus	140	210
Der innere Kreis (blau) = Börsenzyklus	210	280

* Prognose von Ende 2000

Selbstdiagnose für die Börse
Die Gebrauchsanweisung für das Euro-Trendbarometer

Aufgrund von Erfahrungen läßt sich auf einfache Weise eine recht zuverlässige mittelfristige Prognose des Börsenverlaufs erstellen. Zu diesem Zweck muß der Leser im Trendbarometer die drei Hauptdaten eines Wirtschafts-Zyklus von etwa fünf Jahren fixieren.
1. Die Höhe der realen Geldzinsen (Nominalzins minus Inflation)
2. Den Stand der Konjunktur
3. Den Stand der Börsenkurse (Index-Vergleich der letzten 18 bis 24 Monate)

Der Fünf-Jahres-Zyklus wird im Trend-Barometer in 360 Grad dargestellt. Er wird in einen Hausse- und Baisse-Zyklus von jeweils 180 Grad geteilt. Jeder Teil-Zyklus hat wieder vier Teilbereiche (I bis VIII), was dem zeitlichen Fortgang des Zyklus entspricht.

Im Barometer sind der Zinsverlauf (rot), der Konjunkturverlauf (gelb) und der Börsenverlauf (blau) markiert.

Der Beobachter kann nun selber den jeweiligen Stand des Zyklus durch Pfeile markieren (vergleiche die Abbildung). Die Börse geht immer der Konjunktur und die Konjunktur dem Zins voraus. Die Differenz zwischen Zins-, Konjunktur- und Börsenverlauf beträgt etwa ein Fünftel des jeweiligen Zyklus von 360 Grad.

Bei der Beobachtung des zyklischen Verlaufs der Wirtschaft kommt es darauf an, immer wieder in Abständen von etwa einem Vierteljahr den fixierten Barometerstand zu überprüfen. Langjährige Beobachtungen haben folgende Gesetzmäßigkeiten eines zyklischen Verlaufs von Zinsen, Konjunktur und Börsenkursen ergeben: Wir gehen von einem Modell aus, das bei einer gerade auslaufenden Rezession im Hausse-Halbkreis beginnt:

Hausse-Halbkreis (180 Grad)

Stufe I (0–45 Grad): Die Wirtschaft ist tief pessimistisch. Es wird wenig investiert, dagegen werden hohe liquide Mittel gehalten. Die Verbraucher geben wenig aus. Der Kapitalzins ist sehr niedrig. Geld ist billig, die Zentralbank teilt es großzügig zu. Es gibt erste Anzeichen für eine leichte Befestigung der Kurse für Festverzinsliche. Auch die Aktienkurse zeigen eine Belebung. Aber der Markt ist noch unsicher und nicht von Rückschlägen frei.

Stufe II (46–90 Grad): Es gibt Anzeichen für eine Erholung der Wirtschaft. Die Unternehmen schöpfen etwas Mut, die Lager werden vorsichtig aufgefüllt. Die Konsumenten beginnen etwas mehr zu kaufen. Die Notenbank bleibt niedrig. An den Aktienmärkten befestigen sich die Kurse.

Stufe III (91–135 Grad): Das Konjunkturklima wird wärmer. Es wird etwas großzügiger investiert. Die Nachfrage nach Krediten nimmt zu. Die Notenbank beginnt, die Kredite zu verteuern. Der Kapitalzins zieht leicht an. Die Aktienmärkte kommen in Schwung. Die Börse spekuliert auf höhere Unternehmensgewinne.

Stufe IV (136–180 Grad): Der Aufschwung gewinnt an Kraft. Die Gewerkschaften fordern Lohnerhöhungen. Die Konsumenten verschulden sich. Die Notenbank erhöht die Zinsen. Der Aktienmarkt erreicht den Zenit, und am Ende dieser Phase kann er schon »kippen«. Die meisten Anleger halten aber noch am Aktienbesitz fest im Vertrauen auf steigende Gewinne.

Baisse-Halbkreis (180 Grad)

Stufe V (181–225 Grad): Die steigenden Zinsen beginnen die Konjunktur zu bremsen. Der Verbrauch läuft anfänglich noch auf Hochtouren und geht dann zurück. Die Lager werden langsam abgebaut. Die Börse wird unsicher. Sie fürchtet sinkende Gewinne.

Stufe VI (226–270 Grad): Die Zentralbank reagiert auf nachlassende Nachfrage und auf die schlechte Börse mit vorsichtiger Zinslockerung. Die Wirtschaft spürt Anzeichen eines Rückschlags. Der Börsentrend nach oben ist gebrochen.

Stufe VII (271–315 Grad): Die schlappe Konjunktur erlaubt es der Zentralbank, die Zinsen deutlich zurückzunehmen. Erste Anzeichen von Pessimismus in der Wirtschaft sind erkennbar. An der Börse kommt es zu Kurseinbrüchen.

Stufe VIII (316–360 Grad): Die Rezession ist da. Die wirtschaftlichen Aktivitäten erlahmen. Die Zentralbank verbilligt das Geld. Die Kapitalzinsen fallen. Die Börsenkurse haben noch keinen Boden gefunden.

In der Praxis kann es Verzögerungs- und auch Beschelunigungs-Effekte während des Zyklus geben. Der Zyklus selbst kann – aufgrund besonderer Ereignisse – auch verlängert werden. Wirtschaft ist immer etwas Lebendiges und läßt sich nicht starr in Zahlen erfassen. Wenn man laufend den jeweiligen Stand des Zyklus kontrolliert, lassen sich Verzögerungs- und Beschleunigungstendenzen aber frühzeitig erkennen. Daws Trendbarometer kann uns nur grobe Anhaltspunkte für eine Selbstdiagnose des Wirtschafts-, Zins- und Börsenverlaufs geben. Das ist, wie unsere 25jährigen Erfahrungen mit dem Trendbarometer gezeigt haben, schon eine große Hilfe für den Laien, der oft in seiner Urteilsbildung – wohin Zins, Konjunktur und Börse gehen dürften – unsicher ist.

Nach der Einführung des gemeinsamen Geldes in Europa am 1. Januar 1999 war verständlicherweise eine gewisse Unsicherheit in der Währungspolitik der Europäischen Zentralbank (EZB) unvermeidlich. Schließlich wurden Länder zu einem Währungsraum zusammengeführt, die keineswegs homogen in ihrer Wirtschafts-, Zins- und Kapitalmarktpolitik waren. Wenn die EZB mit Durchschnittswerten arbeitet, dann sind für ein Land die Zinsen zum Beispiel zu niedrig und für ein anderes Land die Zinsen vielleicht zu hoch. Auch der Konjunkturverlauf ist noch keineswegs einheitlich im ganzen Euroraum. Schließlich gibt es auch logischerweise Eigenheiten an den Börsen. Man kann jedoch davon ausgehen, daß die EZB als Maßstab für ihre Zinspolitik die Wirtschaft in Deutschland nimmt, abgerundet mit den Sonderheiten in Frankreich, im Beneluxraum und in Italien. Das von uns erstellte Euro-Trendbarometer entspricht deshalb im großen und ganzen dem Zins-, Konjunktur- und Börsentrend in Deutschland.

Die Philosophie des Wertedenkens

Nach Tisch ist alles erklärbar. Das gilt auch für die Ursachen der Jahrhunderthausse an den Weltbörsen. Die Märkte hatten in den 90er Jahren ein feines Gespür für Kommendes, für die damals schon in der Luft liegende große technische Revolution, dem Übergang zum Kommunikationszeitalter. Eine riesige Welle von Liquidität ergoß sich an die Wall Street und auch an die europäischen Börsen, ohne daß es zu einer Inflationierung der Weltwirtschaft kam. Der Gewinn an Produktivität war größer als die Kosten der neuen Technik. Die ganze Welt wurde vom Börsenfieber erfaßt. Es kam, wie es kommen mußte, zu irrationalen Übertreibungen an den Neuen Märkten. Wenn nicht alles täuscht, ist die Hausse nun erst einmal zum Stehen gekommen. Die Börsen – voran die amerikanische – haben sich auf den Weg zu den Realitäten gemacht.

Am besten läßt sich die Lage mit der Fahrt eines Supertankers vergleichen. Mit voller Kraft lief er übers Meer, aber schon 20 Kilometer vor dem Hafen muß der Kapitän das Kommando »alle Maschinen stop«, geben. Andernfalls würde das Riesenschiff nicht rechtzeitig zum Stehen kommen, sondern vor dem Hafen einen Crash verursachen. Unser Kapitän – vielleicht heißt er zufällig Alan Greenspan – versteht es geschickt, die Entfernung zwischen Schiff und Hafen richtig abzuschätzen. So besteht die Aussicht, daß unser Schiff heil an die Leine gebracht werden kann.

Das Blaue Band des Börsenleaders – der ewigen Hausse – haben weder die Wall Street noch andere Börsen in der Welt gepachtet. Nachstehend lassen wir einen Realisten von der Wall Street zu Worte kommen. Er gibt sich keineswegs pessimistisch. Aber er vertritt die Meinung, daß auf Dauer nur jene Investoren Erfolg haben werden, die nicht blind in die Zukunft laufen, sondern sorgfältig abwägen, was und wo sie investieren sollen. Es ist die Philosophie des Wertedenkens – des Value Investing. Unser Autors, Michael Keppler, ist ein erfolgreicher Aktienanalyst für institutionelle Fonds in Amerika. Er macht uns mit dem nachstehenden Artikel mit seiner Anlagestrategie in unserer Zeit bekannt.

Die Redaktion

Renaissance des Value Investing

Von Michael Keppler, New York

Irrationale Übertreibungen

Spätestens seit dem 5. Dezember 1996, als der amerikanische Notenbankpräsident Alan Greenspan in einer sonst eher nüchternen Rede erstmals von irrationalen Übertreibungen am US Aktienmarkt sprach, ist die Welt der wertorientierten Anleger (Value-Investoren) nicht mehr in Ordnung. Eigentlich hatte die Überbewertung des amerikanischen Aktienmarktes bereits im April 1995 eingesetzt, als die Dividendenrendite des Standard & Poor's 500 Index unter den bisherigen im Januar 1973 erreichten Jahrhunderttiefstand von 2,7 Prozent gefallen war. Damals konnte man jedoch argumentieren, daß viele Unternehmen zur Vermeidung der Doppelbesteuerung verstärkt eigene Aktien zurückkaufen, anstatt die Dividenden dem besseren Geschäftsverlauf entsprechend zu erhöhen. Ende 1996 lag die Dividendenrendite nur noch bei 2 Prozent, und amerikanische Aktien waren gemessen an nahezu allen konventionellen Bewertungsmaßstäben stärker überbewertet als je zuvor. Doch die Marktteilnehmer zeigten sich von Greenspans Bemerkungen nicht beeindruckt. In den vergangenen dreieinhalb Jahren nach der historischen Rede des Notenbankchefs stieg die Überbewertung der amerikanischen Aktien weiter, und die Aktienkurse verdoppelten sich – gemessen am Standard & Poor's 500 Index – bis zum Sommer 2000. Im Spätherbst 2000 wurde der US-Aktienmarkt mit dem 5,2fachen des Buchwertes (3,6), einem KGV von 27,5 (19,7) und einer Dividendenrendite von nur noch 1,2 Prozent (2,0) bewertet (Zahlen in Klammern: vergleichbare Bewertungskennzahlen im Dezember 1996).

Zurück auf den Boden der Realität

Warum sind diese Bewertungsfaktoren so wichtig? Wer gut einkauft, kann später leichter mit Gewinn verkaufen. Dieser Grundsatz gilt für alle Vermögensanlagen und damit auch für Aktien. US-Aktien haben sich seit Sommer 1982 mehr als verdreizehnfacht. Unter Berücksichtigung von Kurssteigerungen und Dividenden lag die jährliche Durchschnittsrendite bei 18,1 Prozent; dies entspricht einer Verneunzehnfachung des eingesetzten Kapitals. Buchwerte und Unternehmensgewinne stiegen im gleichen Zeitraum jedoch nur um das Zweieinhalb- bzw. Dreieinhalbfache. Das heißt, die Kurse stiegen vor allem, weil die Anleger bereit waren, mehr für die Aktien zu bezahlen, nicht weil ihr innerer Wert im gleichen Umfange gestiegen war.

Unterstützt durch fallende Inflationsraten und Zinsen hatte sich das Kurs/Buchwert-Verhältnis (KBV) seit Sommer 1982 bis August 2000 mehr als verfünffacht, während sich das Kurs/Gewinn-Verhältnis (KGV) nahezu vervierfachte. In den 18

Jahren vor dem Sommer 1982 war es genau umgekehrt: Im Zeitraum Juli 1964 bis Juli 1982 waren US-Aktien nur um 30 Prozent, d.h. im Jahresdurchschnitt nur um magere 1,5 Prozent gestiegen, während die Buchwerte sich in diesem Zeitraum knapp verdreifacht hatten und die Unternehmensgewinne um das 3,2-fache gestiegen waren (vergleichbar mit dem Anstieg in den 18 Jahren nach 1982). Als Folge der weit unterdurchschnittlichen Kursentwicklung im 18-Jahreszeitraum vor 1982 hatten sich die Bewertungsfaktoren KBV und KGV bis Mitte 1982 mit Werten von 0,98 und 7,8 im Vergleich zu ihrem jeweiligen Stand von Mitte 1964 mehr als halbiert. (Zum Vergleich: Im Durchschnitt der vergangenen 75 Jahre lag das KBV bei 1,8, das KGV bei 14,9.) Die Anleger zahlten für mehr Substanz und steigende Erträge lange Zeit immer weniger.

Um vom heutigen Bewertungsniveau ausgehend auf absehbare Zeit auch nur durchschnittliche Renditen am US-Aktienmarkt zu erzielen, müßten die Zinsen in Amerika weiter fallen und die Gewinnmargen der Unternehmen weiter steigen. Beides ist aber auf längere Sicht nicht sehr wahrscheinlich. Die Aktienkursentwicklung kann auf Dauer nicht von der Entwicklung der Zinsen und der Unternehmensgewinne abgekoppelt werden. Die Gewinnmargen der im Standard & Poor's enthaltenen Unternehmen lagen in den vergangenen 40 Jahren im Durchschnitt bei 5,5 Prozent; zur Zeit liegen sie bei über sieben Prozent. Nach Warren Buffett, einem der erfolgreichsten Aktieninvestoren aller Zeiten, wird der Konkurrenzdruck dafür sorgen, daß die Gewinnmargen über längere Perioden hinweg auf ein Niveau von unter sechs Prozent fallen werden. Der Wert eines Unternehmens kann auf Dauer nicht schneller wachsen als die Gewinne, die das Unternehmen erzielt. Buffett erwartet deshalb, daß mit US-Aktien in den kommenden 15 Jahren im Durchschnitt nur ein Ertrag von etwa 6 Prozent pro Jahr (Kursgewinne + Dividenden) erzielbar sein wird. Das ist nur etwas mehr als die Hälfte des Jahresdurchschnittsertrages von 11,3 Prozent der vergangenen 75 Jahre.

Bessere Zeiten für Value-Investoren

Es ist nun interessant, daß nach »Value-Prinzipien« gemanagte Aktienportfolios vor dem beschriebenen Hintergrund in den vergangenen Jahren zwar meist respektable, im Vergleich zu den kapitalisierungsgewichteten Indizes jedoch unterdurchschnittliche Renditen erzielt haben. International auf Länderebene ist dies vor allem dadurch zu erklären, daß der Börsenaufschwung von immer weniger Gesellschaften und Branchen getragen wurde. So waren in den USA 1999 nur 31 Aktien für den 21,3prozentigen Anstieg des Standard & Poor's 500 Index verantwortlich. Zum Vergleich: 1995 war der gesamte Wertzuwachs von 37,6 Prozent noch auf 341 Aktien entfallen. Der Börsenaufschwung hatte damals in den USA noch eine viel breitere Basis. In Europa war die Entwicklung nicht viel anders: Hoch bewertete Technologie-, Medien- und Telekommunikationstitel beherrschten bis zum Frühjahr 2000 auch hier die Investmentszene. In Deutschland wurde der gesamte Jahresgewinn des DAX 1999 mit nur vier der dreißig im Index enthaltenen Aktien (Deutsche Telekom, Mannesmann, SAP und Siemens) erzielt. Auf globaler Ebene führte die Tatsache, daß das Teuere immer noch teurer wurde, zu einem ähnlichen Konzentrationsprozeß: Der Anteil des amerikanischen Aktienmarktes an der Weltbörsenkapitalisierung stieg von 1990 bis 1995 von rund 30 auf 40 Prozent und liegt seit Herbst 1998 bei rund 50 Prozent.

Ende der Übertreibungen?

Verschiedene Faktoren deuten nun auf ein Ende der Übertreibungen hin. Da ist zunächst das Naturgesetz: Bäume wachsen nicht in den Himmel. Auf die Kapitalmärkte übertragen bedeutet dies, daß z.B. der »Small-Stocks«-Effekt, wonach kleine Gesellschaften im langfristigen Durchschnitt stärker wachsen als die großen und demzufolge auch höhere Renditen in Form von Dividenden und Wertzuwachs liefern, in den nächsten Jahren wieder zum Tragen kommen dürfte. In den 69 Jahren von 1926 bis 1994 lag der jährliche Mehrertrag von Aktieninvestments in kleinen Unternehmen – definiert als die 20 Prozent der Gesellschaften mit der niedrigsten Marktkapitalisierung – in den USA um 2 Prozent über dem Jahresdurchschnittsertrag von 10,2 Prozent des Standard & Poor's 500 Index, in dem Gesellschaften mit hoher Börsenkapitalisierung dominieren. Demgegenüber lag die jährliche Wertentwicklung der »Small Stocks« in den fünf Jahren bis Ende 1999 mit 18,5 Prozent um 10,1 Prozent unter der des S&P 500 Index.

Es ist nicht anzunehmen, daß »Small Stocks« sich langfristig schlechter als große Gesellschaften entwickeln werden. Ähnlich dürfte es sich mit dem »Small Country« Effekt verhalten, wonach – analog zu einzelnen Aktien – kleine (d.h. niedrig kapitalisierte) Aktienmärkte als Gruppe eine bessere Wertentwicklung aufweisen als Märkte mit hoher Kapitalisierung. Aus diesem Grund schlug ein gleichgewichtetes Portfolio aller im MSCI-Weltaktienindex enthaltenen Märkte den kapitalisierungs-gewichteten MSCI-Weltaktienindex in den 25 Jahren bis Ende 1994 um 3,7 Prozent p.a. In den letzten 5 Jahren lag die Jahresdurchschnittsrendite eines gleichgewichteten Marktportfolios in lokalen Währungen jedoch um 0,2 Prozent unter der Durchschnittsrendite des MSCI-Weltaktienindex von 21,3 Prozent. Langfristig sollte der »Small Country«-Effekt wieder zum Tragen kommen.

Es gibt noch zwei weitere Gründe, die für eine Normalisierung der Bewertungen an den globalen Aktienmärkten sprechen: Sozialpolitik und Wettbewerb. Die Ereignisse der vergangenen Jahre lassen die Grenzen des Kapitalismus erkennen. Es wird gesellschaftspolitisch zunehmend problematisch, daß immer weniger Gesellschaften oder Länder einen immer höheren Anteil des Weltbruttosozialproduktes auf sich vereinen. Sozialpolitischer Druck gepaart mit zunehmendem Wettbewerb dürften entscheidende Veränderungen bringen. Bedeutet dies nun, daß für Value-Investoren wieder bessere Zeiten anbrechen? Seit dem Frühjahr 2000, als eine scharfe Korrektur des amerikanischen Freiverkehrsmarktes NASDAQ einsetzte, scheinen die Grundprinzipien der Aktienbewertung, die in den letzten Jahren durch irrationales Anlegerverhalten teilweise außer Kraft gesetzt wurden, wieder zum Tragen zu kommen.

»Top Value«-Strategie

Ein konkretes Beispiel dafür ist die von Keppler Asset Management konzipierte »Top Value«-Strategie, mit der versucht wird, die am attraktivsten bewerteten Aktienmärkte zu ermitteln. Seit Ende März bis Ende Juli 2000 legte das »Top Value«-Portfolio um 2,8 Prozent zu, während der MSCI Weltaktienindex im gleichen Zeitraum um 4,1 Prozent nachgab. Dabei werden fundamentale Größen wie Buchwerte, Cash Flow und Dividenden aller in einem lokalen Marktindex enthaltenen Gesellschaften aggregiert und in Relation zu den aktuellen Börsenkursen gesetzt. In einem zweiten Schritt wird jeder Aktienmarkt mit dem MSCI-Weltaktienindex verglichen. Drittens wird die aktuelle Bewertung der historischen Bewertung jedes Marktes gegenübergestellt. Dieser Schritt hilft, Märkte herauszufiltern, die möglicherweise aus gutem Grunde immer preiswerter als der Durchschnitt sind. Und schließlich wird die derzeitige relative Bewertung jedes im MSCI-Weltaktienindex enthaltenen Marktes mit seiner relativen Historie verglichen. Diese vier simultan vorgenommenen Bewertungsvergleiche sollen nicht nur einen niedrigen Kaufpreis sicherstellen, sondern auch dafür sorgen, daß Märkte in das »Top Value«-Portfolio aufgenommen werden, wenn sie im Vergleich zu ihrer eigenen Historie sowohl absolut als auch relativ preiswert sind.

Die Ergebnisse der vergangenen 30 Jahre sind in der Grafik zusammengefaßt. Das »Top Value«-Strategie-Portfolio wies mit wiederangelegten Dividenden nach Abzug von Quellensteuern eine jährliche Durchschnittsrendite von 19,3 Prozent auf – im Vergleich zu 11,0 Prozent für den MSCI-Weltaktienindex. Aus der Grafik wird deutlich, daß der Performance-Vorsprung in den letzten fünf Jahren im Vergleich zu den vorangegangenen 25 Jahren schrumpfte. Die Underperformance der Value Strategie in den letzten fünf Jahren war auch darauf zurückzuführen, daß sowohl der größte Aktienmarkt – die USA – als auch der US-Dollar gegenüber den meisten Währungen in diesem Zeitraum überdurchschnittlich gestiegen sind. In einer Phase steigender Dollarkurse ist es sehr schwierig, mit Aktieninvestments außerhalb der USA im Vergleich zum MSCI-Weltaktienindex überdurchschnittliche Erträge zu erzielen, da der US-Aktienmarkt und damit auch der starke Dollar den höchsten Anteil (zur Zeit rund 50 Prozent) im MSCI-Weltaktienindex haben. Doch auch von dieser Seite zeichnet sich eine Besserung für globale Value Portfolios ab: In der 5-Jahresperiode 1985–1989, der ebenfalls eine Phase steigender Dollarkurse vorangegangen war, verzeichneten entsprechend der »Top Value«-Strategie konzipierte Portfolios einen phänomenalen Anstieg von absolut 35,5 Prozent p.a. – d.h. einen Mehrertrag von 14,3 Prozent p.a. im Vergleich zum MSCI-Weltaktienindex, der in diesem 5-Jahreszeitraum Jahresdurchschnittsrenditen von 21,2 Prozent aufwies.

Zur Zeit umfaßt die »Top Value«-Strategie sechs Aktienmärkte der Industrieländer Australien, Belgien, Deutschland, Hongkong, Norwegen und Österreich mit einer Gewichtung von jeweils einem Sechstel. Nach Analysen von Keppler Asset Management ist das »Top Value«-Portfolio im Spätsommer 2000 im Vergleich zum MSCI-Weltaktienindex um 25 Prozent unterbewertet. Ich rechne damit, daß sich diese Unterbewertung in den kommenden 3–5 Jahren abbauen wird, wenn die Weltaktienmärkte zu ihrer Normalbewertung zurückkehren. Dann sollten diese Märkte zu den Gewinnern zählen.

Dominique Wavre, an Bord der „Union Bancaire Privée" der 60-Fuss-Open-Klasse, nimmt am Vendée Globe Challenge 2000 teil

Kurs halten, Chancen nutzen

In dreissig Jahren wurde die Union Bancaire Privée gemessen an der Bilanzsumme zur Nummer 1 der Börsen- und Effektenbanken in der Schweiz. Mit Niederlassungen in 19 Ländern beschäftigen wir heute nahezu 1000 Personen und betreuen Kundenvermögen in Höhe von 58 Milliarden Franken.

Die Beziehungen zu unseren Kunden gründen auf gegenseitigem Vertrauen. Wir bieten für jedes Vermögen und jedes Bedürfnis einen massgeschneiderten Service im Sinne schweizerischer Bankentradition. Unsere Kreativität und unser Unternehmergeist stehen für fortlaufend innovative Lösungen in der Vermögensverwaltung.

Wenn Standardlösungen für Sie keine Lösung sind, dann wenden Sie sich bitte an unseren Generalsekretär Herrn Jean-Claude Manghardt per Telefon (+ 4122) 819 2949 oder E-mail sg@ubp.ch

UNION BANCAIRE PRIVÉE
GENÈVE

Ihre Vermögensverwaltungsbank mit internationaler Ausrichtung

Niederlassung Zürich: UBP Bahnhofstrasse 1 • CH-8022 Zürich • Tel. (+ 411) 219 6111 • Fax (+ 411) 211 3928
Hauptsitz: 96-98 rue du Rhône • CH-1204 Genf • Tel. (+ 4122) 819 2111 • Fax (+ 4122) 819 2200 • www.ubp.ch

Weltbörsen-Panorama 2001

Von Christine Nowschak

Vorbemerkung der Redaktion

Es gibt keine »reinrassigen« guten und keine ausschließlich schlechten Aktienmärkte. Selbst in der stärksten Hausse werden immer wieder Fußkranke übrigbleiben, und im zyklischen Abschwung werden sich interessante Titel finden, die gegen den Strom schwimmen oder die man zumindest als »gute Schwimmer« orten kann. Es war in diesem Jahr eine besonders verantwortungsvolle analytische Aufgabe, die Rosinen aus dem internationalen Börsenkuchen für das neue Kalenderjahr herauszupicken mit Schwerpunkt auf den naheliegenden Europa-Börsen, Amerika und Japan. In diesem Sinne empfehlen wir unseren Lesern den diesjährigen Börsenteil dieses Jahrbuches – geschrieben von unserer bewährten Spezialistin, Frau Christine Nowschak – als geldwerte Lektüre.

Teil I: Europa-Börsen

»Die Kurse bieten Einstiegschancen.« Nach dem jähen Absturz der europäischen Märkte in den letzten sechs Monaten werden die Experten wieder mutiger. Die Mehrheit der Auguren geht davon aus, daß das Jahr 2001 ein Jahr der europäischen Aktien wird. Danach hat der Euro-Stoxx-50-Index in den kommenden zwölf Monaten ein Potential bis auf 6.500 (zuletzt 5.031). Dem Börsenbarometer für die 30 führenden deutschen Blue Chips, DAX, trauen die Experten zu, daß ein Erreichen der Marke 9.000 durchaus realistisch ist. Insbesondere die Werte, die in den letzten Monaten zu stark unter Druck gerieten, würden das größte Aufholpotential besitzen. Dazu gehören vornehmlich die Technologie- und Telekommunikations-Unternehmen.

Obwohl Ende Oktober bereits die Finanzplätze Erholungsansätze probten, konnte sich ein generell freundlicherer Trend noch nicht durchsetzen. Den Anlegern sitzen die heftigen Kursabstürze noch tief in den Knochen. Der Oktober war schon immer ein schlechter Börsenmonat. Was diesmal anders war: Die Stimmung an den Finanzmärkten war bereits im Sommer derart miserabel, daß viele Analysten bereits für den Herbst eine Kurs-Rallye erwarteten. Auch diese Hoffnungen haben sich nicht bestätigt, im Gegenteil: Der Oktober machte seinem Ruf als »Crash-Monat« alle Ehre. Die

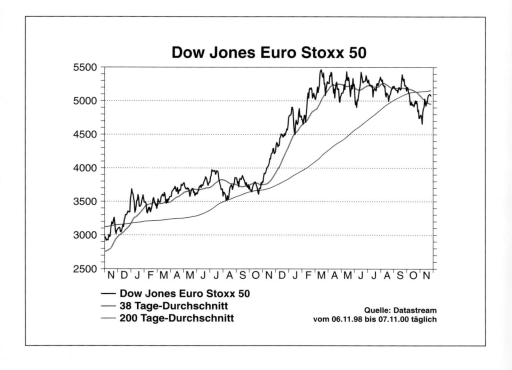

Aktie	Kurs Euro	Hoch 52-Wochen	Tief 52-Wochen	Veränd. s. 31.12.99	KGV 2000	KGV 2001
ABN Amro H.	26,11	29,30	20,50	3,8 %	13,6	11,5
AXA-UAP	148,79	172,50	120,16	7,1 %	25,4	22,1
Aegon	47,39	48,10	33,40	- 0,1 %	30,8	27,1
Ahold	34,30	34,40	21,30	15,3 %	24,2	20,3
Air Liquide	128,00	159,09	120,00	- 13,6 %	17,6	16,0
Alcatel	71,79	96,90	29,02	60,6 %	51,3	37,8
Allianz	391,00	441,16	286,60	17,1 %	40,8	34,6
Aventis	84,29	88,70	47,50	49,1 %	62,9	45,6
BASF	43,97	53,02	39,40	-14,1 %	16,9	13,5
Bco Bilbao Viz. Arg.	15,25	17,35	12,40	8,2 %	21,2	17,1
BNP Paribas	95,00	109,80	75,00	3,8 %	10,8	10,2
Bco Sant.C.Hisp	11,38	12,75	9,75	- 2,0 %	20,7	17,3
Bayer	49,08	49,08	38,40	4,2 %	20,0	17,8
Canal +	161,00	345,00	62,80	13,4 %	Verl.	Verl.
Carrefour	78,50	95,50	65,00	- 12,3 %	45,6	35,7
DaimlerChrysler	51,41	77,00	50,01	- 33,9 %	9,3	8,9
Danone	165,16	167,00	90,50	42,8 %	30,3	27,4
Dresdner Bank	46,74	57,50	40,50	- 15,0 %	27,7	19,4
Dt. Bank	93,19	102,60	64,90	11,3 %	18,2	16,9
Dt. Telekom	44,86	103,50	35,90	- 36,4 %	56,1	48,8
E.ON	59,81	60,95	41,01	20,2 %	26,2	22,4
ENI	6,40	6,75	4,80	16,8 %	10,8	11,4
Endesa	19,49	24,40	17,90	-2,8 %	14,9	13,1
Enel	4,30	4,75	3,82	4,4 %	26,9	25,3
Fortis (B)	35,20	36,10	25,20	- 2,0 %	15,6	13,9
France Telekom	126,84	215,00	91,50	- 4,4 %	52,2	47,5
Generali	36,00	36,50	28,00	6,5 %	0,1	30,5
HypoVereinsbank	62,80	72,85	55,92	- 7,7 %	22,9	16,1
ING Groep	77,97	78,30	48,50	28,6 %	19,2	16,0
Kpn, Kon.	26,10	73,25	20,10	- 45,1 %	40,8	39,0
L'Oreal	87,00	90,00	61,00	12,0 %	60,8	52,7
LVMH	84,44	98,00	57,00	-6,6 %	46,1	37,4
Münchener Rück	358,50	358,50	198,40	40,9 %	47,0	40,4
Nokia	46,87	65,20	26,75	-0,7 %	60,9	46,0
Philips	45,98	58,14	24,66	33,0 %	20,3	16,5
Pinault Print.	200,00	260,00	179,00	- 21,0 %	30,1	25,9
RWE	46,20	46,20	30,49	19,1 %	21,6	19,3
Repsol	20,01	24,00	18,55	-13,4 %	10,5	10,6
Royal Dutch	70,82	75,00	52,60	17,9 %	20,4	20,4
San Paolo IMI	18,80	21,20	11,50	41,9 %	21,4	18,8
Sanofi-Synthelabo	61,00	62,40	35,00	54,4 %	50,0	42,4
Siemens	144,31	191,51	85,35	13,6 %	32,7	26,1
Société Générale	62,60	70,00	48,50	11,3 %	10,8	10,2
Suez Lyon Eaux	178,00	193,50	140,00	13,4 %	22,7	20,1
Telecom Italia	13,87	19,70	8,02	- 0,3 %	43,3	39,6
Telefonica	23,26	32,80	15,44	- 10,9 %	37,5	31,9
TotalFinaElf	164,56	185,90	121,00	19,6 %	18,4	17,3
UniCredito Italiano	5,85	6,05	3,60	19,4 %	18,9	15,8
Unilever	60,19	63,00	40,80	11,3 %	21,4	19,7
Vivendi	80,00	141,50	70,40	-10,9 %	26,6	23,6

Kurse in USA und Europa erreichten, gemessen an den Indizes, neue Jahrestiefstände. Entsprechend trauten sich nur wenige Anleger wieder zurück auf das Parkett. Ein Blick zurück zeigt aber: Die enttäuschende Börsenentwicklung im September/Oktober hat sich im Nachhinein jeweils als idealer Kaufzeitpunkt erwiesen. Viele Gründe sprechen auch diesmal für diese These.

Eine der wichtigsten Rollen für die künftige Börsenentwicklung wird dabei der Ölpreis spielen. Nach dem steilen Anstieg auf ein Zehnjahreshoch sollten sich die Petronotierungen im Jahresverlauf wieder auf ein niedrigeres Niveau einpendeln. Die damit schwindenden Inflationssorgen dürften dann auch wieder dem Aktienmarkt positive Impulse verleihen. In Amerika sieht es so, als ob das »soft landing«, die weiche Landung der Konjunktur, gelungen ist, so daß die US-Notenbank ihre restriktiven Zügel wieder lockern kann. Was die Weltwirtschaft angeht, so dürfte sie sich zwar leicht abschwächen, aber dennoch robust genug sein. Hier die Euro-Stoxx-50-Bilanz (siehe Tabelle)

Versicherungen

Italiens größter Vesicherungskonzern **Assicurazioni Generali** konnte im ersten Halbjahr 2000 den Nettogewinn von 819 Mio. Euro auf 938 Mio. Euro steigern. Insbesondere die deutlich gestiegenen Einnahmen aus Versicherungsbeiträgen haben zu dem erfreulichen Ergebnis beigetragen. Sie kletterten von 19,3 Mrd. Euro auf 23 Mrd. Euro in den ersten sechs Monaten. Die Zuflüsse aus Lebensversicherungen stiegen um 14 Prozent auf 14 Mrd. Euro. Italien gilt in Europa im Lebensversicherungsgeschäft als Wachstumsmarkt. Während in Deutschland die Beitragseinnahmen in 1999 nur um 12 Prozent zunahmen, glänzt Italien mit einer Wachstumsrate von 32 Prozent in diesem Bereich. Seit der Ankündigung von Generali, die Commerzbank-Beteiligung auf knapp zehn Prozent zu erhöhen, ist die Aktie verstärkt in den Blickpunkt der Analysten gerückt.

Das Unternehmen ist ohnehin bereits in Deutschland aktiv und durch die Beteiligungen an Volksfürsorge und an AMB bereits die Nummer Drei. Seit Anfang des Jahres kann Generali ihre Produkte dank einer Vereinbarung der AMB und mit der Commerzbank exklusiv in deren Filialen vertreiben. Sollte die italienische Regierung mit ihrem Vorhaben, die gesetzliche Rentenversicherung mit einer privaten Altersvorsorge zu koppeln, ernst machen, dürfte dies Generali einen beträchtlichen Wachstumsschub bescheren. Für den Kurs jedenfalls spricht vieles für eine anhaltende Aufwärtsbewegung. Die aktuelle Notierung von 35 Euro hat somit mittel- bis längerfristig beste Chancen, auf über 40 Euro zu klettern.

Finanzdienstleister

Großes Aufholpotential sehen Experten bei **Fortis**. Nach einer Reihe von Zukäufen in Europa und Übersee in den letzten Jahren hat sich einer der führenden europäischen Anbieter von integrierten Finanzdienstleistungen etabliert. Die Integration der Zukäufe ist bereits in den Erträgen ersichtlich. Im ersten Halbjahr erwirtschaftete der Konzern einen um 25 Prozent auf 1,6 Mrd. Euro gestiegenen Nettogewinn. Den größten Anteil am Ertrag hatte das Bankgeschäft, wo der Nettoüberschuß im ersten Halbjahr einen Zuwachs um 31 Prozent auf 927 Mio. Euro verzeichnete. Auch für den Rest des Jahres ist das Unternehmen optimistisch, die erfreuliche Ertragsentwicklung beibehalten zu können. Der Gewinn je Aktie soll danach weiter um 12 bis 15 Prozent klettern. Im Kurs sind die günstigen Perspektiven noch nicht ausreichend honoriert. Mit aktuell 33,50 Euro notiert Fortis noch immer auf dem Niveau vom Januar dieses Jahres. Für 2001 liegen die Ertragserwartungen bei 3,30 Euro je Aktie, womit Fortis mit einem Kurs:Gewinn-Verhältnis von lediglich gut 10 bewertet wird. Angesichts der weit fortgeschrittenen Integration und des Bewertungsabschlags gegenüber anderen Allfinanzdienstleistern erwarten Analysten in den kommenden Monaten eine sukzessive Höherbewertung.

Telekommunikation

Diese Branche erlebte in den ersten Wochen des Jahres 2000 einen fulminanten Höhenflug. Rund um den Globus zählten diese Papiere zu den Lieblingen der Anleger. Technologie-, Telekommunikation- sowie Medien-Aktien kannten bis März nur einen Weg – nach oben. Die Hausse erreichte dabei euphorische Züge, die man aus fundamentaler Sicht nicht mehr nachvollziehen konnte. Kurs:Gewinn-Verhältnisse interessierten ebenso wenig, wie hohe Investitionen zum Ausbau der Infrastruktur. Als dann Anfang März die Seifenblase platzte und insbesondere zunächst die sog. TMT-Aktien (Telekommunikation, Technologie, Medien) ihre Talfahrt begannen, sprach die Mehrheit der Marktteilnehmer von einem kurzen reinigenden Gewitter, das rasch vorüber gehen sollte. Zahlreiche Anleger stiegen danach sofort wieder ein und nutzen die scheinbar niedrigen Kurse. Die erste Erholung im April startete denn auch vielversprechend mit einem kräftigen »Rebound«. Der Ausverkauf sollte jedoch noch bevorstehen. Im Herbst stürzten die Kurse nochmals massiv nach unten.

Kurseinbußen von 50 Prozent und mehr von den Topständen im Frühjahr waren insbesondere bei den TMT-Werten dabei keine Seltenheit. Auf dem derzeit niedrigen Niveau und mit Blick auf ein besseres Börsenjahr 2001 sollten sich jedoch erste Käufe in ausgewählten Telekommunikationsaktien lohnen.

Ein Unternehmen, das man künftig wieder exzellente Chancen zutraut, ist der spanische Telekommunikationskonzern **Telefonica**. Vom Jahreshoch 33,20 Euro hat sich das Papier bis auf 23,80 Euro entfernt. Telefonica ist das viertgrößte europäische Telekom-Unternehmen mit einer starken Präsenz im spanisch-portugiesischen Sprachraum. Zudem bestehen große Ambitionen in Zentraleuropa sowie in USA. Die Börse machte sich im Spätsommer große Sorgen. Telefonica hat in einer aggressiven Akquisitionspolitik zahlreiche Übernahmen getätigt und allein für die argentinischen und brasilianischen Zukäufe insgesamt rd. 14 Mrd. US-Dollar auf den Tisch gelegt. Zwar hat sich das Unternehmen damit in der lateinamerikanischen Welt einen dominierenden Anteil gesichert, für Analysten war jedoch der Kaufpreis für die jüngsten Übernahmen viel zu hoch. Auch der Kauf des US-Internet-Portals Lycos für 12,5 Mrd. US-Dollar hat zunächst mehr geschockt als erfreut. In einem derart angeschlagenen Markt, wie ihn die TMT-Werte seit Frühjahr erlebten, wurde aber jede Nachricht äußerst skeptisch aufgenommen. Nach den drastischen Kurseinbrüchen für die gesamte Branche bieten bei der einen oder anderen Gesellschaft die niedrigen Notierungen aber wieder günstige Einstiegsmöglichkeiten. Auch wenn das Schlagwort Internet derzeit keinen Anleger vom Hocker reißt, dürfte sich die Abneigung gegen diese Branche mittel- bis langfristig wieder ändern. Durch den Lycos-Kauf avanciert die Telefonica-Tochter Terra Networks zu einem der größten Internet-Anbieter weltweit. Die Pläne, den Mobilfunkbereich sowie den Mediensektor an die Börse zu bringen, hat man aufgrund des schlechten Börsenumfeldes erst mal verschoben. Im Verlauf des Jahres 2001 könnte Telefonica erneut mit Fusionsabsichten für Schlagzeilen sorgen. Als mögliche Partner werden Hollands KPN oder auch British Telecom genannt.

Auch bei **Telecom Italia** sollte die sechsmonatige Schwäche wieder in einen soli-

VGZ
VERMÖGENSVERWALTUNGS-GESELLSCHAFT ZÜRICH

Geld verdienen ist sicher schwer, Vermögen erhalten aber noch viel mehr!

Viele Leute wenden ihre ganze Schaffenskraft auf, um ein Vermögen zur Sicherung ihrer (und ihrer Kinder) Zukunft zu erarbeiten. Statt das Kapital für sich arbeiten zu lassen, wird dieses mehr schlecht als recht so nebenbei verwaltet. – Machen Sie es besser und sprechen Sie mit uns (siehe auch: www.vgz.ch).

VGZ, Freiestrasse 178, CH-8032 **Zürich**
Telefon 00411/382 0909 – Fax 00411/382 0880

PS: Die VGZ ist Mitglied des Verband Schweizerischer Vermögensverwalter

den Aufwärtstrend münden. Vom Oktober 1999 bis Feburar 2000 zählte der Telekommunikationswert zu den herausragenden Anlagen. Der Kurs legte um über 160 Prozent bis auf über 20 Euro zu. Der Ausverkauf in den TMT-Werten führte dann zu einem raschen Kursrückschlag bis auf 13,20 Euro. Seitdem konsolidiert der Kurs auf diesem Niveau. So lange die Aversion der Anleger für diese Werte anhält, dürfte der Ausbruch über die nächste Widerstandslinie 17 Euro kaum gelingen. Ähnlich wie bei anderen Aktien dieser Branche scheinen auf diesem Niveau die Risiken nach unten begrenzt, so daß der Aufbau erster Positionen empfohlen werden kann.

Technologie

Vom Abwärtssog der Telekommunikationsunternehmen wurden auch die Handy-Hersteller tangiert. Übersehen wird jedoch, daß die Handy-Hersteller unverändert vom Mobilfunk profitieren. Die Nachfrage nach den »Taschentelefonen« ist indes ungebrochen. Die billigen Tarife sowie die zunehmende Bedeutung der Datenübertragung im mobilen Netz führten auch im ersten Halbjahr zu einer immensen Nachfrage. Weltweit wurden so rd. 98 Millionen Handys verkauft. Mit einem Marktanteil von zusammen rd. 53 Prozent gehört Nokia (27,5 Prozent Anteil), Motorola (15,6 Prozent) sowie Ericsson (10,3 Prozent) zu den größten Nutznießern. Für das gesamte Jahr rechnen Experten mit einem weltweiten Absatz von über 430 Millionen Mobiltelefonen. Gegenüber dem Vorjahr würde dies eine Steigerung von über 76 Prozent bedeuten. Die Geräte werden immer billiger und sind aus dem heutigen Alltag fast nicht mehr wegzudenken. Entsprechend dürfte der Markt für Mobiltelefone weiterhin hohe Wachstumsraten aufweisen. Unternehmen, die sich in diesem Markt eine feste Stellung erobert haben, dürften deshalb weiter zu den Gewinnern gehören. Der neue UMTS-Standard, mit dem per Handy Musik und Filme aus dem Internet abgespielt werden können, dürfte dabei für einen neuen Boom sorgen. Siemens hat so bereits aufgrund der starken Nachfrage in ihrem Handy-Werk eine Mitarbeiterverdoppelung von 100 auf 200 angekündigt.

Eine seit Jahren herausragende Anlage sind holländische **Philips.** Wer sich Ende 1998 das Papier ins Depot gelegt hat, kann sich über eine Kursvervierfachung freuen. Dank eines boomenden Halbleitergeschäftes wird Philips im Jahr 2000 das beste in der Unternehmensgeschichte erzielen. Allein im dritten Quartal kletterte der Umsatz um 21 Prozent auf 9,4 Mrd. Euro. Der Gewinn erreichte sogar 2,1 Mrd. Euro nach 374 Mio. Euro. Diese exzellenten Zahlen wurden jedoch mit Hilfe außerordentlicher Erträge erreicht. Ohne die Zusatzgewinne kommt immerhin noch eine Verdoppelung des Quartalsergebnisses zustande. Einzig das Handy-Geschäft zeigte leichte Ermüdungserscheinungen. Die ursprünglich prognostizierten Handy-Verkaufsziele in Höhe von 18 Mio. wird man wohl nicht erreichen. Der Vorstand hat die Prognose deshalb auf 14 Mio. reduziert. Zum Vorjahr bedeutet dies aber immerhin noch eine Steigerung um über 55 Prozent. Zum Shooting-Star avancierte die Halbleitersparte. Hier kletterte der Umsatz in den ersten neun Monaten von 3,2 auf 4,9 Mrd. Euro, der Betriebsgewinn

"Night Sky, No. 20" von Vija Celmins – eine der diesjährigen Preisempfänger der Coutts Jubiläumsstiftung für Gegenwartskunst.

Die Förderung wegweisender Künstler der Gegenwart ist Ausdruck unserer Verpflichtung, eine führende Position im International Private Banking zu behaupten. Innovation und traditionelle Werte sind Garanten für die erstklassige Qualität unserer Bank-, Vermögensverwaltungs- und Treuhanddienstleistungen. Globale Fachkenntnisse, abgestimmt auf den individuellen Bedarf unserer anspruchsvollen Privatkunden, ermöglichen uns, massgeschneiderte sowie standardisierte Lösungen weltweit anzubieten.

Weitere Informationen erhalten Sie bei
COUTTS BANK (SCHWEIZ) AG
Zürich: Telefon 01-214 51 11, Telefax 01-214 53 96
Genf: Telefon 022-319 03 19, Telefax 022-310 38 57
privatebanking@coutts.com

Athen · Bermudas · Cayman · Dubai · Genf · Guernsey · Hongkong
Isle of Man · Jersey · London · Miami · Monaco · Singapur · Wien · Zürich

nahm von 447 auf 938 Mio. Euro zu. Die Aktie hat sich in der jüngsten Schwäche relativ gut behaupten können. Der Kurs mit 48 Euro liegt nur 15 Prozent unter dem Topstand. Philips-Aktien werden mit einem Kurs:Gewinn-Verhältnis von 15 moderat bewertet.

Pharma

Eine ausgezeichnetes Investment im europäischen Pharmabereich ist **Sanofi-Synthelabo**. Das 1999 aus Sanofi und Synthelabo hervorgegangene französische Pharma-Unternehmen ist auf Wachstumskurs. Die Kosteneinsparungen durch die Fusion sowie die Synergieeffekte tragen bereits Früchte. Im ersten Halbjahr 2000 stieg der Reingewinn um 52 Prozent auf 435 Mio. Euro oder 0,61 Euro pro Aktie. Analysten hatten mit rd. 400 Mio. Euro gerechnet. Neben den Einsparungen macht sich in der Halbjahresbilanz auch der starke Dollar bemerkbar. Einen wesentlichen Anteil an dem guten Ergebnis hatte jedoch auch die zunehmende Nachfrage bei einigen Präparaten. Insbesondere die Herzmedikamente Plavix und Aprovel trugen einen Großteil des positiven Ergebnisses bei. Auch für die Zukunft ist das Unternehmen zuversichtlich und will das Wachstumstempo beibehalten. Große Hoffnungen setzt Sanofi-Synthelabo auf das neue Blutgerinnungsmedikament Pentasaccharide. Experten erwarten hier künftig Umsätze von bis zu 1,5 Mrd. Euro. Pentasaccharide wurde in Zusammenarbeit mit Akzo Nobel entwickelt. Allein seit Anfang des Jahres legte der Kurs knapp 40 Prozent zu und notiert derzeit mit 56,20 Euro nur knapp unter dem 52-Wochenhoch. Mit einem Kurs:Gewinn-Verhältnis von 42,4 sind die Aktien im europäischen Vergleich jedoch schon weit vorgeprescht. Kursrückschläge bieten aber für längerfristig orientierte Anleger attraktive Einstiegsmöglichkeiten.

Zu den besten Kursperformern im Jahresverlauf 2000 avancierte **Aventis**. Das Unternehmen ist 1999 aus der Fusion der Life Sciences-Aktivitäten von Hoechst und Rhone-Poulenc entstanden. Mit rd. 20 Mrd. Euro (Pharma-Anteil 76 Prozent, Agrochemie 24 Prozent) zählt Aventis zu den führenden Unternehmen auf diesem Gebiet. Bei Impfstoffen nimmt die Gesellschaft die Nummer Eins ein, in der Agrochemie den zweiten Platz und im internationalen Pharmageschäft belegt die Gesellschaft den dritten Rang. Mit einem Forschungsbudget von rd. 2,5 Mrd. Euro erwarten Experten in Zukunft attraktive Ergebnisse. Bereits jetzt verfügt Aventis über einige neue Produkte, die durchaus gute Chancen haben, eine sogenannte Blockbuster-Karriere (500 Mio. US-Dollar Umsatz p.a.) zu erreichen. Während das wichtige Medikament gegen Herz- und Kreislauferkrankungen Cardizem durch den Patentablauf unter Druck geriet, entwickeln sich andere Präparate vielversprechend. So konnte im ersten Halbjahr 2000 das Antiallergikum Allegra/Telfast ein Umsatzplus von 60 Prozent auf 525 Mio. Euro erzielen. Taxotere (Krebsmittel) sowie Lovenox (Thrombosemedikament) zählen ebenfalls zu den vielversprechenden Präparaten. In den nächsten Jahren will Aventis die Produktpalette weiter straffen und sich verstärkt auf absatzstarke Produkte konzentrieren. Der Hauptmarkt von Aventis ist Europa. 29 Prozent der Pharmaumsät-

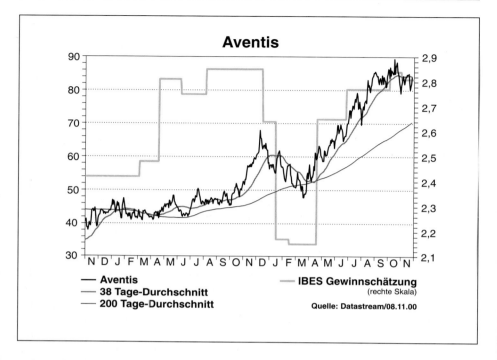

ze bzw. 21 Prozent der Agrochemie werden im lukrativen US-Markt generiert. Diesen Anteil will das Unternehmen sukzessive auf rd. 40 Prozent in den nächsten Jahren steigern. Die Synergieeffekte aus der Fusion sollen bis 2002 jährliche Einsparungen in Höhe von 1,2 Mrd. Euro bringen. Hauptsächlich durch das positive Ergebnis in der Pharma-Sparte konnte Aventis ein hervorragendes zweites Halbjahresergebnis präsentieren. Der Gewinn vor Steuern kletterte um gut 61 Prozent auf 632 Mio. Euro. Pro Aktie nahm der Ertrag um 54 Prozent auf 0,74 Euro zu. Für das Gesamtjahr hat die Gesellschaft selbst die Gewinnerwartung pro Aktie auf 1,30 Euro erhöht. Analysten erwarten auch in den nächsten Jahren eine Fortsetzung der positiven Entwicklung. Für 2001 sind so 2,00 Euro geschätzt, in 2002 liegen die Prognosen bei 2,40 Euro Gewinn pro Aktie. Die günstigen Perspektiven hat die Börse bereits in den vergangenen Monaten honoriert. Seit Jahresanfang hat sich der Kurs der Aventis-Aktie um über 40 Prozent erhöht. Das Kurs:Gewinn-Verhältnis per 2001 beträgt immerhin stolze 42, womit die Aktie auf aktuellem Niveau inzwischen nur noch als Halteposition eingestuft wird.

Energie

Im Ölbereich werden **Repsol-YPF** weitere Kurschancen eingeräumt. Das spanisch-argentinische Petrounternehmen zählt zu den größten integrierten Ölgesellschaften der Welt. Die im Vorjahr durchgeführte Übernahme der argentinischen YPF sowie der gestiegene Rohölpreis haben sich im ersten Halbjahr 2000 positiv ausgewirkt. Das Betriebsergebnis explodierte um 378 Prozent auf 3,0 Mrd. Euro. Der Nettogewinn kletterte von 0,4 Mrd. Euro auf über 1,3 Mrd. Euro. Nach dem stürmischen Höhenflug des Rohölpreises rechnen Experten für die kommenden Monate, insbesondere ab dem neuen Jahr, mit einer Abschwächung. Die weltweite Nachfrage nach dem »schwarzen Gold« sowie die sehr niedrigen Lagerbestände dürften jedoch auch auf Sicht bei den Petropreisen für ein hohes Niveau sorgen. Im Branchenvergleich wird Repsol-YPF noch günstig bewertet. Für das laufende Jahr wird mit einem Gewinn pro Aktie von 2,37 Euro gerechnet, in den darauf folgenden zwölf Monaten sollten 2,46 Euro Ertrag realistisch sein. Das Kurs:Gewinn-Verhältnis liegt somit im einstelligen Bereich, womit die Aktie erheblichen Nachholbedarf besitzt.

Unter den Energiewerten bleibt **Royal Dutch** eine Kernanlage. Der niederländisch/britische Ölmulti notiert mit knapp 75 Euro zwar auf dem Topstand, dennoch werden die künftigen Kurs-Chancen positiv eingeschätzt. Im ersten Halbjahr 2000 konnte das beste Sechsmonatsergebnis in der Firmengeschichte erzielt werden. Der Umsatz stieg um 58 Prozent auf 70,2 Mrd. US-Dollar, der Gewinn explodierte gleich um 81 Prozent auf 6,6 Mrd. US-Dollar. Natürlich war hierfür auch der deutliche Ölpreisanstieg verantwortlich. Aber auch das Geschäft in den Sparten Exploration und Förderung, die deutlich hochgeschraubt wurde, trugen zum glänzenden Ergebnis bei. Hinzu kommt: Die früh eingeleiteten Sparmaßnahmen tragen ebenfalls Früchte. Die straffen Kostensenkungsmaßnahmen, die zur Schließung von Raffinerien und einem drastischen Stellenabbau führten, beginnen sich auszuzahlen. Das Unternehmensziel, die Rendite auf das eingesetzte Kapital bis zum Jahre 2001 von 14 Prozent zu erreichen, konnte bereits im Frühherbst 2000 mit 16 Prozent übertroffen werden. Shareholder value ist für Royal Dutch kein Fremdwort. Ab 2001 hat das Unternehmen ein Aktienrückkaufsprogramm in Höhe von bis zu 20 Mrd. US-Dollar angekündigt. Das ursprüngliche Ziel, bis 2001 rd. 2,5 Mrd. US-Dollar einzusparen wurde nun ebenfalls kräftig nach oben geschraubt. Durch den weiteren Abbau der Belegschaft (18.000 Stellen) sollen nun rd. 4 Mrd. US-Dollar Kostenersparnis glücken. Für das laufende Jahr wird mit einem Gewinn pro Aktie von 3,09 Euro gerechnet, für 2001 liegen die Schätzungen bei knapp 3,20 Euro. Mit einem Kurs:Gewinn-Verhältnis von 21,7 ist Royal Dutch zwar nicht mehr preiswert, die positiven Zukunftsperspektiven rechtfertigen jedoch weitere Kursverbesserungen.

Beim französischen Ölkonzern **TotalFina** läuft es nach Plan. Weltweit nimmt das Unternehmen den vierten Platz ein. Die Zusammenführung der 1999 fusionierten Gesellschaften Total, Petrofina und Elf entwickelt sich besser als erwartet. TotalFina hat die fusionsbedingten Synergiepotentiale deshalb noch einmal angehoben. Ursprünglich rechnete die das Unternehmen mit 1,5 Mrd. Euro Einsparungen bis zum

Neue Vermögen AG

Traunstein
Marienstraße 5
83278 Traunstein
Tel.: (0861) 70861 0
Fax: (0861) 70861 11

Bad Reichenhall
Luitpoldstraße 14
83435 Bad Reichenhall
Tel.: (08651) 9692 0
Fax: (08651) 9692 11

Trostberg
Schulstraße 1
83308 Trostberg
Tel.: (08621) 9824 0
Fax: (08651) 9824 11

Altötting
Kapellplatz 5
84503 Altötting
Tel.: (08671) 9690 0
Fax: (08651) 9690 11

Simbach
Pfarrkirchner Str. 29
84359 Simbach/Inn
Tel.: (08571) 9229 30
Fax: (08571) 9229 31

Passau
Dr.-Ernst-Derra-Str. 6
94036 Passau
Tel.: (0851) 49024 10
Fax: (0851) 49024 11

Holzkirchen
Münchener Str. 42
83607 Holzkirchen
Tel.: (08024) 4774 0
Fax: (08024) 4774 11

Burghausen
Mehringer Str. 12
84489 Burghausen
Tel.: (08677) 8817 30
Fax: (08677) 8817 31

Kempten
Bodmanstr. 12
87435 Kempten
Tel.: (0831) 58098 10
Fax: (0831) 58098 11

Salzburg
Universitätsplatz 9
A-5020 Salzburg
Tel.: (0043) 662 818110
Fax: (0043) 662 818111

Unabhängige Kapital-Betreuung und Beratung

Wir bringen Ihr Vermögen auf den richtigen Kurs!

Die Neue Vermögen AG

- ist mit über 60 Mitarbeitern der derzeit schnellst wachsende, bankenunabhängige Vermögensverwalter in Deutschland

- verwaltet fast eine Milliarde Wertpapiervermögen

- betreut über 3.000 Kunden

- ist an neun Standorten in Bayern vertreten

- hat eine eigenständige Tochtergesellschaft in Salzburg

Mitglied im Verband unabhängiger
Vermögensverwalter Deutschland e.V.

www.neue-vermoegen.de   e-mail: willkommen@neue-vermoegen.de

Jahr 2003. Jetzt sollen 2,4 Mrd. Euro realistisch sein. Wie alle anderen Ölkonzerne profitiert TotalFina vom stark gestiegenen Ölpreis sowie vom höheren US-Dollar. Die effizientere Kostenstruktur hat sich aber auch bei der Ertragsentwicklung positiv niedergeschlagen. Im ersten Halbjahr kletterte der Umsatz gegenüber den entsprechenden Zahlen im Vorjahr um 62,2 Prozent auf 52,4 Mrd. Euro. Im operativen Geschäft schaffte TotalFina eine Steigerung um 190 Prozent auf 6,8 Mrd. Euro. Erfreulich entwickelte sich auch die Sparte Chemikalien, die einen Ergebniszuwachs um 73 Prozent auf 940 Mio. Euro meldete. Auch das zweite Halbjahr dürfte sich nicht zuletzt dank eines anhaltend hohen Ölpreises erfreulich entwickeln. Die Gewinnewartungen wurden deshalb von Analysten weiter nach oben revidiert. Nun sollen es 8,50 Euro Ertrag pro Aktie werden, was eine 77 Prozentige Steigerung zum Vorjahr bedeutet. Die strammen Zuwachsraten in diesem Jahr dürften aber in 2001 durch einen erwarteten Ölpreisrückgang nicht mehr erzielbar sein. Andererseits wird sich das fusionsbedingte Synergiepotential zunehmend auf das positive Ergebnis auswirken. Für 2001 schätzen Analysten ein gehaltenes Ergebnis auf hohem Niveau. In den folgenden Jahren sollte sich die Ertragssteigerung kontinuierlich fortsetzen. TotalFina ist aufgrund der positiven Perspektiven trotz des deutlichen Kursanstiegs eine attraktive solide Basisanlage.

Konsum

Der niederländische Einzelhandelskonzern **Ahold** sollte in einem gut diversifizierten Depot nicht fehlen. Auch die Kursperformance der letzten 12 Monate kann sich sehen lassen. Mit 33,40 Euro notiert die Aktie nur knapp unter dem Topstand. Das Unternehmen überzeugt durch seine internationale Präsenz und die gut diversifizierte Produktpalette. Die jüngste US-Akquisition PYA/Monarch stärkt die Position der Gesellschaft in Amerika, wo man bereits seit längerem Fuß gefaßt hat. Wenn auch der Kaufpreis mit 1,57 Mrd. US-Dollar kein Schnäppchen ist, sollte sich mittel- und langfristig der Zukauf im attraktiven amerikanischen Markt lohnen. Analysten erwarten bereits in Kürze einen positiven Ergebnisbeitrag aus der jüngsten Akquisition.

Unter Defensiv-Gesichtspunkten ist auch ein Engagement in **LVMH** empfehlenswert. Das französische Unternehmen produziert und vertreibt Luxusgüter, darunter Champagner, Weine, Cognac, Reisezubehör, Lederwaren sowie Schönheitsartikel und Bekleidung. Die Markennamen reichen von Louis Vuitton, Christian Dior, über Moet & Chandon bis Hennessy. Die Akquisitionen in der Vergangenheit haben sich ausgezahlt. In den ersten neun Monaten 2000 wuchs der Konzernumsatz um 38 Prozent auf 7,894 Mrd. Euro. Die günstigen Währungsrelationen sowie die jüngsten Zukäufe haben zu diesem positiven Ergebnis beigetragen. Die Perspektiven für die nächste Zukunft werden unverändert positiv eingeschätzt. Für das Jahresende 2000 wird mit einer Steigerung des Betriebsgewinns um mindestens 25 Prozent gerechnet. Die gute Konjunktur aber insbesondere die Einführung neuer, attraktiver Produkte in der Parfümsparte sollen dazu beitragen. LVMH ist ein Dollar-Nutznießer. Ein Großteil der Umsätze wird im Ausland getätigt. Der Euro-Verfall, respektive der steigende US-Dollar, sind somit ein Segen für das Unternehmen. Geht man davon aus, daß sich die US-Währung im Jahresverlauf 2001 abschwächt und der Euro wieder kräftiger an Fahrt gewinnt, könnte dies jedoch mittelfristig für eine Ergebnisbelastung sorgen. LVMH besitzt aber eine führende Rolle im Luxus-Sektor und sollte deshalb durchaus in der Lage sein, bei einer Konsolidierung des Sektors dennoch ganz oben mitmischen zu können.

Die Dax-Werte

Die Turbulenzen an den internationalen Finanzplätzen haben sich im Oktober noch beschleunigt. Nach dem miserablen September, der als einer der schlechtesten Börsenmonate gilt, macht auch der »Crash-Monat« Oktober seinem Ruf alle Ehre. Rund um den Globus herrschte Ausverkaufstimmung. Die wichtigsten Indizes von Dow Jones-Index, Nasdaq, Japans Nikkei sowie auch die deutschen Börsenbarometer testeten dabei neue Tiefstände.

An Gründen, die für den weltweiten Kursrutsch verantwortlich sind, mangelt es in der Tat nicht. Zunächst schwappten aus USA Gewinnwarnungen en masse über den großen Teich und sendeten ihre Schockwellen auch an die europäischen Märkte. Der unverändert hohe Ölpreis hat mit dem Nahostkonflikt an Brisanz noch gewonnen, und auch in Deutschland sorgten Gewinnrevisionen und erste Insolvenzen aus der »new economy« für Aufregung. Last but not least testete die europäische Gemeinschaftswährung neue Tiefstände. Alles in allem Zutaten, die einen Aufschwung an den Finanzmärkten nahezu unmöglich machen.

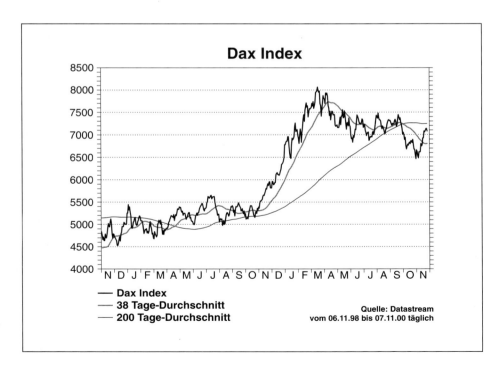

Entsprechend unsicher und nervös reagieren die Börsen auf jede Nachricht. Sorgt ein Unternehmen aus USA für schlechte Stimmung, wird gleich die gesamte Branche nach unten geprügelt. Und das sowohl in Amerika als auch in Europa. Wie schlecht die Stimmung derzeit insbesondere für Technologie-Werte ist, zeigen die jüngsten Kurseruptionen bei AOL, Intel, Dell und Co. Auch die deutschen Branchenvertreter wurden dabei nicht verschont und erlebten in den letzten Wochen drastische Kurseinbrüche. Zwischenzeitliche Erholungen haben sich bisher immer wieder als »Falle« herausgestellt. Das gewonnene Kursterrain mußte oft schon am nächsten Tag oder etwas später abgegeben werden.

Ein nachhaltiger Unsicherheitsfaktor bleibt der hohe Ölpreis. Die Verbraucherpreise für September lagen sowohl in Euroland mit einer Jahresrate von 2,8 Prozent als auch in den USA mit 3,8 Prozent am oberen Rand der Erwartungen. Die derzeit vor allem vom hohen Ölpreis getriebenen Teuerungsraten sollten jedoch im Verlauf des Jahres 2001 wieder unter die Marke von 2 Prozent fallen. Für das Wirtschaftswachstum wird zwar mit einer nachlassenden Dynamik gerechnet, aber dennoch wird es mit 2,8 Prozent bis knapp 3 Prozent noch recht robust ausfallen. Der Ifo-Geschäftsklima-Index im September signalisierte bereits eine Abkühlung der Konjunktur. Mit 98,0 markierte der konjunkturelle Frühindikator den tiefsten Stand seit Oktober 1999. Experten verweisen jedoch darauf, daß die jüngsten Daten nicht überbewertet werden sollten. Die Auftragseingänge und die Industrieproduktion deuten jedoch unverändert darauf, daß die Konjunktur genug Elan hat.

Das Jahr 2000 war nicht das Jahr des Euros

Diese Prognosen kursierten zu Jahresbeginn, und die Finanzwelt war davon überzeugt, daß sich die Eurowährung im Laufe des Jahres 2000 nachhaltig erholen wird. Die Schlagzeile »Das Jahr 2000 ist das Jahr des Euros« hat sich zwar bewahrheitet, aber im negativen Sinn. Wer auf einen starken Euro wettete, hat viel Geld verloren. Im Februar rutschte die Gemeinschaftswährung erstmals gegenüber dem US-Dollar unterhalb der 1:1 Parität. Bereits damals prophezeiten renommierte Investmentbanken eine Erholung bis zum Jahresende auf über 1,20 zum US-Dollar.

Bei der Ursachenforschung für die Kursschwäche des Euros wird immer wieder auf das bestehende Wachstumsgefälle zwischen den USA und Europa sowie auf das unterschiedlichen Zinsniveau hingewiesen. Das allein kann es aber nicht mehr sein. Vielmehr dürfte der aktuelle Eurokurs die derzeitige europäische politische Landschaft bzw. Entwicklung widerspiegeln. Die dringend notwendigen strukturellen Reformen innerhalb des Eurolandes lassen zu lange auf sich warten. Experten verweisen nicht zu Unrecht darauf, daß der Gemeinschaftswährung jetzt nur noch mehr Klarheit hinsichtlich des Integrationsprozesses innerhalb Europas auf die Beine helfen könnte, um das Gleichgewicht zwischen Euro und US-Dollar wieder herstellen zu können.

Europa muß wohl noch weiter mit einer schwachen Einheitswährung leben. Die Chancen, daß sich in den nächsten Monaten der Euro nachhaltig erholen könnte, dürften zu optimistisch sein. Auch das Einschreiten der Europäischen Zentralbank Mitte September bedeutete kein Ende des kränkelnden Euros. Dem Patienten wurden damit lediglich »Medikamente« verabreicht, die nur eine kurzfristige Besserung auslösten. Nach der Bekanntgabe der EZB verteuerte sich der Euro um mehr als einen Cent auf 0,8715 US-Dollar, kurz danach mußte dieser Gewinn jedoch rasch wieder abgegeben werden auf 0,8620 US-Dollar. Devisenexperten haben nach dem »Test«, den der Euro offensichtlich nicht bestanden hat, ihre Prognosen für die nächsten Monate weiter nach unten revidiert. Bis zum Jahresende sollen demnach neue Tiefen im Bereich 0,80 US-Dollar getestet werden, die sich im ersten Quartal 2001 weiter auf unter 0,80 US-Dollar ausdehnen könnten. Auch wenn der Zeitpunkt der Europäischen Währungsunion durch Verkäufe von Zinseinnahmen aus ihren Devisenreserven gut gewählt ist, um Währungsgewinne zu realisieren, den eigentlichen Zweck, dem Euro auf die Beine zu helfen, erfüllten sie nicht.

Die Europäische Zentralbank ist seit Monaten im Dilemma. Unterschiedliche Aussagen der Mitglieder haben dem Euro mehr geschadet als genutzt. Es dürfte schwer sein, das am Devisenmarkt verspielte Vertrauen wieder zurück zu gewinnen. Positive Kommentare, daß der Euro fundamental unterbewertet sei, haben zumindest in den letzten Monaten keinen positiven Effekt auf die Gemeinschaftswährung ausgelöst. Im Gegenteil: Je mehr sich die Expertengilde über eine Erholung des Euros äußerte, desto schneller gewann der Abwärtstrend an Dynamik.

Die Zinserhöhungen der Europäischen Zentralbank sowie die Interventionen sind ebenso rasch verpufft wie der Hinweis, daß die »Retorten-Währung« völlig unterbewertet sei. Speziell amerikanische Experten verweisen darauf, daß der Euro bei 1,05 bis 1,08 Dollar fair bewertet sei. Dennoch kommt die Gemeinschafswährung nicht auf die Beine. Mag sein, daß bald der Wendepunkt eintritt. Die Prognosen, daß die Vereinigten Staaten nach dem strammen Wachstum der vergangenen Jahre alsbald zu einer langsameren Gangart übergehen, stehen hinter den Hoffnungen für einen stärkeren Euro. Die Wirtschaftsdaten aus USA signalisierten bis zum Sommer noch keine Entwarnung auf eine Abkühlung der Konjunktur. Erst im September überraschte das halbierte US-Bruttoinlandsprodukt im dritten Quartal, daß eine »sanfte Landung« der US-Konjunktur gelingt. Der Euro reagierte bereits auf die Veröffentlichung der schwachen Konjunkturdaten. Nachdem am 26. Oktober die Gemeinschaftswährung mit 0,8252 US-Dollar auf den niedrigsten Stand gefallen war, setzte anschließend eine Erholung bis über die Marke von 0,84 US-Dollar ein. Die Chancen, daß der Euro das Schlimmste hinter sich hat, stehen indes gut. Bestätigen sich die jüngsten Hoffnungen auf eine Abkühlung der US-Konjunktur auch im vierten Quartal, ist mit einer sukzessiven Erholung der Eurowährung zu rechnen. Warum die Amerikaner den billigen Euro nicht nutzen und ein Großteil der Liquidität noch immer in die heimischen Werte investiert wird, hängt auch mit dem generellen Vertrauensverlust zusammen, den der Euro in den letzten Monaten erlebte.

Genau so schief lagen die Experten bei der Einschätzung hinsichtlich der Entwicklung des Ölpreises. Die seit Jahresbeginn anziehenden Notierungen für das schwarze Gold haben Experten bestenfalls als kurzfristiges Phänomen eingeschätzt. Ein Rück-

Zeigen Sie Ihrem Vermögen den Weg nach oben.
Mit Schweiz PrivatPortfolio.

Mit unserem professionellen Vermögensmanagement auf Fondsbasis, dem Schweiz PrivatPortfolio, machen wir Ihrem Vermögen den Anstieg leicht: Sie wählen aus unterschiedlichen Depottypen einfach den aus, mit dem Sie Ihr Anlageziel am bequemsten erreichen. Nach Ihren Wünschen wird Ihr Geld dann optimal investiert und gemanagt. Dabei arbeiten wir eng mit unserem Partner Lombard Odier & Cie zusammen, einem der traditionsreichsten Schweizer Bankhäuser. Mehr Informationen zum Schweiz PrivatPortfolio erhalten Sie in über 15.000 Sparkassen, allen Landesbanken und unter www.deka.de. Oder direkt bei uns.

.ıDeka
(Swiss) Privatbank

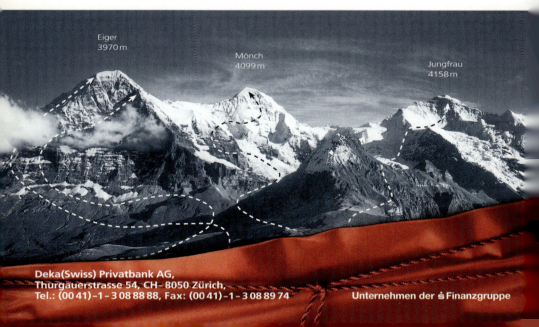

Deka(Swiss) Privatbank AG,
Thurgauerstrasse 54, CH- 8050 Zürich,
Tel.: (00 41)-1- 3 08 88 88, Fax: (00 41)-1- 3 08 89 74

Unternehmen der ś Finanzgruppe

schlag der Notierung bis auf 20 US-Dollar pro Barrel bereits zur Jahresmitte 2000 war die einhellige Meinung. Jedoch: Die Preise kletterten kontinuierlich nach oben. Der höhere Bedarf an Rohöl sowie die tiefen Lagerbestände in USA und Europa sorgten auch im zweiten Halbjahr 2000 für einen anhaltenden Preisaufstieg. Im Frühherbst notierte der Barrelpreis bei über 35 US-Dollar, was einem Zehnjahreshoch entspricht. Selbst die Erhöhung der Förderquoten durch die OPEC um 800.000 Barrels pro Tag konnten den Aufstieg nicht bremsen. Ein Blick zurück zeigt, daß sich Experten bei der Einschätzung der Preise für das Rohöl schon immer schwer taten. Noch zum Jahreswechsel 1998/99 notierte der Barrel bei 10 US-Dollar. Damals gingen die Experten von einem weiteren Rückschlag bis auf 5 US-Dollar aus.

Deutsche Börse

Die Bilanz der DAX-Werte zeigt ein gemischtes Bild. Erst nach dem Sturz der High Tech-Werte im März begannen sich die Anleger verstärkt für die klassischen Unternehmen zu interessieren. Im Vergleich zum Ultimo 1999 schaffte es ungefähr die Hälfte, bis Ende Oktober ein Kursplus auszuweisen. Während die Anleger Unternehmen aus der Wachstumsbranche weiter links liegen ließen, konnten Ende Oktober Qualitätswerte weiter zulegen. Für das Jahr 2001 werden die Analysten wieder mutiger. Die Prognosen, wohin der DAX-Index im neuen Jahr steuert, reichen bis auf 9.000, wobei die hohe Volatilität, wie wir sie in den letzten Monaten erleben, durchaus auch 2001 ständiger Begleiter sein dürfte. Das stock picking, die richtige Auswahl zu treffen, wird dabei noch wichtiger. Die Anleger sind nach den vielen Enttäuschungen nicht mehr bereit, horrende Zukunftsprämien zu bewilligen. Qualitäts-Werte bleiben deshalb Trumpf.

Banken

Unter den deutschen Kreditinstituten schaffte es nur der Branchenprimus **Deutsche Bank,** im Vergleich zum Jahresende 1999 ein Kursplus zu erzielen. Bei Commerzbank und Dresdner Bank sorgten im Jahresverlauf die Fusionsüberlegungen für große Unsicherheit. Die mit großem PR-Aufwand betriebenen Fusionsgespräche zwischen Deutsche Bank und Dresdner Bank endeten bekanntlich mit einer großen Schlappe. Beide Häuser konnten sich letztendlich doch nicht über die Umtauschmodalitäten einigen. Anschließend versuchte Dresdner Bank mit der Commerzbank den Schulterschluß, was ebenfalls in die Brüche ging. Auch der jüngste Versuch von Deutsche Bank, am US-amerikanischen Markt Fuß zu fassen, fiel ins Wasser. Das Objekt der Begierde – J.P. Morgan – wurde dem deutschen Branchenprimus von Chase Manhattan weggeschnappt. Ohnehin wäre diese Fusion nicht so einfach zu bewältigen gewesen. Deutsche Bank-Aktien werden nicht in New York gelistet, so daß eine Fusion im Aktientausch schwer geworden wäre. Das Wettrennen um die Filetstücke am interna-

Die DAX-Bilanz

Aktie	Kurs Euro	Hoch 52 Wochen	Tief 52 Wochen	Veränderung s. 31.12.1999
Adidas-Salomon	52,15	78,90	49,00	- 29,8 %
Allianz	391,00	441,16	286,60	+ 17,1 %
BASF	43,97	53,02	39,40	- 14,1 %
Bayer	49,08	49,08	38,40	+4,2 %
BMW	38,23	41,59	23,33	+23,3 %
Commerzbank	32,29	44,30	30,08	- 12,0 %
Daimler-Chrysler	51,41	77,00	50,01	- 33,9 %
Degussa-Hüls	30,24	41,52	28,83	- 24,4 %
Dresdner Bank	46,74	57,50	40,50	- 15,0 %
Deutsche Bank	93,19	102,60	64,90	+ 11,3 %
Dt. Telekom	44,86	103,50	35,90	- 36,4 %
E.ON	59,81	60,95	41,01	+ 20,2 %
Epcos	91,00	177,00	38,50	+ 22,2 %
Fresenius Med.C.	94,18	103,60	67,50	+ 11,3 %
Henkel VA	70,11	74,20	46,50	+ 5,9 %
HypoVereinsbank	62,80	72,85	55,92	- 7,7 %
Infineon	47,54	92,50	46,49	- 31,9 %
Karstadt Quelle	37,65	45,30	27,30	- 5,7 %
Linde	46,90	57,57	39,50	- 14,6 %
Lufthansa	21,90	27,50	19,45	- 7,6 %
MAN	28,99	40,01	27,80	- 21,3 %
Metro	47,00	54,75	33,65	- 12,0 %
Münchener Rück	358,50	358,50	198,40	+ 40,9 %
Preussag	37,75	56,59	30,32	- 33,3 %
RWE	46,20	46,20	30,49	+ 19,1 %
SAP VA	236,87	349,96	131,30	+ 14,5 %
Schering	69,86	74,73	37,67	+ 73,4 %
Siemens	144,31	191,51	85,35	+ 13,6 %
ThyssenKrupp	16,29	33,60	14,00	- 46,0 %
VW	55,10	56,38	39,05	- 1,2 %

tionalen Finanzplatz hat sich in den letzten Monaten verschärft. Eine Vielzahl von Fusionen und Übernahmen ließ das Angebot an ersten Adressen drastisch schwinden. Auch die Schweizer Kreditinstitute waren äußerst aktiv. Unter das Dach von UBS wird künftig das amerikanische Investmenthaus Paine Webber gehören, Credit Suisse First Boston will sich Donaldson Lufkin & Jenrette einverleiben. Somit bietet der US-Markt nur noch wenige Nischenanbieter für Deutsche Bank. Dennoch: Auch wenn es durch die jüngsten internationalen Fusionen für Deusche Bank eng wird, sich am US-amerikanischen Markt zu etablieren, ist Panik unangebracht. Das Finanzinstitut ge-

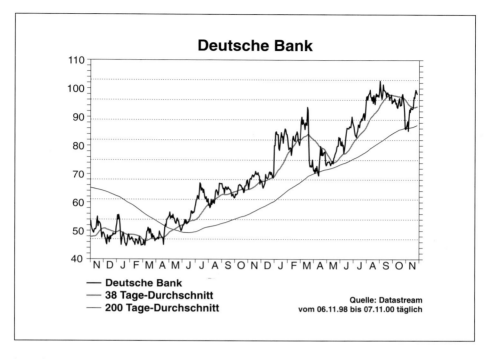

hört im margenstarken Investmentbanking zur Weltspitze. Die Eingliederung von Bankers Trust ist erfolgreich abgeschlossen. Im Geschäft mit der europäischen Privatkundschaft hat sich Deutsche Bank ehrgeizige Ziele gesetzt. Mit der Deutschen Bank 24 will man hier die Marktführerschaft einnehmen.

Deutsche Bank dürften auch künftig der Konkurrenz kursmäßig überlegen bleiben. Mit den hohen stillen Reserven in Milliardenhöhe wird das Kreditinstitut in besonderem Maße von der Steuerreform profitieren. Bekanntlich können von 2002 Unternehmensbeteiligungen unter bestimmten Bedingungen steuerfrei veräußert werden. Deutschlands Nummer Eins ist bestens gerüstet, um im internationalen Wettbewerb ganz oben mithalten zu können. Kursziele von bis zu 130 Euro dürften deshalb nicht unrealistisch sein.

Chemie

Die großen DAX-Vertreter Bayer und BASF hatten bisher, gemessen am Kursverlauf, noch wenig Fortune. Im zweiten Halbjahr konnten die Unternehmen zwar ihre Umsätze um mehr als 20 Prozent im Vergleich zur Vorjahresperiode steigern, der Ausblick auf die künftige Ertragssituation wird aber wesentlich vorsichtiger beurteilt. Analysten befürchten, daß der Druck auf die Margen durch den hohen Ölpreis weiter zunimmt. Der positive Ausblick für das Jahr 2000 scheint in den Kursen bereits eskomptiert. Viel wichtiger ist der Blick auf die kommenden zwölf Monate. Während für die Pharma-Sparte auch künftig eine erfreuliche Entwicklung prognostiziert wird, werden die Aussichten im Chemiebereich vorsichtiger beurteilt. Andererseits: Übernahmen und Portfoliobereinigungen könnten immer wieder für neue Phantasie sorgen.

Versicherungen

Assekuranz-Aktien dürften im Hinblick auf ihre hohen Beteiligungen im nächsten Jahr und darüber hinaus die großen Gewinner der Steuerreform werden. Sowohl **Allianz** als auch **Münchener Rück** verfügen über enorme stille Reserven. Allianz-Aktien, die bis Ende 1999 im Kurs enttäuschten, starteten anschließend zu einer Aufholjagd. Insbesondere im Frühjahr erhielt das Allianz-Papier einen kräftigen Schub bis auf 444 Euro. Grund war die Euphorie über den geplanten Zusammenschluß von Deutscher und Dresdner. Als die Fusionsüberlegungen beider Kreditinstitute scheiterten und auch anschließend der Deal von Dresdner mit Commerzbank ins Wasser fiel, verabschiedeten sich viele Anleger wieder aus der Allianz-Aktie. Seitdem pendelt das Papier wieder um die 380/390 Euro-Marke.

Bei Münchener Rück setzt die Börse auf die hohen Vermögenswerte. Mit mehr als 60 Beteiligungsgesellschaften ist das Unternehmen in etwa 150 Ländern aktiv. Der aktuelle Kurs mit knapp 320 Euro besitzt deshalb herausragende Chancen, im nächsten Jahr kräftig aufzuholen. Im Vergleich zu Allianz ist Münchener weniger hoch bewertet. Schwächephasen können jedoch auch bei Allianz zu Käufen genutzt werden. Der Versicherungsriese sollte in den nächsten zwölf Monaten attraktive Kurschancen besitzen. Mit dem Kauf der amerikanischen Nicholas-Applegate-Gruppe baut Allianz seine Position im Vermögensverwaltungsgeschäft nachhaltig aus. Erst im Mai hat man sich das US-Unternehmen Pimco einverleibt, das ein Vermögen von rd. 280 Mrd. Euro verwaltet. Der Expansionsdrang der Assekuranz dürfte auch im Neuen Jahr für positive Schlagzeilen sorgen. Größere Zukäufe sind in den USA vor allem in den Kerngeschäftsbereichen Lebens- und Sachversicherung zu erwarten. Mit dem geplanten Gang an die amerikanische Börse werden Übernahmen somit leichter.

Automobile

Die großen Auto-Aktien boten in den letzten Monaten ein Trauerspiel. Ende 1999 und vor allem zu Beginn des Jahres 2000 stand die klassische Industrie ohnehin nicht in der Gunst der Anleger. Erst als die Technologie-Blase platzte und im März die erste große Korrektur einläutete, wechselten die Anleger wieder in die klassische Industrie. Im deutschen Automobil-Sektor probten bereits Ende März BMW, Porsche und VW den Ausbruch. In den darauf folgenden Monaten zeichneten sich die Kurse jedoch durch eine hohe Volatilität aus. Erst im Sommer war ein nachhaltiger Aufschwung festzustellen. Dieses Szenario war insbesondere bei BMW und Porsche festzustellen. VW rutschten im Juni nochmals auf ein Zwischentief, bevor die Aufholjagd endgültig gelang. Einzig Daimler-Chrysler bleib im Rückwärtsgang und konnte von der generellen Erholung nicht profitieren.

Seit Jahresbeginn haben **Daimler-Chrysler-Aktien** rd. 33 Prozent an Kurswert verloren. Das einstige Vorzeigeunternehmen kann sich seit Monaten vom Kurstief mit knapp 55 Euro nicht nachhaltig lösen. Seit der Übernahme des amerikanischen Chrysler-Konzerns scheint Jürgen Schrempp das Glück verlassen zu haben. In der Tat sieht es bei Chrysler alles andere als rosig aus. Für den US-Konzern prognostizieren Analysten im dritten Quartal sogar einen Verlust. Die Defizite sind hauptsächlich auf die massiven Rabatte, die Chrysler gewähren muß, zurückzuführen. Auf der Halbjahrespressekonferenz hatte Jürgen Schrempp bereits vorgewarnt, daß die Chrysler-Sparte im dritten Quartal enttäuschen wird und der Konzern im Gesamtjahr 2000 das Vorjahresergebnis wohl nicht ganz erreichen würde. Wie angekündigt rutschte die Chrysler-Sparte im dritten Quartal erstmals seit 1991 tief in die roten Zahlen.

Auch für die Zukunft bleiben die Analysten skeptisch. Eine Konjunkturabschwächung in USA sowie die hohen Benzinpreise dürften sowohl in USA als auch in Europa den Absatz beeinflussen, mit entsprechenden Auswirkungen auf die künftigen Erträge. Obwohl sich die Analysten-Gilde einig ist, daß DaimlerChrysler auf derzeitigem Niveau unterbewertet ist, hilft das dem Kurs wenig. Mit einem Kurs:Gewinn-Verhältnis von lediglich 9 zählt DaimlerChrysler in der Tat zu den billigsten Titeln. So lange jedoch das Unternehmen nicht nachhaltig in den Erträgen überzeugt, dürfte der DaimlerChrysler-Kurs weiter enttäuschen. Ein Engagement drängt sich deshalb kurzfristig nicht auf. Skeptische Analysten befürchten, daß das Kurstal bei Daimler-Chrysler noch längst nicht erreicht ist und ein weiteres Abgleiten bis auf 43 Euro nicht ausgeschlossen werden kann.

Bei **BMW** Positionen aufbauen, raten Analysten. Grund: Die zu erwartende Erholung im Kerngeschäft mit Qualitätsfahrzeugen. Die Börse sieht das offensichtlich genauso und honoriert bei BMW die günstigen Zukunftsperspektiven. Seit Jahresbeginn kletterte der Kurs um nahezu 30 Prozent. Im Oktober bestätigte BMW nochmals die günstigen Aussichten. In den ersten neun Monaten hat der Konzern seinen Marktanteil in Deutschland von ca. 6,2 Prozent bis auf knapp 7 Prozent steigern können. Die Auftragseingänge sind gegenüber dem Vorjahreszeitraum um zehn Prozent gewachsen. Seit der Verlustbringer Rover abgestoßen wurde hat sich die Einschätzung bei BMW drastisch verbessert. Das wird auch in den Kurs:Gewinn-Verhältnissen sichtbar. BMW werden heute mit 16,8 bewertet, VW weist ein KGV von 11,5 auf, Daimler-Chrysler liegen weit abgeschlagen mit einem KGV von 9 an letzter Stelle. Während mehrheitlich bei BMW die Kurschancen aufgrund der erreichten höheren Bewertung nun vorsichtiger eingeschätzt werden, gilt VW als noch nicht ausgereizt.

Energie

Bei **RWE** honorierte die Börse die Akquisition des führenden britischen Wasserunternehmens Thames Water. Bei einem Übernahmepreis von 7,1 Mrd. Euro ist der Engländer zwar kein Schnäppchen, die Börse blickt bei RWE angesichts des umfangreichen Veränderungsprozesses aber positiv in die Zukunft. Nach dem jüngsten steilen Anstieg bildet sich nun charttechnisch ein härterer Widerstand im Bereich 45 bis 50 Euro. Aufgrund der überzeugenden Unternehmensführung besitzt nach Analystenmeinung die RWE-Aktie aber weiterhin die Kraft, den Aufwärtstrend fortzusetzen.

Maschinenbau

Die konjunkturelle Erholung in Deutschland greift auch auf die Maschinenbaubranche über. Wurde 1999 noch ein rückläufiges Produktionsvolumen verzeichnet, so hat der Verband der deutschen Maschinenbauunternehmen für das Jahr 2000 die Prognose mit einem Plus von 6 Prozent deutlich nach oben angehoben. Allein im Berichtszeitraum Mai bis Juli konnten die Auftragseingänge zum Vorjahresvergleichszeitraum um real 22 Prozent gesteigert werden. Die Inlandsbestellungen kletterten dabei um 7 Prozent, bei den Auslandsorders konnte das Plus mit 35 Prozent sogar den höchsten Zuwachs seit November 1997 markieren. Nicht zuletzt der schwache Euro ist für die verbesserte Wettbewerbssituation verantwortlich. Gerade gegenüber der amerikanischen und japanischen Konkurrenz hat sich die Situation der deutschen Maschinenbauer spürbar verbessert. Zwar wird im kommenden Jahr mit einer leichten Abschwächung der Exportdynamik auf Grund einer wieder festeren Tendenz des Euro gerechnet, einen Ausgleich dürften allerdings die Exporte innerhalb des Euroraums und die sich im weiteren Jahresverlauf stärkende inländische Nachfrage bringen. In den Kursen ausgewählter deutscher Branchenvertreter sind die positiven Perspektiven noch nicht ausreichend berücksichtigt. Ein Überblick:

Aktie	Kurs in Euro	Hoch 52-Wochen	Tief	Gewinn pro Aktie 1999 2000 2001			KGV 2001
Linde	48,50	57,95	39,95	2,59	2,72	3,08	15,7
MAN	30,00	39,95	27,10	2,23	2,60	2,80	10,7

Linde ist im Bereich Industriegase, Kältetechnik, Anlagenbau und Fördertechnik tätig. Der Sektor Technische Gase wurde zuletzt durch die Übernahme des schwedischen Unternehmens AGA AB noch erheblich verstärkt. Heute ist Linde der viertgrößte Gaserzeuger der Welt und nach Air Liquide die Nummer zwei in Europa. Bisher hat sich die Übernahme von AGA AB noch kaum ausgewirkt. Die Synergieeffekte sollten jedoch ab 2001 verstärkt zum Tragen kommen. Auf Grund der günstigen Perspektiven räumen Analysten dem Linde-Konzern ein Kursziel auf zwölf Monate von 60 bis 65 Euro ein.

»**MAN**-Aktien sind unterbewertet«, das ist die Meinung des MAN-Chefs Rudolf Rupprecht. In der Tat: Seit Sommer hat die Aktie den Rückwärtsgang eingeschlagen. Dabei waren die vorgelegten Zahlen für das abgelaufene Geschäftsjahr sehr erfreulich. Auch im ersten Quartal des Rumpfgeschäftsjahres 2000 (1.7. bis 31.12.) konnte der positive Trend fortgesetzt werden. Der Umsatz kletterte um 23 Prozent auf 3,2 Mrd. Euro. Für den Rest des Jahres prognostiziert der Vorstand einen Zuwachs im Umsatz, Auftragseingang und Vorsteuerergebnis um 15 Prozent.

Touristik

Bei **Preussag** ist der Umbau zu einem internationalen Touristikunternehmen in den Kursen noch nicht ausreichend eskomptiert. Die Aktie notierte zuletzt bei 38 Euro, das 52-Wochentop liegt 20 Euro höher. Mit der Übernahme der englischen Thomson Travel avanciert Preussag zum weltweit größten integrierten Touristikkonzern. Über den hohen Kaufpreis, den Preussag für Thomson zahlte (5,9 Mrd. DM) war die Börse indes wenig begeistert. Die ursprünglich geplante Kapitalerhöhung hat Preussag deshalb überraschend abgeblasen. Auch der Börsengang von 49 Prozent der Hapag-Lloyd hat das Unternehmen zurückgenommen. Vielmehr steht jetzt ein zügiger Verkauf von Aktivitäten, die nicht ins Kerngeschäft von Preussag passen, zur Debatte.

Den guten Start ins Jahr 2000 konnte **Lufthansa** nicht beibehalten. Einen Strich durch die Rechnung machte dem Kranich der steigende Ölpreis. In kaum einer anderen Branche werden die Gewinne durch die Höhe des Ölpreises so stark beeinflußt. Nach Berechnungen des Verbandes der europäischen Airlines hat der haussierende Petropreis bereits im vergangenen Jahr die Gewinne der Airlines weltweit um gut 1 Mrd. US-Dollar geschmälert. Zwar sind die Fluggesellschaften fast einhellig dazu übergangenen, mit Preissicherungsgeschäften am Terminmarkt zu agieren, womit dem Kostenanstieg entgegengewirkt werden kann, eine völlige Absicherung ist dennoch nicht möglich. Obwohl Lufthansa nach eigenen Angaben fast 100 Prozent ihres Treibstoffbedarfs für dieses Jahr zu einem Ölpreis von 18 US-Dollar pro Barrel abgesichert hat, stiegen die Ausgaben für Kerosin im ersten Halbjahr um 64 Prozent. Das liegt daran, daß der Preis für Kerosin, dem man nicht absichern kann, deutlich stärker zunahm als der für Öl. Der haussierende Dollar-Kurs treibt bei Kerosin zusätzlich die Preise. Dennoch: Trotz hoher Ölpreise konnte die Gesellschaft im ersten Halbjahr den operativen Gewinn um 18 Prozent steigern. Der Mehraufwand für Treibstoff wurde durch Einsparungen an anderen Stellen und der höheren Auslastung der Flugzeuge kompensiert. Im europäischen Vergleich führt Lufthansa noch ein Schattendasein. Während Air France oder auch Hollands KLM nahe ihren Topständen notieren, besitzt Lufthansa noch viel Aufholpotential. Der aktuelle Kurs notiert bei 23 Euro.

Neue Phantasie könnte in den nächsten Monaten den Kranich wieder flügge machen. Im internationalen Luftverkehr findet ein Konzentrationsprozeß statt, der künftig an Dynamik zunehmen könnte. Allianzen zwischen den Airlines gibt es grenzüberschreitend bereits genug. Die Börse setzt nun darauf, daß den Allianzen nun komplette Fusionen folgen werden. Beispiel: Bei Hollands KLM dürfte es nur noch eine Frage der Zeit sein, bis eine Fusion mit British Airways gemeldet wird. Auch wenn eine Spekulation in dieser Branche auf internationale Übernahmen noch verfrüht ist, sind Zusammenschlüsse innerhalb dieser Branche auf Sicht unvermeidlich. Bei Lufthansa wird weniger darauf spekuliert, daß sie Opfer werden, vielmehr sieht sich die Airline selbst als kaufenden Part in diesem Spiel. Von der Liquidität her ist das Unternehmen bestens ausgestattet und hat mit attraktiven Bereichen, die nicht zum eigentlichen Fluggeschäft gehören, noch einige Trümpfe in der Hand. Hinter den Kulissen soll es so schon Überlegungen geben, das Touristik-Unternehmen C & N, an dem Lufthansa und Karstadt zu jeweils 50 Prozent beteiligt sind, an die Börse zu bringen. C & N, die Nummer zwei hinter Preussag, hätte aktuell einen Börsenwert zwischen 6 und 7 Mrd. Euro. Eine Börsennotiz von C & N müßte zu einer Neubewertung der Lufthansa-Aktie führen.

Technologie

Diese Branche erlebte insbesondere in den ersten drei Monaten des neuen Jahres eine fulminante Hausse. Die drei Zauberworte hießen Telekommunikation, Technologie und Medien. Der Run auf diese Aktien war weltweit geprägt. Sowohl in Japan, Europa als auch USA zählten diese Unternehmen zu den begehrtesten Anlagen der Investoren. Kurssprünge im zweistelligen Prozentbereich täglich waren dabei keine Seltenheit. Der Traumkonstellation von täglich höheren Preisen folgte dann jedoch rasch die Ernüchterung. Im März stoppte die Euphorie und schlug anschließend ins Gegenteil um. Trotz der ersten größeren Korrektur war die Mehrheit der Anleger noch zuversichtlich. Der Glaube, daß nach so einer gigantischen Performance nun alles zu Ende sein sollte, wollte sich nicht durchsetzen. Entsprechend kauften die Anleger in den fallenden Markt hinein, in der Hoffnung, daß es sich nur um ein kurzfristiges »Gewinne mitnehmen« handelte. Nicht selten sind Anleger nahe den Topständen, die Ende Februar/Anfang März aufgestellt wurden, noch massiv als Käufer aufgetreten. Die nachfolgenden Monate setzte sich der Abgabedruck unvermindert fort und erreichte im Herbst seinen Höhepunkt. Die Kurse purzelten scheinbar ins Bodenlose.

Für die »gefallenen Engel« in der High-Tech-Branche scheint sich jedoch nach den massiven Kursbereinigungen das Szenario wieder leicht zu verbessern. Die im DAX-Index enthaltenen Branchenvertreter – fünf an der Zahl – sind denn auch für das schlechte Abschneiden des Blue Chip-Index verantwortlich. Die Kursveränderung zum 31.12.1999 zeigt deshalb auch ein gemischtes Bild. (Übersicht siehe Tabelle nächste Seite.)

Die Stimmung für Telekommunikationsaktien hat im Oktober wahrscheinlich den

Aktie Euro	Kurs	Veränderung s. 31.12.1999	Veränderung s. Topstand
Dt. Telekom	44,86	- 36,4 %	- 56,7 %
Infineon	47,54	- 31,9 %	- 48,7 %
Epcos	91,00	+ 22,2 %	- 48,6 %
SAP	236,87	+ 14,5 %	- 32,2 %
Siemens	144,31	+ 13,6 %	- 24,6 %

Tiefpunkt erreicht. Innerhalb von sieben Monaten verloren die Kurse von ihren Topständen mehr als die Hälfte. Die Befürchtungen, daß es in dieser Branche zu erhöhtem Margendruck kommt, die Aufwendungen für den Ausbau des Netzes hohe Summen verschlingen und das stramme Wachstum in Zukunft aufgrund des zunehmenden Wettbewerbs nicht mehr gehalten werden kann, haben die Börse verunsichert. Die horrenden Preise, die für die UMTS-Lizenzen bezahlt wurden, werden auf Jahre das Ergebnis belasten.

Eine der größten Enttäuschungen der letzten Monate war die **Deutsche Telekom**. Anfang des Jahres zählte die »Volksaktie« noch zu den Lieblingen der Anleger. Aufgrund der positiven Kurs-Entwicklung der Telekom-Mutter versprachen sich die Anleger auch vom Börsengang der Töchter T-Online und T-Mobil satte Gewinne. T-Online notieren heute ebenfalls fast 50 Prozent unter ihrem Topstand, und der Börsengang von T-Mobil ist bis auf weiteres verschoben. Neben den großen Zweifeln der Analysten, daß sich die massive Internationalisierung des Unternehmens auch rechnet, führten Querelen zwischen dem Mutterkonzern und der T-Online-Tochter nochmals zu einem Vertrauensverlust der Anleger. Mittlerweile ist nahezu der gesamte T-Online-Vorstand ausgetauscht. Die negativen Nachrichten der letzten Monate sollten jedoch in dem Kurs weitgehend eingepreist sein, so daß ein weiteres Abrutschen unwahrscheinlich erscheint. Ende Oktober wagten sich bereits die ersten Analysten mit vorsichtig positiven Kommentaren heraus. Wurde die Branche bis dahin auf »Verkaufen« gestuft, lauten die jüngsten Einschätzungen von »neutral« bis auf »Übergewichten«.

Innerhalb der **Siemens-Familie** gilt es zu differenzieren. Während Siemens selbst unter der Schwäche der Telekommunikation litt, gerieten **Infineon** und **Epcos** zuletzt durch die Gewinnwarnungen von US-Chip- und Halbleiterfirmen unter Beschuß. Im Kursvergleich von Ende 1999 bis heute liegen Epcos und Siemens mit 22,2 Prozent bzw. 13,6 Prozent noch im Plus. Die Abgaben seit dem Top mit 48,6 Prozent resp. 24,6 Prozent müssen bei beiden Werten mit der generellen Schwäche der gesamten Technologiebranche gesehen werden. Anders sieht das Bild bei Infineon aus. Sowohl seit Ende 1999 als auch vom Top mußte ein kräftiger Abschlag von knapp 32 Prozent bzw. 48,7 Prozent hingenommen werden. Auch künftig wird nicht mit einer Änderung die-

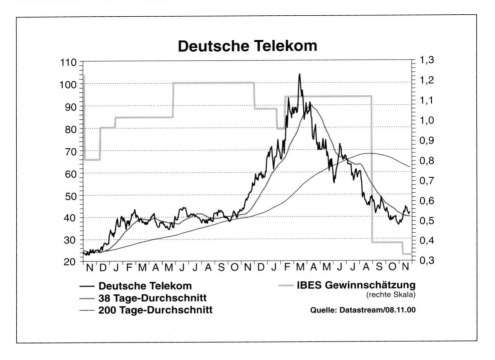

ser Entwicklung gerechnet. Infineon zählt zu den größten Chip-Herstellern und ist somit in hohem Maße von der Marktentwicklung für Speicherchips abhängig. Rund drei Viertel des Gewinns stammen aus diesem Geschäft. Die Preise für Speicherchips haben sich in den vergangenen Wochen drastisch verschlechtert. Seit dem Juli-Hoch sind sie um rd. 30 Prozent gefallen. Experten gehen davon aus, daß die derzeitigen Chip-Preise eher eine Marktsättigung darstellen und somit ein strukturelles Problem widerspiegeln. An einen saisonalen positiven Effekt (Weihnachtsgeschäft) glaubt derzeit nahezu niemand. Es ist deshalb nicht verwunderlich, daß positive Nachrichten von Infineon auf taube Börsenohren stoßen. Die Meldung über einen neuen Chip für Handys, der das Zusammenspiel von zweiter und dritter Mobilfunkgeneration erlaubt sowie die Übernahme des US-Halbleiterherstellers Ardent Technologies hat die Börse nicht überzeugt. Auch der dritte Quartalsausweis konnte die Anleger nicht aus ihrer Reserve locken. Die künftige Kursentwicklung bei Infineon ist deshalb eng an die Preise für Chips gekoppelt. So lange sich hier keine Entwarnung abzeichnet, dürften Infineon-Aktien wenig Chancen haben, sich nachhaltig zu erholen.

Anders wird Epcos gesehen. Seit dem Börsengang im Oktober 1999 hat sich der Kurs nahezu verdreifacht. Wer jedoch nahe des Höchststandes im Frühjahr einstieg, ist mit 48 Prozent aber ebenfalls auf der Minusseite. Der Hersteller von elektronischen Bauelementen besitzt im Gegensatz zu Infineon aber fundamental bessere Voraussetzungen für eine Erholung. In Europa nimmt Epcos die Nummer eins ein, welt-

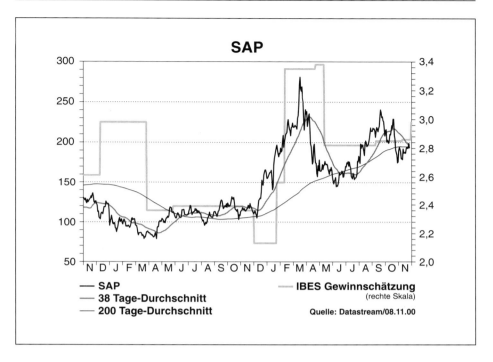

weit ist man an dritter Stelle und somit bestens positioniert. Mit den Speicherchips und dem volatilen PC-Geschäft hat Epcos nichts zu tun. Die Abnehmer kommen aus der Telekommunikationsbranche, Konsumelektronik sowie der Automobilindustrie. Dennoch ist das Geschäft mit elektronischen Bauelementen auch Zyklen unterworfen. Für die Jahre 2002 und 2003 erwarten so Experten den Tiefpunkt des laufenden Konjunkturzyklus. Für Epcos dürfte es dann ebenfalls zu einem Margendruck kommen. Epcos hat sich bereits frühzeitig auf die wachstumsstarken Produkte und Märkte ausgerichtet, so daß selbst bei einer Abschwungphase des Geschäftes Wachstumsraten über dem Durchschnitt erzielt werden können. Auch wenn Epcos positivere Chancen als Infineon eingeräumt werden, erfordert eine Anlage eine gewisse Risikobereitschaft.

Den Kursverfall bei Siemens sehen Analysten mittlerweile als völlig überzogen. Seit Anfang September hat sich der Kurs um fast 25 Prozent ermäßigt. Die Gewinnwarnung von Intel hat die Aktie zu Unrecht mit in die Tiefe gezogen. Zwar ist auch Siemens im Halbleitergeschäft tätig, doch im Gegensatz zu Intel ist dieser Sektor bei Siemens nur einer von vielen. Die fundamental guten Aussichten werden derzeit völlig ignoriert. Siemens wird in diesem Jahr einen Rekordgewinn erwirtschaften. Gemessen an den Gewinnprognosen halten Analysten den fairen Wert von Siemens erheblich höher. Die Kursziele reichen von 200 bis 220 Euro.

Interessant, wenn auch volatil, bleiben **SAP-Aktien.** Die Walldorfer Softwareschmiede hat zwar den Gewinn und den Umsatz im dritten Quartal kräftig steigern können, die hohen Erwartungen der Marktteilnehmer wurden jedoch nur teilweise erfüllt. Ohne Berücksichtigung des Mitarbeiterbonusprogramms verbesserte sich das Betriebsergebnis um 89 Prozent auf 202 Mio. Euro. Analysten hatten jedoch gut 10 Prozent mehr erwartet. Besorgnis ist aber nicht angebracht. Erfahrungsgemäß ist das vierte Quartal das stärkste. Der Vorstand hat bereits durchblicken lassen, daß es auch diesmal keinen Grund zur Sorge gibt. Die Internetplattform mySAP.com, die bereits rd. 61 Prozent der gesamten Softwarelizenz-Umsätze erzielt, konnte sich als führende E-Business-Plattform etablieren. SAP-Aktien besitzt gute Chancen, das alte Top wieder anzupeilen. Ein Engagement in diesem Wert erfordert aber dennoch einen längeren Zeithorizont.

Pharma

Zum einsamen Spitzenreiter im DAX-Bereich avancierte die **Schering-Aktie.** Wer Ende des Jahres 1999 bereits den Pharmariesen ins Depot nahm, hat die jüngsten Turbulenzen am besten überstanden. Zwar dümpelte die Aktie in den ersten drei Monaten im Bereich 38 bis 43 Euro, der anschließende Aufstieg bis auf zuletzt knapp 70 Euro vollzog sich nahezu am Stück. Gleich mehrere Faktoren sprechen für Schering. Der verstärkte Ausbau des US-Geschäfts, die vielversprechenden Perspektiven im Biotechnologie-Bereich sowie der starke US-Dollar stehen hinter der Begeisterung für das Berliner Pharma-Unternehmen. Wenn sich die positiven Erwartungen der Analysten für das dritte Quartal bestätigen, würde Schering bereits nach neun Monaten mehr als im gesamten Vorjahr verdienen. Auch die vom Unternehmen selbst gesteckten Ziele würden damit übertroffen. So ist nicht verwunderlich, daß Schering auf der Kaufliste vieler Analysten ganz oben steht. Trotz der glänzenden Kursperformance bisher ist ein Ende der positiven Kursentwicklung noch nicht in Sicht. Große Hoffnungen werden insbesondere auf die Biotech-Aktivitäten gesetzt. Zum wichtigsten Präparat hier zählt das Multiple-Sklerose-Medikament Betaferon, das seit Jahren steigende Umsätze generiert. Im ersten Halbjahr 2001 will Schering seine Biotech-Tochter Metagen an die Börse bringen. Metagen arbeitet an der Entschlüsselung des menschlichen Erbguts.

Langsam, aber stetig nach oben entwickelte sich die **Fresenius Medical Care-Aktie.** Zwar hatte der Titel nach der Aufnahme in den DAX-Index vor gut einem Jahr noch Anlaufschwierigkeiten, der nachhaltige Trend nach oben konnte erst im Frühjahr 2000 so richtig an Fahrt gewinnen. Nicht zuletzt die Flucht der Anleger in Defensiv-Werte hat dabei Fresenius zusätzlich begünstigt. Die Notierung erreichte im Herbst ihr Jahreshoch mit 104 Euro, zuletzt wieder 94 Euro. Fresenius Medical Care ist der Welt führende Anbieter von Dialyseprodukten und -Dienstleistungen für chronisch Nierenkranke. Die Zahl der Patienten mit Niereninsuffizienz steigt von Jahr zu Jahr. Pro einer Million Einwohner weltweit erkranken jedes Jahr 300 Menschen an chronischem Nierenversagen. Noch vor dreißig Jahren betrug die Zahl der jährlich erkrankten 50. Fresenius Medical Care zeichnet sich seit Jahren durch stetiges zweistelliges Wachstum im Umsatz und Ertrag aus. Dieser Trend dürfte auch längerfristig Bestand haben. Insbesondere wenn das Unternehmen mit neuen Akquisitionen aufwartet, wie es die Börse erhofft, dürfte die Aktie wieder verstärkt in den Blickpunkt rücken.

M-DAX-Werte

Im Nachhinein betrachtet ist der Anleger mit Aktien aus der klassischen sowie der »zweiten Kategorie« besser gefahren. Es sei denn, die hohen Kurse Ende Februar/ Anfang März wurden dazu genutzt, Gewinne zu realisieren. Das optimale Ergebnis – zum Topstand raus aus den High Tech-Werten, rein in die klassische Industrie – haben wohl die wenigsten Anleger erzielt. Wer seit Beginn des Jahres dem Boom für die Technologie-Werte nicht traute und beharrlich auf die Klassiker setzte, hat die Turbulenzen jedenfalls bestens überstanden. Während der DAX-Index seitdem ein Minus von 3,0 Prozent ausweist und die Neue Markt-Werte, gemessen am Nemax-50 sogar einen Verlust von 9,2 Prozent hinnehmen müssen, sonnt sich der M-DAX seit Ultimo 1999 mit gut 18 Prozent im Plus.

Die Bilanz zeigt aber auch hier, daß nicht der Gesamtmarkt den Index nach oben zog, sondern daß auch hier nur die Selektion zum Erfolg führte. Mit 468,6 Prozent Kurszuwachs seit Ende 1999 präsentiert **Wedeco** eine Performance, die ihres gleichen sucht. Das Düsseldorfer Unternehmen ist der europäische Marktführer im Bereich Wasserreinigung durch UV-Desinfektion. Die Technik des Unternehmens wird nicht nur von Wasserversorgern genutzt, sondern auch von der Industrie. Bei der Herstellung von Computerchips ist z.B. keimfreies Wasser notwendig. Der Auftragsbestand beträgt 26 Mio. DM. Zu den prominenten Kunden von Wedeco zählen u.a. der Bierbrauer Heineken, Siemens oder auch IBM. Für die ersten neun Monate präsentierte Wedeco ein herausragendes Ergebnis. Der Umsatz konnte im Vergleich zum Vorjahreszeitraum von 38,9 auf 64,2 Mio. DM steigen, der Gewinn erhöhte sich von 2,4 auf 6,1 Mio. DM. Auch für die Zukunft prognostiziert das Unternehmen ein anhaltendes Wachstum.

Ein ganz anderes Betätigungsfeld weist der zweitgrößte Gewinner in der M-DAX-Bilanz aus. **Tecis** ist ein Finanzdienstleister und profitiert von der wachsenden Nachfrage nach Produkten zur Altersvorsorge. Die Zielgruppe von Tecis sind mittlere Einkommen. Vornehmlich werden Fonds und fondsgebundene Lebensversicherungen angeboten. 150.000 Kunden werden von 900 hauptberuflichen Beratern betreut. Mehr als 70 Prozent der Provisionseinnahmen stammen dabei aus dem Fondsvertrieb mit Eigen- und Fremdprodukten. Ähnlich wie MLP hat Tecis somit den Schwerpunkt auf das wachstumsstärkste Geschäftsfeld konzentriert. Eine Erfolgsstory ist **MLP.** Die Kursgrafik kennt seit Jahren nur einen Weg – nach oben. Auch diesmal kann sich die Performance mit Plus 119 Prozent in die Erfolgsgeschichte einreihen. Die Heidelberger konzentrieren sich ausschließlich auf die akademische Kundengruppe. Rund 1500 Berater kümmern sich um über 335.000 Kunden. Die Einnahmen kommen bei MLP

Die größten Kursveränderungen seit Ultimo 1999:

Aktie	Kursgewinn s. Ultimo 1099	Aktie	Kursgewinn s. Ultimo 1999
Wedeco	+ 468,6 %	VCL Film + Media	- 56,0 %
Tecis Holding	+ 327,2 %	Holzmann	- 48,4 %
Boss VA	+ 125,4 %	Kamps	- 42,6 %
Wella VA	+ 121,7 %	IWKA	- 40,5 %
MLP VA	+ 119,0 %	mg technologies	- 39,4 %
Altana	+ 109,0 %	WCM	- 39,1 %
Jenoptik	+ 97,5 %	Dyckerhoff	- 38,8 %
Rhön-Klinikum	+ 88,1 %	Deutz	- 38,7 %
Beiersdorf	+ 65,2 %	Bilfinger	- 35,6 %
Fresenius VA	+ 58,2 %	Heidelberger Zement	- 34,3 %
AMB	+ 51,0 %	Beate Uhse	- 32,6 %
Techem	+ 49,1 %	Sixt	- 29,2 %
Porsche VA	+ 47,0 %	Spar	- 27,6 %
Merck	+ 40,3 %	Hochtief	- 27,0 %
Software	+ 38,8 %	AVA	- 25,6 %
BHW Holding	+ 34,8 %	Baader Wertpapierh.	- 24,9 %
Goldzack	+ 34,4 %	Südzucker	- 20,2 %
Fielmann	+ 34,1 %	Tarkett Sommer	- 19,5 %
Ergo	+ 34,0 %	Douglas	- 17,0 %
Klöckner-Werke	+ 33,8 %	IVG Holding	- 16,0 %

einmal aus der Vermittlung von Versicherungen sowie Fondsprodukten, zudem generiert das Unternehmen Erträge aus den eigenen Versicherungs- und Bankangeboten. Die Umsatzzuwachsraten um gut 20 Prozent können so seit Jahren gehalten werden.

Einen soliden Kursaufschwung verzeichnete **Rhön-Klinikum.** Der größte private Klinikbetreiber Deutschland hatte in 1999 wenig Fortune. Obwohl sich die Erträge erfreulich entwickelten, stand die Branche nicht in der Gunst der Investoren. Vielmehr stürzten sich die Anleger Ende des Jahres 1999 auf alles, was sich im High Tech-Sektor tummelte. Unternehmen aus der sog. »old economy« führten ein Schattendasein. Im Nachhinein ist jedoch festzustellen, daß mit diesen Papieren ebenso eine ansehnliche Kursperformance zu erzielen ist. Zwar muß man gewöhnlich einen längeren Anlagezeithorizont kalkulieren, per Saldo jedoch kann sich die Bilanz sehen lassen. Seit Sommer letzten Jahres verteuerte sich die Rhön-Klinikum-Aktie um gut 70 Prozent. Von der Ergebnisfront ist durchaus Optimismus angebracht. Im ersten Halbjahr kletterte der Umsatz von 288 auf 328 Mio. Euro. Der Gewinn nahm um 22,5 Prozent auf knapp 30 Mio. Euro zu.

Eine gute Langfristanlage sind auch **Jenoptik.** Das Jenaer Unternehmen hat die Kurskapriolen zu Beginn des Jahres 2000 zwar nicht mitgemacht, konnte aber anschließend sukzessive Terrain aufholen und notierte zuletzt mit 33,50 Euro knapp 4 Euro unter dem Topstand. Das 52-Wochen-Tief lag bei 15,45 Euro. Jenoptik ist im Bereich Reinraumluftgebäuden für die Produktion von Mikrochips tätig. Ein weiterer

Sektor ist Photonics, wo die Herstellung und der Vertrieb von optischen, elektrotechnischen Komponenten gebündelt sind. Die guten Halbjahresergebnisse 2000 bestätigen, daß das Unternehmen weiter auf Erfolgskurs ist. In den ersten sechs Monaten 2000 hat der Jahresüberschuss mit 47 Mio. Euro eine neue Rekordmarke erreicht. Der Auftragsbestand übersprang dabei erstmals die 2-Milliarden-Euro-Marke. Aufgrund der positiven Entwicklung hat der Vorstand die Jahresüberschuß-Prognose für 2000 nochmals erhöht. Auch hier bieten schwächere Kurse eine ideale Einstiegsmöglichkeit.

Zu den »sicheren« Werten zählte auch der Pharma-Konzern **Altana**. Seit Ende Februar 2000 bewegt sich der Kurs unaufhaltsam nach oben. Wer ab diesem Zeitpunkt auf Altana setzte, konnte seinen Einsatz mehr als verdoppeln. Gerade in den unsicheren Phasen, die wir an den Börsen seit März erleben, konzentrierte sich das Interesse

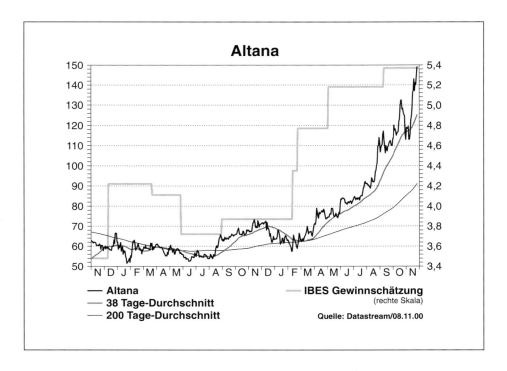

der Anleger auf defensive Werte. Trotz der überproportionalen Kursentwicklung sehen Analysten noch viel Spielraum nach oben. Insbesondere die Erwartungen für die kommenden Jahre wurden drastisch nach oben revidiert. So traut man Altana bei den Pharmaumsätzen in den nächsten sechs bis sieben Jahren eine Verdoppelung zu. Der Kurs (zuletzt 123 Euro) hat demnach Potential bis auf knapp 160 Euro.

40,5 Prozent Kursgewinn seit Jahresbeginn bei **Porsche** zeigt die Sonderstellung des Unternehmens. Die Stuttgarter Sportwagenschmiede ist zuversichtlich, auch künftig mit strammen Wachstum aufwarten zu können. Im abgelaufenen Geschäftsjahr 1999/2000 (31.7.) hat sich der Umsatz um mehr als 13 Prozent auf rd. 7 Mrd. DM erhöht. Das Ergebnis vor Steuern überstieg trotz hoher Entwicklungsaufwendungen für das neue Modell Porsche Cayenne den Vorjahreswert von 698,2 Mio. DM. Dank der hochgefahrenen Boxster-Montage in Finnland konnte die Produktion um 8,2 Prozent auf 48.815 Fahrzeuge gesteigert werden. Von dem erst im Juni eingeführten neuen »911 Turbo« wurden bereits 1.605 Exemplare verkauft. Obwohl der Titel in den letzten Monaten eine beträchtliche Höherbewertung schaffte, sollte sich ein Engagement längerfristig weiter auszahlen.

Neben der Biotechnologie zählten auch Logistikwerte zu den Favoriten der Anleger. Auch diese Branche hat die Kursturbulenzen ab Sommer außerordentlich gut überstanden. Ähnlich wie die Branchenvertreter am Neuen Markt konnte auch der M-DAX-Wert eine rasante Aufholjagd starten. Während **Stinnes** ((?? M-DAX)) 1999 ein Mauerblümchendasein führte, zündete die Hausse im März 2000 und trieb den Kurs von 18 Euro bis auf 32,75 Euro in die Höhe. Ende Oktober litt das Papier unter Gewinnmitnahmen, die den Kurs auf 26,50 Euro drückten. Nach dem steilen Anstieg ist die jüngste Herabstufung aber nur normal. Die Zukunft bei Stinnes wird unverändert positiv eingeschätzt. Das Unternehmen hat sich so von einigen Bereichen getrennt, die nicht zum Kerngeschäft passen. Die Übernahme der niederländischen HCI (Chemiedistribution) passt hervorragend in das Firmenkonzept.

Zu den solidesten Anlagen in den letzten Monaten zählte die Mode-Aktie **Hugo Boss**. Im schlechten Börsenmonat Oktober schaffte das Unternehmen einen neuen Jahrestopstand. Ab Dezember wird zum ersten Mal die neue Boss-Damenlinie »Woman Collection« über den Ladentisch gehen. Längerfristig soll die Damenmode zwei Drittel des Umsatzes ausmachen. Auch der Kosmetik-Konzern **Wella** hat im bisherigen Jahresverlauf nur Freude gemacht. Der lange Aufwärtstrend des Kurses mündete ebenfalls Ende Oktober in einen neuen Jahreshöchststand. Neben dem soliden Wachstum hatten zuletzt Übernahmevisionen zu dem erfreulichen Kursverlauf beigetragen. Es ist bekannt, daß immer wieder Abfindungsgerüchte bei dem Haarkosmetik-Produzenten auftauchen.

Auf dem derzeitigen Niveau sind Zukäufe in **Software AG** empfehlenswert. Das Kursplus seit Ultimo 1999 mit 38,8 Prozent spiegelt nicht die Turbulenzen wider, die die Aktie in den letzten Monaten erlebte. Im Sog der Favorisierung für Technologiewerte wurden zwischenzeitlich bereits Kurse von 167 Euro bezahlt. Das Ergebnis des dritten Quartals zeigt unverändert auf Wachstum. Der Umsatz kletterte um 16 Prozent auf 103 Mio. Euro, der Überschuß stieg überproportional um 77 Prozent auf 43,6 Mio. Euro. Die außerordentlich hohen Erträge (22 Mio. Euro) aus dem Börsengang der mit SAP gemeinsamen Tochter SAP SI war hierfür verantwortlich. Das Unternehmen ist zuversichtlich, im Gesamtjahr den Umsatz auf 425 Mio. Euro steigern zu können. Die positive Entwicklung sowie die erfreulichen Perspektiven rechtfertigen sicher höhere Kurse. Eine Erholung bis auf 110 bis 120 Euro ist deshalb durchaus realistisch.

VCL Film + Media gehört zu den »gefallenen Engeln« und ist selbst nach dem

massiven Kursrückschlag noch nicht aus dem Gröbsten raus. Noch zu Beginn des Jahres startete das Unternehmen im Sog der allgemeinen Euphorie für Medien-Titel einen fulminanten Aufstieg. Der Absturz danach glich einem Massaker. Auch die anderen Medientitel büßten teilweise mehr als 50 Prozent seit ihren Höchstständen ein. Bei VCL beträgt die Marktkapitalisierung noch immer rd. 245 Mio. Euro. Dem gegenüber steht ein geschätzter Umsatz für 2001 von 135 Mio. Euro. Auch wenn der Münchener Filmhändler im Oktober nochmals betonte, daß man die Planzahlen für das laufende Jahr einhalten werde, ist die Börse offensichtlich nicht bereit, dies mit höheren Kursen zu quittieren. Solange das Sentiment für die Medienbranche so angeschlagen bleibt, dürften diese Werte weiter eher gemieden werden.

Von Oktober bis Februar war die Welt bei Europas größter Bäckerei noch in Ordnung. Der Kurs erlebte in diesem Zeitraum eine beeindruckende Performance, kletterte von gut 17 Euro bis auf über 44 Euro. Anschließend stürzte der Kurs bis September nahezu im freien Fall nach unten. Hintergrund: Nachdem die zuvor aggressive Expansionspolitik des Unternehmens Hauptgrund für den steilen Kursanstieg war, schätzte die Börse danach die zahlreichen Zukäufe eher als negativ ein. **Kamps** schluckte allein 1999 insgesamt sieben Backbetriebe im Wert von 1,142 Mio. Euro. Als im Februar die Akquisition des niederländischen Backbetriebs Quality Bakers Europe und anschließend die 49prozentige Übernahme am französischen Backbetrieb Harry's gemeldet wurde, bekamen die Anleger kalte Füße. Die Aktionäre befürchteten, daß einerseits die Integration der ausländischen Töchter Schwierigkeiten mit sich bringen könnten, andererseits ist durch die teuren Übernahmen die Eigenkapitalbasis stark strapaziert. Nach Aussagen des Unternehmens läuft aber alles nach Plan, und die Integration der jüngst akquirierten Gesellschaften wird reibungslos verlaufen. Im August und September beschleunigte sich der Kursverfall nochmals, nachdem zwei Ratingagenturen eine Herabstufung der Bonität vornahmen. Mit derzeit gut 17 Euro scheinen aber nun die Befürchtungen der Börse ausreichend eskomptiert. Der drastische Kursrückschlag scheint deshalb übertrieben. Es dürfte zwar noch einige Zeit ins Land gehen, bis die Aktionäre zu Kamps wieder Vertrauen fassen, andererseits könnten Erfolgsmeldungen in den nächsten Monaten rasch wieder eine deutliche Erholung einleiten.

DR · HÖLLER
Vermögensverwaltung und Anlageberatung AG

Ihre erste Adresse in Zürich

Erfolgreiche Anleger schenken
uns schon seit vielen Jahren ihr Vertrauen.
Dr. Elisabeth Höller, mehrfache Gewinnerin des bekannten
«Zeit»-Börsenwettbewerbs und ihr in allen Sparten
des Wertpapiergeschäftes erfahrenes Team
freuen sich, für Sie tätig zu sein.

Rufen Sie uns an!

Tel. 0041 1 201 81 00 – Fax 0041 1 201 81 05
Talstrasse 58 – CH-8039 Zürich

Mitglied: Verband Schweizerischer Vermögensverwalter (VSV)
und Schweiz. Vereinigung für Finanzanalyse und Vermögensverwaltung

E-Mail: hoellerhvag@access.ch / Homepage: www.hoeller.ch / www.hoellerfonds.de

Unser Wachstumsfonds PRIME VALUE: Langfristig erfolgreich investieren – D: WKN Nr. 986 054/CH: VN Nr. 433 023/Oe: WP Nr. 097 302

Unser Wachstumsfonds PRIME GROWTH: Langfristig erfolgreich investieren – D: WKN Nr. 987 852/Oe: WP Nr. 080 368

Der Neue Markt

Noch im Herbst 1999 bis Jahresende sorgte sich die internationale Finanzwelt hinsichtlich des Übergangs ins Neue Jahrtausend. Die Meldungen über weltweite Computerabstürze mit katastrophalen Folgen insbesondere für die Finanzplätze hinterließen auch an den Börsen ihre Spuren. Die meisten Anleger begannen bereits im Herbst 1999 ihre Positionen abzubauen. Die Angst, daß tatsächlich die Computerumstellung für ein Chaos sorgen könnte, war zu groß. Entsprechend tendierten die Aktienmärkte rund um den Globus äußerst schwach, die Umsätze waren deutlich niedriger. Nur wenige Mutige nutzten die allgemeine Verunsicherung zu Anschaffungen. Im Nachhinein erwies sich das beherzte Zugreifen als goldrichtig. Bereits Ende 1999 zeichnete sich an den Börsen eine gigantische Hausse ab.

Nach diesem Muster verliefen exakt die letzten drei Jahre. Die Hoffnungen der Anleger richten sich nun verstärkt auf Ende 2000/Anfang 2001.

Dennoch wäre es leichtsinnig zu glauben, daß wir Ende 2000 bzw. Anfang des neuen Jahres eine ähnliche atemberaubende Rallye bekommen. Im Gegensatz zum letzten Jahr hat sich das Umfeld verändert. Die zahlreichen Gewinnwarnungen haben

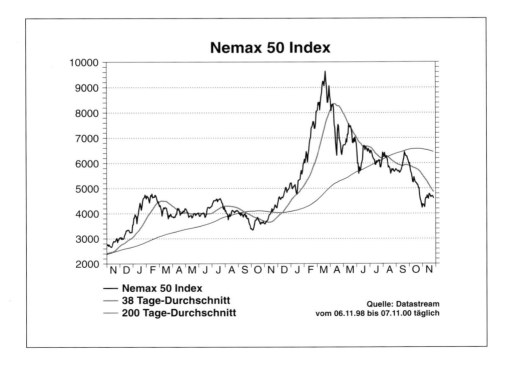

bereits einen ersten Vorgeschmack geliefert, daß nicht alles so rosig läuft, wie zu Beginn eines Jahres prognostiziert. Entsprechend mußten sich einige Unternehmen eingestehen, daß man sich wohl verkalkuliert hat. Zusätzlich zu den Ertragsenttäuschungen haben wir es diesmal mit einem hohen Ölpreis zu tun, der bereits in den Inflationszahlen seinen negativen Einfluß nimmt. Zu guter Letzt macht die Gemeinschaftswährung große Sorgen; eine Erholung ist kurzfristig nicht in Sicht. Die Anzeichen für eine Abschwächung der Weltkonjunktur mit all ihren Folgen für die Unternehmen ist derzeit ebenfalls nicht abschätzbar. Eine echte Trendwende hin zum besseren dürfte aber erst dann einsetzen, wenn das Vertrauen der Anleger wieder zurückkehrt.

Run auf Neuemissionen

Bis Anfang März erlebten Neuemissionen an der deutschen Wachstumsbörse ein wahres Eldorado. Nahezu jede Gesellschaft, die den Schritt auf das Parkett wagte, konnte sich bereits im Vorfeld des Erfolgs sicher sein. Haushohe Überzeichnungen sicherten den Börsenbenjaminen herausragende Debüts. Diejenigen, die das Glück hatten, ein paar Stücke zu bekommen, erfreuten sich nicht selten bereits vor der Notierung haushoher Zeichnungsgewinne. Die Zuteilungsmodalitäten der Konsortialbanken gerieten denn auch verstärkt unter Beschuß. Viele Anleger, die an dem Boom für Neuemissionen mitverdienen wollten, gingen zu oft leer aus. Die Nachfrage nach Wachstumsunternehmen übertraf bei weitem das Angebot. Die beste Strategie, doch noch zum Zuge zu kommen, schien vielen Anlegern zu sein, Überzeichnungen einzugehen. Wer für 5 000 Euro Aktien eines Börsendebütanten ordern wollte, hatte bessere Chancen, wenn er seine Order für 10 000 Euro abgab. So lange der Neue Markt und insbesondere die Euphorie für Neuankömmlinge anhielt, haben sich viele Anleger mit dieser Methode eine goldene Nase verdient.

Unternehmen aus der sogenannten »new economy« starteten zu einer fulminanten Börsenrallye. Der Nemax-50 kletterte bis auf über 9 600 und hat sich in den ersten drei Monaten 2000 verdoppelt. Der »Geldmaschine« Neuer Markt wurde dann erstmals im März der »Hahn abgedreht«. Auslöser für den ersten kräftigen Ausverkauf sowohl in USA als auch in Europa war eine Äußerung von Präsident Bill Clinton, wonach »die Entschlüsselung des menschlichen Erbguts eines der bedeutendsten wissenschaftlichen Projekte aller Zeiten sei und die Daten daher für jedermann zugänglich gemacht werden sollen«. Das Ausmaß dieser Erklärung hatte katastrophale Folgen für die Märkte. Rund um den Globus stürzten Biotechnologie-Werte in den Keller. An einem Tag verloren die Aktien um bis zu 30 Prozent und rissen fast alle Wachstumstitel mit in die Tiefe. Hinter der Panik stand die Befürchtung, daß die Unternehmen ihre wissenschaftlichen Erkenntnisse nun der Öffentlichkeit kostenlos zur Verfügung stellen müssen und somit die Hoffnungen auf stramme Gewinnwachstumsraten mit einem Schlag schwinden. Den panikartigen Verkäufen an der US-Technologiebörse Nasdaq folgte der Neue Markt mit Riesenschritten. An einem einzigen Tag verlor der

Aktie NEMAX 50	WKN	Kurs 20.10.00	Kurs Hoch	Kurs Tief	Verlust geg. Hoch
INFOMATEC	622200	3,59	51,00	3,40	- 92,26
RICARDO.DE	702070	18,30	213,00	13,90	- 91,41
FANTASTIC	925476	4,78	53,50	4,74	- 91,07
IXOS SOFTWARE	506150	14,41	97,00	10,00	- 85,14
UNITED INTERNET	508900	7,80	49,90	6,99	- 84,34
CARRIER 1	932485	27,48	167,00	25,70	- 83,54
TELDAFAX	745510	4,79	22,07	4,51	- 78,30
TRINTECH	925534	16,78	75,25	7,40	- 77,70
PRIMACOM	625910	23,76	99,00	14,04	- 76,00
TELES	745490	9,40	38,90	6,10	- 75,84
STEAG HAMATECH	730900	16,01	66,00	14,60	- 75,74
MOBILCOM	662240	58,50	199,00	49,00	- 70,60
BROKAT	522190	63,50	195,00	34,67	- 67,44
EM.TV	568480	38,01	114,90	34,80	- 66,92
INTERTAINMENT	623360	42,96	129,79	38,74	- 66,90
GAUSS	507460	14,25	42,00	9,75	- 66,07
CE CONSUMER ELECTR.	508220	31,50	90,68	26,27	- 65,26
KINOWELT MEDIEN	628590	28,20	77,00	26,80	- 63,38
SCM MICROSYSTEMS	909247	48,42	132,00	42,25	- 63,32
BROADVISION	901599	34,53	94,00	18,67	- 63,27
EDEL MUSIC	564950	20,90	51,89	15,90	- 59,72
HIGHLIGHT	920305	19,78	49,00	14,12	- 59,63
INTERSHOP	622700	55,84	135,00	21,60	- 58,64
PIXELPARK	514350	78,00	186,00	30,05	- 58,06
PANDATEL	691630	84,90	190,50	26,60	- 55,43
EVOTEC BIOSYSTEMS	566480	44,36	92,75	10,55	- 52,17
CONSTANTIN FILM	580080	36,00	74,90	33,20	- 51,94
T-ONLINE	555770	23,10	46,10	20,90	- 49,89
SENATOR	722440	19,90	34,26	15,53	- 41,91
KONTRON	533990	93,00	145,00	38,30	- 35,86
SER SYSTEME	724190	36,00	55,19	30,40	- 34,77
BIODATA	542270	263,40	397,00	245,00	- 33,65
TELEGATE	511880	111,20	166,50	33,10	- 33,21
HEYDE	602670	27,90	41,60	10,40	- 32,93
ADVA	510300	102,45	150,83	14,08	- 32,08
DIREKT ANLAGE BANK	507230	47,05	65,50	14,45	- 28,17
SINGULUS	723890	53,60	74,49	19,90	- 28,04
IDS SCHEER	625700	20,50	28,33	11,87	- 27,64
BALDA	521510	35,00	48,25	7,75	- 27,46
CONSORS	542700	108,50	149,05	51,00	- 27,21
THIEL LOGISTIK	931705	156,00	212,50	49,60	- 26,59
QIAGEN	901626	46,04	60,90	11,69	- 24,40
TELEPLAN	916980	44,44	58,75	30,00	- 24,36
D.LOGISTICS	510150	83,50	107,20	9,79	- 22,11
IM INT. MEDIA	548880	44,80	56,50	36,50	- 20,71
COMDIRECT BANK	906877	29,05	35,85	29,00	- 18,97
PFEIFFER VACUUM	691660	41,44	50,50	23,70	- 17,94
MEDION	660500	105,60	128,00	63,25	- 17,50
BB BIOTECH	910468	132,00	151,50	48,00	- 12,87
AIXTRON	506620	153,10	175,49	51,25	- 12,76

Neue Markt-Index 661 Punkte, womit der größte Tagesverlust in der Geschichte markiert wurde. Im Nachhinein betrachtet war dieser Ausverkauf der Anfang einer Baisse für Technologie-Werte, die sich bis in den Herbst hineinzog.

Schwarze Listen

In der Ausgabe vom 20. März zündete das US-Finanzmagazin Barron's die nächste Lunte. In einer Übersicht wurden über 200 Unternehmen aufgeführt, deren Lebensdauer zeitlich begrenzt sei. Kurz danach tauchten auch in Deutschland die ersten »Todeslisten« auf. Die Befürchtungen, daß alsbald erste Insolvenzen der jungen Wachstumsfirmen für erneuten Zündstoff sorgen werden, haben sich ebenfalls erfüllt. Der erste Pleitekandidat (Gigabell) ließ dann nicht lange auf sich warten. Auch der Skandal um Infomatec, denen irreführende ad-hoc-Meldungen und Insiderverstöße vorgeworfen wurden, erschütterten das Vertrauen der Anleger. Weitere Schreckensnachrichten blieben nicht aus. So mußten zahlreiche Unternehmen bei den Gewinn- und Umsatzprognosen den Rotstift ansetzen. Falsche Aussagen hinsichtlich des künftigen Wachstums wurden bei Metabox kritisiert. Die Enttäuschungen, ausgelöst durch Korrekturen an den Wachstumsprognosen, nahmen im September und Oktober drastisch zu. Entsprechend hagelte es anschließend Kritik, wobei auch den Konsortialbanken die Mitschuld an der maroden Verfassung des Marktes zur Last gelegt wurde. Sie hätten zunehmend Gesellschaften im Embryo-Stadium an die Börse gebracht. So lange die Euphorie für eine unaufhaltsame Aufwärtsbewegung sorgte, liefen selbst solche Kandidaten glänzend. Mit dem schwindenden Vertrauen der Anleger mußten viele Börsendebütanten einen Rückzug machen.

Während in der ersten Phase des Ausverkaufs zumeist Werte aus dem Nemax-All-Share-Index betroffen waren und die Paradepferde des Nemax-50-Index längere Zeit dem Abgabedruck Stand halten konnten, erwischte es im Herbst auch die Blue Chips. Zu den gefallenen Engeln zählen so einstige Highflyer wie Mobilcom, bei denen nach der UMTS-Ersteigerung rasch Ernüchterung breit machte. Auch das Vorzeigeunternehmen im E-Commerce-Bereich Intershop musste kräftig Federn lassen. Bei EM.TV, dem einstigen Liebling der Anleger, rauschten die Kurse zuletzt ebenfalls massiv nach unten. Hier verstimmte die nachträgliche Korrektur der Halbjahreszahlen.

Kräftig Federn lassen mußte T-Online. Von seinem Top im März mit 46,10 hat sich die Notierung der Deutsche Telekom-Tochter bis auf 31 Euro gesetzt. Auf dem heutigen Niveau scheinen die Risiken nach unten jedoch überschaubar. Internet-Aktien, die einstigen Lieblinge der Börse, werden von den Anlegern noch immer gemieden. Zu groß sitzt den Investoren offensichtlich noch die Angst im Nacken, als die gesamte Branche nach einem fulminanten Höhenflug im März auf Tauchstation ging. Während noch im Sommer die Abneigung für diese Branche besonders drastisch war, kamen im September die ersten Investmenthäuser mit sporadischen Kaufempfehlungen heraus. Einer der Titel, der dabei gut abschnitt, ist T-Online. Mit der Übernahme der spanischen Ya.com sichert sich T-Online den Zutritt zu einem interessanten Markt. Spaniens Ya.com zählt zum zweitbeliebtesten Internetportal in Spanien und verfügt über ein exzellentes Management.

Shooting Star Biotechnologie

Die Börse liebt Zukunftswerte. Eine Branche, die in den letzten Monaten verstärkt ins Blickfeld der Anleger rückte, ist die Biotechnologie. Die Offenlegung der DNA-Struktur eröffnet in der Tat ungeahnte Möglichkeiten. Für die Forschung brechen somit revolutionäre Zeiten an. Experten erwarten, daß künftig nur noch Medikamente auf den Markt kommen, die auf der Gentechnik basieren. So können Präparate individuell auf jeden Menschen abgestimmt werden. Die bisher noch unheilbaren Krankheiten wie Alzheimer, Krebs oder auch Bluthochdruck können in wenigen Jahren besiegt sein. An den Finanzplätzen in Europa gibt es eine Vielzahl von Unternehmen, die in diesem Zukunftsbereich tätig sind. Die wichtigste Biotech-Börse bleibt jedoch der amerikanische Nasdaq-Markt. Gemessen am Nasdaq-Biotech-Index haben sich US-Titel von Anfang Januar bis Anfang März verdoppelt. Seit November 1999 bis Anfang März konnte sogar ein Plus im Index von mehr als 160 Prozent erzielt werden. Die Begeisterung der Anleger für diese Werte ist enorm. Allein von Anfang Juli bis Mitte August kamen in den USA 28 neue Biotech-Unternehmen an die Börse. Eine Anlage in Biotech-Aktien erfordert jedoch eine hohes Maß an Risikobereitschaft. Ähnlich wie bei Technologie- und Internet-Werten sind diese Papiere hohen Kursschwankungen unterworfen. Das liegt zum einen daran, daß diese Branche von den meisten Anlegern aufgrund der hohen Fachkompetenz nicht eingeschätzt werden kann. Selbst viele institutionelle Anleger haben Mühe, die Forschungsergebnisse entsprechend zu beurteilen. Wer ein Direktengagement in diesen Werten scheut, hat die Möglichkeit, sich an einen der zahlreichen Biotechnologie-Fonds zu beteiligen. Hier eine Auswahl der erfolgreichsten Fonds:

Emittent	Fonds	WKN	Performance s. 1.1.2000	s. 1.1.99	Währung
Pictet Fund Mgmt.	Pictet GSF Biotech	988 562	82,8 %	240,8 %	US-Dollar
DIT GmbH	DIT-Biotechnologie	848 186	39,0 %	130,6 %	Euro
UBS Equity Fd.Mngt.	UBS (Lux)E.F.Biotech	986 327	47,8 %	172,4 %	US-Dollar
Orbitex Invest	Orbitex Health&Biot.	972 195	60,6 %	85,2 %	US-Dollar
DWS	DWS Biotech-Aktien*	976 997	58,5 %		Euro

* Emission seit 16. 8. 1999

Keine andere Branche hat sich nach dem Absturz im März so rasch erholt wie die Biotechnologie. In USA konnte der Biotechnologie-Index seit April gut 64 Prozent wieder aufholen. Wer bereits vor einem Jahr auf US-Biotech-Aktien setzte, kann sich über eine satte Performance von über 110 Prozent freuen. Auch am Neuen Markt haben Biotech-Werte seit dem Frühjahrs-Tief mächtig aufgeholt. Gemessen am Index notieren die Werte wieder auf ihrem Topstand vom März 2000.

Für Anleger, die ihre Aktiengeschäfte lieber selbst in die Hand nehmen, bietet der Biotechnologie-Wert Qiagen eine Chance. Der Spezialist für Nukleinsäure hat sich trotz der kräftigen Korrektur am Neuen Markt noch gut gehalten. Qiagen zählt zu den Lieblingen der Analysten. Zahlreiche Investmenthäuser setzen auf eine weiterhin positive Entwicklung bei diesem Zukunftswert. Die Expansion wird zügig fortgesetzt, neue Joint Ventures mit prominenten Unternehmen (u.a. Becton, Dickinson, Abbott) lassen viel Spielraum für neue vielversprechende Entwicklungen. Für die kommenden Jahre sind Experten deshalb zuversichtlich und raten bei Qiagen fast einhellig zum Kauf. Für das laufende Jahr soll Qiagen bereits einen Gewinn pro Aktie in Höhe von 0,15 Euro erzielen, 2001 sind 0,22 Euro geschätzt, und für 2002 liegen die Analysten-Prognosen auf 0,30 Euro Ertrag pro Aktie. Für längerfristig orientierte Anleger, die sich des spekulativen Charakters bewußt sind, dürften sich Käufe auf dem derzeitigen Niveau (45,50 Euro) durchaus lohnen.

Gute Chancen auf eine Erholung könnten auch Biodata Information Technology besitzen. Hier lagen die dritten Quartals-Ergebnisse im erfreulichen Bereich und signalisieren, daß Biodata ab 2001 wieder in die Gewinnzone zurückkehrt. Im laufenden Jahr 2000 dürfte es ein Plus/Minus-Null-Ergebnis geben, ab 2001 erwarten Analysten einen Ertrag pro Aktie in Höhe von 0,15 Euro.

Aktienanlage als Volkssport

Deutschland ist zum Land der Aktionäre geworden. Seit der Emission der Deutschen Telekom ist Aktienkultur in Deutschland kein leeres Wort mehr. Immer mehr Bürger interessieren sich für die Aktie als Anlageinstrument. Sei es als Absicherung für die Altersvorsorge oder aber auch nur aus Spaß an der Freude. Wahre Zockergemeinden sind so insbesondere seit Beginn 2000 aus dem Boden geschossen. Immer mehr Angestellte, Hausfrauen, Studenten und Rentner wollen ihr Anlageglück in die eigenen Hände nehmen. Abzulesen ist die neue Begeisterung der Deutschen an dem immensen Zulauf, den Investmentfonds in den letzten Monaten erleben. Selbst in der Baisse ab den Sommermonaten hielten die Liquiditätszuflüsse bei den Investmentgesellschaften unverändert an. Einen wahren Ansturm erlebt der Aktienkauf via Internet. Teilweise konnten die Onlinebroker der enormen Nachfrage kaum standhalten. Depoteröffnungen pro Tag in dreistelliger Höhe waren keine Seltenheit.

Zu den Highflyern der ersten Monate des neuen Jahres avancierten die Online-Broker. Mit dem zunehmenden Interesse der Bevölkerung für Aktien hat sich das Geschäft der Online-Broker nachhaltig beschleunigt. Die Hausse der ersten drei Monate bescherte den Branchenvertretern ein gigantisches Geschäft. Der Zulauf war teilweise so stark, daß zwischenzeitlich immer wieder die Netze zusammenbrachen. Mit der

Ernüchterung ab April hat sich das Bild bei diesen Werten ebenfalls gedreht. Keine andere Branche ist so stark vom Börsentrend abhängig wie die Online-Broker. In den letzten Monaten haben infolge der Baisse auch die Aktienaktivitäten spürbar nachgelassen. Parallel zu den Kurseinbrüchen am Neuen Markt gingen auch die Kurse der Online-Broker sukzessive zurück. Wie eng die Kursentwicklung der Broker mit der Gesamttendenz des Marktes zusammenhängt, hat sich mit den Halbjahresausweisen der Unternehmen bereits abgezeichnet. Auch wenn sich das Geschäft wieder belebt, sehen Analysten für die Online-Banker bestenfalls ein Mitziehen mit dem Markt. Der steigende Wettbewerb und der erhöhte Margendruck lassen nach Expertenmeinung keine herausragenden Wachstumsimpulse erwarten. Entsprechend entwickelten sich im Herbst die Kurse von Comdirect, Consors und Direkt Anlage Bank. Seit den Höchstständen haben sich die Notierungen von 20 Prozent bis rd. 30 Prozent reduziert. Es wird nicht ausgeschlossen, daß der Abwärtstrend nochmals an Dynamik zunimmt, wenn die Zahlen für das letzte Vierteljahr veröffentlicht werden. Die Befürchtungen, wonach Deutschlands Online-Broker das gleiche Schicksal wie den amerikanischen Wettbewerbern widerfahren könnte, überwiegen. Amerikas Internet-Broker zählten 1999 zu den Ausreißern mit herausragenden Kursgewinnen. Heute notieren die Werte bis zu 75 Prozent unter ihren Topständen.

E-Business bleibt Wachstumsstory

Auch wenn derzeit an der Börse das Geschäft für den elektronischen Handel weniger in der Gunst der Anleger steht, verspricht die Branche in den nächsten Jahren herausragende Chancen. Das sogenannte B2B-Geschäft (Business to Business, die Abwicklung von Geschäften zwischen Unternehmen über das Internet) hat sich längst etabliert. Auch Gesellschaften aus der »klassischen Industrie« besitzen bereits ihren Internetmarktplatz und setzen auf diese neue Zukunftsbranche. Für den Anleger wird es indes immer schwieriger, auf die richtigen Pferde dieses Segments zu setzen. Der Neue Markt bietet mittlerweile eine Vielzahl von Aktien, die sich in diesem Bereich tummeln. Die richtige Auswahl zu treffen wird aber weniger durch das große Angebot erschwert, vielmehr haben die meisten Anleger Mühe, das einzelne Geschäftsfeld des jeweiligen Unternehmens richtig einzuschätzen. Für diejenigen Investoren, die dennoch im Zukunftsmarkt mitmischen möchten, bieten die Kreditinstitute eine Vielzahl von Fonds an, die ausschließlich in diese Werte investieren. Nach dem abrupten Ende der Technologiehausse im Frühjahr haben Anleger diese Titel bis in den Frühherbst mehr oder weniger gemieden. Von einzelnen Ausreißern abgesehen, bewegten sich die Kurse nachhaltig von ihren zuvor erzielten Topständen. Im September zeichnete sich ein erster Trend zur Erholung ab. Auch die ersten Investmentgesellschaften wagten sich mit neuen Internet-Fondsprodukten wieder auf den Markt.

Bei **Singulus,** dem Hersteller von Produktionsanlagen für DVDs und CDs, gibt es keine Gründe für den Kursabsturz. Vielmehr wurde die Aktie im Sog der allgemeinen Schwäche mit in die Tiefe gezogen. Im Zuge von Gewinnwarnungen von Branchenmitbewerbern wie Steag Hamatech ist auch der Singulus-Kurs unter die Räder gekommen. Die Börse übersieht jedoch, daß es innerhalb der Branche verschiedene unterschiedliche Segmente gibt. Anders als bei den Konkurrenten ist Singulus nicht auf die brennbaren CD-ROMs fokussiert, die unter einer Nachfrageschwäche leiden. Vielmehr konzentriert sich der Schwerpunkt bei Singulus auf vorbespielte CDs und DVDs. Die Perspektiven werden weiterhin als optimistisch beurteilt. Dank eines ausgewogenen Produktportefeuilles und der guten Position im margenstarken DVD-Geschäft hat Singulus beste Chancen, in den nächsten Jahren ein durchschnittliches jährliches Wachstum von rd. 30 Prozent zu erreichen. Mit einem Kurs:Gewinn-Verhältnis von 30 ist die Aktie moderat bewertet. Mittel- bis längerfristig hat die Aktie deshalb beste Chancen, den jüngsten Kursrückschlag wieder aufzuholen. Aktuell notiert Singulus (WKN 723 890) rd. 40 Prozent unter dem Topstand.

Für spekulativ orientierte Anleger dürfte sich ein Blick auf **aap Implantate** lohnen. Der Kurs (WKN 506 660) hat sich seit der Korrektur im März um gut 70 Prozent vom Hoch entfernt. Neben der allgemeinen Baisse für Neue Markt-Titel belasteten bei aap Implantate auch Befürchtungen, wonach Konkurrenzprodukte das Geschäft negativ beeinflussen könnten. Diese Versionen haben sich jedoch nicht bestätigt. aap Implantate ist in der Entwicklung und Herstellung von künstlichen Gelenken sowie der Knochenbruchheilung tätig. Im ersten Halbjahr 2000 konnte der Umsatz um 30 Prozent auf 3,44 Mio. Euro ausgeweitet werden. Allerdings ermäßigte sich das Betriebsergebnis um 0,43 Mio. Euro. Die Gründe hierfür sind jedoch vor allem gestiegene Marketing- und Vertriebskosten. Die hohen Aufwendungen für Entwicklung und Markteinführung neuer Produkte hat ebenfalls das Ergebnis belastet. Das Unternehmen ist jedoch zuversichtlich, durch die Markteinführung von zwei neuen Gelenksystemen für Schulter und Hüfte die gute Marktposition weiter ausbauen zu können. Für beide Produkte liegen bereits Bestellungen aus Deutschland und Japan vor. Das Umsatzpotential hierfür wird als hoch beurteilt.

Auf derzeitigem Niveau sehen Analysten bei **LPKF** wieder attraktive Chancen. Der Systemhersteller von Technologien zur Unterstützung der Entwicklungs- und Produktionsprozesse in der Elektroindustrie notiert mit 34 Euro 34 Prozent unter dem Topstand. Die Halbjahresergebnisse waren enttäuschend und haben nicht zuletzt den Kursrückschlag beschleunigt. Die Verschiebung von Großaufträgen war für das schlechte Abschneiden in den ersten sechs Monaten verantwortlich. Für das laufende zweite Halbjahr werden die Aussichten wieder positiv beurteilt. Der hohe Auftragsbestand im September mit einem Zuwachs von 55 Prozent gegenüber dem Vorjahreszeitraum spricht für die steigende Akzeptanz der innovativen LPKF-Produkte. Sollten sich die positiven Erwartungen erfüllen, könnte LPKF schnell wieder in der Gunst der Anleger stehen. Mit einem Kurs:Gewinn-Verhältnis auf der Basis 2001 ist die Aktie im Vergleich mit anderen Branchenvertretern deutlich niedriger bewertet. Die Aktie ist jedoch nur etwas für den spekulativ orientierten Anleger.

Neben der Biotechnologie-Branche, die zu den Favoriten der Anleger zählte, stand auch der Logistik-Bereich in der Gunst der Anleger ganz oben. Während im März der erste große Einbruch am Neuen Markt erfolgte und die meisten Titel begannen, die

Aktie	Kurs Euro	Hoch 12 Monate	Tief	Gew./Aktie 2000	Gew./Aktie 2001	KGV 2001
D.Logistics	87,00	107,20	11,29	0,26	0,59	147,5
Microlog Log.	74,50	128,20	34,00	0,55	1,03	72,3
Thiel Logistic	179,00	212,50	36,00	1,12	2,00	89,5

hohen Kursprämien teilweise recht massiv abzubauen, konnten sich diese beiden Branchen gegen den negativen Trend stemmen. Noch im August erzielten die Logistik-Unternehmen ihre absoluten Topstände. Zum Shooting-Star entwickelten sich am Neuen Markt **D.Logistics** und **Thiel Logistic**. Von Januar bis Ende August explodierte D.Logistics um 630 Prozent auf 107 Euro. Anschließend setzte aber auch hier eine Korrektur ein, die den zuvor erzielten Kursgewinn wieder sämtlich ausradierte. Nach dem Absturz um über 40 Prozent hat sich D.Logistics auf zuletzt 87 Euro eingependelt. Der Logistikmarkt generell wird von Experten unverändert als riesiger Wachstumsmarkt gesehen. Immer mehr Unternehmen konzentrieren sich auf ihre Kernbereiche und lagern ihre Randaktivitäten, wie Logistik-Dienstleistungen, aus. Einen positiven Schub erhält die Branche durch den zunehmenden Handel per Internet. Obwohl derzeit gerade das E-Commerce-Geschäft an der Börse weniger positiv beurteilt wird, ist der Trend nicht mehr aufzuhalten. Gerade in den letzten Monaten sind bei der klassischen Industrie die Anstrengungen in diesem Bereich zügig vorangeschritten. Am Logistik-Markt gilt es jedoch zu differenzieren. Nicht jedes Unternehmen, daß sich in dieser Branche tummelt, wird es schaffen, ganz oben mitzuwirken. Vor allem Anbieter von EDV-Lösungen dürften dabei die besten Chancen haben. Reine Transportfirmen, die es nicht schnell genug schaffen, eine Komplettlösung anzubieten, werden das Nachsehen haben. Die bekanntesten Branchenvertreter am Neuen Markt sind in der Tabelle zusammengefaßt.

Da die Zeiten, in denen die Bewertungen der Unternehmen keine Rolle spielten, vorbei sind, gilt es auch hier, die Kurs:Gewinn-Verhältnisse in der Anlageentscheidung zu beachten. Mit 147,5 werden D. Logstics auch auf dem ermäßigten Niveau noch sehr hoch bewertet. Aufgrund der erwarteten Zukunftsperspektiven gilt der Wert bei einigen Analysten auf jetzigem Niveau aber dennoch als Kaufkandidat. Auch wenn Thiel Logistic ebenfalls mit einem KGV von knapp 90 nicht gerade billig ist, würden wir diesen Wert bevorzugen. Das Unternehmen hat sich insbesondere in den wachstumsstarken Marktsegmenten Krankenhauslogistik und IT-Lösungen gut positioniert. Die Dienstleistungen reichen von der Lieferung der Medikamente bis hin zu kompletten Operationsbestecken. Gleichzeitig kümmert sich Thiel um die Entsorgung. Die optimistischsten Kursprognosen bei Thiel reichen auf Sicht von einem Jahr bis 220 Euro. Wenn sich der Logistik-Markt weiterhin positiv entwickelt, dürften jedoch auch die anderen Branchenvertreter mitziehen.

Auf dem derzeit gedrückten Niveau sollten sich Käufe in **Intershop** auf mittlere bis längere Sicht lohnen. Vom Topstand 135 Euro hat sich das im E-Commerce-Geschäft

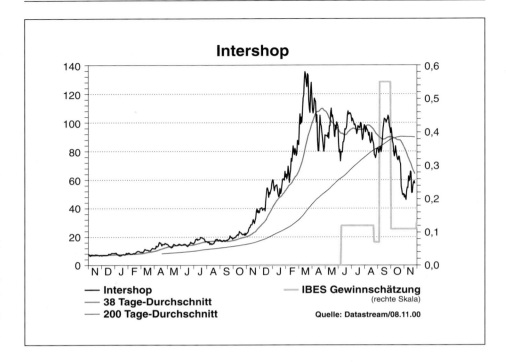

tätige Unternehmen bis auf 55,84 Euro gesetzt. Der Kursverfall ist jedoch nicht mehr mit der allgemeinen Marktsituation zu erklären. Im Vorfeld der Nasdaq-Notierung am 29. September geriet Intershop in das Visier der Analysten. Am Markt kursierten Versionen, wonach der Kurs durch gezielte Gerüchte gedrückt werden sollte. Gleichzeitig kamen Zweifel auf, ob die Planzahlen für das dritte Quartal erreicht werden. Diese Vermutungen haben sich im Nachhinein als nichtig erwiesen. Zwar hat Intershop bekannt gegeben, daß im dritten Quartal voraussichtlich Verluste angefallen sind. An den Erwartungen, daß für das Gesamtjahr 2000 ein positives Ergebnis ansteht, habe sich aber nichts geändert. Dennoch nahm die Börse diese Nachricht übel. Der Quartalsverlust im dritten Vierteljahr steht aber primär im Zusammenhang mit hohen Ausgaben für das Nasdaq-Listing. Der Umsatz hat sich gegenüber dem dritten Quartal des Vorjahres auf 35 Mio. Euro verdreifacht und ist damit zum elften Mal in Folge höher ausgefallen als im Quartal zuvor. Mit dem Listing an der Nasdaq am 29. September begannen auch Leerverkäufe auf Intershop. Die Amerikaner verglichen das Jenaer Unternehmen mit dem Branchenvertreter Broadvision und nahmen die Bewertungsunterschiede zum Anlaß, Intershop durch sogenannte Leerverkäufe zu drücken. Im ohnehin angeschlagenen Umfeld für diese Aktien dauerte es dann auch nicht lange, bis die »Short-Seller« ihr Ziel erreicht hatten. Short-Seller verkaufen Papiere, die sie noch nicht einmal besitzen, in der Hoffnung, später günstiger an die Aktien zu kommen. Die Folge: Der Kurs bricht ein. Diese bittere Erfahrung machten bereits andere

Neue Markt-Werte (LHS und SCM Microsystems), die ein Listing an der Nasdaq anstrebten. Auf dem aktuellen Niveau sollte das Kursrisiko nach unten aber nun begrenzt sein. Auf mittlere Sicht sind Kurserholungen bis 100 Euro deshalb durchaus realistisch.

Für den spekulativ orientierten Anleger bieten zahlreiche Werte aus dem Nemax-50 nach dem drastischen Ausverkauf aber gute Chancen, sich Wachstumswerte mit guten Ertragsperspektiven ins Depot zu nehmen. Viele Unternehmen haben sich in ihrer Branche bestens positioniert und besitzen aufgrund ihrer gefestigten Marktstellung attraktive Kurserholungschancen. Wenn sich die Börsenstimmung wieder nachhaltig bessert, dürften sicher die einstigen Lieblinge der Fonds und Anleger zu den ersten gehören, die zurückgekauft werden. In diese Kategorie gehört Mobilcom, Augusta, Brokat, Broadvision, Heyde, Intershop, Biodata, Lintec, Singulus, Balda oder auch Aixtron.

Besonders arg gebeutelt hat es Internet-Firmen. Was noch zu Jahresbeginn wie ein Katalysator wirkte, entpuppte sich im Nachhinein als Malus. Den größten Abschlag erlebte der Internet-Wert United Internet. Fast 85 Prozent büßte das Unternehmen von seinem Höchststand ein. United Internet ist eine Holding- und Managementgesellschaft. Mit insgesamt 18 Beteiligungen ist United Internet in neun Internet-Zielmärkten präsent: Application Providing, Communities, E-Care, Online Advertising, Navigation, Finance, Smart Shopping, Virtual Markets und Messaging. Die massiven Kursverluste der vergangenen Monate bei der Unternehmensgruppe werden im Zusammenhang mit dem generellen Stimmungstief für Internet-Werte gesehen. Die Euphorie zu Jahresbeginn ist nun in eine negative Übertreibung übergegangen. Das Holding-Konzept des Unternehmen wird von Analysten unverändert als überzeugend angesehen. Sollte das Firmenziel erreicht werden, zum Jahresende schwarze Zahlen zu schreiben, besitzt United Internet beste Chancen, aus dem Kurstal herauszukommen.

Enttäuschungen

Eine Enttäuschung lieferte der Spezialist für CAD/CAE-Lösungen **Nemetschek.** Zu Beginn des Jahres zählte das Papier noch zu den Lieblingen der Analysten. Im Sommer, zur Halbjahresberichtssaison, begann der Stern bei Nemetschek zu sinken. Die Zahlen für die ersten sechs Monate 2000 konnten die Erwartung der Börse nicht erfüllen. Obwohl danach die Kurskorrektur eher noch milde ausfiel, setzten zur Vorlage der Neunmonatsbilanz scharfe Rückgänge ein. Die angespannte Lage bei dem Münchener Software-Unternehmen hat sich im dritten Quartal weiter verschärft. Zum zweiten Mal mußte die Gesellschaft die Umsatzprognosen von zunächst 330 auf 300 Mio. DM bis auf 245 Mio. DM korrigieren. Während zur Jahresmitte der Zuwachs im Vergleich zum Vorjahreswert noch bei mehr als 20 Prozent lag, hat sich das Wachstum nach drei Quartalen bis auf plus 5 Prozent ermäßigt. Dramatischer verlief die Ergebnisentwicklung. Während zum Halbjahr noch ein Betriebsgewinn von 14,2 Mio. DM in den Büchern stand, hat sich diese Zahl im dritten Quartal auf 7,5 Mio. DM reduziert. Für das

Gesamtjahr 2000 rechnen Analysten mit einem Verlust pro Aktie von 0,17 Euro, und auch für 2001 sind die Umsatzprognosen verhalten. An der Börse rutschten die Kurse an einem Tag daraufhin um über 29 Prozent in die Tiefe.

Die Bereinigung am Neuen Markt erreichte im Herbst ihren Höhepunkt. Immer mehr Gesellschaften mußten ihre zuvor gemachten Prognosen korrigieren und meldeten gleich den Rutsch in tiefrote Zahlen. Dazu zählen Maxdata, deren operativer Gewinn sich von 26 auf eine Mio. DM reduzierte. Auch Varetis hatte mitgeteilt, daß die Umsatzerwartungen für das laufende Jahr nicht eingehalten werden können. Statt zuvor prognostizierter schwarzer Zahlen wird es bei dem Call-Center-Betreiber einen Verlust vor Steuern und Zinsen geben.

Nur drei Monate dauerte es bei **Allgeier,** bis eine Hiobsbotschaft folgte. Das Softwarehaus schockte mit katastrophalen Zahlen: Für das Jahr 2000 wird Allgeier gerade mal 9 Mio. Euro Umsatz erzielen. Beim Börsengang versprach der Vorstand noch 19 Mio. Euro. Beim Ergebnis vor Steuern wurde aus einem Plus von 3,1 Mio. Euro ein Minus von 2,6 Mio. Euro. Seit dem Börsendebüt hat sich der Kurs von 22,50 Euro auf nur noch 5,60 Euro reduziert.

In der Hausse bis März hochgejubelt, anschließend nahezu im freien Fall nach unten, das ist die bittere Bilanz bei **Poet.** Der Anbieter von Datenmanagementsoftware hatte im Juli den Rückzug aus dem Datenverwaltungsgeschäft angekündigt. Die Börse hatte die Neuigkeiten mit massiven Abgaben quittiert. Der Kurs, in der Spitze bei 200 Euro, notierte zuletzt nur noch bei 10,40 Euro. Analysten erwarten frühestens in zwei Jahren ein positives operatives Ergebnis. Es wird nicht ausgeschlossen, daß Poet auch im vierten Quartal erneut Schwierigkeiten melden muß. An dieser Aktie kann man sich nur die Finger verbrennen. Unbedingt meiden! Kurzzeitige kräftige Kurserholungen im zweistelligen prozentualen Bereich haben nur Zocker-Charakter.

Teil II: Wall Street

Nach dem zehn Jahre anhaltenden Konjunkturaufschwungs sieht es danach aus, daß die US-Wirtschaft in einen moderaten Wachstumspfad einschwenkt. Im dritten Quartal fiel das US-Bruttoinlandsprodukt (BIP) mit 2,7 Prozent überraschend schwach aus. Verglichen mit 5,6 Prozent im vorangegangenen Vierteljahr signalisiert die Halbierung eine »sanfte Landung« der US-Wirtschaft. Die Schätzungen lagen bei 3,4 Prozent. Die Notenbank-Politik der letzten Monate beginnt zu wirken. Von Mitte 1999 bis Mai 2000 hatte Notenbankchef Alan Greenspan insgesamt sechsmal an der Zinsschraube gedreht und die Leitzinsen bis auf 6,5 Prozent erhöht, um die Inflationsgefahren zu bekämpfen und die US-Wirtschaft vor einer konjunkturellen Überhitzung zu bewahren. Die Serie der Zinsanhebungen scheint somit ihren Zenit erreicht zu haben. Die jüngsten Konjunkturdaten sprechen jedenfalls dafür, daß weitere Zinserhöhungen in USA nicht mehr anstehen. Auch andere Konjunkturzahlen deuten bereits eine Abkühlung des US-Aufschwungs an. So ging das Verbrauchervertrauen in die Wirtschaft ebenfalls zurück. Bei den Auftragseingängen für langlebige Wirtschaftsgüter war im September lediglich ein Zuwachs um 1,8 Prozent zu verzeichnen. Im August betrug diese Rate noch 3,5 Prozent. Die robuste Wirtschaftslage hat den Vereinig-

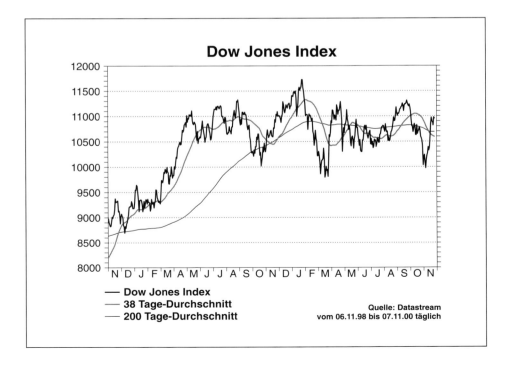

ten Staaten im September einen Rekordüberschuß von 237 Mrd. US-Dollar im Staatshaushalt beschert. Die Einnahmen erreichten im Finanzjahr 2000 (30.9.) 2,03 Bill. US-Dollar. Der Überschuß ist damit fast doppelt so hoch wie im Vorjahr und mehr als dreimal so hoch wie 1998.

Obwohl nun das eintritt, was seit Monaten erhofft wurde, nämlich eine langsame Abkühlung der Wirtschaft, kommt am US-Aktienmarkt keine Freude auf. Der Dow Jones-Index und das Nasdaq-Börsenbarometer zeichneten sich zuletzt durch einen hohen Grad an Volatilität aus. Fast das ganze Jahr über wurden die Anleger abwechselnd von hektischen Kursausschlägen nach beiden Seiten konfrontiert. Diese unsichere Phase hat dann im Herbst noch an Dynamik gewonnen. Mit den ersten Gewinnwarnungen von Unternehmen aus den verschiedensten Bereichen wurde den Anlegern schwarz auf weiß demonstriert, daß die Zeit der überproportionalen Gewinnzuwachsraten vorbei ist. Die große Frage ist jetzt nicht mehr, harte oder weiche Landung, sondern was passiert nach dem »soft landing«? Entweder die nachlassende Konjunkturdynamik ist nur eine Pause vor einem weiteren Aufschwung, so wie es in den Vorjahren der Fall war, oder aber wir stehen am Anfang einer länger anhaltenden Abschwächung, die möglicherweise stärker ausfallen dürfte.

Derzeit geht die Mehrheit der Analysten davon aus, daß auch im nächsten Jahr das Wachstum robust genug sein wird und keine negativen Überraschungen anstehen. Der im dritten Quartal erreichte Abschwung ist nach Expertenmeinung nur eine vorüber-

---

PERNET PORTFOLIO MANAGEMENT
ZÜRICH

Ihr persönlicher Vermögensberater für
PUT / CALL
STRATEGIEN
im Rahmen einer diversifizierten Anlage-Politik

Bärengasse 25 CH 8001 Zürich
Telefon 0041 1 224 30 10 Telefax 0041 1 224 30 19
e-mail: epernet@access.ch

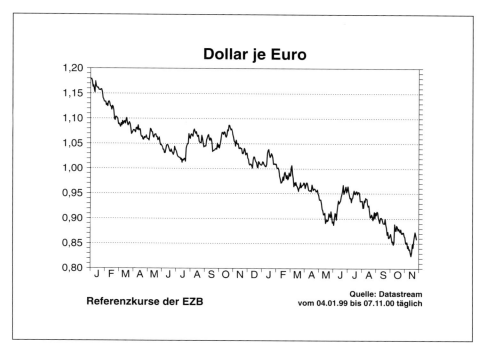

gehende Erscheinung. Zwar wird das Wachstum nicht mehr die außerordentlich hohen Werte des Vorjahres erreichen, im letzten Quartal des laufenden Jahres soll die Rate aber wieder deutlich oberhalb der Drei-Prozent-Marke liegen. Die Börse traut dieser Variante aber offensichtlich nicht. Der Dow Jones-Index hat sich seit Ultimo 1999 bis Ende Oktober 2000 um 10 Prozent verschlechtert. Noch drastischer ist die Bilanz des Technologie-Index Nasdaq, wo das Minus mit 20,1 Prozent gleich hinter der Entwicklung des japanischen Börsenbarometers Nikkei (minus 20,8 Prozent) angesiedelt ist.

Der schwache Euro fordert bereits auch in USA erste Opfer. Die großen multinationalen US-Unternehmen, mit einem hohen Marktanteil in Europa fürchten empfindliche Einbußen aufgrund der schwachen Einheitswährung. Bei IBM sollen so die Umsatzziele für dieses Jahr auf wackeligen Beinen stehen. Der schwache Euro dürfte bei zahlreichen Global Players eine Revision der Umsatzprognosen nach sich ziehen. Je länger der Euro schwach bleibt, desto höher wird die Zahl der Gesellschaften werden, die Gewinnwarnungen ausgeben. Die Börse reagiert bereits seit geraumer Zeit äußerst sensibel auf negative Überraschungen. Bei Gesellschaften, die in nächster Zeit eine Umsatz- bzw. Gewinnrevision melden, dürfte der Kursabwärtstrend deshalb nochmals an Dynamik gewinnen. Als besonders anfällig haben Analysten in USA die Computer-, Konsumgüter- und Pharma-Branche ausgemacht. Die Einnahmen in Euro reduzieren sich in einer Bilanz auf Dollar-Basis drastisch und dürften mehr oder weniger große Kerben in der Gewinnrechnung hinterlassen. Der harte Wettbewerb erlaubt es indes nicht, die Währungsdefizite durch Preiserhöhungen auf die Produkte aufzufangen. Neben IBM dürften auch so prominente Namen wie Hewlett-Packard, Texas Instruments, die Fastfood-Kette McDonald's sowie Coca-Cola den Euroschwung spüren. Bei dem Konsumgüter-Produzenten Procter & Gamble mit seinem hohen Auslandsanteil sowie dem Hersteller der berühmten »gelben Filme«, Eastman Kodak, werden ebenfalls Einbußen aufgrund der Währungsdefizite befürchtet.

Die Entwicklung des amerikanischen Aktienmarktes für das Jahr 2001 ist deshalb schwer vorhersehbar. Sie wird davon abhängen, ob die Unternehmen auch mit einem geringeren Wirtschaftswachstum die Erwartungen der Analysten erfüllen können. Wie hart die Börse mit Gesellschaften umgeht, die ihre Projektionen verfehlen oder die hochgesteckten Erwartungen des Marktes nicht erreichen, haben die Anleger im September und Oktober zu spüren bekommen. Auch die professionellen Investoren sind heute schneller bereit, eine in Ungnade gefallene Aktie rasch abzustoßen. Umgekehrt wurde nicht selten eine Aktie auf »verkaufen« gestellt, um kurze Zeit später wieder auf der Empfehlungsliste zu landen. Dieses Vorgehen verdeutlicht auch, daß selbst die institutionellen Anleger bei der Einschätzung eines Unternehmens oft genug kein glückliches Händchen hatten. Den US-Markt nun völlig abzuschreiben wäre aber genauso falsch, wie auf einen wundersamen Höhenflug zu setzen. Mehr denn je

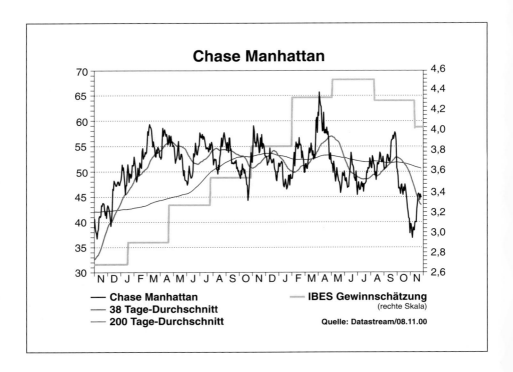

wird es auf die richtige Aktienauswahl ankommen, um bei positivem Kursverlauf auch mal Gewinne zu realisieren.

Im Pharma-Bereich gelten **Pfizer** als eine solide, längerfristige Anlage. Das größte Pharma-Unternehmen der Welt konnte trotz des starken US-Dollars ein zufriedenstellendes drittes Quartalsergebnis präsentieren. Der Umsatz kletterte um 12 Prozent auf 5,52 Mrd. US-Dollar. Zum Umsatzrenner hat sich ein Mittel zur Senkung des Cholesterinspiegels entwickelt. Allein die Umsätze bei Lipitor kletterten um 22 Prozent auf 1,22 Mrd. US-Dollar. Lipitor ist das umsatzstärkste Präparat im Pfizer-Imperium. Im Juni sorgte Pfizer mit der Übernahme von Warner Lambert für Furore. Bereits im dritten Quartal konnten die ersten Synergieeffekte gemeldet werden. Die Einsparungen beliefen sich dabei auf 400 Mio. US-Dollar, das ist doppelt so viel, wie ursprünglich angenommen. Mit einem um 30 Prozent gestiegenen Nettogewinn auf 1,71 Mrd. US-Dollar oder 27 Cents pro Aktie hat Pfizer damit die Analystenschätzungen noch übertroffen. Auch für das laufende Jahr ist das Unternehmen zuversichtlich. Die Umsätze sollen dabei mehr als 30 Mrd. US-Dollar erreichen, wobei man die Währungseinbußen mit 600 Mio. US-Dollar berücksichtigt. Pfizer-Aktien sind ein solides Investment, das insbesondere längerfristig für stetige Kurszugewinne sorgen sollte.

Das US-Kreditinstitut **Chase Manhattan** fusioniert mit **J.P. Morgan.** Dafür legt Chase 33,2 Mrd. US-Dollar auf den Tisch. Durch den Zusammenschluß entsteht ein Finanzkonzern aller erster Güte, der eine breite Palette von Bankdienstleistungen abdeckt. Chase ist die drittgrößte US-Bank in USA, J.P. Morgan genießt einen exzellenten Ruf unter den Finanzadressen in Wall Street. Die Fusion soll im Aktientausch erfolgen. Jeder J.P. Morgan-Aktionär erhält 3,7 Chase-Aktien. Das neue Unternehmen firmiert künftig unter dem Namen **J.P. Morgan Chase & Co.** Mit einem Börsenwert des neuen Finanzriesen von knapp 90 Mrd. US-Dollar rückt der Konzern im Wertpapieremissionsgeschäft vom sechsten auf den dritten Rang vor. Sowohl im Beratungsgeschäft für Fusionen und Übernahmen als auch in der Vermögensverwaltung kann das fusionierte Unternehmen somit in der Rangliste der beratenden Investmenthäuser aufholen. An der Börse wurde die Fusion beider Unternehmen eher mit Argwohn aufgenommen. Experten erwarten bei Chase durch die Fusion eine Gewinnverwässerung. Mittel- und längerfristig dürfte sich der Zusammenschluß jedoch auch im Chase-Kurs wieder positiv niederschlagen.

Für Biotech-Aktien bleiben die Analysten zuversichtlich. Seit den Tiefständen im Mai konnten sich die Kurse wieder nachhaltig nach oben schrauben und haben nicht selten ihre alten Topstände wieder erreicht. Trotz des starken Kursvorlaufes wird der Branche überproportionales Wachstum für die kommenden Jahre prognostiziert. Ähnlich wie bei den verschiedenen Softwareherstellern ist es für den normalen Bürger jedoch aufgrund der hohen Fachkompetenz, die eine Beurteilung der einzelnen Unternehmen erfordert, schwierig, den richtigen Kandidaten herauszupicken. Fonds, die in Biotechnologie investierten, erlebten entsprechend einen fulminanten Höhenflug. Trotzdem bleibt ein Investment in diesen Werten mit hohen Risiken behaftet. Die Gesellschaften sind vom Erfolg ihrer Forschungen abhängig, und hier können immer wieder Rückschläge auch in den Kursen zu entsprechenden Bereinigungen führen.

Der Wettbewerbsdruck innerhalb der Branche ist enorm. Gigantische Summen müssen zunächst investiert werden, wobei fraglich ist, ob sich das Investment letztendlich auch rechnet. Gelingt einem Unternehmen der große Durchbruch, eröffnen gigantische Vermarktungschancen ein Riesenpotential. Bei Biotech-Aktien honoriert die Börse die möglichen Zukunftschancen. Vor diesem Hintergrund sind die teilweise exorbitanten Kurssprünge der letzten Monate zu erklären. Einzelinvestments in Biotechnologie-Werten sind nur etwas für mutige Investoren. Der Kursverlauf der Unternehmen ist stark geprägt von den Erfolgen oder Mißerfolgen ihrer Forschungen. Sinnvoller erscheint deshalb eine Anlage in einen Biotech-Fonds.

Amerikas Öl-Unternehmen schwimmen in Geld. Der stark gestiegene Petropreis hat für Rekordbilanzen gesorgt. Die drei großen amerikanischen Konzerne Exxon Mobil, Chevron und Texaco meldeten im letzten Quartal sämtlich Rekordgewinne. Exxon Mobil konnte den Quartalsgewinn fast verdoppeln. Mit einem Ertrag pro Aktie von 1,22 US-Dollar wurden die optimistischsten Prognosen der Analysten um 6 Cents übertroffen. Für das Gesamtjahr wird der Reingewinn auf 15 Mrd. US-Dollar geschätzt. Nach dem Höhenflug, den die Petrowerte aufgrund des haussierenden Ölpreises in den letzten Monaten erlebten, sollte der Erwartungshorizont hinsichtlich weiterer Kursgewinne jedoch nicht zu hoch sein.

Technologie

Sie ist nichts für schwache Anlegernerven – die Technologiebranche. Kein anderer Sektor hat im Jahresverlauf die Nerven der Anleger so strapaziert. Die Gewinnwarnungen zahlreicher Unternehmen aus dieser Branche haben zu einem weiteren großen Vertrauensverlust der Anleger geführt. Effekt: Die Kurse – ohnehin seit Monaten unter Beschuß – mußten nochmals kräftig Federn lassen.

Mit einer unverhofften Gewinnwarnung hat der kalifornische Computerhersteller **Apple** die Anleger verunsichert. Nach der Hiobsbotschaft stürzte im Oktober das Papier scheinbar ins Bodenlose. Allein seit Jahresbeginn hat sich die Apple-Aktie um 56,8 Prozent mehr als halbiert. Noch drastischer sieht die Performance des 52-Wochenhochs aus. Anleger, die nahe dem Topstand im März eingestiegen sind, in der Hoffnung, daß die Rallye der High Tech's weitergeht, sitzen mittlerweile auf Verlusten von nahezu 70 Prozent. Mit zuletzt 22 Euro ist Apple so günstig wie seit Ende 1998 nicht mehr. Analysten sind sich nach dem Absturz zwar einig, daß die Korrektur völlig überzogen ist, halten sich aber dennoch mit Kaufempfehlungen zurück. Dies signalisiert, wie schlecht die Stimmung für diese Branche ist. In den USA konnte der Absatz von Macintosh-Rechnern im vergangenen Quartal nicht mit den PC-Verkäufen der Konkurrenz mithalten. Apple Computer, die lange Zeit auf dem prestigeträchtigen US-Schulsektor eine Spitzenposition einnahmen, mußten diese an den Konkurrenten Dell abgeben. Für risikofreudige Anleger könnte sich bei den aktuellen Kursen ein beherztes Zugreifen durchaus lohnen. Es wird jetzt darauf ankommen, wie sich das letzte Quartal des laufenden Jahres entwickelt. Das Weihnachtsquartal ist tradi-

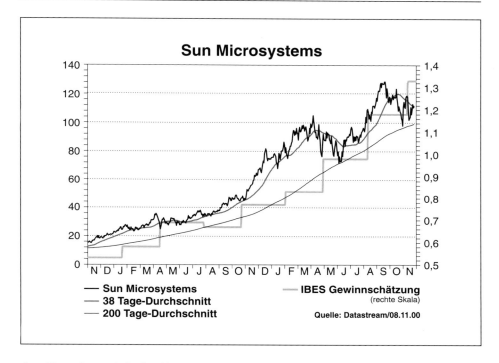

tionell stark, so daß die Chancen auf eine Trendumkehr zum Besseren so schlecht nicht stehen. Eine Anlage in diesen Papieren ist jedoch nur etwas für risikofreudige Investoren.

Sun Microsystems hat sich zum »weißen Raben« im US-Technologiebereich gemausert. Wie rasch sich die Meinungen bezüglich dieses Unternehmens änderten, ist bemerkenswert. Die Zweifel des letzten Jahres, daß sich Probleme mit den Sun-Prozessoren negativ auf die Gewinnentwicklung niederschlagen, haben sich nicht bestätigt. Im Gegenteil: Sun zählt zu den wenigen Technologiewerten, die positiv überraschten. Der Umsatz konnte im dritten Quartal um 60 Prozent gesteigert werden, der Gewinn je Aktie kletterte sogar um 88 Prozent auf 0,30 US-Dollar und übertraf dabei komfortabel die Analystenerwartungen von O,26 US-Dollar. Alle Geschäftsbereiche haben zum Aufschwung beigetragen. Für das Geschäftsjahr 2000/2001 (30.6.) haben Analysten die Gewinne leicht nach oben revidiert. Nun sollen es 1,40 nach 1,35 US-Dollar Ertrag pro Aktie werden, im Folgejahr sollen statt bisher 1,60 US-Dollar 1,85 US-Dollar realistisch sein. Anfang Dezember splitten Sun ihre Aktien im Verhältnis 1:1. Dadurch werden die Titel optisch billiger und somit attraktiver für Investoren. Kurs 122 Euro.

Kräftig gebeutelt hat es auch **Dell**. Nach Apple und Intel meldete der US-Computersteller, daß man im Umsatz und Gewinn die Erwartungen nicht erfüllen könne. Effekt: Mit dem Kurs ging es anschließend steil bergab. Im ohnehin angeschlagenen

Markt trennten sich Anleger massiv von ihren Dell-Aktien. Seit dem März-Hoch hat das Papier knapp 60 Prozent im Kurs eingebüßt.

Der einstige Börsenliebling **Hewlett Packard** geriet gleichfalls unter die Räder. Der Kursabstieg des Computerhestellers gewann im September nochmals an Fahrt. Derzeit notiert das Papier 40 Prozent unter dem Topstand vom Juli. Für Ende Oktober ist ein Aktiensplit 2:1 geplant, womit der Kurs dann optisch nochmals preiswerter wird. Wenn sich das Sentiment für die Technologieaktien wieder zum besseren wendet – wovon auszugehen ist –, sollte Hewlett Packard wieder zu den Aufsteigern zählen.

Völlig überzogen scheint auch der Absturz des Glaserfaserproduzenten **Nortel**. Der kanadische Telekomausrüster, der an der amerikanischen Technologiebörse notiert ist, hat die Analysten enttäuscht. Im dritten Quartal konnte der Gewinn um 64 Prozent gesteigert werden, was die Erwartungen übertraf. Die Enttäuschung der Börse resultierte aus den prognostizierten Umsatzzahlen, die schlechter als erwartet waren. Grund genug, die Aktie auf Tauchstation zu schicken. Mit einem Kursverlust von über 20 Prozent an einem Tag reihte sich das Unternehmen in die zuletzt zusammengeprügelten Technologiewerte ein.

Das virtuelle Internet-Portal **Yahoo** bietet auf dem derzeit ermäßigten Niveau eine ideale Kaufgelegenheit. Dieser Empfehlung sollten jedoch nur Anleger folgen, die sich der Risiken für diese Branche bewußt sind. Obwohl der Internet-Riese bislang die Analystenschätzungen immer übertreffen konnte, schaut die Börse eher skeptisch in die Zukunft. Der Grund für die wachsende Sorge ist die Entwicklung auf dem Markt für Internet-Werbung. Yahoo erwirtschaften einen Großteil der Umsätze von jährlich 855 Mio. US-Dollar in diesem Bereich. Entsprechend vorsichtig beurteilen die Analysten die künftige Entwicklung bei Yahoo.

Ein Unternehmen, das seit Jahren durch steigende Gewinne glänzt, ist **United Technologies.** Die Aktie zählt zu den wenigen Titeln in USA, an denen die Herbststürme an der Börse vorbgezogen sind. Das Unternehmen stellt Aufzüge, Rolltreppen, Klimaanlagen, Triebwerke, Hubschrauber und viele andere Produkte her. Im letzten Jahr konnte ein Umsatz von 24,1 Mrd. US-Dollar erzielt werden. Mit einem Kurs von 73 US-Dollar bewegt sich das Papier knapp unter dem Jahrestopstand. Die Aktie eignet sich unter längerfristigen Aspekten zum Kauf.

Zu den »gefallenen Engeln« im US-Softwarebereich zählen auch **Broadvision**. Das Unternehmen entwickelt, vermarktet und unterstützt unternehmensweite Software-Lösungen für das »One-to-One Relationship Management«. Mit Hilfe dieser Lösungen können Gesellschaften das Internet als Grundlage für E-Commerce, den direkten Zugriff auf den Online-Kundendienst und Selbstbedienungsfunktionen nutzen. Broadvision werden auch am Neuen Markt in Frankfurt gelistet. Nach der Euphorie Anfang des Jahres folgte auch bei Broadvision die Ernüchterung. Noch am 9. März waren die Anleger bereit, 94 Euro für eine Aktie zu bezahlen, heute notiert das Papiere bei 32,30 Euro. Der kräftige Abschlag läßt sich aber nicht mit den fundamentalen Daten erklären. Seit zehn Quartalen weist das Unternehmen stetig steigende Erträge aus. Vielmehr steht die aktuelle Kursentwicklung in Zusammenhang mit der kollektiven Abneigung der Anleger für High Tech-Werte. Auch im dritten Quartal 2000 wurden die Gewinnprognosen der Analysten übertroffen. Der Ertrag kletterte auf 5 Cents pro Aktie nach 2 Cents im entsprechenden Vorjahresquartal, der Umsatz explodierte auf 120,2 Mio. US-Dollar nach 29,8 Mio. US-Dollar. Allein im letzten Vierteljahr konnten 142 Neukunden gewonnen werden, was ebenfalls einen Rekord bedeutet. Insgesamt betreut Broadvision derzeit 1062 Kunden. Wenn die Stimmung für Technologie-Unternehmen wieder dreht, dürften Broadvision sicher zu den ersten zählen, die wieder auf der Kaufliste der Analysten stehen. Die Aktie wurde vor kurzem in den Standard & Poor's-Index aufgenommen und gehört nun zu den 500 bedeutendsten Firmen der USA.

Die weltweit größte Internet-Firma **AOL** hat in den Erträgen nicht enttäuscht. Im ersten Quartal des laufenden Geschäftsjahres 2000/2001 stieg der Umsatz um 34 Prozent auf zwei Mrd. US-Dollar, der Gewinn konnte nahezu auf 345 Mio. US-Dollar verdoppelt werden. Auch bei den Einnahmen aus Werbung und E-Commerce überraschte das Unternehmen mit einem um 80 Prozent höheren Ergebnis. Gerade in diesem Bereich befürchteten die Analysten, daß die hohen Zuwachsraten der Vergangenheit nicht gehalten werden können. Die Fan-Gemeinde von AOL wächst ständig. Allein im letzten Berichtsquartal stieg die Neukundenzahl auf 1,4 Mio., was einen Rekord darstellt. Derzeit nutzen rd. 24,6 Mio. Kunden weltweit die Dienste von AOL.

Teil III: London

Der Wirtschaftsausblick für Britannien bleibt positiv. Zwar hat sich das Wachstum im dritten Quartal verlangsamt, mit einer Gesamtrate für das laufende Jahr von 3 Prozent präsentiert sich die Konjunktur aber robust genug. Auch die Prognose für 2001 mit 2,75 Prozent signalisiert eine unverändert stabil wachsende Wirtschaft. Die Inflationsrate, die im September von 1,9 Prozent auf 2,2 Prozent gestiegen ist, befindet sich noch immer unter 2,5 Prozent. Für die Notenbank bestand deshalb in den letzten Monaten kein Handlungsbedarf. Die Zinsen wurden acht Mal hintereinander bei unverändert 6 Prozent belassen. Bislang sind Experten davon ausgegangen, daß der Zinsgipfel erst bei 7 Prozent erreicht ist. Jetzt wird bestenfalls noch eine Erhöhung bis auf 6,5 Prozent erwartet. Der im Vergleich zum Euro hohe Pfund-Kurs dürfte auch weiterhin zur Inflationseindämmung beitragen.

Im Jahresverlauf 2000 konnte am englischen Aktienmarkt viel Geld verdient, aber auch verloren werden. Gemessen am FTSE-100-Index ermäßigten sich die Kurse seit Jahresende 1999 um 7,8 Prozent. In Großbritannien begann der große Ausverkauf erst im Frühherbst. So verloren allein im September 2000 die Aktien knapp 10 Prozent ihres Wertes. Zu den größten Verlierern zählten die sogenannten TMT-Aktien (Telekommunikation, Medien, Technologie). Der Telekommunikationsbereich, zuvor hoch

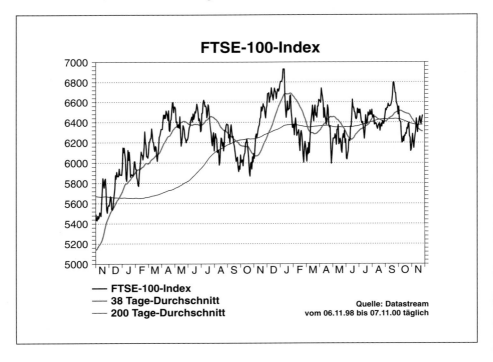

favorisiert, mußte dabei die drastischsten Einbußen hinnehmen. Diese Branche macht am britischen Markt 20 Prozent der Marktgewichtung aus. Im restlichen Europa ist dieser Sektor an der Börse nur mit 11 Prozent und in USA nur mit 5 Prozent gewichtet.

Im Laufe des Jahres war auch in England eine Branchenrotation festzustellen. Im ersten Quartal standen klar die TMT-Aktien in der Gunst der Anleger, im darauffolgenden Vierteljahr begannen die Anleger Versicherungs-, Tabak- und Lebensmittelwerte zu entdecken. Kurzfristig ist eine Erholung in TMT-Werten nach dem massiven Ausverkauf durchaus realistisch. Längerfristig sollte bei einem Pfund-Engagement aber der Blick auf den möglichen Beitritt in die Währungsunion nicht außer Acht gelassen werden. Ein Beitritt hätte sicherlich negative Auswirkungen auf den Aktienmarkt. Dann würden erhebliche Portfolio-Umschichtungen der Großinvestoren anstehen und zu entsprechenden Abgaben heimischer Titel führen. Die Mitgliedschaft Großbritanniens in der Währungsunion ist aber derzeit in weite Ferne gerückt. Die ohnehin nicht gerade eurofreundlichen Briten wurden in ihrer Einschätzung durch die Ablehnung der Dänen noch bestärkt.

Wie die gesamte Branche erlebte auch Britanniens Telekommunikationsriese **British Telecom** ab März 2000 einen scharfen Kursverfall. Von der Spitze mit knapp 1500 Pence hat sich der Wert bis auf 790 Pence reduziert. Den stark gestiegenen Zinsaufwand durch die aggressive Akquisitionspolitik hat der Engländer bereits im ersten Halbjahr zu spüren bekommen. Der Vorsteuergewinn sank um 32 Prozent auf 2,94 Mrd. Pfund. Auch die stark gefallenen Preise im Festnetz machen derzeit Sorgen. Der Umsatz konnte im ersten Halbjahr um 20 Prozent auf 21,9 Mrd. Pfund gesteigert werden. Hierfür ist aber hauptsächlich der starke Zuwachs im Internet- und Mobilfunkbereich verantwortlich. Allein in diesen Sektoren betrug das Umsatzwachstum 55 Prozent. Sie machen jedoch nur rd. 10 Prozent des Gesamtumsatzes aus. Die angekündigte Neuorganisation innerhalb des Unternehmens sieht vor, daß verschiedene Bereiche ausgegliedert werden und zu gegebener Zeit an die Börse gebracht werden. Auch die ausländischen Aktivitäten sollen übersichtlicher strukturiert werden. Bei British Telecom dürften die »Aufräumarbeiten« einige Zeit in Anspruch nehmen. Erst wenn sich hier sichtbare Erfolge abzeichnen, dürfte auch an der Börse das Image dieses angeschlagenen Titels wieder besser werden. Die derzeit optisch preiswerten Kurse könnten aber auf Grund der schlechten Stimmung für Technologie-Werte noch günstiger werden.

Der Kurs-Chart bei **Vodafone Group** sieht ab März katastrophal aus. Vom Topstand mit 400 Pence marschierte das Papier bis Mai auf ca. 240 Pence nach unten. Die anschließende Erholung bis auf 330 Pence dauerte aber nur vier Wochen bis zum Zwischentief von 260 Pence. Danach probte der Kurs nochmals einen Ausbruch bis auf 320 Pence, bis es dann letztendlich doch wieder zu kräftigeren Abgaben kam, die den Kurs wieder nahe des Zwischentiefs auf 260 Pence drückten. Schaut man jedoch in die Historie der Kursentwicklung, präsentiert sich die Aktie in einem stetigen Aufwärtstrend. Sowohl 1997, 1998 als auch 1999 zeigt die Grafik nur nach oben. 1997 z.B. kostete Vodafone lediglich 50 Pence. Längerfristig gesehen mag der jüngste Kurskollaps auch nur eine Delle in einem Aufwärtstrend darstellen.

Die Börse tut sich derzeit besonders schwer, was die Einschätzung der künftigen Ertragsaussichten angeht. Bekanntlich haben sich die Telekommunikationsunternehmen durch die Lizenzkosten enorm hoch verschulden müssen. Es wird deshalb alles davon abhängen, ob Amerika die »weiche Landung« schafft und nicht in eine Rezession abgleitet, deren Auswirkungen auch Europa in Mitleidenschaft ziehen würde. Vodafone, die mit der Übernahme von Mannesmann für Furore sorgten, ist andererseits im Telekommunikationsbereich bestens positioniert. Beteiligungen bestehen in Frankreich, Spanien und USA. Die Expansionspläne der Briten richten sich nun verstärkt auf den asiatischen Raum. Um die Fertigung der Mobiltelefone der dritten Generation sicherzustellen, verhandelt Vodafone mit mehreren Handy-Zulieferfirmen im asiatischen Raum. Für Schlagzeilen sorgte zuletzt die Nachricht, daß man sich für 2,5 Mrd. Euro eine zweiprozentige Beteiligung an China Mobile sicherte. Damit soll längerfristig der Einstieg in den enormen chinesischen Mobilfunkmarkt ermöglicht werden.

Bei einem ehemaligen Vorzeigeunternehmen Englands ist noch keine Entwarnung in Sicht. Es handelt sich um den britischen Chemiekonzern **Imperial Chemical Industries** (ICI). Mit 348 Pence Ende September markierte der Kurs ein Fünfzehnjahrestief, zuletzt 417 Pence. Die Ursachen für die negative Kursentwicklung sind vielfältig. Noch immer hat es ICI nicht geschafft, sich nachhaltig von Randaktivitäten zu trennen und dafür das Kerngeschäft zu stärken. Seit der Ankündigung vor zweieinhalb Jahren, das Unternehmen durch einen Radikalumbau wieder zu stärken, ist zwar viel passiert, die Investoren konnte der Unternehmenschef aber bislang noch nicht überzeugen. Der Schwenk – weg von der zyklischen Rohchemie, hin in die neuen Kernbereiche Spezialchemie und Farben – hat sich bisher in der Bilanz noch nicht positiv niedergeschlagen. Als weitere Gefahrenquelle wird der immens hohe Schuldenberg gesehen. Insgesamt steht ICI mit 3 Mrd. Pfund in der Kreide. Im Falle einer nachhaltigen Wirtschaftsabschwächung könnte sich die Last der Schulden zudem als gefährlich erweisen. Es wird deshalb damit gerechnet, daß ICI zu Beginn des Jahres eine Ausschüttungskürzung ankündigen wird. Derzeit beträgt die Dividende 32 Pence, womit die Rendite mit 8,2 Prozent außerordentlich hoch ist. Auch das Kurs:Gewinn-Verhältnis mit 8,6 liegt im Branchenvergleich äußerst niedrig. Ein Engagement in ICI-Aktien ist nur etwas für hochspekulative Anleger.

Wesentlich positiver fällt hingegen die Einschätzung für den englischen Pharma-Riesen **Glaxo Wellcome** aus. Mit 1980 Pence liegt die Aktie nur knapp unter dem Jahrestop (2062 Pence). Neben der Favorisierung für defensive Unternehmen spricht auch das zu erwartende Ertragswachstum für Glaxo. So konnte in den ersten sechs Monaten beim Nettoergebnis ein deutliches Plus in Höhe von 20 Prozent auf 1,59 Mrd. Pfund erzielt werden. Der Umsatz nahm um 12 Prozent auf 4,6 Mrd. Pfund zu, wobei sich der Zuwachs am amerikanischen Markt mit plus 15 Prozent noch besser entwickelte. Auch beim Fusionspartner Smithkline Beecham verlief das erste Halbjahr 2000 erfreulich. Künftig wird Glaxo unter dem Namen Glaxo Smithkline firmieren und zum weltweit größten Pharmaunternehmen aufsteigen. Der Weltmarktanteil der fusionierten Gesellschaft steigt auf 7,3 Prozent, womit man sich die führende Stellung nach PfizerWarner sichert. Glaxo Smithkline verfügt mit Abstand über das größte Forschungsbudget innerhalb der Branche.

Besonders in hektischen Börsenzeiten, wie wir sie derzeit erleben, flüchten die Anleger in die defensiven Werte. Zu dieser Kategorie zählt auch das britisch-niederländische Verlagshaus **Reed Elsevier.** Der Kurs mit 581 Pence hat die jüngsten Turbulenzen einigermaßen gut überstanden. Noch im Mai lag die Notierung bei 425 Pence. Das Unternehmen hat sich in den letzten Jahren durch zahlreiche Akquisitionen eine führende Stellung insbesondere auch im Bereich medizinischer Veröffentlichungen gesichert. Den jüngsten Deal von Reed Elsevier bewertet die Börse ebenfalls als einen positiven Schritt in die richtige Richtung. Für 4,45 Mrd. US-Dollar wurde der US-Fachbuchverlag Harcourt General übernommen. Reed Elsevier will bereits im ersten Jahr nach der Übernahme einen wesentlichen Umsatz- und Gewinnbeitrag aus der Übernahme generieren. Der Ausbau der elektronischen Medien wird auch in den nächsten Jahren zügig vorangetrieben. Nach dem Zusammenschluß will Reed zusätzlich 40 Mio. US-Dollar pro Jahr für diese Sparte bereitstellen.

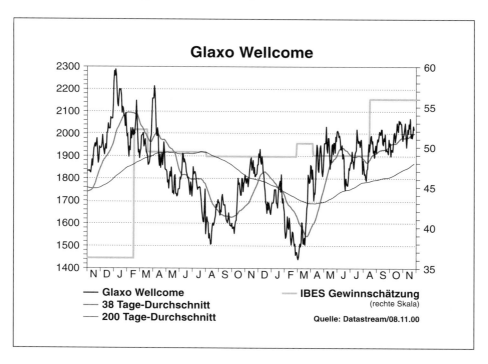

Teil IV: Zürich

Zu Beginn des Jahres 2000 führten Schweizer Aktien eher ein Schattendasein. Während mit Technologie-Werten bis März prächtig verdient wurde, haben die Anleger die defensiven Standardtitel völlig vergessen. Mit dem im März beginnenden Kurskollaps für High Tech-Werte hat sich das Anlegerverhalten nachhaltig verändert. Konsum- und Pharma-Werte wurden plötzlich wieder als sogenannte „Safe-heaven-Anlagen" ins Depot genommen. Klassisches Beispiel: Nestlé. In den turbulenten Börsenmonaten konnten die Aktien des Nahrungsmittelriesen im bisherigen Jahresverlauf um rd. 25 Prozent steigen. Sowohl der Swiss Market Index (SMI) als auch der Branchenindex Stoxx 50 wurden damit übertroffen. Auch im europäischen Vergleich kann sich die Performance der Schweizerischen Titel sehenlassen. Gemessen am SMI-Index kletterten Schweizerische Aktien im Jahresverlauf um 4 Prozent, Titel vom New Market weisen ein beachtliches Plus von 57 Prozent auf. Auf mittlere Sicht sollten Schweizer Aktien weiter Freude machen.

Konjunkturell ist auch in der Schweiz mit einer Abschwächung zu rechnen. Die Prognosen reichen von 2,3 Prozent bis 2,1 Prozent in 2001 nach einem Wachstum von bis zu 3,3 Prozent in 2000. Erstaunlich entwickelt sich die Inflationsrate. Im Oktober

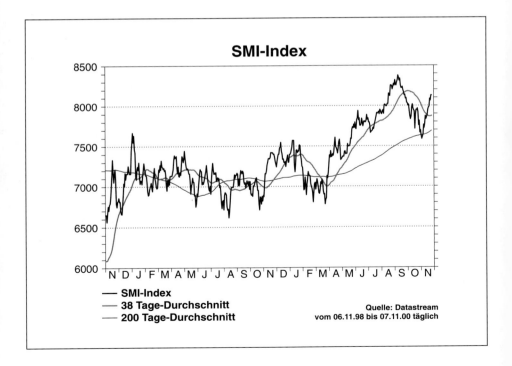

sank der Wert von 2,3 Prozent auf 1,9 Prozent. Ohne den Ölpreisanstieg, der zu hohen Heizöl- und Benzinpreisen führte, würde die Inflationsrate im Oktober nur 0,3 Prozent betragen. Bei einem geschätzten soliden Konjunkturtrend in einem inflationsfreundlichen Umfeld sind Schweizer Unternehmen auch für die kommenden zwölf Monate bestens positioniert, ein zweistelliges Gewinnwachstum zu erzielen. Nach erwarteten durchschnittlich 16 Prozent Ertragszuwachs liegen die Schätzungen für 2001 bei 14 Prozent. Für Qualitätswerte, wie sie der Schweizer Kurszettel reichhaltig bietet, also gute Chancen auf eine Fortsetzung des positiven Börsentrends. Dem SMI-Index trauen Analysten einen Anstieg von derzeit 7859 auf 9 300 zu.

Zum Shooting-Star avancierte das Schweizer Biotech-Unternehmen **Serono.** Seit 1999 marschiert der Kurs unaufhaltsam nach oben. Allein im Jahr 2000 glänzt die Aktie mit einem Kursanstieg von 112 Prozent. Das Genfer Pharma- und Biotech-Unternehmen profitierte zum einen von der weltweiten Begeisterung für diese Branche. Zum anderen verwöhnt Serono die Aktionäre immer wieder mit neuen Rekordergebnissen. Das war auch in den ersten neun Monaten des laufenden Jahres der Fall. Der Umsatz kletterte auf 847 Mio. US-Dollar, was einem Zuwachs in Lokalwährungen von 16,6 Prozent entspricht. Zum wichtigsten Wachstumsträger hat sich wiederum das Medikament Rebif entwickelt. Das Präparat wird bei Multipler Sklerose angewandt. Für das laufende Jahr liegen die Gewinnerwartungen bei 30 sfr pro Aktie nach 19 sfr in 1999. Mit einem Kurs:Gewinn-Verhältnis von 60 zählt Serono nicht gerade zu den günstigen Papieren. Hier ist aber die Börse aufgrund der exzellenten Ergebnisentwicklung offensichtlich bereit, höhere Prämien zu bewilligen.

Hoffen auf das neue Jahr kennzeichnet die Entwicklung bei **Clariant.** Im bisherigen Jahresverlauf hatte der Kurs wenig Fortune. Die Aktien ermäßigten sich um gut 30 Prozent. Was bei Clariant als Hemmschuh wirkt, ist die hohe Schuldenlast. Im Frühjahr wurde die englische Gesellschaft BTP für 2,8 Mrd. sfr übernommen. Damit stieg das Fremdkapital der Schweizer von 7,5 auf 10 Mrd. sfr. Gemessen am Eigenkapital von 3,4 Mrd. sfr ein dicker Brocken. Beim Ergebnis für die ersten neun Monate konnte Clariant die erwarteten Umsatzverbesserungen melden. Auch für den Rest des Jahres ist das Unternehmen zuversichtlich. Die großen Hoffnungen richten sich jedoch auf das neue Jahr. Sollte sich die Wirtschaft allerdings abkühlen, würde dies auch Clariant empfindlich treffen. Bedingt durch die hohen Zinskosten, die aus der Übernahme von BTP zustande kommen, wird der Gewinn pro Aktie im Jahr 2001 rückläufig sein. Die Schätzungen liegen bei 32 nach 39 sfr pro Aktie.

Die Skepsis der Anleger für Spezialchemietitel spiegelt auch den Kursverlauf von **Ciba** wider. Und das nicht nur im Jahresverlauf 2000, sondern auch in 1999 war eine Anlage in diesen Papieren ein Flop. Das Hoch von 215 sfr in 1998 hat Ciba schon lange nicht mehr gesehen. Aktuell notiert die Aktie bei 95,50 sfr auf Jahrestief. Die Branche ist besonders stark abhängig von der Konjunktur und den Rohstoffpreisen. Kurz vor der Asienkrise hat sich Ciba zudem mit der Übernahme des britischen Wasserchemikalien-Unternehmens Colloid viel zugemutet. Die finanziellen Belastungen in einem ohnehin schwierigen Umfeld blieben nicht ohne Spuren in der Bilanz. Nach den enttäuschenden letzten zwei Jahren scheint jedoch das Schlimmste überstanden.

Für das laufende Jahr ist deshalb wieder mit einem ansehnlichen Ertragszuwachs auf 6,50 sfr pro Aktie nach 4,90 sfr im Vorjahr zu rechnen. Wie es im neuen Jahr mit den Gewinnen aussehen wird, hängt natürlich stark von der Konjunkturentwicklung ab. Und hier will die Börse offensichtlich zunächst abwarten, was sich im derzeit niedrigen Kurs widerspiegelt.

Logistik-Aktien zählten im Jahresverlauf neben der Biotechnologie zu den heiß begehrtesten Wertpapieren. Die kräftigen Kurskorrekturen weltweit haben sie so gut wie nicht mitgemacht. Zwar haben sich die Kurse von ihren Höchstständen ebenfalls wieder entfernt, per Saldo bleibt aber dennoch ein Riesenplus übrig. Die jüngste Korrektur wird aber bestenfalls als Pause in einem weiter aufstrebenden Markt gesehen. Zudem haben viele Anleger mit anderen Titeln Schiffbruch erlitten. Zur Depot-Aufbesserung wurden deshalb Aktien, die noch über Kursgewinnpolster verfügen, abgestoßen. Der Schweizer Branchenvertreter **Kühne & Nagel** hat so ein erfolgreiches Jahr hinter sich. Das Kursplus seit Jahresbeginn beträgt satte 55 Prozent. Die Branche ist schon seit längerem weltweit dabei, sich neu zu positionieren. Der Wettbewerb in der Logistik ist knallhart, und nur die Unternehmen, die sich frühzeitig auch in anderen Ländern Standbeine sichern, werden auch künftig ihre Stellung behaupten können. Bei Kühne & Nagel wartet indes die Börse schon einige Monate auf Akquisitionsmeldungen in USA. Wie die Konzernleitung im Herbst mitteilte, ist man derzeit mit zwei Unternehmen im Gespräch, eine Übernahme soll in den nächsten zwei bis drei Monaten unter Dach und Fach sein. Der Trend der Unternehmen, die Logistik auszugliedern, birgt noch enorme Wachstumschancen für die Branche. Kühne & Nagel gelten trotz des schönen Kursanstiegs noch nicht als ausgereizt. Schwächephasen sollten deshalb zu Käufen genutzt werden.

Im Februar/März 2000 waren sie völlig »out«, die sogenannten Defensiv-Anlagen aus der Nahrungsmittel- und Pharma-Branche. Gefragt waren die jungen Start Up-Firmen, bei denen zum Börsengang bereits traumhafte Kurszuwachsgewinne erzielt werden konnten. So ging es auch dem Schweizer Pharma-Unternehmen **Novartis**. Als im Oktober/November 1999 die Hausse bei den Technologiewerten eingeläutet wurde, begann die Kurstalfahrt, die bis März 2000 anhielt. Exakt zum Ende der Börseneuphorie für die jungen Wachstumswerte entdeckten die Anleger wieder die guten alten Unternehmen aus der klassischen Industrie. Pharma-Aktien, die sich im Kurs eher gemächlich entwickeln, standen plötzlich wieder in der Gunst der Anleger. Vom Tief im Frühjahr 2000 kletterte der Novartis-Kurs von 2000 sfr bis zuletzt auf rd. 2727 sfr. Die Zahlen für das dritte Quartal mit einem Umsatzanstieg von nur 4 Prozent auf 4,8 Mrd. Euro waren sicherlich wenig berauschend. Das Unternehmen verwies darauf, daß die Vergleichsvorjahreszahlen extrem stark waren. Dem Kurs haben die mäßigen dritten Quartals-Ergebnisse nicht geschadet. Mit 2727 liegt die Notierung nur knapp unter dem Jahrestopstand. Das Interesse für Pharma-Werte wurde zuletzt noch von den positiven Vorgaben aus Amerika verstärkt. Auch in Wall Street profitierte die Branche vom Rückzug der Anleger aus dem Technologiebereich. Für positive Stimmung sorgte zudem der Zusammenschluß der Agrochemiesparte mit der von Astra Zeneca. Unter dem neuen Namen Syngenta entsteht der größte Anbieter in diesem

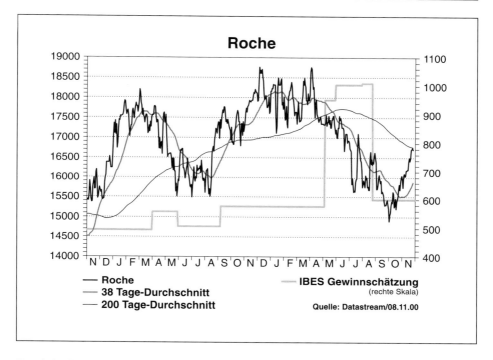

Bereich, dessen Börsengang für 13. November vorgesehen ist. Syngenta-Aktien können in der Preisspanne von 85 bis 105 sfr gezeichnet werden, womit man bei der Preisgestaltung unter den ursprünglichen Erwartungen blieb.

Großes Aufholpotential besitzt **Roche**. Im Vergleich zu Novartis entwickelte sich der Kurs in die andere Richtung. Seit Jahresbeginn beträgt der Kursverlust 10,3 Prozent. Die Vorlage der Neunmonatszahlen für 2000 signalisiert jetzt, daß die Talsohle im Pharma-Bereich durchschritten ist. Gegenüber dem schlechten zweiten Quartal ist im dritten Vierteljahr eine deutliche Erholung festzustellen. Das Unternehmen ist zuversichtlich, daß sich der positive Trend im Pharma-Bereich künftig noch beschleunigen wird. Die stärkste Entwicklung verzeichnete wiederum die Sparte Diagnostika, wo der Umsatz in Lokalwährung um 13 Prozent auf 4,5 Mrd. sfr zunahm. Mit einer prall gefüllten Kriegskasse von rd. 21 Mrd. sfr kann Roche sehr rasch auf attraktive Übernahmekandidaten und Zukäufe reagieren. In dieser Hinsicht dürfte der Schweizer Pharma-Riese sicherlich im Jahr 2001 für positive Überraschung sorgen. Der Kurs notiert derzeit bei 16 420 sfr.

Eine Erfolgsstory par excellence sind Schweizer **Baloise**. Der Versicherungskonzern startete ab März 2000 zu einer rasanten Kursaufholjagd von 1300 sfr bis auf 1779 sfr Mitte September. Neben der herausragenden Gewinnsituation (24 Prozent Gewinnwachstum im ersten Halbjahr) beflügelte bei Baloise auch die Übernahmephantasie den Kurs. Bekanntlich kontrollieren die Zürich Financial Services 23 Prozent des Aktienkapitals, die BZ Gruppe des Bankiers Martin Ebner hält über 10 Prozent Anteil. Auch wenn die Börse kurzfristig keine neuen spektakulären Übernahmeversionen erwartet, dürfte der latente Abfindungsappeal in dieser Aktie für einen anhaltend positiven Kursverlauf sorgen. Ein Blick zurück in die Historie zeigt zudem, daß sich ein langfristiges Anlageverhalten bei Qualitätswerten durchaus lohnt. 1997 gab es die Baloise-Aktien noch zu einem Preis von unter 500 sfr.

Langfristig gute Wachstumsperspektiven bieten **UBS**. Mit der Übernahme von Paine Webber haben sich die Schweizer auch den Zugang in dem attraktiven Segment der privaten Vermögenserwaltung in den USA geschaffen. Paine Webber zählen in den USA zu den größten Verwaltern von privaten Vermögen. Gemessen am durchschnittlichen Vermögen eines einzelnen Kunden mit rd. 200.000 US-Dollar rangiert das Unternehmen an erster Stelle, noch vor Merrill Lynch und Morgan Stanley. Die Übernahme hat aber auch für Kritik gesorgt. Neben dem hohen Kaufpreis von 10,8 Mrd. US-Dollar besteht im Bereich Investment Banking bei Paine Webber noch Handlungsbedarf. Bislang war UBS jedoch nicht ausreichend in den USA vertreten. Durch die Übernahme von Paine Webber wird künftig rd. die Hälfte des Ertrages in den USA erwirtschaftet. Längerfristig eröffnet die Akquisition deshalb gute Chancen für UBS und somit auch weiterhin gutes Kurspotential. Im Jahresverlauf bisher konnte die Aktie (Kurs 249 sfr) um knapp 16 Prozent zulegen.

Der Schweizer Technologie-Konzern **Sulzer AG** hat die im September angekündigte Fusion mit seiner Tochtergesellschaft Sulzer Medica, nicht zuletzt auf Grund des anhaltenden Widerstandes des Finanzmarktes, abgesagt. Im Rahmen eines radikalen Konzernumbaus wollte Sulzer die Medizintechnik-Tochter komplett zurückkaufen und mit der Muttergesellschaft verschmelzen. Als Sulzer die Fusionsabsicht erklärte, kam es bei beiden Unternehmen an der Börse zu einem rapiden Kursverfall. Der Verzicht auf den Zusammenschluß wurde an den Finanzplätzen anschließend erleichtert aufgenommen. Die Börse zweifelt jetzt, daß Sulzer das umfangreiche Umstrukturierungsprogramm innerhalb des Konzerns in der geplanten Weise auch durchsetzen kann. Zumindest kurzfristig könnte es im vorgesehen Finanzierungsrahmen enger werden. Nach einer Fusion mit der Sulzer Medica hätte die Sulzer-Konzernleitung Zugriff auf die üppige Liquidität von Sulzer Medica gehabt. Ein Engagement in Sulzer-Aktien sollte jedoch davon abhängig gemacht werden, inwieweit die Konzernleitung den Radikalumbau des Unternehmens bewältigen kann. So lange hier keine entscheidenden Fortschritte erzielt werden, drängt sich eine Anlage nicht auf. Der Kurs notiert bei 1161 sfr und hat sich im bisherigen Jahresverlauf in der Spanne von 990 sfr (Tief) bis 1309 sfr (Hoch) bewegt. Das Plus seit Ultimo 1999 beträgt 12,2 Prozent. Die Kursperformance bei Sulzer Medica sieht hingegen wesentlich attraktiver aus. Wer seit Jahresbeginn auf Sulzer Medica-Aktien setzte, liegt mit einem satten Zugewinn von 49,2 Prozent im Plus.

Auch in der Schweiz trennt sich am Wachstumsmarkt die Spreu vom Weizen. Nach den negativen Meldungen vom großen Bruder Neuer Markt in Frankfurt meldet nun auch der Schweizer New Market seine erste Pleite. Der Software-Anbieter Miracle konnte sein Listing nur knapp elf Monate genießen. Ende Oktober meldete das Unternehmen, daß die Geschäftstätigkeit eingestellt wird. Trotz intensiver Bemühungen ist es nicht gelungen, die notwendige finanzielle Lösung zu finden. Dabei hatte für Miracle alles so schön begonnen. Im November 1999, ein sehr günstiger Zeitpunkt für einen Börsengang, wurden 600 000 Aktien zu einem Preis von je 250 sfr platziert. In den darauf folgenden Monaten explodierte der Kurs bis auf 1190 sfr. Als sich erste Probleme abzeichneten, begann auch der Kurs zu bröckeln. Die letzte Notierung lag bei 69 sfr. Die Hiobsbotschaften am Schweizer New Market halten sich generell aber in Grenzen. Der Insolvenzfall Miracle zeigt aber auf, daß Anlagen in diese jungen Wachstumswerte hohe Risiken bergen.

Teil V: Tokio

Der Aufsteiger des Jahres 1999 mit einem Kursplus von 40,6 Prozent hat im Jahresverlauf 2000 die Hälfte des Vorjahresgewinns wieder abgegeben. Noch dramatischer sieht die Bilanz des zwischenzeitlich erreichten Topstands in 2000 aus. Bis Anfang November rutschte der Nikkei-Index von seinem Hoch um 28,6 Prozent. Für den Abwärtstrend an der japanischen Börse, der im Herbst an Dynamik gewann, sind aber weniger die Japaner selbst verantwortlich. Insbesondere ausländische Investoren, allen voran die Amerikaner, haben im Sog der Wall Street-Baisse massiv japanische Aktien verkauft.

Die positive Performance des japanischen Aktienmarktes in 1999 hat sich zunächst auch im ersten Quartal 2000 weiter fortgesetzt. Insbesondere spekulative Auslandsgelder flossen en masse nach Tokio, in der Hoffnung, daß Japan nach der Wirtschaftsstagnation in 1999 für das Jahr 2000 wieder Wachstum ausweisen wird. Als dann weltweit die Korrektur beginnend im März/April einsetzte, kam es auch in Japan zu kräftigen Gewinnmitnahmen. Von der Wirtschaftsfront gibt es sicherlich Positives zu berichten. Nach einer Nullrunde in 1999 werden für das laufende Jahr Wachstumsraten in Höhe von 1,2 Prozent bis 1,5 Prozent erwartet. Viel wichtiger sind jedoch die

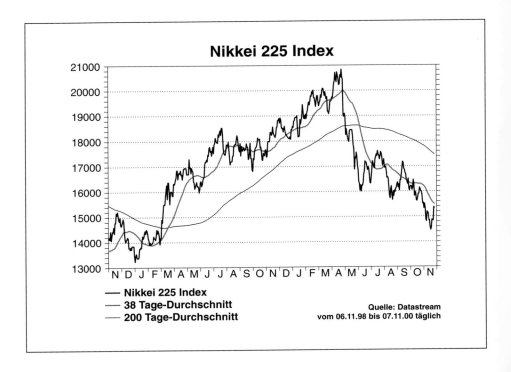

Perspektiven für das neue Jahr. Und so wie es ausschaut, ist das Pflänzchen »Konjunktur« noch recht zart.

Die Pleitewelle in Japan ebbt nicht ab. Seit 1997 haben mittlerweile fünf große Lebensversicherungskonzerne Gläubigerschutz bzw. Konkurs anmelden müssen. Allein in diesem Jahr waren es vier Branchenvertreter. Mit Akai Electronic hatte Anfang November auch ein traditionsreiches Technologieunternehmen Gläubigerschutz beantragt. Hier betragen die Schulden 47 Mrd. Yen (516 Mio. Euro). Am 3. Februar 2000 werden Akai-Aktien vom Handel genommen. Der Schuldenberg aus Konkursen hat ein gigantisches Niveau erreicht. Zum ersten Mal seit Kriegsende überstiegen diese in einem Halbjahr mehr als 10 Bio. Yen (210 Mrd. DM). Die Pleiten, die in der ersten Hälfte des japanischen Fiskaljahres entstanden, sind auf insgesamt 10,01 Bio. Yen (220 Mrd. DM) angestiegen, was eine Steigerung zur Vorjahresperiode von nahezu 50 Prozent ausmacht.

Die japanische Regierung will der trägen Wirtschaftserholung mit einem weiteren riesigen Konjunkturpaket auf die Sprünge helfen. Es ist seit 1991 bereits das neunte in seiner Form. Im Gegensatz zu früher sollen diesmal auch Gelder für die Förderung der Informationstechnologie bereit gestellt werden. Das Gesamtvolumen beträgt 11 Bio. Yen (120 Mrd. Euro). Ob Japan damit auch mehr Vertrauen in die Wirtschaft pumpen kann, darf bezweifelt werden. Die Ankündigung des neuen Programms hat an der Börse jedenfalls keine Freude ausgelöst. Zu frisch sind die Meldungen über die jüngsten Pleiten im Lebensversicherungsbereich. Auch das neue Jahr dürfte in dieser Hinsicht noch die eine oder andere negative Überraschung bereithalten. Dafür spricht, daß die Probleme notleidender Kredite bei Großbanken oder auch Regionalinstituten noch längst nicht beseitigt sind. Für die Wachstumssicherung ist aber eine beschleunigte Konsolidierung des Finanzsektors notwendig. Einige Experten sehen denn auch den Höhepunkt der gegenwärtigen Wirtschaftserholung bereits überschritten.

Im letzten Bericht der Bank von Japan zeigt sich die Großindustrie optimistisch. Die bei insgesamt knapp 9.100 Unternehmen durchgeführte Untersuchung zur aktuellen Geschäftslage und den kurzfristigen Aussichten signalisiert eine weitere Verbesserung. In der Lagebeurteilung innerhalb der Groß-, Mittel- und Kleinunternehmen bestehen aber nach wie vor große Unterschiede. Während bei der großen verarbeitenden Industrie die Perspektiven am günstigsten ausfallen, ist die Stimmung z.B. im Einzelhandel unverändert schleppend. Alle Unternehmen sind sich jedoch einig, daß in den kommenden Monaten vor allem auf den Auslandsmärkten erneut eine Verschlechterung des Geschäftsgangs eintreten könnte. Die Aufhebung der Null-Zinspolitik der Bank von Japan im August hat darüber hinaus für alle Unternehmen zu einem markanten Anstieg der Finanzierungskosten geführt. Mit einschneidenden Liquiditätsproblemen wird aber nicht gerechnet.

Japan als Anlageland jedoch völlig den Rücken zu kehren ist ebenso falsch wie auf eine breite Erholung zu setzen. Bereits die letzten Monate haben gezeigt, daß mit einer differenzierten Aktienauswahl durchaus ansehnliche Gewinne zu erzielen waren. Die bisher veröffentlichten Gewinnzahlen von den großen Blue Chips sind überwiegend positiv zu werten, zahlreiche Unternehmen haben sogar ihre Gewinnprojektionen nach oben revidiert. So lange jedoch die seit Jahren schleppende Inlandsnachfrage nicht in Schwung kommt, dürften die für Japan so wichtigen Ausländer den Gesamtmarkt weiter vorsichtig beurteilen. International operierende Konzerne konnten bisher der unbefriedigenden Nachfrage im Inland durch den Boom in Amerika und ansehnliche Wachstumsraten in Europa begegnen. Dieser Vorteil dürfte jedoch durch einen anhaltend starken Yen und noch schwächeren Euro schrumpfen. Auch die stark angestiegenen Rohölpreise werden ihre Spuren hinterlassen. Nach dem massiven Ausverkauf beurteilen Analysten den japanischen Aktienmarkt jedoch auf aktuellem Niveau als überverkauft. Die Chancen auf eine zumindest technische Korrektur stehen deshalb ungeachtet aller Unsicherheiten nicht schlecht.

Zu den Topfavoriten seit Jahresbeginn zählen Unternehmen aus der Glasfaser- und Kabel-Branche. Sie brillieren mit zwei- bis dreistelligen prozentualen Kurszugewinnen.

230 Prozent Kursgewinn seit Jahresbeginn konnten in Japan erzielt werden, wenn man auf die richtige Aktie setzte. Diese Traumperformance präsentiert **Furukawa Electric**. Das Unternehmen ist einer der weltweit größten Anbieter von elektronischen Leitungen, Kabeln und Metallen. Während in der Aluminium-Sparte Absatzrückgänge zu verzeichnen sind, setzt das Unternehmen künftig auf einen deutlichen Umsatzzuwachs aus dem fiberoptischen Kabelbereich. Die Aktie (WKN 854 857)

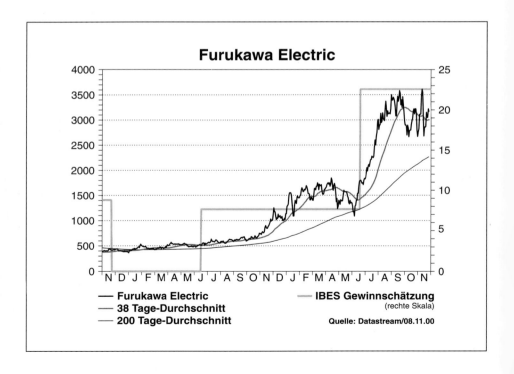

wird auch gegen Euro notiert. Die Notierung liegt mit 32,50 Euro nicht weit entfernt vom Topstand 39,50 Euro. Trotz des beachtlichen Kursanstiegs besitzt Furukawa Electric auch im neuen Jahr gute Kurschancen.

Nissan Motor hat den Turn-Around geschafft. Seit Frankreichs Renault sich letztes Jahr mit 36,7 Prozent an Nissan beteiligte, geht es bergauf. Von tiefroten Zahlen in 1999 schaffte der japanische Automobilkonzern im ersten Halbjahr 2000 wieder die Rückkehr in schwarze Zahlen. Ausgewiesen wurden 170 Mrd. Yen (1,87 Mrd. Euro) nach einem Verlust von 323,5 Mrd. Yen. Das straffe Sanierungsprogramm soll nach Unternehmensangaben in den nächsten drei Jahren abgeschlossen sein. Im laufenden Geschäftsjahr wurden nun die Gewinnprognosen kräftig nach oben revidiert. Statt ursprünglich 60 Mrd. Yen ist Nissan zuversichtlich, rd. 250 Mrd. Yen Gewinn vorlegen zu können. Das wäre der größte Ertragsausweis in der Firmengeschichte. Der Kurs (WKN 853 686) der Aktie spiegelt bereits die positive Trendumkehr wider. Mit 8,25 Euro notiert Nissan auf Jahrestopstand.

Der japanische Konsumelektronik-Produzent Pioneer hat nach einem gewaltigen Gewinnsprung im zweiten Quartal seine Prognose für das gesamte Geschäftsjahr 2000/2001 ebenfalls deutlich heraufgesetzt. Der Gewinn kletterte von Juli bis September im Vergleich zur Vorjahresperiode um mehr als das Zehnfache auf 3,43 Mrd. Yen (rd. 72 Mio. DM). Für das laufende Geschäftsjahr per Ende März prognostiziert das Unternehmen nun einen konsolidierten Reingewinn von 18 Mrd. nach zuvor erwarteten 15 Mrd. Yen. Insbesondere die stark gewachsenen Umsätze mit DVD-Spielern trugen zu dem positiven Ergebnis bei. Währungsverluste infolge des starken Yen konnten damit ausgeglichen werden. Das Unternehmen hat somit im ersten Halbjahr wieder die Gewinnzone erreicht. Der Ertrag in der Gruppe kletterte auf 6,24 Mrd. Yen. In den ersten sechs Monaten 1999 mußte noch ein Fehlbetrag von 1,91 Mrd. Yen hingenommen werden. Pioneer setzt weiter auf den stark wachsenden DVD-Bereich. So sind zwei neue Fabriken für DVD-Spieler und DVD-ROM-Laufwerke in China geplant. Der Kurs (WKN 857 040) mit 37,50 Euro liegt rd. 29 Prozent unter dem Topstand der letzten 52 Wochen und besitzt bei einem wieder freundlicheren japanischen Markt gute Chancen, den Abschlag wieder aufzuholen.

Ein Liebling der Ausländer bleibt **Matsushita Electric.** 50,7 Prozent Ertragssteigerung im ersten Halbjahr 2000 gegenüber dem Vorjahresvergleichszeitraum haben der Börse imponiert. Die Aktie (WKN 853 666) notiert mit 33,50 Euro am Jahrestopstand. Für das Jahr insgesamt dürfte Matsushita ein Gewinnwachstum in Höhe von 11 Prozent ausweisen, das sich in 2001 bereits auf 20 Prozent verdoppeln sollte. In der Konsumentenelektronik wird die Umpositionierung in Richtung digitaler Produkte von Analysten positiv bewertet. Im nächsten Geschäftshalbjahr sollten deshalb die Bemühungen des Unternehmens auch in den Erträgen deutlicher werden.

Ein Unternehmen, das sich von seinem Jahrestiefstand noch nicht nachhaltig erholen konnte, ist **Advantest.** Der Kurs (WKN 868 805) notiert bei 155 Euro, das 52-Wochenhoch lag bei 270 Euro. Im Sog der Ausverkaufsstimmung für Technologietitel mußte auch Advantest Federn lassen. Zu Unrecht, wie Analysten meinen. Die Gesellschaft ist ein Tochterunternehmen von Fujitsu und weltweit führender Produzent von

Prüfgeräten für die Halbleiterindustrie und elektronischer Meßgeräte. Nach den vergangenen schwierigen Jahren in der Halbleiterindustrie werden die Aussichten für die kommenden Jahre wieder positiver beurteilt. Für das laufende Jahr liegen die Ertragsschätzungen pro Aktie bei 409 Yen nach 225 Yen, in 2001 traut man dem Unternehmen eine Steigerung bis auf 530 Yen zu.

Weniger zuversichtlich werden derzeit **Sony** beurteilt. Der Kurs (WKN 853 687) hat sich vom Hoch 155 Euro auf 97 Euro gesetzt. Sony ist weltweit der zweitgrößte Haushaltselektronikhersteller sowie weltweit der größte Produzent von Audio- und Videosystemen. Im Gegensatz zu Matsushita präsentierte Sony einen unerfreulichen Halbjahresausweis. Spielkonsolen, die ehemaligen Verkaufsknüller, trugen diesmal negativ zum Ergebnis bei. Bei der »Playstation 2« liegen so z.B. die Herstellungskosten um mehr als 100 Euro über dem Verkaufspreis. Die Fähigkeiten der neuen Spielekonsole will Sony künftig weiter ausbauen. Damit reagiert man auf die angekündigte Einführung des Konkurrenzprodukts »Xbox« von Microsoft. An den vorgesehenen Restrukturierungsplänen innerhalb des Konzerns hält das Management fest. Sie beinhalten die Schließung von 17 Fabriken weltweit, 17 000 Mitarbeiter, das sind rd. 10 Prozent der Beschäftigten, sollen abgebaut werden.

Auf Wachstumskurs sind hingegen **Takeda Chemical,** Japans größtes Pharmaunternehmen und weltweit führend in der Produktion von Wirkstoffen für Vitamine, Lebensmittel und chemische Produkte hat ein glänzendes Börsenjahr hinter sich. Der Kurs (WKN 853 849) notiert mit 80 Euro nur hautnah unter dem 52-Wochen-Topstand. Seit Jahren glänzt Takeda mit stetig steigenden Gewinnen. Für 2002 liegen die Schätzungen bei 172 Yen pro Aktie, in 2001 sollten wiederum zweistellige Ertragszuwachsraten winken.

Japanische Telekommunikations- und Internet-Werte hingegen haben den Anlegern dieses Jahr viel Freude, aber letztendlich auch viele Sorgen bereitet. In der Euphorie der ersten Monate des laufenden Jahres zählten sie zu den absoluten Highlights an der Börse. Wer den Ausstieg im Februar/März verpaßte, sitzt heute auf Riesenverlusten. Beispiel: **Nippon Telegraph & Telephon Corp.,** kurz NTT notiert heute gegen Euro (WKN 873 029) bei 10 500 Euro auf Jahrestiefstand. Das Top markierte bereits 18 450 Euro. Die Mobilfunktochter **NTTDoCoMo** (WKN 916 541), einst ebenso Liebling der Anleger, kostet 31 400 nach 44 000 Euro. Im Internetbereich hat es **Softbank** (WKN 891 624) besonders gebeutelt. Wer zu spät auf den fahrenden Internetzug aufsprang liegt heute mit über 80 Prozent im Minus. Letzter Kurs 72 Euro. Softbank ist der größte und bedeutendste Internetwert in Japan. Das Unternehmen hält weltweite Beteiligungen an den größten aber auch kleineren Internetfirmen. So lange Internet-Werte keine Lobby an der Börse haben, wird es Softbank schwer haben, sich vom Tiefstand nachhaltig zu lösen. Kurzfristig ist hier deshalb keine Erholung in Sicht. Mittel- bis längerfristig dürfte sich ein Engagement auf dem niedrigen Niveau jedoch anbieten.

WARNUNG

Durch übermässiges Lesen von BANCO besteht das Risiko reich zu werden!

Investmentsparen

Stiefkind: Die Publizität

Wer was wissen will, muß sich bemühen

Wer seine Ersparnisse in einem Investmentfonds anlegt – gleichgültig ob in einem Aktien-, Obligationen- oder Spezialfonds –, der kauft den Vorteil mit, daß er sich nicht im Detail um die gewünschte Anlage seines Vermögens zu kümmern braucht. Aber: Das ist nur die halbe Wahrheit. Auch der Investmentsparer tut gut daran, nicht »völlig blind« einem Fonds sein Geld anzuvertrauen. Er sollte »hellwach« auch den Investmentmarkt beobachten, der im stürmischen Tempo expandiert und nun schon einen Umfang angenommen hat, der kaum noch zu übersehen ist.

Allein die deutsche Fondsbranche verwaltete Anfang 2000 nicht weniger als 6.250 verschiedene Fonds, die insgesamt ein Fondsvermögen von 1.700 Milliarden DM besaßen. Hiervon waren 770 Milliarden DM in 1.500 sogenannten Publikumsfonds angelegt, deren Anteile in der Regel über Banken und Sparkassen einem breiten Sparerpublikum angeboten werden. Fast 1.000 Milliarden Sparvolumen waren in 4.780 Spezialfonds investiert worden. In diesen Fonds werden kollektiv Vermögenswerte institutioneller Anleger verwaltet, nicht zuletzt von Versicherungsgesellschaften und auch von manchen großen Konzernen im Rahmen von betrieblichen Rentenkassen. Hinter der großen Zahl von Publikumsfonds verbergen sich sehr unterschiedliche Anlageschwerpunkte. Heute kann praktisch jeder Anlagewunsch von irgendeinem Investmentfonds erfüllt werden. Man muß nur wissen, »wo«.

In Frankfurt domiziliert der Bundesverband Deutscher Investment-Gesellschaften, in dem alle von den deutschen Behörden zugelassenen Fonds vereinigt sind. Dieser Verband gibt vierteljährlich eine ausführliche Analyse über die Performance (Ertrag) aller Fonds heraus: Eine ausgezeichnete Informationsquelle, die aber nur die wenigsten Investmentsparer kennen. Außerdem publiziert der Verband alljährlich eine umfangreiche Broschüre »Steuer-Informationen«. Hier wird im Detail über die steuerliche Behandlung der Erträge ausschüttender und thesaurierender Investmentfonds über das jeweils abgelaufene Kalenderjahr berichtet. Die steuerliche Behandlung der Erträge von Investmentanteilen ist heute leider schon ein Buch mit sieben Siegeln geworden. Der »Steuerführer« für Investmentfonds leistet anhand von Beispielen praktische Hilfe beim Erstellen von Steuererklärungen.

Wer kennt schon die Adresse seiner Investmentgesellschaften, denen er sein Geld anvertraut? Wer weiß schon, daß die deutschen und auch ausländische Investmentgesellschaften eine recht breite Publizität betreiben, von denen aber die meisten Investmentsparer gar nichts wissen? Dabei: »Postkarte genügt«. Es wäre ein Leichtes, von jedem Investmentfonds, dessen Titel man im privaten Wertpapierdepot hält, auch laufend Informationen über die Fondsentwicklung zu erhalten. Es ist schon von Bedeutung, daß der Investmentsparer weiß, an welchen Einzeltiteln er beteiligt ist. Wenn

ORBITEX - IHR SPEZIALIST FÜR FONDS
MIT AKTIEN DER ZUKUNFTSBRANCHEN UND REGIONEN

ORBITEX
Communications &
Information Technology Fund

+ 570 %

ORBITEX
U.S.
West Coast Fund

+ 538 %

Wertentwicklung in den letzten 5 Jahren!*
Und damit unter den Spitzenreitern der erfolgreichsten Aktienfonds!

* Stand: 31.3.2000, Quelle: FINANZEN Investmentfonds vom 15.5.2000.
Zahlen der Vergangenheit sind kein Garant für die Wertentwicklung in der Zukunft. Anteilswerte können steigen oder fallen. Der Verkauf von Fondsanteilen erfolgt ausschließlich auf Basis des aktuellen Verkaufsprospektes – erhältlich bei Ihrem zuständigen Vermittler, bei allen Banken und Sparkassen oder auch direkt bei ORBITEX Investment Services GmbH

ORBITEX Investment Services GmbH
Bockenheimer Landstr. 97-99, D-60325 Frankfurt am Main
Tel: (069) 23 85 86 0, Fax: (069) 23 85 86 87
e-mail: orbitex@t-online.de, www.orbitex-funds.com

NEW YORK · LONDON · ZÜRICH
NASSAU · DUBAI · FRANKFURT AM MAIN

ihm die Auswahl nicht behagt, wird er vielleicht überlegen, ob er nicht den Fonds wechseln sollte. Andererseits ist es denkbar, daß man sich Unterlagen von interessanten Fonds anfordert, bei denen man noch nicht beteiligt ist.

Grundsätzlich sollte niemand sein Geld in einen Investmentfonds investieren, ohne nicht vorher zu wissen, wie der Fonds strukturiert ist und welche Einzeltitel er in seinem Portfolio hat. Außerdem ist es zweckmäßig zu wissen, wie sich der Fonds in den letzten fünf oder gar zehn Jahren im Vergleich zu Konkurrenzprodukten am Markt »geschlagen« hat. Es ist geradezu leichtfertig, nur auf Empfehlungen eines Kreditinstituts Anteile an Fonds zu kaufen, ohne vorher zu wissen, auf welches Abenteuer man sich da möglicherweise einläßt. Aber vielleicht findet man auch im übertragenen Sinne eine »Goldgrube«.

Nachstehend haben wir für unsere Leser die Adressen aller deutschen Investmentgesellschaften zusammengefaßt und jene ausländischen Investmentgesellschaften »deutscher Provenienz«, die ihr Domizil aus mancherlei Gründen außerhalb Deutschlands haben. Jedermann kann die ihn interessierende Investmentgesellschaft einfach anrufen oder anschreiben. Die Gesellschaften geben in der Regel jedes Quartal umfangreiche Informationen über ihre Tätigkeit heraus. Die Fonds sind erstaunt, wie wenige Investmentsparer von ihrem Publizitätsangebot Gebrauch machen. Manche Banken und Sparkassen übermitteln ihren Investmentkunden die Informationen der Fonds aus den Kundendepots regelmäßig. Die Fondsgesellschaften haben aber die Erfahrung gemacht, daß viele ihrer Sparer gar nicht so erbaut über die Informationsflut sind, die ihnen da auf Wunsch geboten wird. Dies zeigt, wie »blind« viele Investmentsparer ihr Geld anlegen.

Empfohlen werden kann vor allem, sich vor jedem Neuengagement in einem Investmentfonds Informationen von den Fonds schicken zu lassen. Dies kann entweder über die Hausbank erfolgen oder aber durch direkten Kontakt mit der Investmentgesellschaft, wobei das nachstehende Adressenverzeichnis hilfreich sein kann.

Die Anschrift des **Bundesverbandes Deutscher Investment-Gesellschaften e.V.:**
Eschenheimer Anlage 28, D-60318 Frankfurt, Telefon 069/15 40 90-0, Telefax: 069/5 97 14 06.
Internet: www.bvi.de, E-Mail: Info@bvi.de

Die Adressen der deutschen Investment-Gesellschaften

AACHENER GRUND
AACHENER GRUNDVERMÖGEN
Kapitalanlagegesellschaft mbH
Wörthstraße 32
50668 Köln
Tel. 02 21 / 77 204-0

ABN AMRO ASSET MANAGEMENT
ABN AMRO Asset Management (Deutschland) GmbH
Mainzer Landstraße 65
60329 Frankfurt am Main
Tel. 0 69 / 26 90 07-34

ACTIVEST
Activest Investmentgesellschaft mbH
Apianstraße 5
85774 Unterföhring
Tel. 0 89 / 9 92 26-0

ADIG-INVESTMENT
ADIG Allgemeine Deutsche Investment-Gesellschaft mbH
Richard-Reitzner-Allee 2
85540 Haar b. München
Tel. 0 89 / 4 62 68-0

MesseTurm
Friedrich-Ebert-Anlage 49
60327 Frankfurt am Main
Tel. 0 69 / 75 604-0

ALLFONDS-BKG INVESTMENT
Allfonds Bayerische Kapitalanlagegesellschaft mbH
Arabellastraße 27
81925 München
Tel. 0 89 / 9 26 94-03

ALLIANZ
Allianz Kapitalanlagegesellschaft mbH
Reinsburgstraße 19
70178 Stuttgart
Tel. 01 80 / 22 22 888

Nymphenburger Straße 112–116
80636 München
Tel. 0 89 / 12 21-92 11

AL-TRUST
Alte Leipziger Trust
Investment-Gesellschaft mbH
Alte Leipziger-Platz 1
61440 Oberursel
Tel. 0 61 71 / 66-67

AXA Colonia KAG
Axa Colonia Kapitalanlagegesellschaft m.b.H.
Kattenbug 1
50667 Köln
Tel. 02 21 / 148-15 800

BB-INVEST
BANKGESELLSCHAFT BERLIN INVESTMENT GMBH
Kurfürstendamm 201
10719 Berlin
Tel. 0 30 / 24 56 45 00

BfG IMMOINVEST
BfG Immobilien-Investment Gesellschaft mbH
Stützeläckerweg 12 + 14
60489 Frankfurt am Main
Tel. 0 69 / 78 07 01-0

BfG INVEST
BfG Investment-Fonds Gesellschaft mbH
Ben-Gurion-Ring 158–162
60437 Frankfurt am Main
Tel. 0 69 / 95 023-0

BWK
Baden-Württembergische Kapitalanlagegesellschaft mbH
Tübinger Straße 28
70178 Stuttgart
Tel. 07 11 / 2 29 10-0

CDC Asset Management
CDC Asset Management Deutschland

Kapitalanlagegesellschaft mbH
Bockenheimer Landstraße 51–53
60325 Frankfurt
Tel. 0 69 / 5 06 03-0

CGI
COMMERZ GRUNDBESITZ-Investment-
gesellschaft mbH
Kreuzberger Ring 56
65205 Wiesbaden
Tel. 06 11 / 71 05-01

COMMERZINVEST
COMMERZBANK INVESTMENT
MANAGEMENT GMBH
Platz der Einheit 1
60327 Frankfurt am Main
Tel. 0 69 / 2 99 66-0

CSAM
CREDIT SUISSE ASSET MANAGE-
MENT
Kapitalanlagegesellschaft mbH
MesseTurm
60308 Frankfurt am Main
Tel. 0 69 / 75 38-18 00

CSAM IMMO
CREDIT SUISSE ASSET MANAGE-
MENT
Immobilien Kapitalanlagegesellschaft mbH
MesseTurm
60308 Frankfurt am Main
Tel. 0 69 / 75 38-12 00

dbi
dresdnerbank investment management
Kapitalanlagegesellschaft mbH
Mainzer Landstraße 11–13
60329 Frankfurt am Main
Tel. 0 69 / 26 313-0

DeAM
Deutsche Asset Management
Investmentgesellschaft mbH
Mainzer Landstraße 16
60325 Frankfurt am Main
Tel. 0 69 / 71 706-0

DEGI
DEGI Deutsche Gesellschaft für
Immobilienfonds mbH
Bettinastraße 53–55
60325 Frankfurt am Main
Tel. 0 69 / 263-12 000

DEKA
Deka Deutsche Kapitalanlagegesellschaft
mbH
Mainzer Landstraße 50
60325 Frankfurt am Main
Tel. 0 69/ 71 47-0

DESPA
Despa Deutsche Sparkassen-
Immobilien-Anlage-Gesellschaft mbH
Mainzer Landstraße 37
60329 Frankfurt am Main
Tel. 0 69 / 71 47-0

DGI
Deutsche Grundbesitz-
Investmentgesellschaft mbH
Mergenthaler Allee 73–75
60262 Eschborn
Tel. 0 69 / 7 17 04-04

DIFA
DIFA DEUTSCHE IMMOBILIEN
FONDS
AKTIENGESELLSCHAFT
Caffamacherreihe 8
20355 Hamburg
Tel. 0 40 / 3 49 19-0

DIT
DIT DEUTSCHER INVESTMENT-
TRUST Gesellschaft für
Wertpapieranlagen mbH
Mainzer Landstraße 11–13
60329 Frankfurt am Main
Tel. 0 69 / 26 31 4-0

DVG
Deutsche Vermögensbildungsgesellschaft
mbH

Postfach
60612 Frankfurt am Main
Service-Tel. 01 80 / 3 11 12 13

DWS
DWS Investment GmbH
Grüneburgweg 113–115
60323 Frankfurt am Main
Tel. 0 69 / 7 10 02

FRANKEN-INVEST
Franken-Invest Kapitalanlagegesellschaft mbH
Hallplatz 2
90402 Nürnberg
Tel. 09 11 / 21 44 1-100

FRANKFURT-TRUST
FRANKFURT-TRUST Investment-Gesellschaft mbH
Grüneburgweg 102
60323 Frankfurt am Main
Tel. 0 69 / 9 20 50-0

GERLING INVESTMENT
GERLING INVESTMENT Kapitalanlagegesellschaft mbH
Kaiser-Wilhelm-Ring 11
50672 Köln
Tel. 02 21 / 144-30 00

GWA
Gesellschaft für Wertpapieranlagen – GWA – mbH
Goltsteinstraße 17
40211 Düsseldorf
Tel. 02 11 / 36 08 72

HANSAINVEST
HANSAINVEST Hanseatische Investment-GmbH
Schauenburgerstraße 35
20095 Hamburg
Tel. 0 40 / 3 00 57-0

iii GMBH
Internationales Immobilien-Institut GmbH
Albrechtstraße 14
80636 München
Tel. 0 89 / 12 173-0

INKA
Internationale Kapitalanlagegesellschaft mbH
Königsallee 19
40212 Düsseldorf
Tel. 02 11 / 135 27 80

INVESCO
INVESCO Kapitalanlagegesellschaft mbH
Bleichstraße 60–62
60313 Frankfurt am Main
Tel. 0 69 / 2 98 07-2 50

JPM
J.P. Morgan Investment GmbH
Börsenstraße 2–4
60313 Frankfurt am Main
Tel. 0 69 / 71 24-11 50

MAINTRUST
MAINTRUST Kapitalanlagegesellschaft mbH
Gräfstraße 109
60487 Frankfurt am Main
Tel. 0 69 / 15 30 93-02

MEAG KAG
MEAG MUNICH ERGO Kapitalanlagegesellschaft mbH
Oskar-von Miller-Ring 18
80333 München
Tel. 0 89 / 28 67-29 99

METZLER INVESTMENT
METZLER INVESTMENT GMBH
Große Gallusstraße 18
60311 Frankfurt am Main
Tel. 01 80 / 22 10 444

MK
MÜNCHNER KAPITALANLAGE AG
Beethovenplatz 4
80336 München
Tel. 0 89 / 5 14 92-0

NORDINVEST
NORDINVEST Norddeutsche Investment-Gesellschaft mbH
Alter Wall 22
20457 Hamburg
Tel. 0 40 / 37 47 73-0

OPPENHEIM
OPPENHEIM Kapitalanlagegesellschaft mbH
Unter Sachsenhausen 2
50667 Köln
Tel. 02 21 / 145-03

POSTBANK PRIVAT INVEST
Deutsche Postbank Privat Investment Kapitalanlagegesellschaft mbH
Ahrstraße 20
53175 Bonn
Tel. 02 28 / 920-76 00

UBS BRINSON INVESTMENT
UBS Brinson Investment GmbH
Friedensstraße 6–10
60311 Frankfurt am Main
Tel. 0 69 / 21 79-230

UBS INVEST
UBS Invest Kapitalanlagegesellschaft mbH
Eschersheimer Landstraße 25–27
60322 Frankfurt am Main
Tel. 0 69 / 13 69 50 00

UNION INVESTMENT
Union-Investment-Gesellschaft mbH
Wiesenhüttenstraße 10
60329 Frankfurt am Main
Tel. 0 69 / 25 67-0

UNIVERSAL
UNIVERSAL-INVESTMENT-GESELLSCHAFT MBH
Bockenheimer Landstraße 98–100
60323 Frankfurt am Main
Tel. 0 69 / 75 69 1-0

VERITAS SG
VERITAS SG INVESTMENT TRUST GmbH
Bettinastraße 62
60325 Frankfurt am Main
Tel. 0 69 / 97 57 43-0

WARBURG INVEST
M.M. WARBURG INVEST KAPITALANLAGE-GESELLSCHAFT MBH
Liebigstraße 6
60323 Frankfurt am Main
Tel. 0 69 / 170 97-0

Neuer Wall 77
20354 Hamburg
Tel. 0 40 / 32 82 51-0

WESTINVEST
WestInvest Gesellschaft für Investmentfonds mbH
Hans-Böckler-Straße 33
40476 Düsseldorf
Tel. 03 11 / 51 7 98-0

ZÜRICH INVEST
Zürich Investmentgesellschaft mbH
Zürich-Haus am Opernplatz
60252 Frankfurt am Main
Tel. 0 69 / 71 15 29 00

Die Adressen der ausländischen Investment-Gesellschaften deutscher Provenienz

ACTIVEST LUXEMBOURG S.A.
Activest Investmentgesellschaft Luxemburg S.A.
4, rue Alphonse Weicker
L-2721 Luxemburg-Kirchberg
Tel. (00352) 42 12 01

A.L.S.A.
ADIG-Investment Luxemburg S.A.
1a - 1b, rue Thomas Edison
L-1445 Luxemburg
Tel. (00352) 25 11-0

BfG LUXINVEST
BfG Luxinvest Management S.A.
6B, route de Trèves
L-2633 Senningerberg
Tel. (00352) 34 69 41-243

BHF INVEST LUX
BHF INVESTMENT MANAGEMENT AKTIENGESELLSCHAFT
283, route d'Arlon
L-1150 Luxemburg
Tel. (00352) 45 76 76-1

CAMCO
CAMCO Investment Management S.A.
2, Place Dargent
L-1413 Luxemburg
Tel. (00352) 43 10 90

dam
dresdnerbank asset management S.A.
6A, route de Trèves
L-2633 Senningerberg
Tel. (00352) 46 34 63-1

DEKA INTERNATIONAL S.A.
Deka International S.A.
6C, route de Trèves
L-2633 Senningerberg
Tel. (00352) 34 09 1

DEKA IRELAND
Deka International (Ireland) Ltd.
Nr. 2 Custom House Plaza
International Financial Services Centre
Dublin 1 - Ireland
Tel. (00353) 16 07 69 00

DIMS
DRESDNER INTERNATIONAL MANAGEMENT SERVICES LTD.
La Touche House
International Financial Services Centre
Dublin 1 - Ireland
Tel. (00353) 1 8181-100

DWS INVESTMENT S.A.
DWS Investment S.A.
Boîte Postale 766
L-2017 Luxemburg
Tel. (00352) 42 10 1-1

EAM
Euro-Action Management S.A.
308, route d'Esch
L-1471 Luxemburg-Strassen
Tel. (00352) 26 40-1

FRANKEN-INVEST S.A.
Franken-Invest International S.A.
14, Allée Marconi
L-2120 Luxemburg
Tel. (00352) 45 07 17 1

HANSA-NORD-LUX
HANSA-NORD-LUX MANAGEMENT-GESELLSCHAFT
4, rue Alphonse Weicker
L-2721 Luxemburg-Kirchberg
Tel. (00352) 42 72-42 81

HIS
Helaba Investment (Schweiz) AG
Fraumünsterstraße 25
CH-8001 Zürich
Tel. (0041) 12 25 37 90

HSBC TRINKAUS LUX
HSBC Trinkaus Luxembourg Investment Managers S.A.
1-7, rue Nina et Julien Lefèvre
L-2015 Luxemburg
Tel. (00352) 47 18 47-1

LRI S.A.
LRI-FUND Management Company S.A.
10-12, blvd. Roosevelt
L-2450 Luxemburg
Tel. (00352) 4 75 92 13 07

MASTER INVESTMENT
MASTER INVESTMENT MANAGEMENT S.A.

2, Place Dargent
L-1413 Luxemburg
Tel. (00352) 42 84 77

MIL
Metzler Ireland Limited
10 & 11 Exchange Place, Custom House Docks
International Financial Services Centre
Dublin 1, IRELAND
Tel. (00353) 1 612 5800

MK LUX
MK Luxinvest S.A.
69, route d'Esch
L-1470 Luxemburg
Tel. (00352) 45 90-1

NESTOR INVESTMENT
NESTOR INVESTMENT MANAGEMENT S.A.
2, Place Dargent
L-1413 Luxemburg
Tel. (00352) 42 70 42

OPPENHEIM LUX
Oppenheim Investment Management International S.A.
31, Allée Scheffer
L-2520 Luxemburg
Tel. (00352) 22 15 22-1

PEH-QUINTESSENZ-SICAV
PEH-QUINTESSENZ-SICAV
4, rue Thomas Edison
L-1445 Luxemburg-Strassen
Tel. (00352) 44 90 3-4000

UBS LUX
UBS Fund Services (Luxemburg) S.A.
Boîte Postale 91
L-2010 Luxemburg
Tel. (00352) 44 10 10-1

UNICO S.A.
UNICO Investment Fund Management Company S.A.

308, route d'Esch
L-1471 Luxemburg
Tel. (00352) 46 565-1

UNION S.A.
Union-Investment Luxemburg S.A.
308, route d'Esch
L-1471 Luxemburg
Tel. (00352) 26 40-1

WARBURG-LUXINVEST
M.M. Warburg Lux Invest S.A.
2, Place Dargent
L-1413 Luxemburg
Tel. (00352) 42 44 91

WÜSTENROT
Wüstenrot International Managementgesellschaft AG
69, route d'Esch
L-1470 Luxemburg
Tel. (00352) 45 90 1

Lloyds TSB Bank plc
die "AAA" Bank
wo Qualität gelebt wird

Unsere Aktien- und Rentenfonds sind neu auch in Deutschland registriert

Aktien Schweiz SMI	**Lloyds International Portfolio Swiss Equity Fund**	
	+42.64%	Wertzuwachs über die letzten 3 Jahre in CHF*

und

Aktien Europa DJ Euro Stoxx	**Lloyds International Portfolio Euro Equity Fund**	
	+48.71%	Wertzuwachs über die letzten 3 Jahre in EUR*

sowie weitere 17 internationale Aktien- und Rentenfonds

Informationen unter:

Lloyds TSB Bank plc,.
St. Peterstrasse 16, Postfach 4722, 8022 Zürich
Tel. +41 1 / 265 21 11

Der bisher erzielte Wertzuwachs stellt keine Garantie für die in Zukunft zu erwartende Wertsteigerung dar. Der Fondsprospekt kann bei Lloyds TSB Bank plc in Zürich oder unserer Zahlstelle, Marcard, Stein & Co., Ballindamm 36, 20095 Hamburg bezogen werden.
* Stand 31.07.2000

Mit Funds-of-Funds den Index schlagen?

Die Analyse einer Investment-Idee

Von Rainer Landert, Zürich

Im Mehrjahresvergleich kann statistisch nachgewiesen werden, daß viele der aktiv verwalteten Fonds nicht in der Lage waren, den jeweiligen Referenzindex zu schlagen. Welche Bedeutung hat diese Aussage für den Anleger und worin liegen die Unterschiede der Verwaltungsstile? Wann sind aktiv verwaltete Fonds gefragt, wo werden mit Vorteil Indexanlagen getätigt?

Aktiv verwaltete Fonds

Betrachten wir diejenige Fondsgruppe, welche einen aktiven Anlagestil verfolgt. Diese Fonds zählen auf die Fähigkeit des Fondsmanagers, die richtige Titelauswahl zu treffen. Aktiv verwaltete Fonds bauen auf die Erkenntnis, daß die Märkte nicht vollkommen effizient sind, was dem Fondsmanager die Möglichkeit gibt, Informationsvorteile systematisch in eine überdurchschnittliche Rendite umzusetzen. Die Investitionsentscheide basieren auf Rendite- und Risikoprognosen. Gegenüber dem passiven Anlagestil werden häufiger Transaktionen vorgenommen, bestimmte Währungen, Länder und Branchen werden im Vergleich zum Referenzindex bewußt über- bzw. untergewichtet. Timing und Selektionsfähigkeit (Fähigkeit des Fondsmanagers, die richtige Titelauswahl zu treffen) sind die beiden Schlüsselerfolgsfaktoren bei aktiv verwalteten Fonds.

Passiv verwaltete Fonds

Passiv verwaltete Fonds bilden möglichst genau den zugrunde liegenden Börsenindex nach. Im Verlaufe der ausgeprägten Börsenhausse der letzten Jahre haben passive Fonds, vor allem in der Ausprägung von Indexfonds auch in der Schweiz an Beliebtheit gewonnen.

1. Indexfonds investieren in Aktien, die Teil des zugrundeliegenden Index sind.
2. Die Gewichtung der ausgewählten Aktien entspricht der Titelgewichtung im relevanten Index.
3. Indexfonds sind prinzipiell jederzeit voll investiert.

Fonds, welche nach einem passiven Anlagestil verwaltet werden, gewähren dem Fondsmanager einen nur sehr geringen Aktionsradius bei der Selektion der Anlagen.

Bei Indexfonds ist das Anlageuniversum für den Fondsmanager fest vorgegeben, und der Handlungsspielraum reduziert sich auf gelegentliche Umschichtungen, welche den Zweck haben, Veränderungen in der Titelzusammensetzung des relevanten Index nachzuvollziehen. Dem passiven Anlagestil liegt die Annahme zugrunde, daß die Finanzmärkte weitgehend effizient sind. Alle für die Preisbildung relevanten Informationen sind bereits in den Börsenkursen enthalten. Die Verfechter passiver Anlagestrategien halten an der Erkenntnis fest, daß durch die Titelselektion keine systematisch höheren Erträge erwirtschaftet werden können, als dies durch die passive Nachbildung der Marktindices möglich wäre. Allein schon durch die Tatsache, daß die Transaktionskosten auf ein Minimum beschränkt sind, resultieren für den passiv verwalteten Fonds entscheidende Renditevorteile.

Schweizer Banken und Versicherungen bieten heute vor allem aktiv verwaltete Fonds an. Von den hierzulande zugelassenen rund 50 Fonds, welche in traditionelle Schweizer Aktien investieren, sind nur gerade zwei klassische Indexfonds zu finden: UBS 100 Index Fund Switzerland (UBS) und Synchrony Swiss Stocks (Tochtergesellschaft der Genfer Kantonalbank). Beide Fonds befinden sich in Sachen Rendite seit Anfang 2000 in einem Umfeld von 47 Fonds, welche in Schweizer Aktien investieren, in der zweiten Ranghälfte. Im Fünf- und Zehnjahresvergleich nimmt der UBS-Fonds Platz 9 (von 28) resp. Platz 3 (von 13) ein; ein insgesamt gutes Resultat. Dies ist aber noch nicht überzeugend genug, den Anleger zu veranlassen, fortan nur Indexfonds zu erwerben.

Rosinenpflücken wird immer schwieriger

Anleger trachten in der Regel nach Fonds mit Höchstleistungen, unbesehen davon, in welche Anlagemärkte der Fonds jeweils investiert und welche Risiken dabei eingegangen werden. Das ist doppelt problematisch: Erstens handelt es sich bei Leistungsangaben stets um Vergangenheitswerte mit statistisch geringer Sicherheit auf Wiederholung. Zweitens macht es wenig Sinn, Anlageentscheide bzw. eine Fondsinvestition nur auf der Basis der Rendite zu tätigen, ohne den persönlichen Anlagezielen und der persönlichen Risikofähigkeit Rechnung zu tragen.

Steht einmal fest, nach welchen Anlagegrundsätzen und persönlichen Zielvorgaben investiert werden soll, stellt sich – nicht zuletzt auch vor dem Hintergrund der aktuellen Börsenentwicklung – sofort die Frage nach dem Anlagestil: Indexfonds oder aktiv verwaltete Fonds. Werden im Rahmen der langfristigen Anlageausrichtung aktive Fonds bevorzugt, steht der Anleger unmittelbar vor der großen Qual der Wahl. Dabei ist wesentlich, daß der Entscheid »aktiv« oder »passiv« nicht von der aktuellen Renditekonstellation innerhalb des entsprechenden Fondssegmentes abhängig gemacht wird. Beim Überfliegen von Renditevergleichen stellt ein Investor nämlich rasch fest, daß überdurchschnittlich gut rentierende Fonds rein zahlenmäßig viel weniger häufig anzutreffen sind, und der Eindruck entsteht, daß Indexanlagen qualitativ besser sind. Die Anzahl Fonds pro Anlagesegment hat in den letzten Jahren stark zugenommen, weshalb es logisch und verständlich ist, daß das Gros der Fonds bzw. der Fondsmanager den relevanten Referenzindex nicht schlägt.

Aktiv oder passiv?

Für die Anleger ist langfristig entscheidend: Das Anlageziel und die Beschaffung eines Anlagemarktes bestimmen den Anlagestil. Bevor die Frage nach dem geeigneten – sprich: aktiven oder passiven – Anlagestil des Fonds gestellt wird, sollte ein Anleger sich entscheiden, welchen Regionen, Ländern und Branchen er grundsätzlich in seinem Portefeuille ein spezielles Gewicht verleihen will. Hiermit rückt die Frage des persönlichen Anlagezieles und damit auch der Risikobereitschaft (Welche Rendite erwarte ich aus meinem Investment?) in den Mittelpunkt.

Nimmt ein Aktienfonds, welcher aktiv verwaltet ist, mehr Risiko als sein Gesamtmarkt in Kauf, so kann es durchaus sein, daß aufgrund der höheren Schwankungsbreite zwischenzeitlich – und das auch während eines Jahres und mehr – die Rendite »unten durch geht« und somit einem gewählten Index eine bestimmte zeitlang nicht folgen kann. Der Investor kauft diesen aktiv verwalteten Fonds jedoch mit der klaren Erwartung, daß aufgrund des eingegangenen höheren Risikos längerfristig auch eine entsprechend höhere Rendite resultiert. Wichtig ist hier aber die Erkenntnis, daß das zusätzlich eingegangene Risiko nicht in allen Anlagemärkten mit einem ausreichenden Mehrertrag entschädigt wird. Indexfonds eignen sich deshalb vorab in solchen Anlagemärkten, welche eine größere Informationseffizienz aufweisen, d.h. in Märkten, in denen es für den Fondsmanager praktisch unmöglich geworden ist, gegenüber Mitstreitern systematisch renditewirksame Informationsvorteile herauszuarbeiten. Zu beachten gilt außerdem, daß es gerade bei Indexfonds auf den richtigen Einstiegszeitpunkt ankommt; dies aufgrund der Tatsache, daß Indexfonds stets voll investiert sind, und der Fondsmanager keine Chance hat, bei Überhitzungen an den internationalen Börsenmärkten taktische Cash-Positionen aufzubauen.

Selektionsfähigkeit und Timing

Untersuchungen von Geldmarktfonds bis hin zu Fonds mit alternativen Anlagen zeigen deutlich auf, daß die Differenz zwischen dem besten und dem schlechtesten Fonds innerhalb einer bestimmten Zeitperiode systematisch mit der Anlagekategorie variiert. Das ist insofern eine wichtige Erkenntnis, als damit Hinweise gewonnen werden können, in welchem Anlagesegment eher aktive und in welchem eher passive Anlagen getätigt werden müssen. Hinzu kommt, daß Renditeunterschiede innerhalb ein und derselben Fondsgruppe mit zunehmender Anzahl Fonds zunehmen, was erst recht für vermehrt intensives Fonds-Research spricht. Die Trennung von Spreu und Weizen dürfte auch für Profis zunehmend schwieriger werden.

Grundsätzlich gilt, daß die Renditedifferenz innerhalb einer Fondsgruppe dann sehr groß ist, wenn der Anlageerfolg weniger durch die Marktentwicklung als vielmehr durch die Fähigkeit des Fondsmanagers beeinflußt werden kann. In Anlageregionen wie z.B. Europa, das eine große Vielfalt unterschiedlich entwickelter Volkswirtschaften zählt sowie eine große Anzahl an Submärkten und Branchen aufweist, hängt die Fondsleistung im wesentlichen von der Fähigkeit des Fondsmanagers ab. Um so mehr als es schwierig sein dürfte, gerade für einen solchen (Europa-)Fonds auch die tatsächlich geeigneten Indices überhaupt zu finden, die der Anlageausrichtung (und hierbei sind keine Grenzen gesetzt) auch nur annähernd gerecht zu werden. Im Umfeld tendenziell wachsender Qualitätsunterschiede innerhalb einer Anlagekategorie wächst natürlich auch die Chance, mitunter überdurchschnittliche Fonds selektionieren zu können, und diese dürften kaum je im Bereich der Indexfonds aufzufinden sein. Daß sich damit der Research- und Betreuungsaufwand für Profis wie auch für Anleger massiv vergrößert, ist der Preis dafür, in punkto Rendite systematisch über das Mittelmaß hinauszuwachsen.

Chance der Vielfalt

Die großen Anlagemärkte wie zum Beispiel *Europa* bzw. die *EU* betreffend ist es langfristig ohnehin einträglicher, statt in «Großraum«-Indexfonds zu investieren, systematisch die regionale Vielfalt zu nutzen und damit den entsprechenden Wirtschaftsraum in verschiedene Subsegmente zu zerlegen (für den vorliegenden Fall z.B.: Ost- und Mitteleuropa, Mediterrane Staaten, Skandinavien, Small-Cap-Bereich, spezielle Branchenfonds); dies um so mehr, als das entsprechende Angebot spezialisierter Fonds heute tatsächlich auch vorhanden und mit zunehmender Anzahl Praxisjahre auch immer mehr erprobt ist. Und je spezialisierter ein Fonds in seiner Anlageausrichtung ist, desto eher sind aktiv verwaltete Fonds und innovative Manager gefragt. Dabei sollten aber zwei einfache Regeln nicht außer Acht gelassen werden: a) die Wahl soll auf einen Fonds im Topquartil (die besten 25% der Fonds einer Kategorie) fallen, und b) solche Fonds sind dahingehend intensiv zu überwachen, ob sie den Anforderungen auch stets genügen; eine Buy-and-hold-Strategie (kaufen und halten) eignet sich nicht für eine Kapitalanlage, welche im heutigen dynamischen Anlageumfeld eine überdurchschnittliche Rendite erzielen soll.

Was spricht für Indexfonds?

Die Praxis zeigt, daß es in gewissen Märkten sehr wohl sinnvoll sein kann, in breit diversifizierte Indexfonds zu investieren, dies um unsystematische (d.h. nicht marktbezogene) Risiken zu vermeiden, für die man im Normalfall nicht durch zusätzliche Erträge belohnt wird. Folgende Vorteile, die zur Bildung von indexierten Portefeuilles führen bzw. das Investieren in Indexfonds nahelegen, sind hier kurz aufgelistet:

„Ihr Geld ist zu schade für Experimente, deshalb ..."

Dr. Klaus Jung
Dr. Jung Investmentberatung seit 1958

... empfehlen wir Ihnen sorgfältig ausgewählte Investmentfonds. Allerdings nur einige wenige – und das aus gutem Grund.

Verzichten Sie auf Experimente. Nutzen Sie stattdessen die Erfahrung von Dr. Jung, die bis ins Jahr 1958 zurückreicht.

Gerne informieren wir Sie über ...
- Einmalanlage
- Sparplan
- Entnahmeplan/ vererbbare Rente

Selbstverständlich auf der Grundlage lückenloser Ergebnisnachweise. Fordern Sie Unterlagen an:

Dr. Jung & Partner GmbH
Südliche Münchner Str. 24
D-82031 Grünwald
Tel. 089/69 35 13 10
Telefax 089/69 35 13 15
E-Mail info@dr-jung.de
Internet www.dr-jung.de

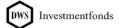

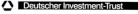

Dr. Jung & Partner GmbH

Dr. Jung Investmentberatung seit 1958

- Aufgrund der Investition in Indextitel fällt die schwierige Titelauswahl weg.
- Die Wertzunahme einer Indexanlage entspricht in etwa der Rendite des Indexes, womit ein Anleger nie schlechter als der Index fährt. Er weiß aber auch, daß bei aktiven Anlagen ein 50prozentiger Verlust nur durch eine 100prozentige Performance wettgemacht werden kann.
- Im Normalfall ist die Indexierung eine kostengünstige Strategie. Im Gegensatz zum aktiven Portfoliomanagement werden die Transaktionskosten auf ein Minimum beschränkt.
- Indexanlagen sind transparent, da die Zusammensetzung des Portefeuilles jederzeit bekannt ist.
- Bei der Wahl eines Indexfonds gibt sich ein Anleger mit einem Durchschnittsertrag – was der Indexperformance gleichzusetzen ist – zufrieden und verhält sich aus ökonomischer Sicht durchaus vernünftig.

Dank der niedrigen Kosten erzielen indexierte, d.h. an den jeweiligen Marktindices orientierte Fonds in den meisten Fällen auch über eine längere Anlagedauer hinweg eine bessere Rendite als aktiv gemanagte Fonds. Im Mehrjahresdurchschnitt schlagen in den verschiedenen Anlagemärkten nur ca. 20-40 Prozent der Fonds den entsprechenden Börsenindex.

Da die höheren Kosten dem Fondsvermögen belastet werden, erscheint es eigentlich nur logisch, daß aktive gemanagte Fonds gegen Indexfonds keine Chance haben und die schlechtere Performance auch kein Zeichen eines schwachen Fondsmanagements ist. Dieser Schluß ist jedoch nur dann zulässig, wenn man davon ausgeht, daß es sich bei den Finanzmärkten der Welt um effiziente Märkte handelt. Die Theorie vom effizienten Markt besagt, daß die Preise (resp. Kurse) am Aktienmarkt jederzeit sämtliche öffentlich bekannten Informationen über diese Gesellschaften vollständig reflektierten und somit auch für aktive Fondsmanager gar kein Spielraum für eine Outperformance des Marktes bestünde.

Indexzertifikate oder Indexfonds?

Diese Finanzinnovationen ähneln im Prinzip den Fonds: Man muß nicht einzelne Aktien aussuchen und kann schon mit geringen Einsätzen die risikodämpfenden Vorteile eines breit gestreuten Portefeuilles nutzen. Indexzertifikate sind ähnlich wie Indexfonds für den Investor dazu geeignet, im Portefeuille einen Anlagemarkt exakt nachzubilden und eine Index-Performance zu erzielen. Allerdings geschieht dies nicht durch den Erwerb der zugrundeliegenden Aktien, sondern vollumfänglich mittels Derivaten (Indexfutures). Da Indexfonds Wertschriften halten und nur aus taktischen Überlegungen des Indextracking derivative Engagements eingehen, ist die Abbildungsgenauigkeit erheblich höher, der sogenannte Tracking Error entsprechend deutlich niedriger als bei Indexzertifikaten.

Der gewichtigste Unterschied zwischen Indexzertifikaten und Fonds besteht darin, daß erstere nicht auf Dauer angelegt sind. Weil Indexzertifikate bzw. das zugrundeliegende Derivat-Engagement rechtlich als Obligation ausgestaltet ist, haben diese Instrumente einen Verfall und müssen je nach Ausgestaltung ca. alle zwei Jahre in neue Anlageinstrumente gerollt werden. Dies ist nicht kompatibel mit der Tatsache, daß Aktienanlagen – bei der Erwartung überdurchschnittlicher Renditen – prinzipiell langfristiger Natur sein sollten. Anlegern, welche auf einer längeren Zeitachse ein Indexengagement eingehen wollen, ist die Wahl eines geeigneten Indexfonds zu empfehlen.

»Aktiv- und Passiv-Fonds«

Entgegen der Ausgangsthese, der zufolge aktive Fonds von Indexfonds renditemäßig langfristig übertroffen werden, zeigt die Praxis in den jeweiligen Anlagesegmenten aber immer wieder von neuem, daß es stets doch eine ganze Reihe von Fonds gibt, welche den relevanten Index erfolgreich und nachhaltig schlagen. Im Mittelpunkt steht dabei die Frage, welche Anlageausrichtung ein privater bzw. institutioneller Investor gezielt verfolgt. Grundsätzlich von Bedeutung ist daher nicht die Wahl zwischen aktiven und passiven oder Index-Fonds (mit Ausnahme der spezifischen Anwendungsgebiete, in denen passive Fonds angezeigt sind), sondern das Herausfiltern der qualitativ besten Fonds im jeweiligen Anlagesegment. Eine professionelle Fondsanalyse findet jederzeit und in allen Märkten Fondsmanager, welche Anlagefonds verwalten, die besser als der Index abschneiden. Fest steht, daß ein Vergleich zwischen aktiven und Index-Fonds grundsätzlich nicht zwischen guten und schlechten Fonds differenziert. Es gibt sie, die erfolgreichen aktiven Performer-Fonds. Die Tatsache, daß ein großer Teil der aktiven Fonds den jeweiligen Benchmark-Index nicht schlägt, stützt sich auf Durchschnittswerte und läßt beileibe noch keinen Rückschluß auf ein profundes qualitatives Urteil zu. Hier wie andernorts entscheidet die Stilfrage nicht über »gut« oder »schlecht«. Ungünstige Resultate für aktive Fonds beweisen mit Sicherheit nicht eine generelle Unfähigkeit von Fondsmanagern oder von Analyseabteilungen.

Anleger favorisieren aktive Fonds

Indexfonds sind »Schönwetter-Fonds« und bergen aufgrund der Tatsache, daß sie vollinvestiert sind, zusätzliche Risiken, welche bei aktiv verwalteten Fonds nicht vorliegen. Die eindrückliche Haussephase der letzten Jahre hat das Indexdenken nachhaltig gefördert. Heutzutage allerdings, in einer Zeit, in der die Börsenmärkte weltweit je länger desto weniger in ein und dieselbe Richtung weiterlaufen und die Schwankungsbreite der erzielten Renditen pro Zeiteinheit wesentlich zugenommen hat, gewinnt das aktive Management vermehrt wieder an Bedeutung.

In einem derart komplexen Börsenumfeld ergibt sich mit dem aktiven Anlagestil und dem fähigen Manager erst recht die große Chance, renditemäßig besser abzuschneiden als Konkurrenz und Index. Dem Index folgen heißt ja auch, in rückläufigen Börsenphasen mit dem Index verlieren und dabei das selbständige Denken restlos aufzugeben. Ist dies die Antwort auf die heutige, komplexe und vielfältige Herausforderung im Asset Management und insbesondere auf die zentrale Frage, ob sich die Vermögensverwaltungsgebühr rechtfertigt oder nicht?

»Kluge Köpfe wissen mehr«

Wer im Herbst 1999 in der vorgeschlagenen Fondsauswahl investiert hatte, erzielte über ein Jahr eine beachtliche Gesamtrendite von nahezu 20 Prozent; Ausschüttungen von Fonds nicht mit eingerechnet (vgl. Jahrbuch für Kapitalanleger 2000, S. 196), was für eine breit diversifizierte und bezüglich der Kombination von Aktien- und Rentenfonds ausgewogene Anlageausrichtung ein ausgezeichnetes Resultat darstellt.

Um nicht selbst ständig den stets sich verändernden Börsenmärkten hinterherzulaufen und da und dort Umschichtungen in eigener Regie veranlassen zu müssen, ist es ratsam, in einen Fund-of-Funds zu investieren. Aber nicht in einen Fund-of-Funds mit Domizil Bermuda oder einer anderen Offshore-Insel ohne Börsen- oder Fondsaufsicht. Es gibt auch in der Schweiz neuerdings einen Fund-of-Funds (Domizil Schweiz), bei dem mit dem Erwerb eines einzigen Anteilscheines gleich in 18 verschiedene Anlagefonds investieren werden kann.

	Fonds-Portfolio* Typ Wachstum (ca. 75 % Aktienfonds)	Fonds-Portfolio Typ Ausgewogen (ca. 50 % Aktienfonds)
Rendite 1999:	21,9 %	14,4 %
Rendite 2000: (Jan. bis Sept.)	20,3 %	12,8 %
* FONDVEST Portfolio Fund-of-Funds (Umbrellafonds schweizerischen Rechts)		

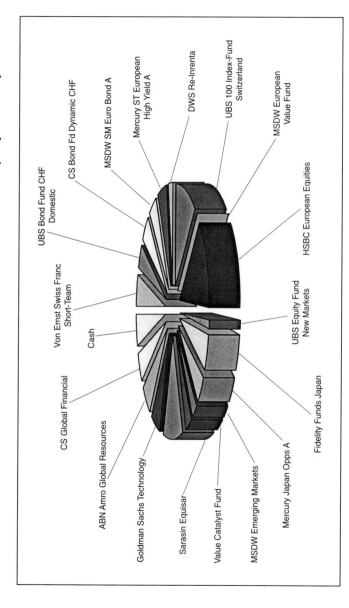

Mit Fußball-Aktien Börsentore schießen?

Lohnt es sich, in »Beine« zu investieren?

»Im Zuge der Globalisierung und der weltweiten Vernetzung im Telekommunikationsbereich hat sich in Windeseile auch das Produkt Fußball zu einem universalen Konsumgut entwickelt, das in Riesenschritten an Bedeutung und Einfluß gewinnt. Der Fußball ist zu einem Wirtschaftszweig geworden, der heute schon in permanentem Austausch mit anderen Unterhaltungsbranchen steht.« So hat der Präsident des Internationalen Fußball-Verbandes (FIFA) in Zürich, Joseph S. Blatter, die Situation in einer für die Börse neuartigen Branche skizziert. Ein Schweizer Verlag, Rüegger in Chur/Zürich, hat im Herbst 2000 ein Buch über die »Ökonomischen Entwicklungen im Sport, insbesondere im Fußball«, herausgebracht. Fußballspielen ist nicht mehr nur für viele Menschen »die wichtigste Nebensache der Welt«, sondern ist auch ein schnell wachsendes Geschäft geworden. Dem Zug der Zeit entsprechend, halten die Fußballvereine nicht mehr still. Sie drängen an die Börse, in der Hoffnung, zunächst bei der Emission viel Geld zu bekommen und dann mit Hilfe des gewonnenen Eigenkapitals ihre Mannschaften »auf Sieg zu trimmen«. Aber nicht jeder Verein kann gewinnen, denn dann würde Fußballspielen keinen Spaß mehr machen. Die Vereine kontern: »In der übrigen Wirtschaft ist das doch genauso, es gibt Gewinner und Verlieren, dennoch haben Erfolgreiche und Nieten gleichermaßen eine Börsennotiz.

Wie sieht es in Deutschland aus? Deutsche Vereine haben die Börse nicht entdeckt. In dem Land, in dem das Fußballspielen erfunden wurde, in Großbritannien, gibt es 19 Vereine mit einer Börsennotiz. Aber – um es gleich vorweg zu sagen – die Mehrzahl der britischen Fußballmannschaften haben nicht viel Börsentore geschossen. Die Mehrzahl der britischen Fußball-Aktien werden in London unter Ausgabekurs gehandelt. Ein paar Beispiele: 39 Prozent unter dem Verkaufspreis ist die Aktie des bekannten Liga-Clubs Sunderland zu haben. Das ist noch ein relativ solides Investment. Newcastel United haben 23 Prozent gegenüber dem Emissionskurs verloren. In Holland haben die Anteilseigner von Ajax Amsterdam seit der Erstnotiz im Frühjahr 1998 43 Prozent verloren, parallel zum Niedergang des berühmten Vereins auf dem Fußballfeld. Die Nachrichtenagentur Bloomberg errechnet schon einen Kick-Index für die britischen Fußballclubs. Dieser fällt auf mittlere Sicht sehr erfolgreich aus. Seit Ende 1995 sind die britischen Fußball-Aktien im Durchschnitt von 100 auf 220 Punkte gestiegen. Aber: Es ist so wie mit den Indizes in anderen Branchen. Sie werden nach oben oder nach unten durch wenige Titel überdurchschnittlich beeinflußt. Bei den englischen Fußball-Aktien sind es Manchester United, die mit nicht weniger als 59 Prozent im britischen Fußball-Barometer gewichtet sind. Manchester besitzt aufgrund der Börsennotiz eine Marktkapitalisierung von sage und schreibe 670 Millionen Pfund, das sind über 1,5 Milliarden DM. Manchester United ist unangefochten die Nummer 1 im britischen Fußball.

Die Borussen kommen

Nun ist auch ein deutscher Fußballverein, der Bundesligaclub Borussia Dortmund (BVB09), an die Börse gekommen. Die Borussen glauben, sie werden auch dann einen nachhaltigen Erfolg an der Börse haben können, wenn sie nicht jedes Jahr deutscher Fußballmeister werden. Davon sind sie seit Jahren ohnehin entfernt. Die Chancen für die Zukunft dürften dem Verein bis auf weiteres immer noch die Bayern aus München verbauen. Das geschäftsführende Vorstandsmitglied von Borussia, Michael Meier, ist der Meinung, daß es aber gar nicht eine so große Rolle spielen würde, ob ein Club immer die größten sportlichen Erfolge oder umgekehrt auch große Mißerfolge habe. Entscheidend für die Fußball-Aktie sei heute keineswegs mehr allein eine kontinuierliche sportliche Hochleistung. Wichtiger sei es, ein Image aufzubauen, das über die unvermeidlichen Hochs und Tiefs beim Spielen hinaus dauerhaft bleiben könne. Diese Chance sehen im fußballsüchtigen Ruhrgebiet die Borussen. Der beste Beweis: Allein 50 000 Schmuckaktien konnten bis Oktober 2000 verkauft werden. Der Club erwartet, daß sich die Fans jeweils eine Aktie ins Wohnzimmer hängen, womit zugleich auch der Markt für Historische Wertpapiere bereichert werden würde. Die restlichen Aktien werden in herkömmliche Wertpapier-Depots wandern. Hier wird natürlich auch der Sharholder Value-Gedanke eine Rolle spielen. Man stelle sich vor, durch eine umstrittene Schiedsrichterentscheidung würde Borussia vielleicht das entscheidende Spiel um die Meisterschaft verlieren. Die Borussia-AG würde dann sicherlich sofort die besten Sportanwälte der Welt engagieren, um den Schiedsrichter zu verklagen. Solche Fußball-Prozesse würden – je mehr Vereine als Aktiengesellschaften geführt werden – wohl unvermeidlich werden.

Die Borussen bringen ihr Unternehmen auf den Punkt: »Wir werden in Beine und in Steine investieren«. Mit den Beinen sind natürlich die Stars gemeint, die man mit Hilfe zusätzlichen Eigenkapitals aus der Aktienplazierung zu horrenden Preisen kaufen möchte. Unter den »Steinen« versteht man die Investitionen für den Fußballplatz und für die vielen anderen Infrastruktur-Aufwendungen, ohne die ein Bundesligaclub heute nicht mehr existieren kann.

Sicher ist, daß in Zukunft auch auf deutschen Fußballplätzen die Fans bei den Heimspielen nicht nur hohe Eintrittspreise bezahlen werden, sondern auch noch Erspartes verlieren können, wenn ihr Verein keine Tore schießt. Begeisterung und Verärgerung könnten sich gegenseitig aufheben, möglicherweise aber auch Fußball-Krawalle – Auseinandersetzungen mit dem »Feind« – heraufbeschwören, nach dem Motto »Wenn's um Geld geht, hört die Gemütlichkeit auf«.

Eines Tages eine »Deutsche Fussball-AG?«

Jenseits der Vereine machen sich Manager der Fußball-Branche Gedanken darüber, wie man Spiel und Kommerz auf einen Nenner bringen könne. Das Problem der Fußballvereine als Unternehmen liegt im System. Die 1. Liga – in Deutschland die Bundesliga – hat nun einmal nur eine beschränkte Zahl von Vereinen. Wenn ein Verein in der Qualität so dominiert, daß die anderen nicht mehr mitkommen, läßt die Spannung nach. Der Unterhaltungswert kann abnehmen. Ein paar Vereine »scheffeln das Geld«, der Rest wird zu Statisten degradiert, die man nötig hat, damit die anderen immer gewinnen können. Auf die Dauer würde das keinen Spaß mehr machen.

So sind denn schon einige »Fußball-Ökonomen« auf den Gedanken gekommen, man möge doch etwas ganz anderes versuchen: alle Vereine der Bundesliga zu einer einzigen großen Aktiengesellschaft zusammenschließen. Die »Deutsche-Fußball-AG« hätte ein gewaltiges Gewicht in der Werbung. Sie könnte ihre Interessen noch teurer verkaufen als heute die einzelnen Vereine. Man stelle sich vor, daß eine deutsche Fußball-AG zur Gründung anderer Länder-Fußballgesellschaften in Europa führen würde. Schließlich könnte sich dann aus dem Kreis der Gesellschafter vielleicht ein europäischer Spitzenverein herauskristallisieren, der gegen andere Spitzenvereine oder Vereinsgruppen aus dem Fernen Osten, aus Afrika und Südamerika spielt. Solche »Superspiele der Supervereine«, würden natürlich weltweit im Fernsehen übertragen werden. Milliarden würden in der Kasse klingeln. Die Konzentration der besten Fußballvereine der Welt würde zu einer gewaltigen Wirtschaftsmacht werden, die in der Werbebranche die Preise bestimmt.

Vielleicht würde eine Europa-Fußball-AG eines Tages auf den Gedanken kommen, sich in eine Europa-Sport-AG umzuwandeln, indem man auch das Formel 1-Geschäft für Autorennen einfach mit übernimmt. Vielleicht kommen dann auch noch die Tennisspieler hinzu. Der Fantasie wären keine Grenzen gesetzt. Vorläufig sind das aber erst gedankliche Spielereien, jedoch mit ernsthaftem Hintergrund.

Jenseits solche Betrachtungen stellt sich aus der Sicht des Kapitalanlegers die Frage, ob es nicht doch viel zu riskant ist, Geld in Fußball-Aktien anzulegen. Die Rendite solcher Aktien gehört zumindest in Deutschland heute noch zu der Minimalsten aller Branchen. Borussia Dortmund erzielte zum Beispiel im Geschäftsjahr 1998/99 bei einem Umsatz von 161 Millionen DM gerade einen Gewinn von 1,5 Millionen DM, was einer Umsatzrendite von 0,9 Prozent entspräche. Die Aufwendungen in den Spitzenclubs werden von den Summen aufgebraucht, die zum Einkauf neuer Spieler heutzutage erforderlich sind. Auch die Gehälter der Kicker werden von Jahr zu Jahr in die Höhe getrieben.

Aus der Sicht der Akteure wäre die Vergesellschaftung der Fußballclubs sicherlich eine angenehme Sache. Wird noch mehr verdient, so werden auch die Spieler noch mehr erwarten können. Ohnehin gibt es kaum noch einen Spitzenkicker, der nicht seinen Wohnsitz aus Steuergründen nach Monaco oder in andere Steueroasen verlegt hat, weshalb es denn eines Tages kaum noch Nationalmannschaften geben kann, deren Spieler im Heimatland domizilieren. Auf den Punkt gebracht, würde die deutsche Nationalmannschaft dann nur noch aus Spielern von Unterhaching bestehen. Ein wenig Übertreibung ist ja wohl, wenn's um den Sport geht, erlaubt.

Das Dilemma am Neuen Markt hat die Begeisterung, Geld in Fußball-Aktien anzulegen, zunächst aber auch gedämpft. Das schließt nicht aus, daß die Werbetrommel in den nächsten Jahren kräftig für Fußball-Aktien in Deutschland gerührt werden wird und daß man dann nicht nur in den Sportberichten, sondern auch in den Börsennachrichten die Namen von Fußballvereinen finden wird. Wenn – wie es in dem neuen Buch über Sport und Kommerz heißt – auch der Fußballsport am Ende immer noch die »wichtige Nebensache« der Welt bleibt, braucht einem auch im Hinblick auf das Fußballspielen in Deutschland nicht Bange zu sein. Fußballaktien – die liebenswürdigste Kapitalanlage der Welt.

Klub	Umsatz total in Mio. £	Personalausgabenanteil (in Prozent)	Gewinn
England (1997)			
Manchester United	87,9	26	27,6
Newcastle	41,1	43	8,3
Liverpool	39,2	38	7,6
Tottenham	27,9	43	7,6
Arsenal	27,2	56	-1,6
Chelsea	23,7	63	-0,4
Aston Villa	22,1	46	-3,9
Leeds	21,8	57	-9,7
Everton	18,9	58	-2,9
Deutschland (keine Jahresangabe)			
Bayern München	57,0	23	5,2
Borussia Dortmund	44,7	31	0,2
Italien (1997)			
Juventus Turin	51,9	56	0,7
AC Milan	46,3	74	-9,6
Inter Mailand	38,1	47	-7,6
Roma	26,3	52	0,2
Parma	27,9	55	-9,0
Lazio	27,3	56	0,1
Fiorentina	25,8	69	-3,7
Frankreich (1996)			
Paris Saint-Germain	28,4	43	2,5
Bordeaux	14,5	42	0,2
Spanien (1996)			
Barcelona	41,3	42	–
Real Madrid	72,2	–	–

Finanzen der europäischen Fußballklubs, Quelle: Deloitte & Touche

Kapitel IV

Geldwertes

Bankgeheimnis – Geldwäsche – Steuerflucht

Die Geheimnisse des Bankgeheimnisses

Mit zwei Aufsätzen beleuchten wir ein Thema, das sowohl den Schweizern selbst als auch ausländischen Bankkunden am Finanzplatz Schweiz unter den Nägeln brennt: das vielzitierte Bankgeheimnis wird – wenn man den Schlagzeilen in den Gazetten folgt – von allen Seiten angegriffen und belagert, mit dem erklärten Ziel »die Festung zu schleifen«. Die Schweiz soll zum Mitläufer jener Europäischen Union gemacht werden, in der heute der Persönlichkeitsschutz bei Geldanlagen nicht mehr zu ihren viel gepriesenen Errungenschaften gehört. Aus Schweizer Sicht schreibt Klaus J. Stöhlker, bekannter Unternehmensberater für Öffentlichkeitsarbeit in Zürich, einen Aufsatz, der an Deutlichkeit nichts zu wünschen läßt. Er skizziert die schon bisher sichtbaren Einbrüche in die Front des Vertrauensschutzes und versucht die Ursachen der Wankelmütigkeit Schweizer Politiker und auch Unternehmer zu ergründen. Es ist das alte Lied: »Bloß nicht auffallen, bloß nicht anecken, keine eigene Position, Widerständen zum Trotz, zu verteidigen. Wer draußen in der Welt Geld verdienen will, muss sich anpassen. Das ist so ziemlich das Gegenteil von jener Haltung, mit der die Schweiz im 20. Jahrhundert zweimal ihre Neutralität verteidigt hat«. Die Frage Stölkers »Warum stirbt – wenn nicht aufgepaßt wird – das Schweizer Bankgeheimnis und mit ihm das Vertrauen zur Schweiz«, steht im Raum.

Von deutscher Seite schreibt der Herausgeber dieses Buches, wie aus ausländischer Sicht die heikle Frage des Bankgeheimnisses und der Position der Schweiz in Europa zu sehen und zu bewerten ist. So wie es keine halbe Schwangerschaft gibt, so gibt es auch kein halbes Bankgeheimnis. Das Halbe wär keines mehr. Zu den Dingen, die sich nicht durch Kompromisse lösen lassen, gehört das Recht auf Geldfreiheit. Die Deutschen haben am eigenen Leibe im vergangenen Jahrhundert bitter erfahren müssen, was Unrecht bedeutet. Aber ein halbes Jahrhundert nach dem letzten Krieg gibt es schon wieder Anzeichen für einen »Schnüffelstaat« nach innen. Nach außen hilft auch die deutsche Regierung in Brüssel tüchtig mit, die »Geldfestung Schweiz zu schleifen«. Wenn die Geldfreiheit stirbt, dann wäre das eine Katastrophe für alle Europäer. Das Schlimme ist, daß diese Wahrheit »erst hinterher« sichtbar werden würde, wenn es zu spät ist. Die Diskussion über die persönliche Geldfreiheit geht deshalb auch jene an, die als Ausländer kein Geld in der Schweiz haben, und sie geht ebenso auch die Schweizer an, die nach Aufgabe ihrer Persönlichkeitsrechte am Ende nicht mehr »die Schweizer wären«, die wir kennen und wie sie sich selbst verstehen. Im Gegensatz zu Deutschland gibt es allerdings in der Schweiz noch eine letzte Barriere der Vernunft, wenn alle Stricke reißen, das Stimmrecht des Volkes.

Schweiz

Das Land steht zum Bankgeheimnis

Bestätigung durch eine Meinungsumfrage 2000

Die Schweizerinnen und Schweizer stehen mit einer Zustimmung von 77 Prozent weiterhin eindrücklich hinter dem Bankkundengeheimnis. Die Mehrheit der Schweizer Bevölkerung spricht ebenfalls wieder vermehrt den Banken ein positives Image zu. 62 Prozent der Befragten geben ihr Verhältnis zum Bankenplatz Schweiz als positiv oder sogar sehr positiv an. Auch die Zufriedenheit der Bankkunden mit ihrer eigenen Bank hat im Vergleich zu den letzten Jahren deutlich zugenommen. Dies sind die wesentlichen Erkenntnisse einer durch das GfS-Forschungsinstitut im Auftrag der Schweizerischen Bankiervereinigung (SBVg) durchgeführten repräsentativen Meinungsumfrage bei der Schweizer Bevölkerung.

Der Wert von 77 Prozent gewinnt noch an Bedeutung, da vergleichbare Umfragen seit Jahren ähnlich hohe Zustimmung zeigen. Sogar wenn die EU von der Schweiz die Aufhebung des Bankkundengeheimnisses direkt verlangen würde, wären nach wie vor 72 Prozent klar gegen eine Aufhebung. Die Ablehnung einer denkbaren EU-Forderung hat im Vergleich zum Vorjahr sogar um fünf Punkte zugenommen. Dr. Georg Krayer, Präsident der Schweizerischen Bankiervereinigung, kommentierte dieses eindrückliche Ergebnis: »Die Schweizer Bevölkerung hält den Schutz ihrer Privatsphäre weiterhin für ein sehr wertvolles Gut und erachtet das Bankkundengeheimnis für unabdingbar«. Der Aufhebung des Bankkundengeheimnisses stimmt die Mehrheit der Befragten nur in einzelnen begründeten Fällen zu, wie beispielsweise bei Verdacht auf Geldwäscherei oder bei ausländischen Diktatoren- und Potentaten-Geldern.

Weiter bestätigten die Resultate der Meinungsumfrage 2000: Das Image der Banken bei der schweizerischen Bevölkerung hat sich verbessert. 62 Prozent der Befragten (Vorjahr 52 Prozent) bezeichnen ihr Verhältnis zur Bankenbranche als gut oder sehr gut. Lediglich 11 Prozent haben eine negative oder sehr negative Einstellung (Vorjahr 15 Prozent) und 26 Prozent reagieren indifferent (Vorjahr 31 Prozent).

Das Verhältnis zur eigenen Bank ist positiv. 79 Prozent der Befragten stufen die Leistungen der eigenen Bank als gut oder sogar sehr gut ein (Vorjahr 73 Prozent). Positiv vermerkt wurden die Vertrauenswürdigkeit, Leistungsfähigkeit und Solidität. Demgegenüber werden als verbesserungswürdig vor allem der hohe Bürokratisierungsgrad und die Anonymität bei der Abwicklung von Bankgeschäften genannt. Das Vertrauen in die eigene Bank hat im Vergleich zu den letzten Jahren stark zugenommen und stellt in der Meinungsumfrage 2000 einen der erfreulichsten Aspekte dar.

Klar hervorgehoben wird die volkswirtschaftliche Bedeutung der Banken: 62 Prozent der Befragten sehen einen sehr engen Zusammenhang zwischen der Entwicklung der Banken und dem Wohlstand in der Schweiz. Die Banken leisten gemäß der Mehrheit der Befragten sogar den bedeutendsten Beitrag zum schweizerischen Wohlstand. In ihrer volkswirtschaftlichen Bedeutung belegen die Banken somit auch dieses Jahr den ersten Rang vor der chemischen Industrie. Große Bankgewinne werden nicht nur akzeptiert, sondern sie werden für die schweizerische Wirtschaft von 58 Prozent der Befragten als nötig erachtet (Vorjahr 50 Prozent).

Als Alibi: »Gesetze mit Vorbildcharakter«

Die Schweiz ist von der Europäischen Union unter massiven Druck gesetzt worden, sich den Plänen der Union anzuschließen, eine Zinsquellensteuer für ausländische Vermögenswerte einzuführen. Die EU-Staats- und Regierungschefs haben im Sommer 2000 in Feira einen »Formelkompromiß« präsentiert, der – wenn es nach der EU ginge – für die ganze Welt gelten soll. Kein Cent Zins soll unbesteuert bleiben, um Steuerflüchtlinge in aller Welt zu treffen. Dieser Kompromiß wurde in der angelsächsischen Presse als »Monstrum der Unvernunft« bezeichnet. Er sei »bar jeglicher Vernunft«, hieß es auch in deutschen Zeitungen. Feira werde als »Muster für schlechtes Regieren« einmal in die Schulbücher eingehen«.

Nur der deutsche Finanzminister triumphierte: »Jetzt sind die Tage der leichten Steuerhinterziehung gezählt«. Die Zinsbesteuerung sei nur eine Vorstufe der totalen Abschaffung des Bankgeheimnisses. Grenzüberschreitend gezahlte Zinsen sollen ab 2003 den jeweiligen Heimatländern der Anleger »angezeigt« werden. Allerspätestens 2010 soll es kein Land in der Welt mehr geben, das nicht nach der Pfeife Brüssels Auslandsguthaben verwaltet. Als »Größenwahnsinnig« wurden die Beschlüsse von Feira inzwischen selbst in EU-Ländern bezeichnet. Es gäbe Parallelen zu den abenteuerlichen Plänen zur Ausweitung der Europäischen Union bis zum Schwarzen Meer. Komme man in Europa nicht mit den internen Reformen weiter, werde die Flucht nach vorn ergriffen. Die Geschichte aber lehre, daß solche Expansionsgelüste böse enden würden.

Die schweizerische Regierung versucht, auf die Pläne der EU elastisch zu reagieren. Statt eines kompromißlosen »Nein« wird der schwarze Peter an die EU zurückgegeben. Die Gemeinschaft soll erst einmal nicht nur alle EU-Staaten, einschließlich der Engländer, der Luxemburger und der Österreicher, unter einen Steuerhut bringen, sondern auch alle Steueroasen der Welt zum Mitmachen zwingen. Nur in diesem Falle sei auch Bern zur Kooperation bereit, aber nicht durch Aufgabe des Bankgeheimnisses und auch nicht durch Übernahme eines Meldeverfahrens an ausländische Steuerbehörden, sondern ausschließlich durch eine Quellensteuer, welche die Nettozinseinkünfte der Ausländer schmälern würde – bei Aufrechterhaltung der Anonymität gegenüber ihren Heimatfinanzämtern.

Totales Durcheinander

Bis es so weit kommen könnte, wird noch viel Wasser den Rhein hinunterfließen, wenn nicht das ganze Projekt auf die ganz lange Bank geschoben werden sollte, wofür es Ende 2000 schon Indizien gab. Man wird sich kaum in absehbarer Zeit in der EU selbst auf die Steuerpläne einigen können. Um die Höhe der als »Zahlungsstellensteuer« deklarierten Quellensteuer wird es heftige Auseinandersetzungen geben. Der deutsche Finanzminister möchte am liebsten gleich ein Viertel der Zinsen kassieren, die Schweizer sprechen von »höchstens 20 Prozent«, und in Luxemburg wird »15 Prozent« für angemessen gehalten. Völlig offen ist auch, wer denn nun die Steuern kassieren soll. Gegen einen Vorschlag, 90 Prozent der Quellensteuer an die Wohnsitzländer der betroffenen Bürger zu überweisen und 10 Prozent dem Anlageland zu überlassen, gibt es heftigen Widerspruch.

Als Teil der Strategie einer elastischen Defensivpolitik der Schweiz gegenüber der EU sind die schweizerischen Geldwäschereigesetze im Jahre 2000 noch einmal verschärft worden. Über die Banken hinaus müssen sich nicht nur selbständige Vermögensverwalter eine Geldwäschereikontrolle gefallenlassen, sondern auch Geldwechsler, Treuhänder, Rechtsanwälte, ja sogar Hotels und Rohwarenhändler. Selbsthilfeorganisationen sollen die Kontrollfunktionen übernehmen. Die Regierung will sich nach Möglichkeit aus der Eigenkontrolle heraushalten. Der ausgeschiedene Finanzminister Kaspar Villiger sprach von einer »Gesetzgebung mit Vorbildcharakter«. Auf gut Deutsch: »Die schweizerische Anti-Geldgebereigesetzgebung soll einen Alibi-Charakter haben«. »Seht her, mehr können wir nun wirklich nicht tun«. Wie es da drinnen aussieht – in der Geldpraxis – steht auf einem anderen Blatt. Die Rohstoffhändler zum Beispiel haben schon mit Abwanderung aus der Schweiz gedroht. In der Schweiz würde niemand mehr Hotelportier werden wollen, wenn das Personal bei jeder Annahme von Bargeld mit einem Bein im Gefängnis stünde. Die Juweliere an der Zürcher Bahnhofstrasse könnten ihren Laden zumachen, wenn sie Bargeld nur gegen Paß und Weiterleitung an Kontrollinstanzen annehmen dürfen.

Man wird sich in der Schweiz »arrangieren«. Aber schön ist das nicht. Es entsteht zwangsläufig eine Grauzone im Zahlungsverkehr, die Atmosphäre wird vergiftet. Und dies alles nur einigen europäischen Finanzministern zuliebe, die – in erster Linie Steuerflucht bekämpfen wollen –, was nicht nötig wäre, wenn die direkten Steuern in der EU auf ein vernünftiges Maß gestutzt werden würden.

Gigantischer Bürokratismus

Wer jetzt als Ausländer ein Konto in der Schweiz eröffnen will, muß »Identifizierungsformulare« ausfüllen, und er muß sich verpflichten, daß seine Angaben »von den Kontrollorganen der Selbstregulierungsorganisation jederzeit eingesehen werden können«. Wer Geld annimmt muß einen gültigen Paß oder eine Identitätskarte des Kunden einsehen und das Identifizerungsdokument kopieren. Die annehmende Stelle hat auf der Kopie zu vermerken, daß sie das Original persönlich eingesehen und kopiert habe. Die Kopie ist zu datieren und zu unterzeichnen. Bei Aufnahme von Geschäftsbeziehungen auf dem Korrespondenzwege sind notariell beglaubigte Kopien der Ausweispapiere und eine notariell beglaubigte Unterschrift notwendig.

Nach Zeitungsberichten sollen bereits gefälschte Pässe »zu Tausenden« in südlichen Ländern Europas gedruckt worden sein. Man will sie Ausländern verkaufen, wenn diese vorhaben, in Zukunft größere Bargeldgeschäfte in der Schweiz zu tätigen. Ob Pässe echt oder gefälscht sind, werden die geldannehmenden Adressen selbst schwer entscheiden können. Auf jeden Fall könnten sie sich darauf berufen, daß sie die Fälschungen nicht hätten erkennen können. Dies zeigt, welcher Grad der Verwirrung die Identifizierungspflicht auslösen wird. Natürlich weiß man das auch in Bern. Aber der Zweck – die EU zu beruhigen – soll die Mittel heiligen, und darauf kommt es an. Wer bisher noch nicht wußte, wohin die Europäische Gemeinschaft treiben könnte, der weiß es jetzt.

! *THE* *INVESTOR* !
Der St.Galler Börsenbrief
seit 1985

Wochenkommentar, tägliche Auswertungen

Hausse oder Crash?
Aktien kaufen oder verkaufen?
Klare Tips für Investoren und Trader

Testen Sie kostenlos einige Probeausgaben !   ☐ gratis

Vermögensverwaltung

Individuelle Vermögensverwaltung ab Fr. 1 Mio.
Erfolgsbezogene Honorare / Beste Referenzen
Defensive und progressive Anlagemodelle

Verlangen Sie das Anlagekonzept 2001 !   ☐ gratis

DAX-SMI-Eurostoxx-S&P
Dynamic Return System

Trading **à la Hausse** und **à la Baisse** ab Fr. 200'000.-
Profite möglich, auch wenn die Aktienkurse fallen!
Mit Gewinnsicherung und Verlustbegrenzung
Konto bei CH-Bank, erfolgsbezogene Honorare

Verlangen Sie die Trading-Dokumentation !   ☐ gratis

The Investor - Der St.Galler Börsenbrief
Haus zur Quelle, Burggraben 27, CH-9004 St.Gallen
Telefon +41 71 225 20 10 Fax +41 71 225 20 19   d/00
www.**TheInvestor**.ch

Was bleibt von der Schweiz, wenn es »die Schweiz« nicht mehr gäbe?

Von Klaus J. Stöhlker, Zürich

Eine der großen Institutionen der Schweiz, das schweizerische Bankgeheimnis, ist in den Zustand der Agonie eingetreten. Es wird von der Landesregierung, dem Bundesrat, zögernd, von den Privatbankiers heftig und von den Großbanken höflich verteidigt. Die Goldmine Bankgeheimnis, dem die Schweiz einen großen Teil ihres Wohlstands zuschreiben kann, ist nahezu ausgebeutet. Die sozialdemokratischen Regierungen Europas und deren europäische Vollstrecker in Brüssel sind nicht mehr geneigt, Geldfluchtregionen nennenswerten Ausmaßes zu dulden. Mit der Schweiz leiden die verunsicherten Privatbank-Kunden, die bisher annehmen durften, Geld in der Schweiz sei sicherer als andernorts.

Mit Vorwürfen hinsichtlich Geldwäscherei, Steuerbetrug und dem Verdacht auf kriminelle Delikte hat die internationale Staatengemeinschaft, angeführt von Deutschland, Frankreich und den USA, den Generalangriff auf das schweizerische Bankgeheimnis eröffnet. Im Vorfeld des Angriffs gegen die Schweiz wurde in bester militärischer Manier die Außenfestung Liechtenstein unter Beschuß genommen, die keineswegs die weiße Flagge der Ergebung hißte, sondern unter Führung von Regierungsrat Dr. Mario Frick und Justizminister Dr. Heinz Frommelt die Mauern des Landes mit Bravour, Eleganz und *fortune* verteidigte.

Wie ernst es den europäischen Führungsmächten ist, jegliche Fluchtgelder in die Staatskassen zurückzuführen, ist auch dem Fürstentum Monaco klargeworden. Erstmals in seiner Geschichte hat es einen Geldwäscher den Gerichten zugeführt. Monaco, geschützt von der Administration in Paris, hat sich zu Zugeständnissen bereiterklärt, um das Euroland Frankreich nicht unglaubwürdig werden zu lassen. Schon dieses Indiz läßt Schlimmes erwarten für das nicht EU-Land Schweiz.

Woher kommt der Druck?

Der Druck seitens der Europäischen Union (EU) in Brüssel auf Länder wie die Schweiz beruht auf dem Ziel dieser weitgehend sozialdemokratisch gesteuerten Superorganisation, die heutige EU zu festigen und nach Osteuropa auszuweiten. Was die »Kommunistische Internationale«, die sich auf den Arbeiter berief, nicht geschafft hat, soll nun die »Brüsseler Internationale« schaffen, die sich auf die Bedürfnisse des europäischen Großkapitals beruft: Europa greift hinaus bis an die russische Grenze und sickert in das sich auflösende Großreich ein. Dazu sind Finanzmittel notwendig, die von den 180 Mio. Steuerzahlern zu erbringen sind, wie sie sonst nur in einem Krieg verlangt werden.

Ganz besonders heikel ist die Situation Deutschlands. Als entscheidende sozialdemokratische Führungsmacht Europas muß sie diese Expansion finanzieren, begleitet und gefordert von den mittleren europäischen Mächten wie Frankreich, England und Italien, die sich, wie England auch, mit Vorteilen bezahlen lassen. Deutschland finanziert gleichzeitig die Wiedergutmachung an das jüdische Volk als Teil der Kriegsfolgekosten, die Wiedervereinigung und die EU, dies neben den »normalen« Kosten zur Aufrechterhaltung der staatlichen Souveränität. Auf deutsch heißt dies: Jede Steuermark zählt. Es gilt, alle Fluchtwege für das Kapital zu schließen. Der Schweizer Bankier Hans-Dieter Vontobel ließ sich unlängst dazu hinreissen, die EU-Europäer als Staatssklaven zu bezeichnen, die fünfzig Prozent ihres Einkommens abliefern müssen.

Nicht außer Acht zu lassen ist die Tatsache, daß den USA nun auch in der Schweiz der Durchgriff auf all jene gelungen ist, vor allem auch auf Amerikaner, die bisher via Schweiz Geld verdienten, dies aber in den USA nicht versteuerten. Die Schweizer Regierung und die Schweizer Banken verfielen sofort in Kotau-Haltung vor der allmächtigen Supermacht. Jeder Schweizer Bankkunde, nicht nur Amerikaner, erhielt einen mehrseitigen Brief seiner Bank, worin er bestätigen oder dementieren mußte, in den USA steuerpflichtig zu sein. Es ist ein offenes Geheimnis, daß die Europäer nur darauf warten, ebenso in die Steuertaschen ihrer Bürger greifen zu dürfen, die ihr Geld in der Schweiz sicherer als andernorts glauben.

Was geht in der Schweiz vor?

Während die Schweiz noch bis vor kurzem über eine ganze Reihe von Militärstrategen verfügte, ist die Zahl der Finanzstrategen von echter Bedeutung kaum zu ermitteln. Justizministerin Ruth Metzler bekennt sich zur kooperativen Zusammenarbeit mit den europäischen Behörden. Damit ist, wie man im benachbarten Vaduz zu sagen pflegt, »die Sau durch's Dorf gelaufen«. Ihr Kollege, Finanzminister Kaspar Villiger, ein ehemaliger Zigarren- und Fahrradhersteller, hält das Bankgeheimnis für »nicht verhandelbar«, aber was er damit meint, kann man am Beispiel der katholischen Kirche lernen. Dort bedeutet der in den Sonntagsgottesdiensten gespendete »Friede« auch nicht der Friede zwischen den Völkern, wie irrtümlich und volkstümlich gemeint wird, sondern der Friede, wie er einst von Jesus Christus gespendet wurde als wichtiger Teil einer jenseitigen und wenig irdischen Daseinsform. Was H.G. Wells als »double speak« vor hundert Jahren ankündigte, ist Gegenwart geworden: Friede ist nicht Friede, ebenso wenig wie das »Schweizer Bankgeheimnis« ein Schweizer Bankgeheimnis bleiben wird.

Unter dem Druck der EU-isierung und der Globalisierung, der IT-Industrie und der allseitigen Beschleunigung der Abläufe löst sich das bürgerliche Selbstbewußtsein der Schweiz auf. Was als mythischer Wilhelm Tell gegen den habsburgischen Statthalter begann und als Stolz gegen die Fürstenthrone vor gut 150 Jahren in Europa ein Zeichen setzte, sinkt nun in die Normalität eines telematischen Weltbürgertums zurück. Die Schweizer sind in ihrer Mehrheit nicht mehr die Schweizer, sondern nur noch »Schweizer«, die eine Legende hinter sich und wenig eigenes vor sich haben.

Dieser Zusammenbruch eines großen europäischen Bürgertums, dessen prachtvolle Leistungen heute noch zwischen Genf, Bern, Zürich und St. Gallen zu bewundern sind, ist die Folge einer Entwicklung, die an Dramatik nicht zu überbieten ist: Arm noch vor hundert Jahren, aufgestiegen durch zwei Weltkriege, die nur am Rande erlebt wurden, hineingeschleudert in eine Nachkriegskonjunktur ohnegleichen, Weltmarktführer in Schlüsselbranchen, dann erschlaffend, weil die komparativen Vorteile verschwanden durch die Öffnung hin zum Weltmarkt.

Der Schweizer hat tatsächlich alles gegeben, was er konnte: Ist Bankier geworden, Industrieller, Finanzmagnat und Unternehmensberater, Dienstleister von Weltniveau. Dann ist seine Legende, seine Weltanschauung der alpinen Eigenständigkeit zusammengebrochen, er hat seine Firmen an die Ausländer verkauft, wurde immer mehr abhängig von ausländischen Arbeitskräften und ist selber alt geworden ohne genügend eigene Kinder zu zeugen.

Die bürgerlichen Politiker der späten siebziger Jahre des vergangenen Jahrhunderts haben den wirtschaftlichen und globalen Höhepunkt des Landes gestaltet, eine »great wave«, die sich seither mit gewaltigem Schaumschlag auf das Nichts hin zubewegt. Aus der einst reichsten Demokratie der Welt, wo die Menschen mehr als hundert Jahre in relativer Gleichheit lebten, ist eines der kapitalistischsten Länder der Erde geworden, wo der »shareholder value«, wie einer seiner Oberpriester, der Milliardär Martin Ebner sagt, sich am vollkommensten verwirklicht hat. Unterdessen entstehen im Land neue Wüsten, ehemalige Industriegelände, Bergwälder in sich verschlechterndem, ungepflegtem Zustand, nicht unähnlich denjenigen, die unlängst in den USA in Flammen aufgingen.

Dem Niedergang des erfolgreichsten Bürgertums aller Zeiten, den Schweizer Altbürgern, wie sie vom Verfasser seit Jahren genannt werden, folgte der unvermeidliche Aufstieg des neuen Bürgertums, der Sozialdemokraten, die Verwaltung, Justiz, Schulen und Hochschulen sowie die liberalen Berufe der Architekten, Anwälte und Ärzte besetzten. Es handelt sich, wie sich heute zeigt, um nicht mehr als ein Zerfallsprodukt einstiger Macht, das hohe staatliche Kosten von geringer Effizienz produziert. Die heute zerfallene Sozialdemokratische Partei der Schweiz, die keinen Arbeiter mehr in ihrer Spitze zählt, sondern bunte Vögel in jeder Menge, besetzte Positionen zusammen mit dem niedergehenden Altbürgertum, alle in der Absicht, auf jeden Fall die Macht zu bewahren – jetzt auch mit Brüssel und in Abhängigkeit von den USA.

Damit sind die letzten Tage des Schweizer Bankgeheimnisses eingeläutet. Die Zukunft dieser niedergehenden nationalen Machtelite liegt, wie andernorts auch, in internationalen Organisationen, nicht aber im eigenen Machtbereich, der immer mehr durchlöchert und aufgegeben wird.

Die schweizerische Praxis macht deutlich: Unausgesprochen haben die Behörden das Mandat erhalten, juristischen Rechtshilfebegehren mehr und rascher als früher nachzukommen. Unter Führung des höchsten Staatssekretärs erodiert die Bedeutung des Bankgeheimnisses, weil es als Hindernis im Zuge eines unausweichlichen EU-

Beitritts gesehen wird. Der gleiche politische Wille der europäischen und globalen Gleichschaltung führt zu einer Praxis der Richter, anstehende Entscheide kooperativer, larger und laxer zu fällen. Der bisherigen Praxis der Schweiz zum Schutz des Bankgeheimnisses droht nun im wahrsten Sinne des Wortes »der Himmel auf den Kopf zu fallen«. Die politischen Verhältnisse haben sich zugunsten einer neuen Internationale gekehrt. Jedermann hat dies begriffen, niemand will darüber sprechen. Vor allem auch nicht darüber, daß das Bankgeheimnis keineswegs in der Schweizer Verfassung geschützt ist, wie vielerorts behauptet wird. Im Artikel 47ff. ist nur von der Verletzung des Berufsgeheimnisses die Rede, dem die Bankmitarbeiter unterstellt sind.

Dies wäre nicht möglich gewesen, wenn nicht auch die Schweizer Banken graduell vom Bankgeheimnis Abstand nehmen würden. Ein erstes markantes Zeichen war vor rund zwei Jahren der langsame Aufbau des Ersatzbegriffs »Bankkunden-Geheimnis«, womit – gut gemeint, schlecht realisiert – eine imagemäßige Aufwertung des Bankgeheimnisses angestrebt werden sollte, aber realwirtschaftlich die erste Abwertung von innen heraus erfolgte. Das »echte Bankgeheimnis« der Schweiz wurde aus den eigenen Reihen in ein kleines Bankgeheimnis, ein Bankkunden-Geheimnis verwandelt.

Das Abrücken der Banken vom Bankgeheimnis bedeutet nicht einen Verzicht darauf. Vielmehr soll diese Goldmine des Schweizer Finanzplatzes, die während bald sieben Jahrzehnten gute Dienste geleistet hat, noch solange gehalten werden und Erträge bringen, wie dies möglich ist. Die beiden Großbanken indes haben sich längst auf den Weltmarkt hin ausgerichtet. Sie brauchen weniger das Bankgeheimnis als die Professionalität ihrer Mitarbeiter. Wer, wie der UBS-Konzern, 21000 »High networth individuals« als globalen Zielmarkt hat, braucht die kleine Schweiz mit ihrem Schrumpfgeheimnis wohl kaum mehr. Auch die Kantonalbanken haben längst begonnen, sich von ihrem eigenen Geheimnis zu emanzipieren; hier stehen größere Aufgaben an. Schließlich sind es vor allem die Privatbanken, die sich noch zum Bankgeheimnis bekennen, aber gerade sie haben längst den Weg zur vollen Professionalisierung ihrer Dienstleistungen beschritten. Geheimnis hin oder her, der Kunde will heute in erster Linie Performance.

Nicht unterschätzt wird die Gefahr innerhalb der Banken, das Bankgeheimnis könne sich einmal gegen sie selber kehren. Wer die Namen seiner Kunden in komplexen Fällen nicht nennen darf, hat selber den »Schwarzen Peter« gegenüber Behörden und Gerichten. Dann kann der Bankier Opfer seiner eigenen Schutzvorrichtung werden.

Was bleibt?

Die europäische Einigung, ursprünglich ein Projekt der konservativen Regierungen, wird heute sozialdemokratisch realisiert. Es ist unendlich teuer, unendlich ambitioniert, von Steuerbegünstigungen ebenso geprägt wie von Steuerfluchten in großer Zahl. Das Ergebnis ist ein schwacher Euro, dessen definitive Einführung vor der Tür steht, die staatliche Ausbeutung gerade der fleißigen Bürger und das Schließen aller

Fluchtmöglichkeiten für die privaten Gelder. Es ist ein geringer Trost, daß dies in der Geschichte noch nie gelungen ist.

Auf der anderen Seite ein triumphierender Weltstaat, die USA, wohin das europäische Geld abfließt und die talentierteste Jugend abwandert. Die EU ist solanisiert, politisch atomisiert, wirtschaftlich zunehmend kolonisiert und kulturell denaturiert. Die Schweiz hat sich dem lange entziehen können; jetzt geht dieser Traum zu Ende.

CENTRUM BANK

Ihre Privatbank in Liechtenstein

CENTRUM BANK AKTIENGESELLSCHAFT
FL-9490 VADUZ · FÜRSTENTUM LIECHTENSTEIN
TELEFON +423 / 235 85 85 · FAX +423 / 235 86 86

Liechtenstein

Vaduz jetzt »gleichgeschaltet« mit der Schweiz

Die Banken müssen die »Wirtschaftlich Berechtigten« kennen

Die deutsche Bundesregierung hatte Anfang 2000 Informationen ihres Bundesnachrichtendienstes für bare Münze genommen, welche die Banken des Fürstentums Liechtenstein beschuldigten, sich in Europa als »Super-Geldwäscher« zu betätigen. Der Nachrichtendienst wiederum hatte sensationell aufgemachte Presseberichte übernommen und zu einem Dossier zusammengestellt, was die Basis für die Unterrichtung der Regierung war. Diese Unterlagen wurden an die Europäische Union weitergeleitet und als »Beweis« dafür angesehen, daß Liechtenstein zu den vielzitierten »Schurkenstaaten« gehören würde, die es »auszuräuchern« gelte. Im Spätherbst 2000 mußte nun Berlin einen Rückzieher machen. Die Anschuldigungen gegenüber Liechtenstein erwiesen sich als nicht haltbar. Aber die deutsche Bundesregierung hielt es nicht für nötig, sich in Vaduz zu entschuldigen.

Zwischenzeitlich sind nun in Lichtenstein gesetzliche Maßnahmen getroffen worden, um für die Zukunft Angriffe auf den Finanzplatz Vaduz mit Hinweis auf strenge Abwehrmaßnahmen gegen Geldwäscherei abzuwehren. In einer Erklärung der liechtensteinischen Regierung vom 21. September 2000 wurde offiziell die »Ausdehnung der Sorgfaltsprüfung ab 1. Oktober 2000« verkündet. Eine Richtlinie des Liechtensteiner Bankenverbandes setzt jetzt »neue Maßstäbe«. Die Sorgfaltsprüfung wird auf sämtliche Geschäftsbeziehungen im Lande ausgedehnt. Der Kern ist, daß nunmehr die Gesetzgebung im Fürstentum Liechtenstein mit jener in der Schweiz gleichgeschaltet worden ist. Die Banken im Fürstentum müssen – wie jene in der Schweiz – ab sofort »die Wirtschaftlich Berechtigten« für Konten und Wertpapierdepots bei Liechtensteiner Banken direkt kennen. Bisher war es so, daß Liechtensteiner Anwälte und Treuhänder, welche Konten und Trusts im Lande betreuten, lediglich verpflichtet waren, von sich aus den Banken gegenüber zu erklären, daß sich hinter den Vermögenswerten keine Geldwäscher verbergen würden. Nun ist die direkte Identifizierung bei den Banken Pflicht geworden. Aber: Ausdrücklich ist nochmals versichert worden, daß das Bankgeheimnis im Lande unangetastet bleibe. Die gilt auch im Verhältnis zu Schweizer Kunden der Liechtensteinischen Banken.

Bedenkliche Rechtspraxis in Deutschland

Den Beschlüssen vorausgegangen war ein »Rechtswissenschaftliches Gutachten in Sachen Geldwäscherei-Vorschriften Deutschland-Liechtenstein« des deutschen Professors Dr. Erich Samson aus Deutschland, das im Auftrage der Verwaltungs- und Privat-Bank AG Vaduz erstellt worden war. In diesem Gutachten wurde untersucht, wo die Grenzen der Geldwäscherei in Deutschland und in Liechtenstein lägen. Wir zitieren Kernaussagen aus diesem Gutachten, das auch der deutschen Bundesregierung übermittelt wurde.

Der Straftatbestand gegen Geldwäsche ist in Deutschland derart weit gefaßt, daß damit in rechtsstaatlich bedenklicher Weise auch solche Verhaltensweisen erfaßt werden, die eindeutig nicht strafwürdig sind.

Der deutsche Geldwäscherei-Tatbestand wurde für Zwecke instrumentalisiert, die – wie etwa der sogenannte große Lauschangriff – in rechtsstaatlich bedenklicher Weise in Grundrechte der Bürger eingreift, ohne daß hierzu ein hinreichender Anlaß besteht.

Die Liechtensteinische Regelung, die der Österreichischen entspricht vermeidet diese Probleme durch eine vernünftige Tatbestandsfassung.

Zwischen dem Geldwäschereigesetz und dem Sorgfaltspflichtgesetz in Liechtenstein bestehen keine nennenswerten Unterschiede. Die deutsche Regelung dagegen stößt auf erhebliche rechtsstaatliche Bedenken.

Die Praxis der Strafverfolgung wegen Geldwäsche leidet in Deutschland unter einem krassen Mißverhältnis von Aufwand und Ertrag. 11 Millionen jährlich angefertigte Identifizierungsunterlagen von Banken führen in Deutschland zu 15 Verurteilungen wegen Geldwäsche. Selbst wenn Liechtenstein vollständig die deutsche Regelung übernähme, bestünde angesichts der geringen Größe des Landes, keine Aussicht, überhaupt zu einer nennenswerten Zahl von Verurteilungen zu gelangen. Würde es in Liechtenstein jährlich zu zwei Verurteilungen kommen, müßte der prozentuale Anteil von gewaschenem Geld an der Bilanzsumme alle liechtensteinischen Banken 300mal höher sein als in Deutschland.

Das Gutachten kommt zum Ergebnis, daß die gegen Liechtenstein erhobenen Vorwürfe »durch keinerlei beweiskräftige Tatsachen belegt werden, sondern auf irrationale Gefühlsurteile beruhen«.

In Liechtenstein kann nur Geldwäsche begehen, wer entweder wenigstens für möglich hält oder sicher weiß, daß der Vermögensgegenstand aus einer Vortat herrührt. In Deutschland ist dies nicht erforderlich. Vielmehr genügt es, bezüglich der Herkunft des Vermögensgegenstandes einfach Leichtfertigkeit im Sinne grober Fahrlässigkeit zu konstruieren. Mit Recht hat das nun noch wenig zu tun.

Unglaubliche Unterstellungen

Bedenklich sei auch der Umstand, daß in der deutschen Literatur noch überwiegend die Auffassung vertreten wird, daß auch die Geldscheine, die ein Bankangestellter leichtfertig erworben hat, »tauglicher Gegenstand der Geldwäscherei sein können«. Wird dieser Geldbetrag an den nächsten Kunden ausgezahlt, dann würde logischerweise auch dieser Kunde den objektiven Tatbestand der Geldwäscherei nach deutschem Recht erfüllen und sich strafbar machen. Die Forderung gegen die Bank, die etwa ein Autohändler erworben hat, kann in der Person des Autohändlers schon Gegenstand möglicher Geldwäsche sein, wenn man ihm unterstellt, daß er leichtfertig die Zusammenhänge verkannt hat. (Die Gerichte in Deutschland können dem Autohändler offensichtlich ins Herz schauen und von sich aus bestimmen, was er sich gedacht hat).

Das Gutachten kommt zu dem Ergebnis, daß auf diese Weise der großzügigsten Unterstellung, was alles Geldwäsche sei und wer alles Geldwäscher sein könnte, es zu »einer geradezu krebsartigen Durchdringung des gesamten Wirtschaftslebens mit bemakelten Vermögensgegenständen kommen muß«. Praktisch kann jeder in Deutschland sogar verdächtigt werden, wenn er irgendwelche Geschäfte mit anderen Personen abschließt. Damit kann der gesamte Geldverkehr im täglichen Leben »geldwäschereiverdächtig« werden.

Luxemburg

Wer geht noch nach Luxemburg?

Es wird wohl ewig strittig bleiben, wer denn nun die Schuld daran hat, daß die Bedeutung des in den Nachkriegsjahrzehnten so aufgeblühten Finanzplatzes im Großherzogtum Luxemburg in der zweiten Hälfte der 90er Jahre empfindlichen Schaden erlitt. Eine Zeitlang waren die Luxemburger Banken bevorzugtes Domizil für die Anlage deutscher Spargelder vor allem aus den benachbarten Regionen der Länder Nordrhein-Westfalen, Rheinland-Pfalz und dem Saarland. Dann begannen die berüchtigten »Nacht- und Nebel-Aktionen« der deutschen Steuerfahndung nach angeblich »illegaler Kapitalflucht«. Illegal ist aber der Transfer jeder Menge Gelder aus Deutschland in jedes Land der Welt nicht. Natürliche Personen und Unternehmen haben die Freiheit, auch nach Luxemburg zu den dortigen Banken unbegrenzt Geld und Kapital zu überweisen. Sie müssen allerdings das im Ausland angelegte Vermögen zu Hause versteuern, nach dem Grundsatz des »Welteinkommens« nur gemildert durch Doppelbesteuerungsabkommen zwischen einzelnen Ländern und Deutschland. Die spektakulären Untersuchungen wurden damit legitimiert, daß Kreditinstitute in Deutschland »Beihilfe zur Steuerhinterziehung« geleistet hätten, indem sie getarnt von ihren deutschen Domizilen aus Guthaben zu ihren Niederlassungen und Töchtern in Luxemburg überwiesen hätten. Damit begründen die Finanzbehörden den Tatbestand der Steuerflucht. Hätten die Banken prinzipiell ihren Kunden geraten, das nach Luxemburg zu transferierende Kapital erst mal in bar abzuheben und »im Schuhkarton« direkt nach Luxemburg zu bringen, hätte der Transfer ins Ausland im Inland keine Spuren hinterlassen.

Es war leichtsinnig von den Banken, daß sie ihren Kunden auf fatale Weise behilflich waren, und es war ebenso leichtsinnig, wie sich die Kunden selbst verhalten hatten. Die Aktionen der deutschen Steuerfahndung wurden zu einem »gefundenen Fressen« für die Massenmedien. Heute noch dürften Hunderte von Verfahren wegen der damaligen Vorgänge schweben. Überwiegend endeten die Anklagen mit Vergleichen, denn vielfach können die Behörden gar nicht »bis zum letzten« den Nachweis steuerlicher Illegalität erbringen. Ein Beispiel: Wenn ein Deutscher Mitte 1997 Geld nach Luxemburg transferiert hat, konnte er dies ja erst in seiner Steuererklärung per 31. Dezember 1997, also im Jahre 1998 als Vermögensverlagerung deklarieren und dann die in der zweiten Hälfte 1997 im Ausland angefallene Erträge zu Hause versteuern.

Der Sturm hat sich gelegt

Luxemburg als Anlageplatz für deutsches Vermögen ist aber arg ins Zwielicht geraten, obwohl sich inzwischen der Sturm gelegt hat. Der Finanzplatz hat erhebliche private

Einlagen-Abzüge hinnehmen müssen. Die Platzbanken, die ihren Personalbestand in der ersten Hälfte der 90er Jahre erheblich aufgestockt hatten, haben ihre privaten Vermögensverwaltungs-Abteilungen reduziert. Einige Niederlassungen ausländischer Banken sind liquidiert worden. Aber die Masse ist geblieben. Der Platz hat es verstanden, sich flexibel den veränderten Verhältnissen anzupassen.

Zusätzlich haben die Luxemburger inzwischen großen Ärger. Er resultiert aus der Offensive der Europäischen Union, mit dem Ziel, die sogenannte Steuerharmonisierung voranzutreiben. Dahinter versteckt sich aber der Kampf gegen Steuerflucht, was man aber nicht offen sagt. Die Steuerfreiheit für ausländische Erträge und das Bankgeheimnis sind den Brüsselern ein Dorn im Auge, und der Druck auf das Land, die Ausländer zu besteuern, ist gewachsen. Ursprünglich hatte sich die Luxemburger Regierung darauf festgelegt, nicht nachzugeben und Bankgeheimnis und Steuerfreiheit kompromißlos zu verteidigen. Inzwischen ist man, vereint mit der Schweiz, zu einer anderen Taktik übergegangen: »Wir sagen ja zu einer Quellenbesteuerung für Auslandseinkünfte, wenn alle mitmachen«. Unter »alle« verstehen auch die Luxemburger den Rest der Welt. Nur wenn es keine Schlupflöcher mehr gibt, auch außerhalb der EU, soll einer gemeinsamen Weltsteuer auf Zinseinkünften zugestimmt werden.

Aber so etwas in der Praxis durchzusetzen, gilt immer noch als beinahe unmöglich. Außerdem können die Luxemburger darauf bauen, daß die EU jetzt mit ihrem selbst geschaffenen Problem der Osterweiterung ganz andere Sorgen hat, als rund um die Welt mit ihren Steuerplänen hausieren zu gehen. Immer öfter muß sich Brüssel vorhalten lassen, daß eine Besteuerung von bisher freien Erträgen am internationalen Kapitalmarkt höhere Zinsen zur Folge haben würde. Die Anleger würden sich die Quellensteuer »über den Preis«, das heißt über die Zinsen von Anleihen bezahlen lassen. Wenn eine Anleihe für ein Entwicklungsland jetzt mit einem Kupon von 7 Prozent steuerfrei verkauft werden kann, würde der Schuldner nach Einführung der Quellensteuer rund 1,4 Prozent mehr Bruttozinsen zahlen müssen, also 8,4 Prozent. Das würde eine höhere Belastung der armen Schuldner bedeuten. Diese könnten dann weniger Fremdkapital am internationalen Kapitalmarkt aufnehmen und müßten sich den Rest direkt über Entwicklungshilfe der EU, der Weltbank und des Währungsfonds holen. Woher haben aber diese Adressen ihr Geld? Von den Steuerzahlern. Was sich die Mitgliedsländer der EU vom Quellensteuerabzug für ihre Kasse mit der linken Hand versprechen, müssen sie mit der rechten Hand als Entwicklungshilfe wieder drauflegen. Das Ganze wäre ein typischer Umverteilungsprozeß, wie er sozialistischer Mentalität entspricht.

Der Platz lebt weiter

Noch hauen die Luxemburger nicht auf die Pauke, obwohl sie mancherlei Argumente gegen die Besteuerung des internationalen Kapitals hätten. Sie sind der Meinung, daß die Deutschen und Franzosen, die vor allem auf die Quellensteuer drängen, eines Tages die Lust am Projekt verlieren könnten, wenn sie sich erst mit den vielen Inselplätzen auf der Welt herumschlagen müssen. Außerdem gibt es Vorarbeiten für Untersuchungen, wonach heute die Russen und sogar auch die Chinesen die größten Geldwäscher auf der Welt seien. In beiden Ländern schaut man nicht hin, woher das Auslandsgeld kommt. Will man angeblich die Finanzmärkte harmonisieren, wird man nicht herumkommen, auch sich mal in Moskau und Shanghai umzusehen. Geschieht das nicht, ist der Kampf gegen Luxemburg, gegen die Schweiz und Liechtenstein Heuchelei.

Im übrigen lebt der Platz vom institutionellen Geschäft, nicht zuletzt als großer Emissionsplatz für Investmentfonds. Auch auf dem Gebiet der elektronischen Finanzdienstleistungen versucht man mitzumischen. Eines aber weiß man heute schon: daß die Europäische Gemeinschaft einen funktionierenden Finanzplatz opfern will, nur um fanatisch Steuern einzutreiben und dafür per Saldo empfindliche Nachteile hinzunehmen, ist so ziemlich das Dümmste, was die EU machen kann.

Österreich

Wenn die »Anonymen« verschwinden, bleibt die Anonymität erhalten

In ausländischen Medien – besonders in Deutschland – sind im Jahre 2000 fortwährend Artikel mit dicken Schlagzeilen »Österreich hebt das Bankgeheimnis auf« erschienen. Dies hat verständlicherweise zu einer Verunsicherung jener ausländischen Sparer geführt, die in Österreich Bank- und Wertpapierkonten unterhalten. Was hat sich denn nun wirklich in Österreich getan? Um es vorwegzunehmen: Das österreichische Bankgeheimnis ist unverändert gesetzlich verbürgt, ja es ist in einzelnen Punkten sogar verschärft worden. Niemand braucht als Ausländer zu befürchten, daß österreichische Banken deutschen Behörden auf Anfragen Auskünfte geben, es sei denn, bei nachweisbaren kriminellen Delikten. Eine Grauzone hat es in Erbfällen in Österreich immer gegeben. Gesetzliche Erben konnten und können nach Vorweisen von Erbscheinen Auskünfte erhalten und am Ende über die Vermögenswerte Verstorbener verfügen.

Nun gibt es in Österreich seit dem 19. Jahrhundert die »Anonymen Sparbücher«, eine Spezialität aus der k.u.k.-Zeit, die von den Bürgern des Landes als ihr Besitzstand angesehen wurden. Auf Druck der Europäischen Union mußte nun Abschied von den »Anonymen« genommen werden. Diese Sparbücher wurden auch gern von Ausländern gehalten, wobei es sich in der Regel nur um kleinere Guthaben handelte. Die Anonymität konnte dadurch verbürgt werden, daß statt des Namens des Sparbuchinhabers nur ein Kennwort erforderlich war und daß die Kreditinstitute aufgrund des Kennwortes Geld zugunsten der Anonymen annehmen und auch auszahlen.

Seit 1. November 2000 dürfen nun in Österreich Sparbücher nur noch gegen Vorlage des Personalausweises oder des Passes, also der Identitätsfeststellung eröffnet werden. Auch Einzahlungen und Überweisungen dürfen nur noch auf die jetzt »legitimierten Sparbücher« vorgenommen werden. Andernfalls müssen die Banken die Wünsche der Kunden zurückweisen. Aber: Abhebungen von den alten Anonymen Sparbüchern sind noch bis 30. Juni 2002 ohne personelle Identifikationen möglich.

Neue Geldwäscherei-Vorschriften

Am 1. Juli 2002 soll es dann endgültig mit den Anonymen aus sein. Sparbücher ohne Identitätsfeststellung werden von diesem Termin an bei den Kreditinstituten als »besonders gekennzeichnete Konten« weitergeführt. Die vereinbarte Verzinsung bleibt unberührt. Eine neue Laufzeitvereinbarung ist indessen nur noch nach Identitätsfeststellung möglich.

Bei Sparbüchern bis zu 200 000 Schilling (rund 28 600 DM) reicht weiterhin das Losungswort, wenn solche Sparbücher vorher legitimiert worden waren. Bei Abhebungen von Sparbüchern über 200 000 Schilling soll eine automatische Meldung an die Zentrale Geldwäsche Behörde im östereichischen Innenministerium erfolgen. Die Behörde hat sieben Tage Zeit zur Erteilung der Auszahlungsgenehmigung. Diese wird in der Regel selbstverständlich gegeben werden, wenn es keine Anhaltspunkte für kriminelle Geldwäscherei gibt. Einem deutschen Mittelständler oder Rentner werden auch die Behörden natürlich abnehmen, daß sie sich nicht mit gewerblicher Geldwäscherei beschäftigen. Die strengen Vorschriften sind ausschließlich mit Blick auf die EU getroffen worden, damit sich die Behörden selbst »weißwaschen« können. »Seht her, wie genau wir das alles nehmen«. Ob die Beamten dabei lächeln, geht niemanden etwas an. Um das Bild abzurunden: Die Weitergabe von noch anonymen Sparbüchern an Dritte ist verboten.

Zu berücksichtigen ist, daß die neuen Sparbücher oder die alten umgeschriebenen Sparbücher, nur noch auf den Namen des Kunden (Namenssparbuch) lauten dürfen. Über Namenssparbücher und andere Sparbücher mit Guthaben über 200 000 Schilling darf jedoch nur der identifizierte Kunde selbst verfügen. Großzügig können über Sparbücher mit Guthaben von weniger als 200 000 Schilling auch Dritte verfügen, wenn ein besonderes Losungswort vereinbart worden ist.

Ausländer zahlen keine Steuern

Die Besteuerung der Zinsen aus den Sparbüchern bleibt unverändert. Von den Erträgen werden Inländern 25 Prozent an der Quelle abgezogen, womit sämtliche Einkommens- und Erbschaftssteuerverpflichtungen pauschal abgegolten sind (Abgeltungssteuer). Ausländer erhalten die Zinserträge ohne Abgeltungssteuer ausgezahlt. Aber sollte in der EU eine einheitliche Zinssteuer auf Auslandsguthaben eingeführt werden, dann würde sich Österreich an dieser Regelung beteiligen. Ähnlich wie die Schweiz wird Wien aber verlangen, daß es rund um die Welt keine Schlupflöcher zur Vermeidung der Zinssteuer geben darf. Diese harte Nuß hat die EU selber zu knacken. Nach Abzug der Abgeltungssteuer würden auch die Auslandsguthaben in Österreich weiter anonym gegenüber in- und ausländischen Finanzbehörden bleiben.

Inzwischen ist auch das Angebot an Anlagemöglichkeiten für Sparguthaben in Österreich wesentlich erweitert worden. Es muß nicht immer nur ein Sparbuch sein. Zahlreiche Investmentfonds werden angeboten, eine besondere Spezialität sind »Spar Cards«, die eine höhere Verzinsung bieten als Sparbücher. Nach wie vor hat aber das Know-how der Vermögensberatung und der Internationalität der Vermögensanlage den jahrzehntelangen Rückstand im Vergleich zum Finanzplatz Schweiz noch nicht gänzlich aufgeholt. Viel verspricht man sich in Österreich von der Präsenz der Hyop-Vereinsbank in Wien und einer Reihe von anderen deutschen und schweizerischen Aktivitäten im Lande.

Monaco

Das Fürstentum Monaco läßt sich nicht boykottieren

»Gott sei Dank: Monte Carlo liegt am Meer«

In Paris gibt es einen besonders scharfen Sozialisten, den Monsieur Arnaud Montebourg, seines Zeichens Vorsitzer einer französischen Parlamentskommission, die man »Schnüffel-Kommission« nennt. Sie soll »verdächtige Bankplätze« unter die Lupe nehmen. Frankreich maßt sich – im Einvernehmen mit dem deutschen Finanzminister Eichel – an, als »monetärer Tugendwächter« Europa zu disziplinieren und selbst souveränen Staaten, die nicht der Europäischen Union angehören, vorzuschreiben, wie Bürger steuerlich »erfaßt« werden müßten. Das Ganze läuft unter dem Titel »Kampf gegen die Geldwäscherei«. Aber inzwischen pfeifen es die Spatzen von den Dächern, daß es natürlich um etwas anderes geht: Um die Suspendierung des Bankgeheimnisses, also um die Beseitigung der persönlichen Geldfreiheit. So etwas ist in Deutschland und in Frankreich leicht durchzusetzen. Hier dürfen die Bürger zu anderen Themen lautstark demonstrieren, als Mitglieder der »Gesellschaft der Anständigen«, wobei das, was als »anständig« zu gelten hat, politisch vorgegeben wird. Wer in Deutschland und Frankreich auf den Gedanken käme, für die Geldfreiheit auf die Straße zu gehen, käme sofort in Verdacht, selber ein Steuerhinterzieher zu sein.

Die »Schnüffel-Kommission« nimmt sich auch der Kleinsten unter den europäischen Staaten an. Neben Liechtenstein gibt es noch eine andere Monarchie auf dem Kontinent: Monaco, das – wie die Liechtensteiner – von einem Fürsten regiert wird. Es ist Rainier III, den die meisten anderen Europäern nur aus den »bunten Blättern« kennen. Das Ländchen mit seinen 30 000 Einwohnern ist formell ein souveräner Staat. In einem Vertrag, der 1918 abgeschlossen worden war, hat die Fürstenfamilie Grimaldi aber einen Teil ihrer Hoheitsrechte freiwillig an Frankreich abgetreten. Zwischen Monaco und Frankreich gibt es keine Zollgrenze, wie jeder Tourist weiß. Aber Monaco kennt keine Einkommens- und Vermögenssteuer. Dieses Privileg läßt sich der Fürst nicht von Frankreich nehmen. Frankreich stellt Monaco hohe Beamte für die Regierung zur Verfügung, und auch Polizei und Feuerwehr im Fürstentum kommen aus Frankreich. Der Fürst hat das Recht, unter mehreren Vorschlägen jene Beamten, die Monaco verwalten, auszuwählen. Die französische Zentralbank ist auch für Monaco zuständig. Auch hier gilt der französische Franc, und ab 2002 wird im Fürstentum mit Euro bezahlt werden.

Angesichts dieses engen Verhältnisses zwischen Frankreich und Monaco fällt es Frankreich jetzt offensichtlich leicht, den Regierenden Fürsten »abzumahnen«, er solle die französischen Geldwäschereigesetze übernehmen. So weit es wirklich nur um Geldwäsche geht, dürfte es keine Differenzen zwischen Frankreich und Monaco geben. Aber die Einwohner ließen sich freiwillige bestimmt nicht kontrollieren. Sie würden schnell ihre Zelte abbrechen, wenn das Bankgeheimnis aufgehoben werden müßte. Die vielen Eigentumswohnungen im Ländchen, würden schnell leerstehen, und das Spielcasino wahrscheinlich Pleite gehen, ganz Monaco alsbald nur noch ein Museum sein.

Das französische Finanzministerium hat im Herbst 2000 in einem Bericht dem Fürstentum »schwere Mängel« vorgeworfen. Gerügt wird eine »mangelnde Zusammenarbeit« zwischen Monte Carlo und Paris »im Kampf gegen das internationale Finanzverbrechen«. Für den Fall, daß Monaco nicht spurt, sollen »entsprechende Maßnahmen« getroffen werden, was frei übersetzt »Boykottierung des Fürstentums« hieße. Der regierende Fürst hat darauf »sauer« reagiert. Zunächst protestierte er dagegen, das so weitgehende Forderungen nach Aufgabe der Souveränität nicht auf diplomatischem Wege gestellt wurden, sondern durch die berüchtigte Pariser Parlamentskommission. Falls die Franzosen »unsittliche Forderungen« an das Fürstenhaus stellen würden, dürften sie jedoch die Rechnung ohne den Wirt machen, genauer gesagt, ohne das Mittelmeer. Im Gegensatz zu Liechtenstein, das man jederzeit auf dem Landwege einschließen und ausschließen könnte, besitzt Monaco einen Hafen. Hier können Schiffe anlegen, die nicht zuvor von französischen Zöllnern kontrolliert werden müßten. Wenn es hart auf hart ginge, könnte Monaco eine eigene Zollgrenze auf dem Landwege »um Frankreich herum« einrichten. Wenn der Fürst Lust hätte, könnte er sogar eigenes Geld prägen lassen, vielleicht gar aus Gold. Dann brauchte er den Euro nicht zu übernehmen – was für eine Gaudi für die Touristen.

Der Fürst hat den Ball aus Paris aufgegriffen. Er hat empfohlen, die alten Verträge mit Frankreich zu revidieren. Nun sind die Franzosen am Zuge. Sie müssen in Paragraphen fassen, was sie wollen, und das Fürstentum kann entscheiden, was es will. Wahrscheinlich wird man sich irgendwie einigen, indem – ähnlich wie in Liechtenstein – die Geldwäscherei strikt bekämpft, gleichzeitig aber die Steuersouveränität von Frankreich bestätigt werden müßte. Das hieße am Ende: »1:0 für Monaco«.

Indessen hat die Begeisterung etwa von reichen Sportlern, die außerhalb ihrer Heimatländer viel Geld verdienen, erheblich nachgelassen, sich im Fürstentum niederzulassen. Schon heute ist jeder Ausländer, der hier ein Wohnrecht erwirbt, verpflichtet, sich mehrere Monate im Kalenderjahr im Lande aufzuhalten, woran natürlich die meisten Sportler scheitern würden. Indessen arrangiert man sich. Aber »Schumi« – der Fromel I-Weltmeister Michael Schumacher – hat sich nicht, wie mancher seiner Kollegen, »Monaco als steuerfreies Domizil erwählt. Er ist gleich in die Schweiz gezogen«. Dort hat er mit einem »steuerbegünstigten Kanton« ein Abkommen geschlossen, daß es ihm und seiner Familie erlauben würde, praktisch steuerfrei sein Vermögen zu genießen. Vielleicht wird er dann alle Jahre wieder ein paar Tage zu Besuch nach Monaco kommen. Wenn's darauf ankommt, könnte er vielleicht mit der eigenen Jacht den Hafen von Monte Carlo ansteuern und den Franzosen – samt allen anderen Euro-Europäern – »eine lange Nase machen«.

Deutschland

Ein Schattenbankensystem entsteht –
Der »2. Bildungsweg für Geldwäscher«

Früher rief der Bankräuber:
»Geld her, oder ich schieße«.
Heute hält er dem Kassier die Pistole
vor die Brust: »Geld annehmen,
oder ich schieße«.

Der Kampf gegen Geldwäscherei in Deutschland ist längst zu 99 Prozent zum Kampf gegen Steuerflucht geworden. Weder die Profis unter den Geldwäschern noch die großen Steuerhinterzieher lassen sich fangen. Sie haben längst Nischen gefunden, sie laufen nicht in die Netze der Steuerfahnder, in die nur die kleinen Fische hineinschwimmen. Jetzt ist ein Stadium erreicht, in dem die illegalen Märkte eine Dimension erreichen, die dem legalen Bankensystem Konkurrenz machen könnte, mit langfristigen Folgen, die man sich noch gar nicht vorstellen kann.

Im November 2000 ist eine Bombe geplatzt. Das Bundesaufsichtsamt für das Kreditwesen hat erstmals Details über die Existenz eines »Underground Banking« – also eines Schattenbanksystems – in Deutschland bekanntgegeben, die aufhorchen lassen. In den ersten zehn Monaten des Jahres 2000 haben die Kontrolleure der Bankenaufsicht 500 Fälle aufgedeckt, in denen Nichtbanken ohne Erlaubnis der Bankenaufsicht Gelder aus Deutschland ins Ausland transferiert haben. Die Dunkelziffer ist groß. Vermutlich gibt es in der Bundesrepublik Deutschland schon 1000 »schwarze Banken«, die im Inland Geld annehmen und auf Auslandskonten überweisen. Eine regelrechte Bankmafia soll im Entstehen begriffen sein. Man spricht scherzhaft von einem »2. Bildungsweg«, den Ausländer aus Osteuropa und aus dem Mittelmeerraum in Deutschland absolvieren. Sie werden fürs illegale Bankgeschäft geschult.

Raffinierte Clearing-Systeme

Überwiegend »Einwanderer« hätten Überweisungskanäle in Deutschland aufgebaut. Sie nehmen in ihrem »Bekanntenkreis« Bargeld an und leiten dieses in Lebensmittelgeschäfte, Reisebüros und neuerdings auch in Telefonshops weiter. Die annehmenden Adressen überweisen nun, als Geschäftsleute, das Geld auf Auslandskonten, wo es jenen zukommt, die das Geld in Deutschland zum Überweisen »zu treuen Händen« abgegeben haben. Das System soll so raffiniert funktionieren, daß man es nicht einmal mehr nötig hat, jede Überweisung separat abzuwickeln. Eingänge und Ausgänge werden in einer Art Clearing-Verfahren saldiert, so daß nur noch die Spitzen zu überweisen sind. Auch umgekehrt wird nämlich mit Hilfe des Schattenbanksystems schwarzes Geld aus dem Ausland in die Bundesrepublik eingeschleust. Spitzenbeträge pflegt man in bar auszugleichen, indem Kofferträger das Bargeld ins Ausland bringen oder vom Ausland nach Deutschland einschleusen. Das ganze System soll exakt funktionieren. Die Berechtigten brauchten keine Angst zu haben, daß die Transferbeträge unterwegs »verloren gehen«. Wer auf diesen Markt betrügt, kann seine Tage zählen.

Hauptkorrespondenzplätze der Bundesrepublik im schwarzen Bankgeschäft sollen Rußland, Indien, der Iran, die Türkei und die Balkanländer sein. Das sind genau jene Regionen, welche die Europäische Union ganz bestimmt nicht dazu bekommen wird, Sorgfaltspflichtregeln gegen Geldwäscherei oder Steuerhinterziehung zu befolgen. Der Umfang des schwarzen Transfermarktes scheint in schnellem Tempo zuzunehmen, je mehr auf der »offiziellen Schiene« der Kampf gegen Geldwäscherei und Steuerhinterziehung forciert wird. Druck erzeugt eben Gegendruck.

In einschlägigen Kreisen des »2. Bankweges« rühmt man sich, daß die Überweisungskosten viel niedriger seien als auf dem legalen Bankenweg. Der Transfer würde in der Regel rund um die Welt nur 24 Stunden dauern. Niemand bekommt eine Quittung, nichts wird auf Papier dokumentiert. Dagegen berichten immer wieder »legale« Banken, daß bei Überweisungen in Exotenländer Geld abhanden kommt. Die deutschen Behörden haben festgestellt, daß der Aufbau eines illegalen Bankensystems keineswegs nur auf Deutschland begrenzt sei. Auch in anderen Ländern haben verstärkte Kontrollen der legalen Märkte zum Aufbau von Schattenbanken geführt. Wenn das so weiterginge, würden wir bald weltweit einen Wettbewerb der Überweisungssysteme bekommen, wobei die schwarzen Märkte in mancherlei Beziehung den weißen auch bei den Transaktionskosten überlegen wären, glauben Eingeweihte zu wissen.

Was kann man dagegen tun? Immer mehr Kontrollen? Immer weniger Freiheit? Wird es bald so weit kommen, wie es schon verschiedentlich an die Wand gemalt worden ist? »Hieß es früher mal, Bargeld mache frei, so heißt es heute, Bargeld züchte Kriminelle«. Bei der deutschen Bankenaufsicht wagt man gar nicht daran zu denken, was passieren könnte, wenn sich alsbald unter den jährlich »einzuführenden« 400 000 Ausländern ein Prozent Profis befänden, die das Bankfach verstünden. Für Nachwuchs auch im Schattenbanksystem wäre dann wohl gesorgt.

Notizen aus dem deutschen Geldalltag*

Freundliche Begrüßung

Am Schalter der Paßkontrolle liegt der süßlich-fette Geruch von McDonald's in der Luft. Die beiden Beamten des Bundesgrenzschutzes (BGS) am Frankfurter Flughafen hatten keine Zeit mehr zu essen. Der Lufthansa-Airbus aus Bogotha am Terminal I hat angedockt. Hunderte von meist dunkelhäutigen Gesichtern stehen nun vor dem Schalter. Die Polizisten haben nun die Aufgabe, sie in zwei Kategorien einzuteilen: In legal Einreisende, vor allem Touristen, und in die Illegalen.

Wie man genau einteilt, bleibt den Beamten überlassen. Sie achten vor allem auf »Aussehen, Kleidung und die ganze Art der Leute«. Meistens haben die Illegalen nagelneue Pässe aus armen Ländern wie Kolumbien, ja sogar aus China. Die Leute sind alle im arbeitsfähigem Alter, etwa bis 45 Jahre. Junge Frauen aus Südamerika sind in europäischen Bordellen begehrt. Deshalb muß diese Gruppe mit besonders mißtrauischen Fragen rechnen. Der Beamte sagt: »Wer nicht gleich antwortet, fliegt wieder nach Hause«.

Da ist Adriana Herrera, schlank, dunkelhaarig, 20 Jahre alt und kommt aus Ekuador. Auch sie hat einen neuen Paß. »Where do you want to go«? Sie spricht aber kein Englisch, wird zur Seite gestellt. Eine Dolmetscherin aus der Stadt wird gerufen. Inzwischen fragt der Beamte im gebrochenem Spanisch, wie viel Geld sie denn bei sich habe. »2000 Dollar.« »Na wunderbar«, quittiert die Grenzschutzbeamtin die Antwort. Eine solche Summe ist nämlich typisch für einen Einwanderer. Mißtrauisch wird registriert, daß die Dame eine Hotelreservierung nur für drei Tage bei sich hat, und zwar für Paris. Dann kommt die Dolmetscherin und das Verhör beginnt. Im Zimmer steht ein graues Spind mit einem Aufkleber: »Stop dem Diebstahl«. »Was wollen sie denn in Paris?« »Nun«, sagt die junge Dame, »ich habe da einen Freund Namens Victor Hugo kennengelernt, und zwar im Internet. Außer seiner Telefonnummer weiß ich noch nichts.« Auf dem Tisch des Verhörzimmers liegen die Handschellen. Die Polizisten meiden Herreras Blick, deren Augen schon blank vor Tränen werden. Als die Dolmetscherin aus Frankfurt kommt, haben die Beamten gerade Dienstschluß. Schichtwechsel. Alles fängt von vorn an. Wieder werden die gleichen Fragen nach Ziel und Reisegrund gestellt. Herrera sieht erschöpft aus, die ganze Nacht im Flugzeug, stundenlanges Warten auf der Wache. Die Beamten wollen jetzt wissen, was sie denn von Paris kenne. »Ist Paris ein Land oder eine Stadt?« Eine Karte von Europa wird ihr vorgelegt, sie soll Paris eintragen. Die Beamten stellen fest, das das so ungefähr stimmt. Man ruft Victor Hugos Nummer in Paris an. Der Victor hat eine Ehefrau. Die erzählt, daß ihr Mann gerade auf dem Weg zum Flughafen sei, um Herrera abzu-

---

* Die Beiträge sind im Wirtschaftsteil der Frankfurter Allgemeinen Zeitung erschienen.

holen. Der Mann gehört einer Musikgruppe an, und wahrscheinlich soll Herrera da irgendwo mitspielen. Eine Liebesgeschichte ist es also nicht. Wie eine Prostituierte kommt der Dolmetscherin Herrera schließlich auch nicht vor. Dafür ist sie zu gebildet. Sie redet flüssig, und sie spult auch nicht eine auswendig gelernte Legende ab. Nun gut, diesmal, sie kann einreisen. Der Anschlußflug nach Paris ist natürlich schon weg. Wenn die Lufthansa darauf besteht, müßte sie die Umbuchung auch noch selber bezahlen. Hätte man Herrera abgewiesen, so hätte sie obendrein 120 DM für die Dolmetscherin bezahlen müssen. Da der Rückflug erst am nächsten Tag gesichert wäre, müßte sie auf einer Bank im Terminal 1 nächtigen. Kaum entlassen rennt Herrera weg von der Wache. Sie schluchzt: »Ich dachte, die würden mich abschieben. Was mir da passiert ist, ist das Furchtbarste in meinem bisherigen Leben. Wie eine Gefangene habe ich mich gefühlt. Da habe ich nun so viel für diese Reise nach Paris gearbeitet, und nun das.« Nein, mit Deutschland wolle sie bis zu ihrem Tode nichts mehr zu tun haben.

Im ersten Halbjahr 2000 hat der Bundesgrenzschutz auf dem Frankfurter Flughafen 1428 Passagiere mit gültigen Papieren und Visum die Einreise verweigert. Das ist nach dem Ausländergesetz möglich, wenn Anhaltspunkte dafür vorliegen, daß der einreisende Tourist nach drei Monaten vielleicht nicht wieder ausreisen werde. Genaue Vorschriften gibt es nicht. Die Polizisten haben weitgehende Vollmachten zu entscheiden. Der Hintergrund: Auf den Konsulaten in Südamerika erscheinen Leute, die 10 000 Dollar vorweisen. Die haben sie sich aber nur geborgt, kommen sie nach Deutschland, haben sie keinen Pfennig in der Tasche. Daß in Frankfurt ein Tourist, der nach Paris will, überprüft wird, ergibt sich aus dem Schengener Abkommen, das keine Grenzkontrollen mehr in den wichtigsten Ländern des EU-Raumes vorsieht. Etwa 250 Ekuadorianer haben sich in ihrem Heimatland über die deutsche Polizei beschwert. Die Kontrollen seien »exzessiv«. Wehe, wenn ein Reisender nicht so aussieht, wie ein Tourist aussehen soll. Der BGS beruhigt den Reporter, der den Fall Herrera dokumentiert hat: »Von körperlichen Mißhandlungen wie in anderen Ländern ist mir in Deutschland nichts bekannt«.

Die Drachensaat

Kraft gesetzlicher Verpflichtungen müssen heute Bankiers in Europa einen nicht unerheblichen Teil ihrer Zeit als unbezahlte Hilfsbeamte der Behörden verbringen. Wenn ein Kunde – sagen wir ein türkischer Gemüsehändler an der Ecke – an der Kasse 50 000 DM bar auf sein Konto einzahlen will, muss der Kassierer vorsorglich in der Direktionsetage nachfragen. »Dürfen wir das Geld überhaupt annehmen? Oder müssen wir Verdacht schöpfen, daß dem Kunden vielleicht von einem Dutzend Verwandten und vielen Bekannten Bargeld aus dunklen Kanälen zur Kontogutschrift übergeben wurde und damit möglicherweise zum Geldwaschen«? Die Bank muß allein entscheiden. Aber stellt sich später heraus, daß sie direkt oder indirekt kriminelle

Geschäfte toleriert hat, »ist sie dran«. Ihr würde dann die Beweislast obliegen, ob sie wirklich keinen Verdacht hätte haben können.

Bankiers stehen heute schon »mit einem Bein im Gefängnis«, wurde kürzlich auf dem schweizerischen Bankiertag beklagt. Unter Kollegen tauschen Banker – um ihren Frust abzubauen – ihre Erfahrung aus, und zuweilen pflegen sie auch noch die neuesten Geldwäschereiwitze auszutauschen. Kennen Sie den? Ein Chinese kommt nach Stuttgart und ruft die Firma Bosch an. »Ich schwärme für ihre Waschmaschinen und möchte gern eine mit nach Hause nehmen. Aber da habe ich noch eine Frage. Die Maschine hat zwar ein großes Bullauge. Das ist wohl für die Münzen bestimmt. Aber wo ist denn der Schlitz, mit dem man Dollarnoten waschen kann«?

Wer östlich von Westeuropa Geld hat – Dollarnoten in der Tasche – kann sich wie im Paradies fühlen. Wo das Geld herkommt, das geht dort niemanden etwas an. Je mehr, desto besser. Geldwäscherei – so sagt man im Bazar und im Luxushotel – das ist doch so eine Marotte der Amerikaner und der gefügigen Westeuropäer. Die Uhren im Osten laufen nicht nach Greenwich-Zeit.

Kürzlich berichtete in Zürich ein ukrainischer Geschäftsmann von einer erstaunlichen Wahrnehmung: einer plötzlichen Aufbruchstimmung in dem seit dem Verfall der Sowjetunion von Russland getrenntem Land. Jahrelang gab es in Kiew wenig Hoffnung auf eine wirtschaftliche Besserung. Zwischen 1990 und 1999 wurden gerade 3,6 Milliarden Dollar Auslandsinvestitionen in harter Währung registriert. Im ersten Halbjahr 2000 stieg die ausländische Kapitaleinfuhr aber plötzlich rapid an, auf 420 Millionen Dollar. Die Milliardengrenze wird wohl bis Jahresende erreicht sein. Warum der plötzliche Geldsegen via Ukraine? Das Kapital soll zu einem großen Teil aus dem griechischen Sektor Zyperns kommen. Reiche Griechen investieren über die Insel, die nicht zum griechischen Staat gehört, in der Ukraine. Dies angeblich aus Angst vor dem Ende der Drachme und der bevorstehenden Mitgliedschaft Athens im Euro-Club. Die Reichtümer im Lande wurden in der Schiffahrt verdient. Man liebt es hier nicht, sich in die Karten schauen zu lassen. Onassis brauchte keine Bank, er pflegte sich Banken zu halten.

Auf wunderbare Weise wird jetzt offensichtlich der Ukraine geholfen, mit der vorsorglichen Flucht griechischen Geldes vor künftigen Kontrollen in ihrem Land. Als Nebenprodukt entsteht auf Zypern ein neuer Finanzplatz, von dem per Saldo die gesamte Bevölkerung profitieren wird. Das Vertreiben des Kapitals aus Westeuropa läßt eine Art »Luxemburg im Mittelmeer« entstehen. Und damit wird vielen wieder geholfen.

Die Griechen pflegen traditionell weit voraus zu denken. Sie lassen in Zürich hören, daß offensichtlich die Syrer jetzt stärker an dem Wiederaufbau eines funktionierenden Finanzplatzes im Libanon, also in Beirut, interessiert seien. Würde das Vertrauen in den früheren, gut arbeitenden Finanzplatz Beirut wieder zurückkehren, könnte im Laufe der nächsten Jahre Zypern wiederum Konkurrenz erhalten. Aber: Konkurrenz belebt das Geschäft. Daß auch Beirut eines Tages nach der Pfeife der EU tanzen müsse, halten die Griechen schlicht für ein orientalisches Märchen.

Per Saldo sieht es so aus, als ob sich als Folge der Geldwäschereigesetze und der

»Harmonisierungsbestrebungen« zur Besteuerung von Kapital im EU-Raum Geld und Kapital auf die Wanderschaft Richtung Osten begibt: Erst vom Kontinent auf die Inselplätze und von dort in den Nahen Osten und schließlich – wenn es nützlich erscheint – weiter bis in den Mittleren und in den Fernen Osten.

In historischen Dimensionen denkende Griechen sprechen von der »Drachensaat« die durch den europäischen Zins- und Steuer-Dirigismus unter dem Motto der Geldwäschereibekämpfung aufgehe. Schlägt man einem Drachen aber den Kopf ab, wachsen ihm der Sage nach gleich drei neue nach.

Vorspiel auf dem Theater

Flughafen Luxemburg, Dienstag, den 10. Oktober. Morgens 6.30 Uhr. Es ist noch dunkel. Auf der Rollbahn wird der Crossair-Flug SR 3879 nach Zürich abgefertigt: 66 Kilogramm Banknoten und 70 Kilo Goldfäden werden geladen. Fünf Räuber fahren vor. Eine Salve aus Maschinenpistolen. Vier Sicherheitsbeamte werden in den Bauch geschossen. Der Flugkapitän hatte Glück, auch die 37 Passagiere, die noch nicht eingestiegen waren. Die Räuber verschwanden so schnell wie sie gekommen waren. Helikopter und Spürhunde hatten kein Glück. Das gestohlene »Zubehör zum Notendruck« ist höchstwahrscheinlich einer raffinierten Gelddruckerbande in die Hände gefallen.

Was sich im Morgengrauen in Luxemburg abspielte, ist so etwas wie ein »Vorspiel auf dem Theater«. Das Stück, das aufgeführt wird, ist das nächstjährige große Spektakel des Bargeldumtauschs im Euroraum. Monatelang werden dann streng gesicherte Lastwagen und auch Flugzeuge die gewichtige Fracht den Geschäftsbanken und Wechselstuben zuführen, damit das neue Geld ab 1. Januar 2002 schlagartig gegen die nationalen Geldscheine getauscht werden kann. Auf eigene Rechnung und Gefahr müssen die Banken das neue Geld schon Monate vor der Tausch-Premiere einlagern. Sicherheitsbeamte prophezeien, daß es zwischen Sizilien und der Nordsee wöchentlich in der Geldtauschperiode mindestens fünf Überfälle geben wird, mit Toten und Verletzten. Wenn es so käme, würde das neue Geld buchstäblich mit Blut getauft werden.

Dies ist der 1. Akt des Dramas, das man mit Friedrich Schiller »Die Räuber« nennen könnte. Auch für den 2. Akt wird für Spannung gesorgt sein. Außerhalb des Euroraums sollen sich etwa 60 Milliarden DM-Bargeld befinden. Zum Teil sind die Scheine als Vermögen gehortet worden, auf dem Balkan wird die DM offen auch im Zahlungsverkehr verwandt. In Montenegro und praktisch im Kosovo gilt die DM gar offiziell als Zahlungsmittel. Der jugoslawische Dinar ist kaum mehr das Papier wert, auf dem das Inflationsgeld gedruckt worden ist. Damit das DM-Bargeld nicht nach 2002 einfach ungültig werden kann, müßte es rechtzeitig in Euro getauscht werden. Aber wie und wo? Wird die Europäische Zentralbank ganze Geldkonvois in den Balkan schicken? Oder aber werden die Noten erst nach Deutschland zum Umtausch gebracht werden müssen? Vielleicht über das Transferland Schweiz? Auf jeden Fall wird es einen riesigen Wanderzirkus mit Bargeld – hin und her – geben. Dabei wird das Risiko, daß sich erneut die Räuber bedienen könnten, vielleicht noch größer sein, als das auf dem Luxemburger Flughafen der Fall war.

Nun kommt der 3. Akt. Die Regisseure könnten ihn in einem Sortenhandelsbüro einer Schweizer Bank spielen lassen. Zürich ist der größte Sortenumschlagplatz der Welt. Die Sortenhändler werden im nächsten Jahr frühzeitig damit beginnen, Vorsorge für den Umtausch von altem Bargeld zu treffen. Wenn sie ab 1. Januar 2002 ihren Kunden das neue Geld »verkaufen«, werden sie vermutlich 2–3 Prozent des Nennwertes an Provision verlangen. Wer zum Beispiel aus Deutschland draußen vor der Tür seine DM wechseln würde, brauchte dafür aber nicht Schlange zu stehen, und zum anderen könnte er sicher sein, fiskalischen Kontrollen zu entgehen. Scherzhaft nennt man den diskreten Tauschvorgang in Zürich schon heute das »Eichel-Opfer«, was Bundesbürger beim Geldtausch erbringen.

Der letzte Akt könnte in einer Großbank im Fernen Osten spielen. Im Devisenhandel wird Buchgeld rund um die Welt in Milliarden-Posten Tag und Nacht global gehandelt. In dieser Woche ging nun eine Nachricht über den Ticker, daß der Euro-Kurs in Tokio plötzlich nachts unter Druck geraten sei, weil eine große amerikanische Bank einen Milliardenbetrag Euro gegen Dollar zum Verkauf gestellt hatte. Es ist ja möglich daß vor allem institutionelle DM-Besitzer keine Lust haben, ihr Mark-Guthaben in Euro zu tauschen. Man kann das deutsche Geld ja auch in Dollar wechseln, wobei man obendrein auch noch dem Bargeld-Umtauschtermin von 2002 zuvorkommen könnte. Der Fantasie sind in diesem Theaterstück keine Grenzen gesetzt.

Zoll für Bankberatung

Angenommen, Ärzte würden eines Tages auf den Gedanken kommen, von Ihren Patienten erst mal ein Beratungshonorar zu verlangen, bevor sie: »Der Nächste bitte« rufen. Nach Art der »kleinen Schaffnerin« seligen Angedenkens könnte die Arzthelferin vielleicht den Obolus vorweg kassieren. Natürlich ist das ein Witz. Aber in einer anderen Dienstleistungsbranche, im Bankgewerbe, wird ernsthaft mit dem Gedanken gespielt, die Vermögensverwaltungskundschaft nur noch gegen Vorweg-Bezahlung zu beraten. Vermögende Privatkunden würden in die »Abteilung Kundenberatung« der Banken nur noch hereingelassen werden, wenn sie vorher gezahlt hätten. Bei mittelgroßen Vermögen würden etwa 1500 bis 2000 DM jährlich anfallen, genauer gesagt, gleich vom Bankkonto am 1. Januar abgebucht werden. Natürlich ist dabei keine Garantie eingebaut, daß künftig die Empfehlungen gegen Honorar auch etwas bringen. Es gehört nicht viel Phantasie dazu, sich auszumalen, wie enttäuschte Honorarkunden reagieren würden, wenn sie statt »Tops« nur »Flops« offeriert bekämen. Sie würden zum Kadi laufen. Dagegen müßten sich wiederum die Berater zu schützen versuchen, mit Beratungsprotokollen, die vom Kunden zu unterzeichnen wären. Was bliebe da noch von dem übrig, was man mal das Vertrauensverhältnis zwischen Bank und Kunde nannte?

Während in Deutschland noch über den Ersatz von Spesen und Courtagen im Effektengeschäft durch gestaffelte Beratungsgebühren diskutiert wird, ist man in der Schweiz schon einige Schritte weiter. »Wir müssen das Private Banking auf den Kopf stellen«, wird in den Chefetagen der Banken gesagt. Um der Konkurrenz der Diskontbroker und anderen Billigbanken zu begegnen, will das traditionelle Bankgewerbe bei der Abwicklung der Wertpapiergeschäfte mit den Diskontern wettbewerbsfähig werden und dafür die Beratungsintensität ausbauen, wobei zur Zeit unterschiedliche Gebührenmodell erprobt werden. Teilerfolge hat es schon gegeben. Die größte Bank der Schweiz, die UBS, hat ein Beratungsteam mit mehreren 100 Spezialisten zusammengestellt, die individuelle Dienstleistungen für größere Kunden gegen Honorar erbringen. Sogenannte Active-Advisory-Verträge werden angeboten, die etwa bis zu 2 Prozent des Verwaltungsvolumens kosten. Dafür entfallen für diese Kunden sämtliche Depotgebühren und Courtagen. Bisher sollen bereits Verträge im Umfange von 10 Milliarden Franken abgeschlossen worden sein. »Dabei haben wir überhaupt noch nicht richtig mit der Werbung begonnen«, sagt man in der UBS.

Auch große Privatbanken, die heute in der Schweiz auch meist als Aktienbanken geführt werden, sind dabei, auf der einen Seite mit den Billiganbietern im Effektengeschäft zu konkurrieren, auf der anderen Seite aber die Beratung zu intensivieren – gegen Honorar.

Die großen und auch die kleineren Vermögensverwaltungsbanken bekennen offen, daß »nicht alle Kunden mitspielen wollen«. Auch im Bankgewerbe selbst gibt es Hemmungen, vor dem Eingang den Klingelbeutel aufzustellen. Mit Feingefühl und Geduld wird versucht, die Kostenstruktur auf eine neue Basis zu stellen. Eine Erfahrung haben die Schweizer gemacht: Banken, die »mit dem Rasenmäher« die Gebührenstruktur revolutionieren wollen, fallen auf die Nase. Die Briefkästen in der Schweiz sind heute verstopft mit Offerten unzähliger privater Effektenanbieter, Versicherungen und Fondsgesellschaften. Sie bieten in bunten Prospekten auch »kostenlose persönliche Beratung« an, natürlich zu Hause beim Kunden. Verschiedentlich werden Beratungsgutscheine in die Briefkästen gesteckt und sogar Lotteriegewinne versprochen. Natürlich sind diese Offerten »nicht umsonst«. Am Ende wollen sie natürlich alle etwas verkaufen. Ob das Angebotene wirklich immer besser und billiger ist, als die Banken offerieren können, steht auf einem anderen Blatt.

In Zürich und in einem halben Dutzend größerer Schweizer Städte sind in jüngster Zeit neue Privatbanken gegründet worden, deren Zielgruppe potente Privatkunden sind. »Hier kocht der Chef persönlich« läßt man wissen. Hier nimmt man sich noch Zeit für die Kunden, ohne den Klingelbeutel vor die Tür zu hängen. Die Neuen haben die Erfahrung gemacht, daß das persönliche Gespräch sehr hoch geschätzt wird. Dann werden auch ohne Murren kostendeckende Spesen gezahlt – wie in alten Zeiten.

Zum Pflicht-Vorsorgesparen könnte auch Gold gehören
Absicherung für Anlagefonds und Pensionskassen auf lange Sicht

In Deutschland sollen noch in diesem Jahr die Weichen für eine revidierte gesetzliche Altersversorgung gestellt werden. Die Diskrepanz zwischen der Zahl der Versicherten und der Rentenempfänger wird immer größer. Die gesetzliche Rente wird im Laufe der nächsten drei Jahrzehnte sinken müssen, wenn man dem beitragszahlenden Teil der Bevölkerung nicht unvertretbar hohe Lasten aufbürden will. Zur Sicherung der Altersversorgung wird deshalb eine »zweite Säule« unumgänglich sein, der Abschluß von Vorsorgeversicherungen, wobei den Sparern die Wahl zwischen einem reichhaltigen Angebot gelassen werden soll. In Zukunft wird man aber wohl permanent darüber streiten, ob es besser sei, das Sparen während der Arbeitszeit steuerlich zu begünstigen oder aber später die Renten von der Steuer zu befreien.

In der Rentendiskussion wird ganz selbstverständlich davon ausgegangen, daß jetzt in der Welt »ewiger Friede« herrschen würde. Mit Kriegen, wie wir sie im 20. Jahrhundert erlebt haben, sei nicht mehr zu rechnen. Daß die vielen Regionalkriege, deren Zahl weltweit kontinuierlich zunimmt, am Ende die Finanzkraft Europas übersteigen könnte, wird ignoriert. In allen Projektionen über die Altersversorgung im 21. Jahrhundert geht man einfach davon aus, daß im Durchschnitt die Inflation – also die Verbraucherpreise – nicht über zwei Prozent pro Kalenderjahr hinausgehen werde. Vereinfacht ausgedrückt: Die Altersversorgung basiert auf Faktoren, die recht zweifelhaft sind. Die Wahrscheinlichkeit, daß im Laufe der nächsten Jahrzehnte die privaten Ersparnisse mal wieder durch Geldinflation zumindest angegriffen werden könnten, ist nicht gering. Was dann? Wenn Millionen von Rentnern eines Tages durch Geldverschlechterung um ihre Ersparnisse gebracht werden würden, hätte das mit großer Sicherheit gesellschaftspolitische Folgen für den ganzen Kontinent. Wir sitzen heute alle im gemeinsamen Geldboot. Die heute »Hosianna« rufen, könnten morgen »Kreuzige ihn« fordern. Die Gefahr, daß Europa, wenn es mal ernst mit der Stabilität des Euros werden sollte, wieder auseinanderfallen könnte, ist nicht völlig ausgeschlossen.

Vor diesem politischen und monetären Hintergrund beginnen sich jetzt an Schweizer Universitäten die Professoren Gedanken darüber zu machen, ob es möglich sei, auf lange Sicht Auffangpositionen gegen Kaufkraftverluste aufzubauen. Viele Alternativen zum Sparen in Geldwerten und in Aktien gibt es nicht. Das Eigenheim bleibt zwar ein wichtiger Teil der Altersversorgung, wenn bis zum Beginn des Rentenalters die Hypotheken abgetragen worden sind. Aber wenn viele Häuser verkauft werden würden (Stichwort Bevölkerungsschwund in Deutschland), könnten auch diese Sachwerte für die Altersversorgung in Frage gestellt werden. Als ein möglicher Ausweg aus dem Dilemma, daß der Staat nicht mehr die Renten garantieren kann und das ergänzende private Sparen unter die Räder kommen könnte, wird nun wieder das Stichwort »Gold« in die Diskussion gebracht.

Der in London domizilierende World Gold Council, der periodisch verläßliche Statistiken über die Goldproduktion und den Goldhandel veröffentlicht, hat Kontakte zu staatlichen und privaten Pensionskassen aufgenommen, mit dem Ziel, eine Diversifikationsstrategie für die Altersversorgung zu finden, wobei neben Aktien, Anleihen und Immobilien auch das gelbe Metall seinen Platz finden könnte. Gold war zwar in den letzten 20 Jahren die denkbar schlechteste Kapitalanlage, weil Gold keine Zinsen bringt und der Goldpreis von 850 pro Unze im Jahre 1980 inzwischen bis unter 300 Dollar gefallen ist. Aber gerade weil das Gold heute wesentlich billiger ist als vor zwei Jahrzehnten, sei es nicht uninteressant, sich wieder Gedanken über Gold auch als Kapitalanlage zu machen.

So schlecht rentiert heute das gelbe Metall als Vermögensanlage gar nicht. Die Preise für Gold werden in Dollar täglich an der New Yorker Comex-Börse fixiert. Der Dollar ist unbestritten weltweit die Gold-Handelswährung. Wer Gold hat, kauft – aus der Perspektive des Euro-Raumes gesehen – also Dollar. So gesehen ist das gelbe Metall auch eine Absicherung des Euros gegen mögliche Qualitätsverschlechterungen, wenn die Gemeinschaftswährung erst bis zum Schwarzen Meer und vor den Küsten Afrikas Zahlungsmittel werden wird.

Gold ist auch nicht »ganz zinslos«. Es kann verliehen werden. Davon haben seit Jahrzehnten die Zentralbanken Gebrauch gemacht, die gar nicht wenig am Verleihen eines Teils ihrer Goldbestände verdient hatten. Schließlich gibt es für Gold einen funktionierenden Termin- und Optionsmarkt. Wer Glück hat, kann mit Gold á la Hausse oder á la Baisse spekulieren, und große Versicherungen und Investmentfonds beschäftigen Spezialisten, die durchaus in der Lage sind, »aus Gold etwas zu machen«. Vorsorgefonds könnten auf ihren Goldbestand Wertpapiere emittieren und den Käufern statt Zinsen anteilige Gewinne an Preissteigerungen versprechen. Der Fantasie sind keine Grenzen gesetzt. Schließlich gibt es noch die Alternative des Erwerbs von Goldminen-Aktien. Nicht alle, aber vielleicht ein halbes Dutzend der Minengesellschaften in Südafrika, Amerika und Australien bringen heute schon trotz des niedrigen Unzenpreises ansehnliche Gewinne. Bei steigendem Goldpreis, der »irgendwann in Zukunft« sicherlich kommen wird, könnten die Goldminenaktien an der Börse einen »Hechtsprung nach oben« machen.

Die Investmentfonds könnten gemischte Fonds auflegen: Mit Aktien, Anleihen und mit Gold. Solche Fonds würden mit ziemlicher Sicherheit emittiert werden, wenn der Goldpreis im Trend erst einmal nach oben laufen würde, denn die Fonds sind nun mal performance-süchtig. Sie würden sich sicherlich nicht das »fette Geschäft mit dem Gold« entgehen lassen. Man sieht: Ohne Fantasie ist das Gold gar nichts. Wie heißt es so schön an der Börse: »Man muß bei Investitionen einen zeitlichen Vorlauf haben, dann verdient man im Schlaf«.

Werner Plötz

**Der Welt-
börsenführer**

Börsen –
Branchen –
Aktien

640 Seiten, Hardcover
148,00 DM
ISBN 3-89843-021-9

Werner Plötz

**Who's Who –
Neuer Markt**

Aktienführer – Stockguide

600 Seiten, deutsch /
englisch, kartoniert,
98,00 DM
ISBN 3-89843-022-7

Werner Plötz

**Mein Recht
als Aktionär**

Interessen selbst vertreten

264 Seiten, gebunden
mit Schutzumschlag
46,80 DM
ISBN 3-89843-023-5

3. Auflage

Werner Plötz

**10.000 Mark
Monatsrente mit
G3-Aktien**

288 Seiten, Hardcover,
39,80 DM
ISBN 3-933180-80-5

9. Auflage

Rainer Konrad (Hrsg.)

**Vermögens-
verwaltung 2001**

Das Jahrbuch der
sicheren und rentablen
Kapitalanlage

392 Seiten, Hardcover

96,00 DM

ISBN 3-89843-018-9

Bertram Theilacker
(Hrsg.)

Banken und Politik

Innovative Allianz
für die Zukunft

328 Seiten, Hardcover,
68,00 DM

ISBN 3-933180-89-9

Bestell-Fax: ++69/75 91-21 87, Buchshop: www.fazbuch.de

Frankfurter Allgemeine Buch

Kapitel V

Sachwerte

Der Grundstücksmarkt

Im ewigen Spannungsfeld zwischen Angebot und Nachfrage

Der Inflationsschutz muß mit »Im-Mobilität« bezahlt werden

Darüber herrscht Einmütigkeit am Kapitalmarkt: Bebaute- und unbebaute Grundstücke werden auch in Zukunft zum Kern jeder privaten Vermögensbildung gehören, und zwar weltweit. Es ist ganz gut, einmal zurückzuschauen. Lange bevor es Börsen und Zinsmärkte gab, war der Immobilienbesitz die einzige Möglichkeit, Vermögen zu bilden und zu erhalten. Rings um das Mittelmeer, in der klassischen Antike, gab es praktisch keine Mietwohnungen. Wer nicht in der Lage war, sich ein eigenes Dach über dem Kopf zu bauen, der mußte »nach unten gehen«. Die biblische Krippe ist mit ziemlicher Sicherheit eine Höhle gewesen. Es ist noch gar nicht lange her, da konnte man auf Grand Canaria noch Höhlensiedlungen bewundern, in denen genauso Menschen wohnten wie vor 2000 Jahren.

Der vorhandene Siedlungsraum ist aus vielen Gründen knapper geworden. Da ist zunächst die Überbevölkerung. Auf der Welt leben heute 6 Milliarden Menschen gegenüber 2,5 Milliarden am Ende des 2. Weltkrieges. Aber gleichzeitig sind auch die Bedürfnisse an Wohnraum gestiegen. Schließlich ist das, was wir Bauland nennen, knapper geworden, weil ein immer größerer Teil der Erdoberfläche das Opfer der Zivilisationsbedürfnisse geworden ist. Da nehmen Straßen, Fabriken und Bürogebäude sowie die vielen neuen öffentlichen Einrichtungen Grund und Boden in Anspruch. Andere weite Teile der Welt sind nicht »siedlungsreif« für die verwöhnte Wohlstandsgesellschaft.

Heute kann man noch in Teilen von Spanien, Italien und Griechenland beobachten, wie Familien in kleinen und kleinsten Behausungen leben (die ihnen aber in der Regel selbst gehören). Das Leben kann sich auf der Straße abspielen. Die Sonne ist Ersatz für teuren und komfortablen Wohnraum. Im Norden Europas ist der aber schon teurer. Die Soziologen sind sogar der Meinung, daß unsere moderne Zivilisation, die nördlich der Alpen entstanden ist, ganz wesentlich durch die Notwendigkeit geprägt wurde, daß sich die Menschen mehr als im Süden vor schlechterer Witterung schützen mußten. Wie immer das auch gewesen sein mag: Heute noch leben im Süden Europas, und damit in einem wesentlichen Teil der Europäischen Union, 70–80 Prozent aller Menschen im eigenen Haus, so klein und billig es auch sein mag. Umgekehrt wohnen heute nördlich der Alpen zwischen 35 und 60 Prozent der Bevölkerung noch »zur Miete«. Nach einem vorübergehenden stürmischen Wachsen der Einfamilienhäuser und der Eigentumswohnungen ist inzwischen eine wesentliche Abflachung der Zuwachsraten eingetreten. Viele junge Menschen zögern – mit Recht –, sich sehr frühzeitig mit Wohnungseigentum (zum Teil mit Hypotheken finanziert) zu binden, weil sie auf dem Arbeitsmarkt flexibel sein müssen, und das ist genau das Gegenteil der Immobilität, die nun einmal mit dem Eigenheimbesitz verbunden ist. »Die Immobilität ist der Tod der eigenen vier Wände«, wurde kürzlich von einer großen Wohnungsbaugesellschaft in Deutschland treffend gesagt. Zumindest ist da etwas »dran«.

Die Globalisierung

Nun ist Grundbesitz nicht nur die Basis für den Eigengebrauch, sondern auch eine Kapitalanlage, also eine Anlage von Ersparnissen. Man könnte auch sagen »Buch-Grundbesitz«. Er hat in den letzten Jahrzehnten eine Expansion erlebt. Es sei nur an die vielen Immobilienfonds unterschiedlicher Ausstattung erinnert. Neuerdings wachsen Immobilien-Aktiengesellschaften aus dem Boden. Schließlich zieht es Menschen aus dem Norden in den Süden und dort bauen sie sich ein Ferienhaus. Dazu kommt, daß die Globalisierung der Weltwirtschaft es heute ermöglicht, vom Schreibtisch aus ein Bürohaus in San Fransisco zu kaufen, oder daß man sich eine Farm im Mississippi-Delta »anlacht«, die man nur auf dem Papier gesehen hat. Der Grundstücksmarkt ist auf der einen Seite immer noch ein Regionalmarkt. Man kann nicht einfach einen Quadratmeter Boden in Amerika mit einem Quadratmeter in Deutschland oder in England vergleichen. Auf der anderen Seite aber sind Anzeichen für eine Internationalisierung des Grundstücksmarktes erkennbar, die alle nationalen Grenzen sprengt. Die früheren »Einzelkämpfer«, die Immobilienmakler auf eigene Faust, schließen sich zu Maklergesellschaften zusammen (vergleiche den Beitrag in diesem Kapitel). Sie weiten ihr Serviceangebot mit Hilfe der modernen Kommunikationsmittel wesentlich aus, was natürlich dem Investor und auch den Verkäufern nutzen kann. Ein wenig wird auch der Immobilienmarkt transparenter, und damit kommt er den Bedürfnissen der Kapitalanleger nach Liquidität entgegen. Ohnehin wird sich im Laufe der nächsten Jahre eine Besteuerung auch privater Immobiliengewinne immer mehr durchsetzen.

Der Fiskus schätzt mit

Eines hat die Zeiten überdauert: Die Begehrlichkeit der Fiskalbehörden. Zitieren wir noch einmal die Bibel. Warum mußten sich Maria und Joseph »schätzen lassen«? Weil der Römische Kaiser es befahl, als Ersatz für die noch fehlenden Grundbücher. Steuern mußten aufgrund der Schätzungen gezahlt werden. Wer es vergaß, war schlecht dran. Er mußte damit rechnen, auf die Straße gesetzt, ja erschlagen zu werden. So rauh waren damals die Sitten.

Etwas von der antiken Schätzmethode zum Zwecke der Steuererhebung hat im Mittelmeerraum die Zeiten überdauert. Noch heute werden zum Beispiel ausländischen

Hausbesitzern in Spanien Fragebogen von der Steuerverwaltung in die Ferienhäuser geschickt. Da muß angegeben werden, wieviel Quadratmeter Wohnraum man beansprucht, was für ein Auto man fährt, und zu welchem Preis man das Ferienhaus selbst gebaut oder gekauft hat. (Auf die letztere Frage werden immer noch falsche Antworten gegeben, wie zu Römischen Zeiten, als die Steuerschätzer schon ihre Pappenheimer kannten. Die Finanzämter kalkulieren »Schummeleien« ein).

Viel feinere Methoden, um den Grundbesitz in die Zange zu nehmen, wenden heute die Finanzämter im Norden Europas an, und es ist kein Wunder, daß dabei die Deutschen absolut an der Spitze stehen. Die schönen Zeiten, in denen aus politischen Gründen das Bauen gefördert wurde, um die Wohnungsnot zu beheben und gezielt in Ostdeutschland zu modernisieren, sind im wesentlichen mit der Jahrhundertwende zu Ende gegangen. Jahrzehnte hatte der Fiskus Kapitalanlagen in Grundstücken, wenn auch in unterschiedlichem Umfang, steuerlich gefördert. Jetzt holt er zum Gegenschlag aus, weil er glaubt, der Hausbesitz könnte mal geschröpft werden, alles nach dem ewigen Motto, daß der Staat nie etwas schenkt, sondern nur leiht.

Die Zyklen reagieren

Die Immobilienmärkte stecken im ewigen Spannungsfeld zwischen Angebot und Nachfrage, und die Preise werden durch unterschiedliche Besteuerung verzerrt. Das ist etwa die Situation, in der sich auch Hausbesitzer und Kapitalanleger in den nächsten Jahren bewegen werden. Die viel zitierte zyklische Bewegung: »Mal rauf und mal runter« kommt auch am Immobilienmarkt nicht zum Stehen. Aber die Erfahrung zeigt, daß die Immobilie meist hinter der jeweiligen wirtschaftlichen und gesellschaftlichen Entwicklung herhinkt. Geradezu klassisch hat sich dies in Ostdeutschland nach dem Ende der DDR gezeigt, als die großzügigen Steuervorteile zu einer maßlosen Überbauung der Zentren Ostdeutschlands geführt haben. Erst das politische Postulat zur Eigentumsförderung, dann Steuerbegünstigungen für Wohnungseigentum, erst die Wiedervereinigung und dann die Abschreibungsmöglichkeiten auf Immobilieninvestitionen. Erst die Konvertibilität der Währung und dann Kapitalanlagen im Ausland. Die Liste ließe sich fortschreiben. Freilich: Wenn man weiß, nach welchen Gesetzen das Bauen immer mal wieder aufs Neue gefördert und dann auch mal wieder »bestraft« zu werden pflegt, kann man sich als Investor eher antizyklisch verhalten. Beinahe tödlich ist es, in eine Immobilienhausse hinein zu bauen und zu kaufen, und weniger risikoreich ist es, am Grundstücksmarkt zu investieren, wenn der mal völlig »auf der Nase liegt«. Freilich muß man im letzteren Falle Zeit, Geduld und ein richtiges Händchen haben.

Wandel, wohin man sieht

Wo stehen wir im Jahre 2001 am Immobilienmarkt? Damit beschäftigen sich die nachfolgenden Beiträge vom deutschen und vom schweizerischen Markt. Für beide Länder gilt: 1. Zinsveränderungen werden einen wesentlichen Einfluß auf die Preise ausüben, und 2. werden die Steuergesetze das Preisgefüge tangieren. Auf lange Sicht kommt noch etwas anderes hinzu: Der demographische Faktor, auf Deutsch, die Abnahme der Bevölkerung. Aber auch dieser Trend muß richtig gedeutet werden. Die in das Vakuum fehlenden heimischen Nachwuchses hineinstoßenden Ausländer werden für die erste Zeit nicht gerade in jene Luxuswohnungen einziehen, welche die verstorbenen Alten hinterlassen. Die heute vorhandenen billigen Wohnungen sind bald schrottreif. Neue aber werden nur dann erstellt, wenn der Staat wiederum großzügige Steuervorteile bietet, denn nichts ist teurer für den Investor als eine billige Wohnung, deren Erhaltungszustand in vielen Fällen schnell die Rendite »aufessen« kann. Die Prognose sei gewagt, daß wir in einigen Jahren ein großes Wohnungsbauprogramm für Zuwanderer bekommen werden, was – richtig finanziert – interessante Anlagemöglichkeiten bieten könnte. Andererseits aber wird der Wohlstand jener Kreise, die heute schon über Vermögen und Grundbesitz verfügen, im Laufe der Jahre noch weiter zunehmen. Diese Gruppe von Nachfragern wird immer wählerischer werden. Sie werden sich mit manchen Objekten, die heute als »komfortable Villen« angeboten werden, nicht mehr zufrieden geben. Es wird zu einer Welle von Luxus-Neubauten kommen, während die heutigen teuren Häuser wohl Preiseinbußen hinnehmen müssen.

Alles fließt, auch am Wohnungsmarkt. Nach einer Untersuchung einer deutschen Universität ist es optimal, ein Haus – sei es nun für den Eigenbedarf oder zur Vermietung als Kapitalanlage – spätestens zehn Jahre nach der Erstellung wieder zu verkaufen. Wer solche Objekte erwirbt, sollte nicht überzogene Preise zahlen, denn nach weiteren zehn Jahren wird sich der Wert weiter vermindert haben, es sei denn, daß die Lage entscheidend für den Preis sein würde. Das Tempo, das heute am globalisierten Markt herrscht, wird auch auf den Immobilienmarkt übertragen werden, und das sollte jeder, der heute ein Grundstück besitzt oder sich mit der Absicht trägt, einen Teil seines Vermögens in Grundstücken anzulegen, im Hinterkopf behalten.

Inflationsschutz?

In mehreren Phasen des wirtschaftlichen Aufschwungs in Westdeutschland sind Immobilien immer wieder auch als »Inflationsschutz« angeboten worden. Wahr ist, daß die Preise für Grundstücke der allmählichen Erosion der Kaufkraft der DM gefolgt sind. Aber umgekehrt hat es immer wieder empfindliche Preiseinbrüche bei wirtschaftlichen Rückschlägen gegeben. In der reichen Schweiz sind in den 90er Jahren aus mancherlei Gründen die Immobilienpreise um ein Drittel gesunken. Realistisch sollte davon ausgegangen werden, daß natürlich bei einer realen Wohlstandsvermehrung (nach Inflation) die Käufer von unbebautem und bebautem Land auch bereit sein werden, mehr zu zahlen. Mit zunehmendem Wohlstand wächst gewöhnlich die Nachfrage nach Immobilien. Umgekehrt kommt es in Krisenzeiten zu Zwangsversteigerungen, wobei manchmal ganz erhebliche Abschläge von den vorausgegangenen Marktpreisen hingenommen werden müssen.

Schon diese Hinweise zeigen, daß es falsch wäre, einfach davon auszugehen, daß die Steigerungen der Verbraucherpreise unmittelbar auf die Immobilienpreise durchschlagen. Oft geschieht das mit Zeitverzögerung. Umgekehrt kann schon in der ersten Phase eines Konjunkturrückgangs der Immobilienmarkt überdurchschnittlich unter die Räder kommen, wenn nämlich die Zentralbank zur Dämpfung von Inflation die Zinsen massiv erhöhen muß, welche dann hochverschuldete Immobilienbesitzer im konjunkturellen Rückgang nicht mehr zahlen können. Andererseits kommt der Immobilienmarkt verschiedentlich früh wieder aus dem Tief heraus, wenn die gewerbliche Wirtschaft erst ganz zaghafte Ansätze zur Besserung macht.

Aus der Sicht des Investors sollten niemals auf längere Sicht (über fünf Jahre hinaus) bei der Bedienung einer Hypothekenschuld von festen Zinsen ausgegangen werden. Das ist nur möglich, wenn man selber langfristig eine Festhypothek gewählt hat. Wenn aufgrund hoher Zinsen Mieten kalkuliert worden waren, kann es passieren, daß in einer Rezession die Mieter nicht mehr zahlen können und daß dann die Objekte – wenn man Glück hat und die säumigen Mieter überhaupt herausbekommt – unter dem bisher kalkulierten Preis angeboten werden müssen. Wohl dem, der auch dann noch seine eigenen Hypothekenschulden zahlen kann. Das Argument, Immobilienbesitz biete Inflationsschutz, ist jedenfalls zu simpel, als daß man darauf »blind« beim Kauf eines Objektes vertrauen darf. Die Rentabiliäts-Kalkulation auf längere Sicht muß viel differenzierter aufgemacht werden. Die vielen Stolpersteine in einem Immobilienleben dürfen nicht übersehen werden, wenn man Erfolg mit Immobilien als Kapitalanlage haben will.

Grundstücksmarkt Deutschland

Grundbesitz: Die Milchkuh der Nation
Bürotürme wachsen in den Himmel – »Slums muß man bauen«

Im Herbst des Jahres 2000 sind die Büromieten in der Bankenmetropole Frankfurts zum ersten Mal bis leicht über 100 DM für den Quadratmeter gestiegen, gleichsam in den Himmel des deutschen Immobilienmarkts. Vor wenigen Jahren noch war es schwer, neue Bürotürme zu 50 bis 60 DM pro Quadratmeter zu verkaufen. Heute lauten die Prognosen von seriösen Maklern am Main, daß in etwa funf Jahren – vorausgesetzt es gäbe keinen empfindlichen Konjunktureinbruch – in Frankfurt 125 bis 130 DM für den Quadratmeter Büroraum bezahlt werden.

Warum? Nun, inzwischen ist es sicher, daß Berlin zwar wieder die politische Hauptstadt Deutschlands geworden ist, daß aber keinerlei Chancen bestehen, das Zentrum des Finanzplatzes Deutschland an die Spree zu verlagern. In Frankfurt existiert eine in Jahrzehnten gewachsene Banken-Infrastruktur, die in der Nähe der Europäischen Zentralbank und ihrer »Unterabteilung« der Deutschen Bundesbank, mit ihrem Domizil zufrieden ist. Die Milliarden-Investitionen in Frankfurt dürften nicht ohne Not einfach aufgegeben werden. Dazu kommt die günstige geographische Lage Frankfurts als Luft-, Straßen- und Bahnkreuz Deutschlands. Vor einigen Jahren gab es noch Prognosen, daß der Bedarf an Büroraum bei den Banken eher abnehmen werde. Das Gegenteil hat sich inzwischen herausgestellt, trotz aller Rationalisierungen in der neuen Kommunikationsgesellschaft. Eine komplette neue Europa-Stadt ist in Frankfurt im Entstehen begriffen, wobei es gewisse Parallelen zur neuen Büro-City in London an der Themse gibt. Aus der Sicht von Kapitalanlegern dürften die Neubauten in Frankfurt zu einer der interessantesten Investitionen auf dem deutschen Immobilienmarkt in den nächsten Jahren gehören. In der Pipeline befinden sich mehr als ein Dutzend neue Wolkenkratzer, die bis zum Jahre 2010 die Skyline der Mainmetropole bestimmen werden.

Was wird aus Berlin?

In anderen deutschen Großstädten wird die Nachfrage nach gewerblichen Mieträumen etwas moderater verlaufen. Nach Frankfurt ist es vor allem München, was kaum über Leerbestände an gewerblichem Nutzraum verfügt. Aber auch an Rhein und Ruhr wird gebaut, während in Berlin in den 90er Jahren, angeheizt durch die großen Steuersubventionen, so viel investiert worden ist, daß erhebliche Leerbestände nur allmählich abgebaut werden können. Der große Bauboom in Berlin ist zunächst einmal vorüber, jetzt geht es darum, die leerstehenden Objekte zu füllen. Dabei wird es aber im

Laufe der nächsten Jahre innerhalb der Stadt zu erheblichen Strukturveränderungen kommen. Im ehemaligen Ostberlin haben nur die Straßen und Plätze etwa bis zur Höhe des Alexanderplatzes eine Chance, »zur City gezählt zu werden«. Eine Angleichung der Bausubstanz und der Bevölkerungsstruktur des Ostens an den Westen Berlins wird dagegen noch für lange Zeit ein schwieriges Unterfangen sein. Aber letztlich gab es auch in der Vorkriegszeit einen Westen und einen Osten in Berlin, und daran wird sich auch nichts ändern. Das ist sehr wichtig für alle Investoren, die sich nicht verleiten lassen sollten, »irgendwo in Berlin billig zu bauen oder zu kaufen«. Das Grundgesetz des Grundstückmarktes, daß vorrangig die Lage bezahlt wird, gilt auch für Berlin in den nächsten Jahrzehnten, vielleicht sogar noch stärker als anderswo.

Die Hypothek hoher Steuern

Wer sich am deutschen Grundstücksmarkt engagieren will, der kommt nicht umhin, sich sehr intensiv mit der Steuergesetzgebung zu beschäftigen. Die ersten Gesetze zur Verschärfung der Besteuerung von bebauten und unbebauten Grundstücken sind schon verkündet, andere werden 2001 kommen. Der Grundbesitz wird die Milchkuh der Nation werden, je schwieriger es für den Fiskus sein dürfte, mit der allmählich näherrückenden nächsten Bundestagswahl die direkten Steuern und auch die Mehrwertsteuern zu erhöhen. Steuererhöhungen auf Grundstücke »sieht man nicht gleich«. An dieser Leitlinie orientiert sich der Fiskus, der nach allem, was in Berlin zu hören ist, einen gezielten Angriff auf das Grundstückseigentum plant. Den kleinen Erleichterungen der Steuersenkungsgesetze werden in der Immobilienbranche kaum spürbar sein. Dagegen droht abermals eine Erhöhung der Erbschaftsteuer auf Immobilien und eine wesentliche Verschärfung der Grundsteuern.

Die Anleger sind sensibel

Diese Steuerpläne werden vorläufig noch »hinter vorgehaltener Hand diskutiert«. Aber sie beginnen schon, die Investoren und Kapitalanleger zu sensibilisieren. Als die Verlängerung der Spekulationsfristen für privaten Immobilienbesitz verkündet wurde, wirkte sich das sofort auf die Umsätze am Immobilienmarkt aus. Dazu kommt das neue Mietrecht, was ohne Not die sogenannte Kappungsgrenze von 30 auf 20 Prozentpunkte verringert hat. Noch gibt es die degressive Gebäudeabschreibung. Aber wie lange noch? Kürzlich hat das Vorstandsmitglied der Münchner Hypo-Vereinsbank, Paul Siebertz, Zwischenbilanz der rot-grünen Steuerpolitik für Grundstücke gezogen. Er kam zum Ergebnis, daß schon heute nicht wenige Kapitalanleger, die sich für Grundstücke interessieren, »das Weite gesucht haben«. Sie investieren im Ausland, womit logischerweise die Investitionskosten im Inland bei mangelndem Risikokapital-Zufluß steigen müssen. Dies wäre ein trauriger »Beitrag« zur Deregulierung und Anpassung der deutschen Wirtschaft an den Weltmarkt. Aber so weit wird von Politikern nicht gedacht. Sie wollen Steuern haben, und zwar möglichst gleich. Nach ihnen die Sintflut.

Paul Siebertz schreibt, es gäbe schon heute ein erschreckendes Indiz der Kapitalabwanderung vom deutschen Grundstücksmarkt: Die Wohnungsfinanzierungen in Deutschland sei im ersten Halbjahr 2000 um fast 40 Prozent gesunken. Es würden Investitionen in Milliardenhöhe fehlen, obwohl die Konjunktur zu einer steigenden Nachfrage geführt habe und sich die Zinsen immer noch auf einem vergleichsweise niedrigeren Niveau befänden.

Schon schlägt diese negative Steuerpolitik auf den Wohnungsbau durch. Sollte die Abstinenz der Investoren weiter anhalten, so meint die Hypobank als einer der großen Immobilienfinanziers Deutschlands, würden die Mieter nicht nur wegen der gestiegenen Energiekosten in Zukunft tiefer in die Tasche greifen müssen. Auch das Angebot an neuen Objekten dürfte drastisch sinken, auch in den Ballungsgebieten. Im Mietwohnungsbau sind die Baugenehmigungen im Jahre 2000 bereits um weitere 30 Prozent gefallen. Wie soll das weitergehen?

Am Horizont: Neue Subventionen?

Nun, wir glauben, daß dies sehr einfach ist. Die Politiker verstehen sehr wohl, was sie falsch gemacht haben, wenn das Volk murrt, vor den Wahlen. Auf dem Wohnungsmarkt übertragen bedeutet dies, daß es erst in Deutschland – genauer gesagt in den Ballungsgebieten Westdeutschlands – zu einer neuerlichen Wohnungsverknappung kommen muß. In dem Augenblick, in dem die Massenmedien das Thema entdecken, werden die Politiker wohl schnell weich werden. Auf nichts reagieren sie empfindlicher als auf Wohnungsnot. Die Prognose sei gewagt, daß in vier bis fünf Jahren der Wohnungsbau in Deutschland aufs Neue kräftig subventioniert werden dürfte. Wer Immobilien zum Zwecke der Kapitalanlage erwerben will, sollte überlegen, ob er die Investitionen nicht auf einige Jahre verschiebt. Er wird dann vom Staat wieder belohnt werden, während er heute bestraft wird. So traurig es ist, so denken zu müssen, so muß man doch wohl die Realitäten sehen.

Ein Zyniker unter den deutschen Immobilienfachleuten hat kürzlich in Frankfurt »unter Maklern« empfohlen: »Kinder, baut Slums«. Wie? Ausgerechnet Slums, billige Wohnungen, mit denen man doch in den vergangenen Jahrzehnten nur schlechte Erfahrungen gemacht hat. Man denke nur an die vielen Hochhäuser, die jetzt vielfach abgerissen werden müssen, weil die Vermietung schon zu einem Politikum geworden ist. Aber nehmen wir einmal an, daß wohl bald pro Kalenderjahr 250 000 bis 300 000 Ausländer »offiziell« nach Deutschland zum Arbeiten einreisen dürfen, dann wird sich schnell die Frage stellen, wo die denn alle wohnen sollen. Erst hat der Staat Greencards verschenkt, bald wird er ausländischen Arbeitskräften großzügige Geschenke machen müssen, damit sie kommen – in Form von billigen Wohnungen. Anders wird die Zuwanderung in großem Stile gar nicht realisierbar sein. Bei geschickter Finanzplanung ließe sich – so denkt heute schon mancher Immobilienprofi – ganz

Geldanlage in Immobilien

Eigentumswohnungen zur Vermietung

	durchschnittliche Kaufpreise für 80 qm neu/gebraucht	Rendite
in Bremen	285000/200000 DM	5,4%
in Bonn	330000/240000 DM	5,4%
in Frankfurt/Main	390000/305000 DM	5,3%
in Köln	380000/275000 DM	5,2%

Offene Imobilienfonds	Vertrieb	Kennummer	Rendite*
CS Euroreal	Credit Suisse	980500	3,8%
BfG Immolnvest	BfG Bank	980230	3,7%
DespaEuropa	Sparkassen	980956	3,7%
Haus-Invest	Commerzbank	980700	3,4%

Real Estate Investment Trusts			Rendite**
MSDW US Real Estate	Chase Bank	974852	48,9%
Deka Team-Immoflex	Sparkassen	986472	48,6%
Al Lux US-Reits	Hypo Vereinsb.	986901	40,9%
Pioneer US-Reits	Pioneer-Vertrieb	987419	39,5%

Quellen: Südprojekt Wirtschaftsforschung, FCS Finanz-Computer-Service, Bloomberg
* Rendite auf der Basis 36 Monate, ** auf der Basis 12 Monate

schön mit Hilfe künftiger Steuervorteile verdienen, wenn man billige Slums baute. Die Grundstücke dafür sollte man sich rechtzeitig sichern, weil es sonst möglicherweise Schwierigkeiten mit der örtlichen Genehmigung geben könnte. Man müßte nur aufpassen, »die Dinger bald wieder los zu werden«, sagen schon heute die Eingeweihten. Solche Überlegungen sollten eine Warnung für die politischen Parteien sein. Es ist gefährlich, mit dem Feuer zu spielen. Je mehr man heute den Grundstücksmarkt steuerlich belastet, desto schwerer wird es werden, die Investoren wieder zurückzugewinnen, wenn man sie erneut brauchen sollte.

Die strittigen Steuerwerte

Eines der Hauptprobleme für die Besteuerung von Vermögen in Deutschland ist immer wieder die »richtige« Bewertung des Grundbesitzes. Das heutige Recht, bebaute Grundstücke nach dem Ertragswertverfahren zu belasten, soll geändert werden. Heute wird in der Regel angenommen, daß der Steuerwert das 12,5fache der für ein Grundstück im Durchschnitt der letzten drei Jahre erzielten Jahresmiete ist. Davon werden

Wertminderung bei älteren Gebäuden abgezogen. Beim selbstgenutzten Wohneigentum tritt an die Stelle der Jahresmiete die sogenannte ortsübliche Vergleichsmiete. Was man da nun alles ändern wird, steht noch in den Sternen. Das gleiche gilt für unbebaute Grundstücke, wo man an eine gewisse Modifizierung der steuerlichen Erfassung denkt.

Wenn man nun zu höheren Steuerwerten für Grundstücke kommt, ist das »ein Fressen« für den Fiskus, auch bei der Erbschaftssteuer. Wenn nun auch noch die Steuersätze erhöht werden, kann man sich denken, was dann noch für die Erben übrig bleiben wird. Schon jetzt ist das Aufkommen an Erbschaftssteuer in Deutschland von einer vergleichsweise geringen Summe von 3,6 auf 5,9 Milliarden DM in den letzten vier Jahren gestiegen. Für 2004 wird mit 7,5 Milliarden gerechnet. Das Immobilienvermögen wird wohl mit weiteren 1,6 Milliarden DM allein durch neue Bemessungsregeln belastet werden. Natürlich müßten höhere Steuern bis zu den Mieten durchschlagen. 60 Prozent aller Haushalte werden nach den Vorstellungen der Hypothekenbanken mit höheren Mietzinsen zu rechnen haben, so daß am Ende die Mieter die Zeche zahlen müssen, welche die Politiker den Hausbesitzern aufladen möchten. Aber: Hier kann es dann freilich Spannungen geben. Wenn die Medien »Krach schlagen« und die »bösen Hausbesitzer« anklagen, sie würden die Mieter »ausnehmen«, wird es ernst. Daß, was die Politiker heute beim Benzinpreis zu hören bekommen, würden sie wohl um das Vielfache stärker spüren, wenn es um die Mieten ginge. Jedenfalls sind die geplanten Reformen ein Treibsatz für die Kosten und die Mietkosten wiederum ein Treibsatz für politische Extremisten. Vorläufig prallt das alles an den politischen »Machern« ab, die nur den Augenblickserfolg höherer Steuereinnahmen sehen.

Und das Fonds-Sparen ...

Die Beteiligung an offenen Immobilienfonds, die sich in den letzten Jahren am Kapitalmarkt eine ansehnliche Position verschafft haben, wird durch massive Steuererhöhungen auch nicht gerade interessanter werden. Auch hier ist Vorsicht bei Neuanlagen empfehlenswert, denn natürlich können auch die Fonds nur das an die Investmentsparer weitergeben, was sie selbst verdienen. Dazu kommt unter Umständen noch das Risiko höherer Inflationsraten, die wiederum – wenn sie auf die Mieten durchschlagen – Gegenstand politischer Querelen werden würden. Deshalb müssen auch Anlagen in offenen Immobilienfonds sehr sorgfältig aus der steuerlichen und auch aus der politischen Sicht geprüft werden.

Wie sieht es bei den geschlossenen Fonds aus, bei denen die Investoren ja praktisch Mitunternehmer sind? Die großen Steuervorteile, mit denen Ostdeutschland aufgebaut wurde, sind ja passé. Der Trend geht dahin, daß die Fondsanbieter ihre Kunden jetzt auch mehr und mehr auf das europäische Ausland und auf Amerika »umlenken«. Dort sind die Renditen aus Immobilienbeteiligungen noch wesentlich höher als in Deutschland. Ein Teil der Kapitalflucht aus dem Euro-Raum resultiert auch aus Kapitalverlagerungen bei Immobilieninvestitionen ins Ausland. Aber: So risikolos ist es auch nicht, sein Geld an den ausländischen Immobilienmärkten arbeiten zu lassen. Alle Erfahrungen haben gezeigt, daß es sehr großer Sorgfalt bedarf, um nicht über die Beteiligung an Fonds »Flops« zu erwerben. Das kann am Ende zu empfindlichen Verlusten führen. Vorsicht bleibt die Mutter auch des internationalen Immobilienmarkts, wenn man davon ausgeht, daß vielleicht auch in den nächsten Jahren die Weltwirtschaft in ein ruhigeres Fahrwasser einmünden könnte und daß dann auch draußen in der Welt vielleicht weniger als heute verdient wird. Erfahrungsgemäß reagieren Grundstücksmärkte sehr sensibel auf alle Konjunkturänderungen. Ausländische Immobilien nur anhand von bunten Kaufprospekten erwerben, ist ein großes Risiko.

Geld & Geist

Fred C. Kelly

Warum Du gewinnst

Psychologie der Börse
Ratgeber für Aktienkäufer

2. Auflage
143 Seiten, gebunden,
mit Schutzumschlag
ISBN 3-905267-04-7

»Über die Eitelkeit und Gier: Für Sparer, die zwar in Richtung Börse schielen, sich aber bisher nicht herantrauten, ist Kellys Buch eine Pflichtlektüre – eine vergnügliche sogar, denn der Autor bringt den Lesern seine Erkenntnisse in unterhaltsamem Plauderton und mit trefflichen Anekdoten näher. Leichten Gewinn verspricht er ihnen indes nicht: Man müsse schon so stinkendfaul sein, daß man bereit ist, für den Börsenerfolg kurzfristig hart zu arbeiten, damit man später das Leben genießen kann.« *Solidus, Die Zeit*

Conzett Verlag bei Oesch

Jungholzstraße 28, 8050 Zürich
Telefax 0041-1/305 70 66
E-Mail: info@oeschverlag.ch
www.oeschverlag.ch

Bitte verlangen Sie unser Verlagsverzeichnis
»Geld & Geist«
direkt beim Verlag. Postkarte genügt!
Alle Bücher von Oesch erhalten Sie in Ihrer Buchhandlung

Die Eigenheimfinanzierung – ein Abenteuer?

Dieser Beitrag befaßt sich mit der »richtigen Finanzierung von Eigenheimen« einschließlich spezieller Fragen, die sich heute aus der Finanzierung von Zweifamilienhäusern ergeben. Die Anregungen dürften trotz unterschiedlicher Gesetzgebung in Deutschland, in der Schweiz und in Österreich für Bauherren in allen drei Ländern von praktischem Wert sein.

Ein Haus zu bauen, ist nicht nur eine Steuerfrage

Eigenheime werden wohl ganz selten »aus einem Guß« finanziert. In der Regel wird ein Mix zwischen Eigenkapital und diversen Fremdkapitalquellen benötigt, um ein Haus zu bauen. Die Einzelteile einer solchen gemischten Finanzierung lassen sich wie bei einem altchinesischen Puzzlespiel zu unterschiedlichen Bildern zusammenfügen.
    Beginnen wir mit der *Laufzeit der Finanzierung*. Dann geht es um die *Höhe des Eigenkapitals* und schließlich um die *Verwendung von sogenannten Eigenheimzulagen*, die der Fiskus in Deutschland gewährt. Schließlich muß auch noch die Dauer der Zinsbindung vorher sorgfältig geklärt werden. Das ganze Finanzierungsgebäude muß am Ende auch noch versichert werden. Mit den diversen Bausteinen sind – je nach Mentalität, Persönlichkeit und Risikobereitschaft des Bauherrn – viele Kombinationen denkbar. Aber nur in seltenen Fällen beschäftigen sich die Bauherren intensiv mit allen genannten Fragen. Die meisten denken ganz einfach nur an die zu zahlenden Raten und an die Höhe der Zinsen, die man zum Baubeginn »hinnehmen« muß. Dies kann in der Praxis zu Finanzierungen führen, die nicht immer optimal sind.
    In der Vermögensverwaltung sind Musterdepots geschaffen worden, an denen man sich orientieren kann. In den Effektendepots werden in der Regel Aktien, Obligationen und Geldmarkttitel gemischt. Dieser Anlagemix hat sich in der Praxis bewährt. Man kann nun die Idee der Musterdepots auch auf die Eigenheimfinanzierung übertragen. Ein fester Finanzierungsrahmen verleiht dem Hausbauer bei der Kreditaufnahme ein sicheres Gefühl.

Vier Kombinationsmöglichkeiten

Nehmen wir als ein Beispiel ein Einfamilienhaus, das gegenwärtig in Deutschland 750.000 DM kostet. Dabei wird ein Eigenkapital von 250.000 DM eingesetzt, so daß der Fremdkapitalanteil eine halbe Million beträgt. Im Rahmen eines Finanzierungsmusters sind Kombinationen möglich, deren Namen man »etwas lyrisch« der Musiksprache entlehnen könnte.
    Das erste Modell nennen wir **Adagio**. Es ist, bildlich gesprochen, ein »getragenes Stück« und für solche Anleger geeignet, die besonderen Wert auf Sicherheit legen.

Adagio besteht aus fünf Bausteinen. Die Finanzierung wird auf eine Dauer von 15 Jahren projektiert. Das Eigenkapital wird direkt eingesetzt. Es wird davon ausgegangen, daß der Nominalzins während der gesamten Laufzeit fest bleibt. Die Eigenheimzulage in Deutschland fließt als Sondertilgung ein. Die Schulden werden schließlich durch eine Risikolebensversicherung mit Beitragsbefreiung und Rente bei Invalidität abgesichert. Damit würde das Haus beim Tod des Verdieners auf einem Schlage schuldenfrei sein. Der Versicherungsvertrag wird so abgeschlossen, daß die Versicherung bei Berufsunfähigkeit des Verdieners in der Familie zum Beispiel eine monatliche Rente von 10.000 DM auszahlt, so daß der Familie genug Geld bleibt, um Verbindlichkeiten zu decken.

Das zweite Modell nennen wir **Andante**. Es kommt für Investoren in Frage, die sich ein bißchen mehr Flexibilität wünschen. Die Fremdmittel werden hier auf zwei Hypotheken von jeweils 250.000 DM verteilt. Der Zinssatz des ersten Darlehens wird nur auf zehn Jahre festgeschrieben. Für den zweiten Kredit sogar nur auf fünf Jahre. Dies schafft die Möglichkeit, zum Beispiel eine größere Summe Eigenkapital später als Sondertilgung einzusetzen oder aber von sinkenden Zinsen zu profitieren, die es vielleicht nach fünf Jahren geben könnte.

Die dritte Komposition heißt **Allegro**. Hier wird es munter. Die Laufzeit des Fremdkapitals beträgt 15 Jahre. 250.000 DM werden zu Festzinsen nur auf fünf Jahre aufgenommen, die anderen 250.000 DM werden nur kurzfristig, auf jeweils zwölf Monate, fest finanziert. Oft gibt es erhebliche Abweichungen zwischen den kurzen und den langen Zinsen, wobei meist die kurzen Zinsen niedriger sind als die langen. Der Gesamtkredit wird über einen Aktienfonds getilgt, in den auch die Eigenheimzulagen fließen. Wahrscheinlich wird das Modell Allegro nur für »Betuchte« – hauptsächlich Freiberufler – in Frage kommen, die in der Regel ihre Kredite schnell tilgen wollen, aber nicht genau voraussehen können, wie sich ihr Einkommen in den nächsten Jahren entwickeln wird.

Modell Nummer vier nennen wir **Presto**. Die Finanzierung wird hier ebenfalls auf 15 Jahre angelegt. Neben dem Eigenkapital wird die halbe Million Fremdkapital als Festdarlehen aufgenommen und nach 15 Jahren aus parallel angelegtem Aktienvermögen getilgt. Das einzige Sicherheitselement ist eine Versicherung im Todesfall und bei Berufsunfähigkeit. Sonst ist das Modell Presto ganz auf Risiko und in der Hoffnung auf steigende Aktienkursgewinne abgestellt. Auch hier wieder muß man natürlich über genügend Vermögen verfügen, um das Modell Presto zu praktizieren.

Andere Lebensformen – andere Finanzierungen

Heute fallen 80 Prozent aller Eigenheimfinanzierungen in Deutschland in die beiden ersten Kategorien. Die meisten Bauherren wollen keine Experimente eingehen. Bausparverträge und Lebensversicherungen sind immer noch bevorzugte Geldanlagen. Ob dies auch in Zukunft so bleiben wird, ist offen. Die zunehmende berufliche Mobilität und auch die hohen Scheidungsraten haben zu »anderen Lebensformen« geführt,

Tabelle 1
Eigenheimfinanzierungen für unterschiedliche Temperamente im Überblick

Position	Modell A Adagio	Modell B Andante	Modell C Allegro	Modell D Presto
Kaufpreis des Eigenheims	750.000			
Eigenkapital	250.000			
Fremdkapital	500.000			
Laufzeit der Finanzierung	15 Jahre oder 180 Monate			
Eigenheimzulage / Kindergeld	8 x 8000 DM			
Darlehensart	Annuitätendarlehen	Annuitätendarlehen	Annuitätendarlehen	Festdarlehen	Festdarlehen
Nominalbetrag	500.000	250.000	250.000	250.000	500.000
Dauer der Zinsbindung	15 Jahre	10 Jahre	5 Jahre	1 Jahr	3 Monate
Kreditzins nominal / effektiv in Prozent	6,5 / 6,7	6,25 / 6,43	6 / 6,17	5,5 / 5,64	5 / 5,12
Abschlußzins nominal / effektiv in Prozent	– / –	7,5 / 7,76	7 / 7,23	6,5 / 6,7	6 / 6,17
Verwendung der Fördermittel	Sondertilgung	Sondertilgung	–	Geldanlage	Geldanlage
Zahlungsstrom des Kredites	180 x 3914	180 x 1717	180 x 2163	12 x 1146 / 168 x 1354	3 x 2083 / 177 x 2500
Restschuld am Ende der Laufzeit	0	0	0	250.000	500.000
Anlagezins nominal / effektiv in Prozent	– / –	– / –	– / –	10 / 10	10 / 10
Zahlungsstrom der Geldanlage	–	–	–	180 / 146	180 / 773
Guthaben am Ende der Laufzeit	0	0	0	250.000	500.000
Absicherung bei Tod	Risikolebensversicherung mit fallender Versicherungssumme				
Beitragsbefreiung bei Invalidität	Ja				
Monatsrente bei Invalidität	10.000 DM pro Monat / Versicherungsschutzdauer = 15 Jahre / Leistungsdauer = 30 Jahre				
Prämie bei Versicherungsschutz	11 x 4206				
Effektivzins der Kombination in Prozent	6,13	5,99	5,14	5,03	3,42
Durchschnitt der Effektivzinsen in Prozent	5				
Abzinsungsfaktor in Prozent	5				
Barwert der Kombination	535.264	530.933	500.859	452.369	
Vorteil im Vergleich zu Modell A	0	4.331	34.405	82.895	

Alle Angaben in DM

was auch Rückwirkungen auf die Finanzierung von Eigenheimen haben kann. Im Mittelpunkt steht nicht mehr das »Zuhause« sondern ein gedachtes »Lebensabschnittsgebäude«, das sich bei Bedarf auch wieder schnell verkaufen läßt. Aus dieser Sicht sind Kredite mit langen Zinsbindungen und starren Tilgungen nicht gerade ideal, sondern eher eine Belastung. Flexible Finanzierungsmodelle werden wahrscheinlich in Zukunft an Bedeutung gewinnen.

Geht man von den Zinsen des Jahres 2000 aus, kosten die Modelle Adagio und Andante effektiv 6,13 und 5,99 Prozent. Die Differenz ist nicht besonders groß. Vor diesem Hintergrund ist das Modell Adagio für die Anleger, die keine Sondertilgung leisten wollen, wohl die beste Lösung. Hier kann man auf »totale Sicherheit bauen«: Geld aufnehmen, 180 Monatsraten à 3.914 DM der Bank zahlen, die Eigenheimzulage an den Kreditgeber abtreten und elf Jahresprämien à 4.206 DM an die Versicherung zahlen, und fertig ist das Finanzierungsmodell. Unabhängig davon können die Darlehensnehmer den Kredit nach zehn Jahren kündigen, was die Chance beläßt, dann auf günstigere Konditionen umzusteigen. Vielleicht liegt der langfristige Zins dann nur noch bei 6,5 Prozent. Ob diese Rechnung freilich aufgeht, bleibt der Zukunft überlassen.

So ruhig geht es beim Modell Allegro nicht zu. Hier bringt man noch eigenes Aktienvermögen ins Spiel. Die ersten 250.000 DM Kredit werden aus Aktienvermögen zurückgezahlt, so daß sich die laufenden Tilgungskosten entsprechend verringern. Natürlich kann die Spekulation aus der Differenz zwischen Kreditzinsen und Aktienerträgen ins Auge gehen. Die kritische Rendite liegt beim Modell Allegro bei 6,59 Prozent. Wenn der Bauherr der Meinung ist, daß er mit Hilfe von Aktienanlagen seine Zinskosten verringern kann, ist das natürlich nur eine Hoffnung, auf die man nicht unbedingt bauen kann.

Beim Modell Presto für »mobile Menschen« wird auch eine größere Risikobereitschaft vorausgesetzt. Bei kurzfristiger Zinsbindung wird zunächst die Möglichkeit geschaffen, Darlehen nach jedem Quartal abzulösen. Darüber hinaus eröffnet Presto auch die Perspektive, den Zinsaufwand erheblich zu senken.

Zweifamilienhäuser – Vor- und Nachteile

Es gibt bei der Vermögensanlage in Immobilien einen Grundsatz, der in jedem Land Gültigkeit haben sollte: »Nie nur wegen Steuervorteilen irgendetwas bauen oder kaufen«. Ganz besonders gilt dies auch für Überlegungen, ob nicht anstelle eines Einfamilienhauses der Bau eines Zweifamilienhauses vorteilhafter sein könnte. Diese Frage stellt sich häufig bei Freiberuflern aus persönlichen und auch aus spezifischen, beruflichen Interessen.

Eine ganze Menge kann für die Errichtung eines Doppelhauses sprechen. Da ist zunächst die Sorge, daß sich eine Familie in einem Einzelhaus möglicherweise isoliert vorkommen könnte. Dies wäre vor allem dann eine Frage, wenn das zu erstellende Haus aus Kostengründen relativ weit von einer Stadt oder größeren Überbauung entfernt liegen sollte. Der nächste Punkt: Läßt sich die zu vermietende Wohnung in einem Zweifamilienhaus auch gut »vermarkten«? Wird man Mieter finden, die zum Bauherrn passen? Wird die gedachte Kostenmiete auch hereinzuholen sein oder wird man nachgeben müssen? Eine ganze Reihe von rechtlichen Fragen – bis zu der Überlegung, wie man die Mieter wieder herausbekommen kann – ist ebenfalls vorher zu klären. Wenn die Ehefrau auch berufstätig ist, kann ein Zweifamilienhaus durchaus praktische Vorteile haben. Eine unmittelbare Nachbarschaftshilfe wäre dann gegeben. Dies zeigt, daß man nicht nur wegen gewisser Steuervorteile ein Zweifamilienhaus bauen sollte. Wie sagt der Volksmund? »Eines schickt sich nicht für alle«. Das gilt auch für Zweifamilienhaus-Investitionen.

Tatsache ist, daß bei richtiger Finanzierung ein Zweifamilienhaus helfen kann, Geld zu sparen. Die Kreditbausteine ähneln der Finanzierung eines Einfamilienhauses. Aber man muß immer wissen, daß Zweifamilienhäuser ein Zwitter zwischen Eigenheim und Kapitalanlage sind.

Eine Beispielrechung

Bei der Finanzierung eines Zwitters zwischen Eigenheim und Immobilienanlage gilt es besonders aufzupassen. Ein Beispiel: Ein Arzt will ein Zweifamilienhaus kaufen, das eine Million DM kostet. Die Wohnungen sind 150 und 100 Quadratmeter groß. Der kleinere Teil soll vermietet werden. Die Finanzierung wird auf 15 Jahre angelegt. Der Eigenkapitalanteil für das Gesamtobjekt soll 300.000 DM betragen, 700.000 DM sind also fremdzufinanzieren. Der gut verdienende Mediziner wird bemüht sein, die Schulden so schnell wie möglich zurückzuzahlen. Aus Sicherheitsgründen möchte er einen festen Zins für die Laufzeit des Kredits wählen. Dazu kommen eine Risikolebensversicherung und eine Rente bei Berufsunfähigkeit. Eine Eigenheimzulage gibt es nach deutschem Recht wahrscheinlich nicht, weil das Jahreseinkommen des Arztes zu hoch sein wird.

Monatlich wird der Arzt genau 6098 DM zu zahlen haben, wenn man von einem Nominalzins von 6,5 Prozent ausginge. Der Effektivzins der Finanzierung einschließlich der Versicherungskosten liegt bei 8,52 Prozent vor Steuern. Dieses Finanzierungskonzept aber ist nicht gut. Nach dem deutschen Steuerrecht wird das Objekt als »ein Grundstück« behandelt. Viel günstiger ist der Kauf von zwei Wohnungen. Dann könnte der Käufer selbst bestimmen, in welchem Umfang die beiden Objekte mit Eigen- und mit Fremdkapital bezahlt werden könnten.

Vorteilhaft wäre es, wenn die zu vermietende Wohnung am besten vollständig mit Fremdkapital bezahlt wird (in diesem Falle 400.000 DM). Die Trennung der Finanzierung für die beiden Wohnungen bringt Steuervorteile von etwa 27.000 DM.

Im Vergleich zu anderen Geldanlagen wird die Rendite aus dem Zweifamilienhaus nur mager sein. Vorteilhaft wäre es, 400.000 DM als Festkredit mit langer Laufzeit aufzunehmen und bis zum Ende der Laufzeit nur die Zinsen zu zahlen. Mit dem Guthaben des »ersparten Kapitals« und der Zinsen wird nach 15 Jahren wohl der Festkre-

Tabelle 2
Überblick über verschiedene Finanzierungsmodelle für Zweifamilienhäuser

Position		Modell B Bronze		Modell C Silber		Modell D Gold		Modell E Diamant	
Darlehensart	Annuitäten-darlehen	Annuitäten-darlehen	Annuitäten-darlehen	Annuitäten-darlehen	Fest-darlehen	Annuitäten-darlehen	Fest-darlehen	Fest-darlehen	Fest-darlehen
Nominalbetrag	700.000	300.000	400.000	300.000	400.000	300.000	400.000	600.000	400.000
Nominalzins / Effektivzins in Prozent	6,5 / 6,7	6,5 / 6,7	6,5 / 6,7	6,5 / 6,7	6,5 / 6,7	6,5 / 6,7	6,5 / 6,7	6,25 / 6,43	6,5 / 6,7
Zinsbindung in Jahren	15	15	15	15	15	15	15	10	15
Zahlungen	180 x 6098	180 x 2613	180 x 3484	180 x 2613	180 x 2167	180 x 2613	180 x 2167	180 x 3125	180 x 2167
Restschuld am Ende der Laufzeit	0	0	0	0	400.000	0	400.000	600.000	400.000
Geldanlage	Direkttilgung	Direkttilgung	Direkttilgung	Direkttilgung	Rentenpolice	Direkttilgung	Aktienfonds	Aktienfonds	Rentenpolice
Nominalbetrag	0	0	0	0		0	0	300.000	0
Nominalzins / Effektivzins in Prozent	– / –	– / –	– / –	– / –	5 / 5	– / –	10 / 10	10 / 10	5 / 5
Zinsbindung in Jahren	–	–	–	–	15	–	15	10	15
Zahlungen	–	–	–	–	180 x 1505	–	180 x 995	0	180 x 1505
Guthaben am Ende der Laufzeit	0	0	0	0	400.000	0	400.000	778.123	400.000
Versicherungsschutz bei Tod	Risikolebensversicherung (700.000 DM) mit fallender Versicherungssumme über 15 Jahre								
Rente bei Invalidität	13.500 DM pro Monat / Versicherungsschutzdauer = 15 Jahre / Leistungsschutzdauer = 30 Jahre								
Prämie für Versicherungsschutz	11 x 9229 DM (Angebot der Gerling E & L Lebensversicherung AG für Nichtraucher)								
Kombinationszins vor Steuern in Prozent	8,52	8,52		9,06		7,65		6,05	
Einkommen (Splittingtabelle)	Verdienst = 350.000 DM pro Jahr / Mieteinnahmen = 20.000 DM pro Jahr / Abschreibung = 15.000 DM								
Kombinationszins nach Steuern in Prozent	7,12	6,51		6,01		4,47		1,58	
Abzinsungsfaktor	Mittelwert der Effektivzinsen = 5,14 Prozent								
Barwert der Kombination	– 87.695	– 60.981		– 36.663		27.870		107.932	
Vorteil im Vergleich zu Modell A	0	26.714		51.032		115.565		195.627	

Alle Angaben in DM

dit auf einen Schlag getilgt werden können. Besonders vorteilhaft ist die Anlage des ersparten Fremdkapitals in einen Aktienfonds, der – auf längere Sicht – mehr als die Verzinsung von Obligationen bringen dürfte. Einzelheiten einer optimalen Finanzierung von Zweifamilienhäusern sind mit dem Steuerberater vorher abzusprechen.

Volker Looman

Grundstücksmarkt Schweiz

Knapp sind die teuersten Wohnungen
Noch keine breite Marktöffnung für Ausländer

Der Schweizer Grundstücksmarkt ist ein klassischer »Wohlstandsmarkt«. Die Zahl der Wohnungssuchenden, die hohe Ansprüche stellen, wächst mit der Zunahme der Einkommen und der Vermögen, nicht zuletzt auch durch Erbschaften. Dem steht eine nur beschränkte Verfügbarkeit von Bauland »in richtiger Lage« gegenüber. Die Preise für Grund und Boden tendieren in besten Wohnlagen fest. Die Rückschläge in den 90er Jahren sind ausgebügelt.

Der Markt wird verzerrt durch die Beschränkung der Nachfrage aufgrund des Verbots von Auslandskäufen, das nur am Rande gelockert worden ist. Wenn ausländische Unternehmer Firmen in der Schweiz kaufen oder gründen, dürfen auch die notwendigen Grundstücke von Ausländern mit erworben werden. Betuchte Ausländer können jetzt aber in den meisten Kantonen von den Steuerämtern das Privileg der »Pauschalisten« erwerben. Es werden Steuerarrangement mit Personen vereinbart, die nicht in der Schweiz beruflich tätig sein dürfen, sondern nur von ihrem Vermögen leben müssen. Aber dieser Nachfragekreis ist im Verhältnis zum gesamtschweizerischen Immobilienmarkt nicht bedeutend. Bis auf weiteres wird das nur geringfügig durchlöcherte Ausländerverbot für Grundbesitz in der Schweiz aufrechterhalten werden, wenn auch nach der Ratifizierung der zweiseitigen Verträge mit der EU im Laufe der Jahre eine weitere Auflockerung des Marktes vorgegeben ist. Aber das ist Zukunftsmusik, es wird den Schweizer Markt für die nächsten zwei bis drei Jahre wohl kaum tangieren.

Stabile Zinskosten

Größeren Einfluß auf den Markt werden die Zinsen haben. Hier ist es schon in der zweiten Hälfte des Jahres 2000 zu Anpassungen der Hypothekenkosten an die allgemein gestiegenen Zinskosten gekommen. Aber dieser Anpassungsprozeß hat einmal nur einen Teil der Vermieter getroffen, weil doch viele Haus- und Wohnungsbesitzer mit den Banken Festzinsverträge auf fünf bis zehn Jahre abgeschlossen hatten. Der Zinsaufschlag für erstklassige Hypotheken hält sich immer noch in solchen Grenzen, daß eine schnelle Abwälzung der Mehrkosten auf die Mieter kaum zu erwarten sein dürfte. Letztlich sind die Mieten in der Schweiz ein großes Politikum. Ob es überhaupt im Jahre 2001 zu Mietpreiserhöhungen kommt, ist offen. In der Regel erhalten Bauherren heute in der Schweiz noch Hypotheken zu 4,5 Prozent. Das sind 2 Prozent weniger als etwa in Deutschland.

Viel wird für Hausbesitzer und Mieter in nächster Zeit von der Zinspolitik der Na-

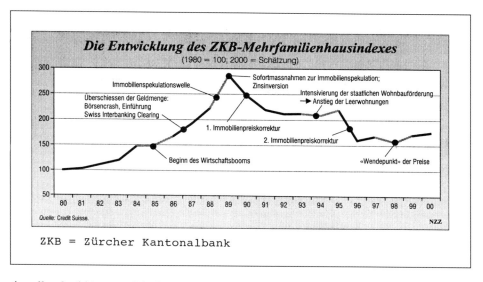

ZKB = Zürcher Kantonalbank

tionalbank abhängen. Die Bank hatte bisher versucht, sich nach Möglichkeit in der Wechselkurspolitik dem Euro anzuschließen. Im Oktober hat aber die Nationalbank nun offiziell eine Abkehr von der Politik des Gleichschritts mit dem Euro-Raum verkündet, mit dem Ziel, sich von etwaigen Inflationsbazillen im Euro-Raum nicht anstecken zu lassen. Der Effekt: Zum Jahresende mußten schon für 100 Franken fast 130 DM bezahlt werden, ein Rekordkurs für den Franken. Er hat von der Schwäche des Euros profitiert, weil wieder in verstärktem Umfange Auslandsgeld in den Franken drängt. Dies wiederum hilft, die Zinsen für den Franken zumindest zu glätten. Geht man nun davon aus, daß im Jahre 2001 in größerem Umfange über die Schweiz nationales Bargeld aus dem Euro-Raum in Franken getauscht werden könnte, um den Zwangsumtausch etwa von DM in Euro zu vermeiden, dann kann wohl auch zum Vorteil des schweizerischen Immobilienmarktes damit gerechnet werden, daß sich »nicht viel an der Zinsfront tun wird«. Die Mieter können zumindest für eine gewisse Zeit aufatmen und dem schwachen Euro dankbar sein.

Erhärtet wird diese Prognose durch die Erwartung, daß sich die Konjunktur in der Schweiz im Jahre 2001 etwas abflachen wird. Gleichzeitig werden dann wohl auch die Inflationsgefahren abnehmen, zumal der extrem hohe Frankenkurs gegen Euro dazu beiträgt, die Einfuhr – so weit sie nicht aus dem Dollar-Raum kommt – zu verbilligen. Eine Kompensation für die gestiegenen Energiepreise, die in Dollar bezahlt werden müssen, ist also erkennbar. Um den Gedanken einmal weiterzuspinnen: Wenn die Schweiz der Europäischen Union beitreten würde, verschwänden automatisch auch alle Vorteile, welche das Land heute aus der Souveränität ihres eigenen Geldes besitzt. Mit der politischen Eigenständigkeit der Schweiz fahren sowohl die Hausbesitzer als auch die Mieter garnicht schlecht.

Staus beeinflussen die Preise

Im neuen Jahr wird die Frage im Vordergrund stehen, ob eine Wohnungsnot zu erwarten ist, wovon in den Medien vereinzelt schon die Rede war. Aber solange sich die Bevölkerung nicht durch Einwanderung vermehrt, ist eine generelle Wohnungsnot wohl kaum zu erwarten. Nur die Struktur der Nachfrage wird sich weiter zugunsten teuerer und größerer Wohneinheiten verändern. In einigen Gebieten des Großraums Zürich gibt es praktisch kein Angebot von großen Mietwohneinheiten. (4 und mehr Zimmer) Die Nachfrage wird heute noch dadurch gesteigert, daß jüngere Leute sich verhältnismäßig früh auch kostspieligere Wohnungen leisten können, wobei die ältere Generation wohl zum Teil die Kosten mitträgt.

Eine gewisse Vorsicht ist zu erkennen beim Bau von Einfamilienhäusern in größerer Entfernung von den Großstädten. Die Arbeitsplätze sind wegen des permanenten Staus auf den Schweizer Straßen in den Morgen- und Abendstunden schwerer erreichbar. Kostbare Zeit wird in den Staus verschenkt, und das gibt denn doch zu denken. Kleine Unternehmen aus dem Dienstleistungsbereich sind denn aufs Land gezogen, was den Angestellten zugute kommt. Längerfristig können die Staus die Struktur der Grundstücksmärkte rund um die wenigen Schweizer Großstädte zunehmend beeinflussen.

Systemwechsel bei der Besteuerung

Auch in der Schweiz haben Hausbesitzer ihre Probleme mit der Steuer. Der Bund – also die Zentralregierung der Eidgenossenschaft in Bern – plant einen Wechsel in der Besteuerung von Wohneigentum, was weitreichende Konsequenzen für den schweizerischen Grundstücksmarkt haben dürfte. Dem persönlichen Einkommen soll in Zukunft kein fiktiver Mietwert aus Eigenbesitz an Wohnungen und Einfamilienhäusern mehr zugeschlagen werden, so wie das heute der Fall ist, eine typisch schweizerische Steuerspezialität. Um die Besteuerung zu mildern, versuchen die Eigentümer ihre Objekte möglichst hoch zu verschulden, denn das Gegenstück zur Besteuerung des Mietwertes ist die Absetzbarkeit der Hypothekenzinsen. Allerdings gibt es bei der Besteuerung große Unterschiede von Kanton zu Kanton. Sicher scheint aber zu sein, daß ein Systemwechsel mit Abschaffung des Eigenmietwertes vor der Tür steht.

Wenn es so käme, würden wahrscheinlich die Schweizer ihre Hypothekarverschuldung, die oft bei 70 bis 80 Prozent des Verkehrswertes der Objekte lieg, vermindern. Sie würden Wertpapiere verkaufen, um ihre Wohnungen und Häuser von Zinslasten zu befreien. Heute müssen sie für die Zinsen aus angelegtem Kapital in vollem Umfange Steuern zahlen. Gewisse Freigrenzen wie in Deutschland gibt es nicht. Natürlich würde der Systemwechsel in der Besteuerung von Grundstückseigentum auch das Kreditgeschäft von Banken, von Versicherungen und von Finanzberatern ändern. Dies ist auch der Grund, warum es keineswegs eine einheitliche Begeisterung für den Systemwechsel gibt.

Wer reich ist, wohnt zur Miete

Im Ausland macht man sich vielfach falsche Vorstellungen vom Sparverhalten der Schweizer. Die Schweiz steht – was Wohneigentum anbetrifft – nicht etwa ganz oben, sondern ganz unten in der Statistik. Nur 33 Prozent aller Schweizer wohnen im eigenen Haus oder in einer Eigentumswohnung. In Deutschland sind es heute rund 45 Prozent. Zum Vergleich: In den Südländern Europas liegt der Anteil des Wohneigentums noch wesentlich höher. Warum? Nicht »die Reichen« wohnen bevorzugt in den eigenen vier Wänden, sondern die »Armen«. Je ärmer ein Land ist, desto mehr Bewohner können sich keine Mietwohnung leisten, natürlich auch kein aufwendiges Eigenheim, aber immerhin ein eigenes Dach über dem Kopf, um Miete zu sparen, und sei das Dach auch noch so schlecht. Im Süden spielt das keine so große Rolle, da lebt man eben »auf der Strasse«. Der Anteil des Wohneigentums nimmt deshalb in den Südländern nur langsam zu, was auch zum Teil sehr unterschiedliche Steuergründe hat. An eine Harmonisierung der Hausbesitz-Besteuern in der Europäischen Union ist gar nicht zu denken.

Je tiefer die Steuern, desto höher die Haus- und Bodenpreise. Jeder Schweizer kann es sehen: In den sogenannten steuerbegünstigten Kantonen wird viel gebaut, aber auch sehr teuer gebaut. In den Kantonen mit höherer Steuerlast ist die Begeisterung für den Hausbau weniger stark ausgeprägt, obwohl die Grundstückspreise niedriger liegen. Lokale Standorteigenschaften spiegeln sich in den Häuser- und Grundstücks-

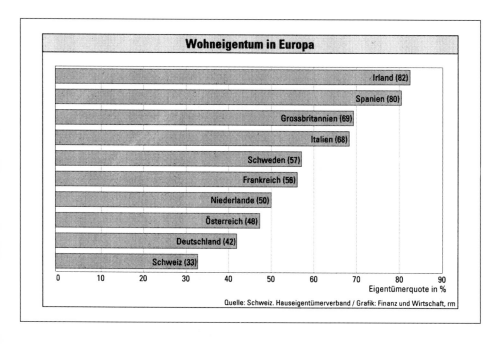

preisen also in einem viel stärkerem Umfange in der Schweiz wider als etwa in Deutschland, wo es Steuerunterschiede praktisch nicht gibt. »Nur wegen der Steuer« in vorteilhaften Kantonen zu bauen, muß aber – das sei immer wieder gesagt – sehr sorgfältig bedacht werden. Letztlich lebt man nicht nur von niedrigen Steuern. Die Lebensqualität dürfte in kleinen Dörfern abseits der Verkehrswege höchstens für Einsiedler die beste sein.

Die Baubranche hat große Sorgen

Zusammengefaßt läßt sich für das Jahr 2001 sagen, daß mit keinen gravierenden Veränderungen der Preise und der Zinsen zu rechnen ist. Das Baugewerbe bleibt eine sehr empfindliche Branche, wie zahlreiche Konkurse im Jahre 2000 erneut gezeigt haben. Baufirmen sind vor allem durch Zahlungsschwierigkeiten ihrer Vorlieferanten und mancher Handwerksfirmen in Not geraten. Dazu kommt die Knappheit an Arbeitskräften. Nicht wenige Ausländer der ersten Generation nach dem Kriege sind in den Ruhestand gegangen und haben das Land wieder verlassen. Das führt dazu, daß Bauunternehmen in der Schweiz heute als sehr riskant für die Banken gelten. Sie sind äußerst vorsichtig bei der Kreditgewährung geworden, was die Sorgen mancher Baufirmen noch vergrößert hat. Der Bereinigungsprozeß in der Baubranche ist immer noch nicht abgeschlossen.

Aus der Maklerperspektive
Mehr Beratungs-Qualität, mehr Liquidität

Von Lutz Klaehre, Bad Homburg

Im Gegensatz zum Handel mit Wertpapieren, der an Börsenplätzen etabliert und organisiert ist und täglich Preisvergleiche ermöglicht, ist es am Grundstücksmarkt viel schwieriger, jederzeit für ausreichende Liquidität zu sorgen. Börsenkurse für Grundstücke, die täglich in der Zeitung stehen, kann es nicht geben, schon deshalb nicht, weil der Grundstücksmarkt aus einer Vielzahl von Regionalmärkten besteht, an denen – genaugenommen – kein bebautes und unbebautes Objekt mit einem anderen ganz genau vergleichbar ist. Das ist ein in der Natur des Immobilienmarktes liegendes Dilemma. Wer bringt an diesem schwierigen Markt Angebot und Nachfrage zusammen? Sind es nicht zuletzt die Grundstücksmakler, die dank ihrer Tätigkeit wesentlich dazu beitragen, die Märkte transparent zu machen? Der Makler steht im Schatten der Geschäfte. Für seine Bemühungen erhält er eine Provision. Niemand zählt die Fälle, in denen er sich vergeblich um Umsatz bemüht hat. Das ist das Risiko der Branche. Wir veröffentlichen nachstehend einen Aufsatz von einem Grundstücksmakler, der in einem der gewichtigsten Regionalmärkte Deutschlands, im Frankfurter Raum, tätig ist. Er zeigt die Probleme eines Berufsstandes auf, der bis vor gar nicht langer Zeit zu einem großen Teil aus »Einzelkämpfern« bestand, die auf eigene Rechnung Käufer und Verkäufer zusammenzubringen bemüht waren. Jetzt ist auch im Maklergewerbe der Konzentrationsprozeß unverkennbar. Das Gewerbe wird mit voller Wucht in die »technische Revolution« unserer Tage mit hineingezogen. Von der Ausweitung der Sichtweite der Makler profitiert der Grundstückskunde.

Die Redaktion

Der Umsatzanteil der Makler am privaten Wohn-Immobilienmarkt in Deutschland beträgt etwa 46 bis 47 Prozent. Dabei wird die Tätigkeit aber auch von Banken, Sparkassen und Versicherungen mitgezählt, die »nebenbei makeln«. Eine knappe Mehrheit der Umsätze am deutschen Immobilienmarkt kommt also gegenwärtig nicht durch Vermittlung zustande, sondern immer noch direkt durch den Verkauf von »privat zu privat«. Aus der Sicht der Maklerzunft ist das natürlich bedauerlich. Aber welche Transparenz wäre an dem schwierigen Markt vorhanden, wenn nicht fast jedes zweite Grundstücksgeschäft durch die Vermittlung von Maklern zustande käme?

Die durchschnittliche Vermittlungsdauer beträgt bei einem deutschen Immobilienmakler genau 6,7 Monate. Für eine so lange Zeitspanne muß er sich bemühen, bis ein Geschäft zustande kommt. Erhält der Makler für ein Objekt einen Alleinverkaufsauftrag, so werden von zehn hereingenommenen Objekten »über acht« vermittelt. Bei einem »normalen Auftrag«, bei dem der Makler nur einen Mitverkaufsauftrag erhält, beträgt der Vermittlungserfolg von 10 Aufträgen dagegen nur ein gutes Drittel. Für den größeren »Rest« hat sich der Makler »umsonst bemüht«.

Heute verfügt ein durchschnittlicher »Maklerbetrieb« gerade über knapp 5 Mitarbeiter, und dies sogar mit abnehmender Tendenz. Viele Makler müssen sparen und reduzieren die Zahl ihrer Helfer. Die Provisionen, die im Außendienst gezahlt werden, betragen im Durchschnitt 28 Prozent der Maklergebühren, einschließlich Grundgehälter.

Die moderne Informationstechnik hat nun auch im Maklergewerbe Einzug gehalten. Die sogenannte Netzwerktechnik schreitet voran. Heute ist es so, daß unzählige mittlere und größere Internetanbieter um die Gunst gewerblicher und teilweise auch privater Kunden buhlen. Eine Handvoll größerer »Internet-Plattformen«, ausgestattet mit viel Kapital, versucht auf Präsentationsveranstaltungen die »Einzelkämpfer« in den multimedialen Verschmelzungsprozeß mit einzubeziehen. Makler, die Inserate in den Zeitungen aufgeben und Angebote im Internet machen, sollen die Kunden in einer bisher nicht gekannten Weise zusammenbringen. Das Ziel ist zweifellos für den Grundstücksmarkt positiv, es führt zu einer Verbreiterung von Angebot und Nachfrage.

Die Konkurrenz der Banken ...

Auch die Banken, die im Maklergeschäft stehen, möchten sich Anteile an der veränderten Arbeitsweise sichern. Der Hebel, den die Kreditinstitute ins Spiel bringen können, ist die Finanzierung, die sie mit einem Grundstücksgeschäft im eigenen Hause verbinden. Der Makler muß dagegen seine Kunden erst einmal zu einer Bank schicken. Wie sieht es oft in der Praxis aus? Da wird ein Objekt von einem Makler angeboten. Geht der Interessent zu einer Bank, um sich einen Kredit zu sichern, kommt es nicht selten vor, daß die Bank meint, das Objekt sei eigentlich zu teuer, die Finanzierung sei schwierig. »Aber wir haben selbst ein Objekte an der Hand.« Dieses sei preisgünstiger und die Finanzierung von der Bank gesichert. Die Bank macht also ein Doppelgeschäft: Sie verkauft die Immobilie und die Finanzierung mit. Der Makler hat das Nachsehen.

Nun, die Makler verstehen es, sich zu wehren. Bringt ein Interessent eine Bank ins Spiel, pflegt der Makler dem potentiellen Kunden die Frage zu stellen: »Würden Sie lieber bei Tchibo oder bei einem versierten Fachmann ein Fahrrad kaufen«. Indessen gehen jetzt die Grundstücksmakler mehr und mehr dazu über, als Nichtbanken eigene Finanzierungsabteilungen aufzubauen, oder sie suchen die Zusammenarbeit mit unabhängigen Finanzierungsvermittlern, die es ja auch seit langem gibt. Der Kunde kann also auch über den Makler einen Finanzierungsservice erhalten. Freilich stellt die Ausweitung der Maklertätigkeit in Richtung Finanzierung hohe Anforderungen an die Mitarbeiter von Maklerfirmen, die nicht alle versierte Finanzberater sind. Gute Verkäufer sind nicht zugleich gute Banker, so wie umgekehrt Banker nicht immer die besten Grundstücksverkäufer zu sein pflegen. Was den Service anbetrifft, so ist Deutschland auch bei der Vermittlung von Grundstücksgeschäften immer noch »eine Wüste«. Der Kunde hat den Eindruck, daß am Immobilienmarkt die Selbstbedienung überwiegt. Wer selber nichts vom Markt und von der Finanzierung als Kunde versteht, ist nicht selten schlecht dran.

... und des Internets

Gegenwärtig findet jemand, der sich in Deutschland für Immobilien interessiert, im Internet rund 400 000 Einträge. Die Zahl der Fundstellen ist also geradezu überwältigend. Der Laie ist da überfordert. Wie soll er bei der Vielzahl der Internetangebote die Spreu vom Weizen trennen? Wenn er sich längere Zeit mit den Internetofferten beschäftigt, wird er aber herausfinden, daß es inzwischen einige dominierende Anbieter gibt, die »überall zu sehen sind«. Die vielen kleinen verschwinden allmählich. Je überschaubarer die immer potenter werdenden Anbietergruppen werden, desto größer die Vergleichsmöglichkeiten für den Immobilienkunden. Dieser kann per Internet eine Art Vorabprüfung zu Hause vornehmen. Dann erst wird er an den jeweiligen Anbieter herantreten, Besichtigungstermine vereinbaren oder sich Detailfragen beantworten lassen.

Das Internet leistet gute Dienste, gleichsam »Zubringerdienste«, aber für das Maklergewerbe ist das Internet keine unmittelbare Konkurrenz, weil die Produkte, die verkauft werden sollen, nun einmal nicht standardisiert werden können. Jedes Haus und jede Wohnung hat nun mal seine eigene Qualität. Das geht so weit, daß man sich schon genau die Hausnummern in einer Straße ansehen muß. Wird ein Objekt in einer »ruhigen Nebenstraße« im Internet angeboten, so wird das Internet nicht zugleich sagen, wie weit das ruhige Nebenstraßen-Haus von der benachbarten Hauptverkehrsstraße entfernt liegt. Darauf aber kann es entscheidend ankommen. Außerdem gilt es, manche andere Fallstricke und Tücken rechtzeitig zu erkennen. Es seien nur zwei Stichworte genannt: grundbuchrechtliche Lasten, die auf einem Objekt liegen können und die vorhandene Bausubstanz, die man nicht im Internet sehen kann. Vereinfacht ausgedrückt: Im Internet kann man »aus der Hand naschen«, aber essen sollte man von einem guten Teller.

Jetzt wird auch die Zusammenarbeit zwischen professionellen Maklern intensiv vorwärts getrieben. Die Arbeitsteilung schreitet fort. Der eine Makler bringt das Produkt, der andere den Käufer. »Unter sich« bringt man beide zusammen. Dies ist im internationalen Immobiliengeschäft seit langem üblich. Einkauf und Verkauf können getrennt werden. Die Spezialisierung hat den Vorteil, daß sich die Einkaufs- und Verkaufsseite viel intensiver mit dem Markt und mit dem Kunden beschäftigen können.

In Amerika Arbeitsteilung

Die europäischen Grundstücksmakler können viel von Amerika lernen. Dort ist die Arbeitsteilung optimal fortgeschritten. Es ist beinahe gleich, in welches Immobilienbüro ein Grundstückskunde geht. Überall kann er über die in den Maklerfirmen installierten MLS (Multi-Listing-System) Immobilienofferten, die ihn interessieren, beim Berater abfragen. Dieser holt sich seine Informationen vom jeweiligen Anbieter und die Provision wird nach Geschäftsabschluß geteilt. Die einzelnen Maklerfirmen unterscheiden sich gar nicht so sehr bei der Produktauswahl. Sie lassen sich an der Qualität im Service, im Qualifikationsgrad des Maklers und am Bekanntheitsgrad messen.

Die einzelnen Makler arbeiten nach einem Premier Market Presence-System (PMP). Sie begrenzen geographisch ihr Arbeitsgebiet. Dies hat den Vorteil, daß man im Rahmen seines Gebiets die Kunden kennt und auch die Kollegen, die mit dem gleichen System arbeiten und in der Nachbarschaft tätig sind. Es ist klar, daß auf diese Weise jeder PMP-Mitspieler in seiner Region detailliert Bescheid weiß. Man tauscht unter den Mitgliedern der PMP-Gruppe Informationen aus. Dies erleichtert nicht nur das Makeln, sondern auch die Qualität wird erheblich gesteigert. Heute ist es in Amerika so, daß viele Kapitalanleger in ihrer Tasche auch die Visitenkarte ihres Immobilienmaklers haben, genauso wie die Adresse ihres Rechtsanwalts, ihres Arztes und ihres Steuerberaters. Es gibt auch in Amerika schon Maklerfirmen, die über weltweite Netzwerke verfügen. Die beiden größten Unternehmen in der privaten Wohnimmobilienvermittlung sind die RE/MAX (real estate maximum) und Century Twenty One. RE/MAX arbeitet mit 62000 Maklern, Century Twenty One sogar mit 110 000. RE/MAX liegt aber im Gesamtumsatz vor Century Twenty One.

Schauen wir nach Kanada, was im Verhältnis zu den USA noch recht europäisch geprägt ist. Vor zwei Jahrzehnten war die Maklerstruktur noch fast so konservativ wie heute in Deutschland. Mehr als die Hälfte der Wohnimmobilien wurde einfach von privat zu privat gehandelt. Es gab eine Unzahl von kleinen Maklerbetrieben, und die Banken hatten einen Anteil an der Vermittlung von einem Drittel. Heute haben allein drei große Firmen (Franchiser) einen Marktanteil von zusammen 85 Prozent. Nur noch 5 Prozent der amerikanischen Privatgrundstücke werden unmittelbar zwischen Käufer und Verkäufer gehandelt. Auf 3000 Einwohner kommt in Kanada heute schon ein RE/MAX Makler.

Die Banken sind in Kanada völlig aus dem Immobiliengeschäft verdrängt worden. Interessant ist auch, daß die den großen Verkaufssystemen angeschlossenen Makler eine viel längere Zugehörigkeit zu ihrem Unternehmen haben als Immobilienverkäufer bei deutschen Maklerfirmen. Durchschnittlich beträgt die Betriebszugehörigkeit von Verkäufern bei deutschen Maklerfirmen nicht mal ein Jahr. Viele Verkäufer bei den großen internationalen Maklerfirmen sind schon mehr als 10 Jahre den Unternehmen treu geblieben. Auch der europäische Makler-Markt beginnt jetzt, amerikanisiert zu werden, und zwar über das Franchise-System. Deutsche Makler schließen sich einem großen, internationalen System an und profitieren über einen Franchise-Vertrag von den Leistungen des Großunternehmens, vor allem in der Werbung und von den

Empfehlungen in den Netzwerken. 70 Prozent der von RE/MAX im Jahre 1999 abgewickelten Transaktionen von insgesamt 1,2 Millionen stammen aus Empfehlungen innerhalb des eigenen Netzwerkes. Die großen Firmen sorgen für Ausbildungsmöglichkeiten der Verkäufer bis zur Promotion in angeschlossenen Universitäten. Es gibt unternehmensinterne Fernsehsender, einen Ehrenkodex, und ganz wichtig ist, daß der einzelne Mitarbeiter das Markenzeichen der Großfirma benutzen darf.

Franchise

Der Prozeß der Konzentration der Makler und des Franchises-Systems ist auch in Deutschland im Gange. Die Teilnahme einzelner Makler an den großen Systemen erfolgen auf der Franchises-Basis. RE/MAX hat in den letzten 5 Jahren in Deutschland über 70 Büros eröffnet. Dies erhöht die Zahl der Ansprechpartner bei der Anbahnung von Geschäften und natürlich die Qualität der Vermarktung. Zum Vergleich: Wenn ein typisch deutscher Makler, der heute noch »Einzelkämpfer« ist, danach gefragt wird, wie er denn ein Haus verkaufen möchte, so kann er weiter nichts vorweisen als seine wenigen Bestandskunden. Wer Franchise-Nehmer ist, kann den Nachweis erbringen, von welchen Serviceleistungen des Systems der Kunde profitieren könnte. Vermehrt können jetzt Bundesbürger, wenn sie ihr Haus verkaufen möchten, den Service eines Franchises-Makler in Anspruch nehmen. Das wird eine wesentliche Erleichterung für den Verkauf eines Objektes sein.

Nutzen für den Privaten

Wer beabsichtigt, ein Haus zu verkaufen, sollte schon mal seinen Makler nach einem auf seine Bedürfnisse zugeschnitten Marketingplan fragen. Kann der Makler ihnen spezifische und aktuelle Marktinformationen bieten? Verwendet er neben den üblichen Inseraten und Schildern noch andere Systeme, um potentielle Käufer für das zu versilbernde Objekt zu interessieren? Ein wichtiger Erfolgsindikator wird auch das Verhältnis der vom Makler bisher verkauften Immobilien und seinen Alleinverkaufsaufträgen sein. Gefragt werden könnte auch, wie lange der Makler durchschnittlich für den Verkauf eines Objektes braucht. Ferner: Wie ist bei dem Makler das durchschnittliche Verhältnis zwischen dem Angebotspreis und dem Verkaufspreis? Wie stellt sich der Makler die Kommunikation zwischen dem Auftraggeber und dem Makler in der Verkaufsphase vor? Das sind alles Fragen, die nützlich sind, um die Qualität des Maklers kennenzulernen. Merke: Keinem Makler einen Auftrag geben, der nicht in der Lage ist, dem Verkäufer die Mehrzahl der genannten Fragen positiv zu beantworten.

Edelmetall-Trend

»1000 Dollar für die Unze Feingold 2020?«

Ein knalliges Bunt-Inserat in einer amerikanischen Zeitschrift: »Uneasy Rider«. Man sieht einen kühnen Rodeo-Reiter auf einem wilden Mustang. Darunter der Text: »Nein nein, Sie sehen hier nicht den Goldpreis, sondern den Dow Jones-Index bis 1999«. Das Inserat stammte vom Word Gold Council (WGC) aus London, aufgegeben im Herbst 2000. Der WGC schlägt für das gelbe Metall mit großem Aufwand die Werbetrommel. Wer Gold verkaufen will, mußte im Jahr 2000 freilich schon recht kühn sein. So einfach war es nicht, dem breiten Publikum Gold schmackhaft zu machen. Aber der Dow Jones-Index, der Gradmesser der amerikanischen Börse, ist im zweiten Halbjahr 2000 – um im Bilde zu bleiben – vom Pferd gestürzt. Die Reiter, Millionen von Anlegern, sind zunächst einmal unsanft auf die Nase gefallen.

Im Herbst 1999 war die Unze Feingold vorübergehend schon mal von 255 auf 325 Dollar in die Höhe geklettert. Diese plötzliche »Springflut« wurde am Goldmarkt voreilig schon als »die große Wende« gefeiert. Aber die Freude dauerte nicht lange. Die Goldblase platzte schnell. Jene Spekulanten, die sich auf das gelbe Metall am Terminmarkt gestürzt hatten, lagen schief. Ein Jahr später – im Oktober des Jahres 2000 – war die Unze Feingold wieder zu 270 Dollar zu haben. Die Umsätze am Goldmarkt, waren in der kurzen Hausse-Spekulationsphase im Herbst 1999 beträchtlich gestiegen, ein Zeichen, daß damals hinter den Käufen potente Spekulationsgruppen stehen mußte. Inzwischen ist nicht nur der Goldpreis wieder gesunken, sondern auch die Umsätze sind – wie die Grafik auf der nächsten Seite zeigt –, erheblich zurückgegangen. Ist das Gold wieder in den Dornröschenschlaf zurückgefallen? Gibt es für das gelbe Metall auch für das Kalenderjahr 2001 nur eine Marschrichtung, die nach unten?

Tatsache ist, daß der Goldpreis im Jahre 2000 nicht von privaten Verkäufern wieder in die Baisse getrieben wurde. Es waren diesmal die Zentralbanken, die mit offiziellen Verkäufen den Markt belastet haben. Die Regierungen machten Dampf und zwangen ihre Zentralbanken zur »freiwilligen« Plünderung ihrer Goldreserven. Zwar hatte es Ende September 1999 eine beruhigende Erklärung von 15 europäischen Zentralbanken gegeben, wonach das Edelmetall »ein wichtiger Bestandteil der Weltwährungsreserven« bleiben werde und daß bis zum Jahre 2004 die jährlichen Notenbankverkäufe rund 400 Tonnen nicht übersteigen sollten. Das gesamte Verkaufsvolumen in einem Fünf-Jahreszeitraum, also bis 2004, sollte über 2000 Tonnen nicht hinausgehen. Diese Vereinbarung wurde auch, so weit das zu übersehen war, auch eingehalten. Dennoch genügten die dosierten Zentralbankangebote, um den Markt zu belasten. Während des ganzen Kalenderjahres 2000 gab es nur am Jahresanfang ein kurzes Aufflackern der privaten Nachfrage, hauptsächlich als Reaktion auf die beruhigende Erklärung der 15 Zentralbanken, nicht zu viel Gold auf einmal auszuschüt-

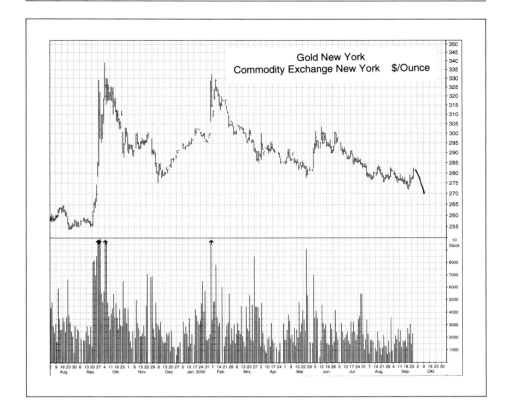

ten. Aber dann war es schon wieder aus mit der Preisstabilität. Die Wertpapierbörsen, genauer gesagt die spekulativen High-Tech-Aktien in Amerika und in Europa, zogen die Liquidität an sich und stahlen dem gelben Metall wieder die Show, bis die Börsen selbst im Herbst 2000 »vom Rosse fielen«. So etwa läßt sich die Entwicklung am Goldmarkt im ersten Kalenderjahr des neuen Jahrhunderts zusammenfassen.

Immer noch keine Wende

Wenn das Jahr 2001 nun die langersehnte Wende beim Goldpreis bringen sollte, so wäre das ein Wunder, und Wunder gibt es an dem so hart gesottenen Edelmetallmarkt nur ganz selten. Wahrscheinlicher ist es, daß 2001 Gold bei ziemlich großer Handelsvolatilität zumindest vorübergehend noch etwas billiger als im Jahre 2000 zu haben sein könnte. Die Zentralbankverkäufe gehen weiter. Selbst wenn sich in größerem Umfang Anleger vom Aktienmarkt trennen sollten, ist nicht gesagt, daß sie als Alternative zur Börse das zinslose gelbe Metall wählen werden. Wahrscheinlicher ist, daß

Zinspapiere vorübergehend an Stelle von Aktien vom breiten Publikum begünstigt werden.

Also auch weiterhin keinerlei Aussicht auf einen steigenden Goldpreis? Die Antwort auf diese »Gretchenfrage« am Edelmetallmarkt kann uns vielleicht eine Gleichung geben, die von einigen phantasiebegabten Händlern in Zürich aufgestellt wurde: »In den nächsten 12 Monaten müßte man zunächst Schweizer Franken haben, auf 5 Jahre sollte man Dollar halten. Aber wer sein Geld noch nach 20 Jahren sehen will, sollte es auf lange Sicht in Gold tauschen. Mit anderen Worten: Vorläufig braucht man dem Gold nicht nachzulaufen, wenn man nur kurzfristig zu disponieren gedenkt. 2001 ist es vielleicht gut in Schweizer Franken aufgehoben, weil es mit dem Euro im Vorfeld des Bargeldtausches Turbulenzen geben könnte. Auf mittlere Sicht sollte aber der Dollar bevorzugt werden. In Amerika setzt sich die technische Revolution fort, darauf kann man setzen, auch wenn es mal eine Pause an der Börse geben sollte. Aber auf Sicht von zwei Jahrzehnten sollte man sein ganzes Vermögen weder auf die Karte des Euros noch auf die des Schweizer Frankens setzen. Selbst der Dollar kann mal wieder in eine Schieflage geraten. Es könnte irgendwann in den nächsten 20 Jahren auch mal wieder eine währungs- und wirtschaftspolitische Konstellation eintreten, bei der alle großen Weltwährungen inflationsverseucht werden. Das sei dann wieder die Stunde des Goldes.

Die Prognose, daß eine Unze Feingold nach 20 Jahren mal 1000 Dollar kosten werde, geben in der Schweiz Beobachter, die sich vom Augenblick nicht blenden lassen. Bei Lichte gesehen, ist eine solche Prognose auch gar nicht so sensationell. Man muß ja immer berücksichtigen, daß heute der Dollar lange nicht mehr die Kaufkraft etwa von 1980 hat, dem Jahr mit dem bisher höchsten Goldpreis aller Zeiten von 850 Dollar pro Unze.

Ein aufschlußreicher Rückblick

Vor 30 Jahren zitierten wir im Jahrbuch von 1971 Vorgänge am Goldmarkt, damals im Vorfeld steigender Ölpreise und steigender Inflationsraten in der Weltwirtschaft. »Eine der größten Goldfirmen der westlichen Welt, das Londoner Bankhaus Samuel Montagu & Co., hat im Herbst 1970 eine geradezu sensationelle Preisprognose für Gold in den nächsten Jahrzehnten aufgestellt. Die Londoner Goldhändler vertreten ernsthaft die Meinung, daß der Goldpreis am freien Markt schon in fünf Jahren, also 1975, von jetzt leicht über 35 Dollar auf 70 Dollar steigen werde und daß die Goldunze ›gegen 1980‹ schließlich bei 100 Dollar angelangt sein würde. Das würde bedeuten, daß Gold in einem Jahrzehnt, also von 1970 bis 1980 um 300 Prozent teurer werden würde, womit das gelbe Metall alle anderen Anlagen, vor allem Aktien und festverzinsliche Wertpapiere um Längen schlagen würde«.

Die Briten – so schrieben wir damals – würden ihre »aufregende Preisprognose« vom Goldmarkt mehrfach begründen. Die Goldförderung ginge zurück. Wegen der ersten Ansätze von Inflation würde die Goldgewinnung immer teurer werden. Die

Goldnachfrage aber würde mit der allmählichen Inflationierung kräftig steigen. Sowohl im Schmuckbereich als auch für industrielle Zwecke. Die Geldmenge würde sich vermehren, Gold als Hortungsmetall in der westlichen Welt eine zunehmende Bedeutung bekommen. Somit rechtfertige sich die Voraussage, daß jetzt die große Fahrt in die Hausse beginne. Wohlgemerkt, das wurde Anfang der 70er Jahre geschrieben, als die Ölscheichs noch gar nicht zu ihrer großen Preisoffensive angesetzt hatten. Ein Anstieg des Goldpreises von 35 auf 100 Dollar wurde damals als »sensationell« bezeichnet. In Wirklichkeit wurden 10 Jahre später über 800 Dollar für die Unze bezahlt, womit die kühnsten Hausse-Erwartungen übertroffen wurden. Die Inflationspsychose verursachte eine Flucht ins Gold.

Wird Bill Gates sein Geld in Gold tauschen?

Nehmen wir an, es gäbe heute durch Börsenspekulationen der letzten Jahre sehr reich gewordene Leute, die gar nicht mehr wissen, wohin mit ihrem vielen Geld. Sie würden vielleicht in den nächsten Jahren zunehmend Angst vor der Börse bekommen. Für diese »Neureichen« wäre Gold als Kapitalanlage nicht die schlechteste Alternative. Auf Zinsen könnten diese Investoren gern verzichten. Man könnte das Gold sogar vor den Augen der deutschen Finanzämter horten, denn: Eine Vermögenssteuer gibt es nicht mehr. Zinsen, die versteuert werden müßten, würden nicht anfallen. Wer es sich leisten könnte, Gold statt Geld zu halten, der käme also ganz gut – bis zum Erbfall – zu recht.

Einem Mann wie Bill Gates, heute noch Multimilliardär, würde eine solche passive Anlagestrategie in Gold vielleicht auch recht gut stehen. Er könnte sich den Spaß machen, einen eigenen Goldbunker in Kalifornien zu bauen, möglichst auf einem Gelände, das als erdbebensicher gilt. Da fällt einem auch eine berühmte Karikatur aus der Goldhausse Ende der 70er Jahre wieder ein. Der Karikaturist zeichnete eine kleine Insel im Meer, auf der nur eine dicke Palme stand. Drumherum saßen zwei Geldflüchtlinge auf einer großen Goldkiste und hörten gespannt die Nachrichten im Radio. Einer seufzte: »Wann kommt denn nun endlich der große Crash«? Wenn die Beiden nicht gestorben sind, dann sitzen sie heute noch auf ihrem Goldschatz.

Ja, so ist das mit dem Gold. Das gelbe Metall ist immer letzte Vermögensinstanz. Ist es so utopisch, damit zu rechnen, daß irgendwann im 21. Jahrhundert sich für Bürger der Europäischen Union mal die Frage nach der Qualität ihres Gemeinschaftsgeldes ernsthaft stellen wird? Kann es nicht doch wieder – aus irgendwelchen Gründen, die wir heute noch nicht kennen – zu einer neuen Kaufkraftvernichtung des Geldes kommen? Würden Regierungen und Zentralbanken das nächste Mal klüger sein, frühzeitig die Gefahren abblocken und gleichzeitig einer wilden Kapitalflucht Herr werden? Das hieße: Devisenkontrollen rechtzeitig einführen, und zu den Devisen würde natürlich auch das Gold gehören. Wer rechtzeitig Papier in Metall getauscht hätte, würde monetären dirigistischen Maßnahmen der Regierungen und Zentralbanken entgehen können. Hauchdünne Ansätze für Kapitalkontrollen gibt es ja leider schon heute, getarnt als »Kampf gegen Steuerhinterziehung«, was uns einen Vorgeschmack davon bietet, was den Sparern blühen könnte, die zur Selbsthilfe griffen. Wer heute schon »über das Morgen« nachdenken würde, was alles noch passieren könnte auf dieser Welt, der würde vielleicht alsbald um seinen Schlaf gebracht werden. Die beste Schlaftablette wäre für solche Ängstlichen vielleicht das Gold. Natürlich – das muß immer wieder betont werden – setzt Goldhorten voraus, daß man es sich leisten kann.

Mit Gold fürs Alter sorgen?

Wenn man heute über Gold als »Sicherheitsanlage auf lange Sicht« diskutiert, wird man nicht umhinkommen, auch das Thema Rentenvorsorge mit einzubeziehen. Die deutsche Regierung ist ja dabei, Pläne zu konkretisieren, einen Teil der Verantwortung für die Sicherung der Altersrenten auf den privaten Kapitalmarkt zu übertragen. So vernünftig das im Prinzip ist, so bedenklich ist es, wenn man von den Sparern eine langfristige Bindung der Sparbeträge verlangt und nur unter dieser Voraussetzung gewisse Steuererleichterungen einräumen will. In welchem Umfange sich die öffentliche Hand »von der Rentenfrage« verabschieden möchte, läßt sich aus einer Untersuchung der Europäischen Zentralbank ersehen, die klipp und klar für ganz Europa erklärt, die gesetzlichen Renten seien nach 25 Jahren nicht mehr gesichert. Wir »servieren« unseren Lesern in diesem Buch einen »kleinen Appetithappen« aus der Analyse der EZB (siehe Kapitel VII).

Nun werden sich Banken, Versicherungen und Finanzgesellschaften drängen, der jüngeren Generation langfristige Sparprogramme zu verkaufen, die bis zu 20 Jahren und vielleicht noch darüber hinaus gehen. Verbunden sind sie alle mit Steuervergünstigungen, die aber an bestimmte Voraussetzungen gebunden werden. So weit Aktien in die Sparpläne einbezogen werden, so wissen wir, wie wenig da »fest gerechnet« werden kann. Der Kauf von Anleihen und andere Zinspapieren kann mit voller Wucht in der Inflation landen. Wer kann heute seine Hand dafür ins Feuer legen, daß unser Geld auch noch nach Jahrzehnten kaufkraftsicher bleibt? Kann das Vertrauen in die Geldwertstabilität aus der Sicht der künftigen Rentner wortwörtlich grenzenlos sein?

Vielleicht kommt dann, wenn es die ersten Enttäuschungen mit dem Vorsorgesparen gibt, der Tag, an dem das Stichwort »in Gold sparen« wieder aktuell werden könnte. Auch der vielzitierte »kleine Mann« könnte Gold in den Mund nehmen, wenn er an seine Alterssicherung denkt. Wir erinnern uns: In der Deflationskrise der dreißiger Jahre hatte der britische Nationalökonom John Maynard Keynes mal das Gold als »barbarisches Metall« bezeichnet und geglaubt, es werde für alle Zukunft als Zahlungsmittel und Vermögensanlage verschwinden. Noch in den 70er Jahren hatte der damalige deutsche Bundeskanzler Helmut Schmidt öffentlich erklärt, daß ihm »5 Prozent Inflation lieber wären als 5 Prozent Arbeitslosigkeit«. Es gibt genügend Politiker, von denen anzunehmen ist, daß sie eines Tages wieder ähnlich denken werden. Das sind Streiflichter, die genügen, um uns zu zeigen, wie sehr beim Geld alles fließt, solange es nur bedrucktes Papier ist.

Silber, Platin und Palladium

Wer weiß schon als Anleger, daß man Platin und Palladium bei Belieben auch zur Kapitalanlage kaufen kann? Einige Banken in der Schweiz sind auf diese Märkte spezialisiert, die größten Umsätze werden in London gemacht. Aber über die beiden Metalle wird wenig geschrieben, obwohl man im Jahre 2000 sein Kapital mit dem Kauf von Palladium leicht hätte verdoppeln können. Dies noch dazu in amerikanischer Währung. Auch der Platinpreis ist recht ansehnlich um rund 175 Dollar pro Unze gestiegen. Lediglich Silber blieb auf der Strecke. Der Unzenpreis ist sogar gefallen.

Beim Fotografieren Silber verdrängt

Seit Jahren bewegt sich am Silbermarkt kaum mehr etwas. Der Preis quält sich um 5 Dollar pro Unze herum. Mal wird das Metall 10–15 Prozent höher bewertet, und dann fällt es wieder im gleichen Umfang – und manchmal auch noch mehr. Als Hortungsmetall scheidet es in Amerika und in Europa schon lange aus. Lediglich in Indien ist das Silber noch bis in die letzten Jahre hinein als Kapitalanlage verwendet worden. Aber auch die Inder rücken mehr und mehr vom Silber ab. So konzentriert sich die Nachfrage auf die industrielle Verwendung.

Auch hier sieht es recht düster aus. Auf der Nachfrageseite wird immer weniger Silber zum Fotografieren verwendet. Die digitale Fotografie hat ihren Siegeszug angetreten. Da braucht man kein Silber mehr. Eine ausreichende Alternativnachfrage aus anderen Industriezweigen ist weit und breit nicht zu sehen. So kann denn die Prognose gewagt werden, daß Silber kaum noch »auf den grünen Zweig« kommen werde, es sei denn, es gäbe mal wieder eine handfeste Weltinflation. Auf der Angebotsseite nimmt die Silberproduktion aber eher noch zu. Es gibt neue Silberminen in Entwicklungs- und Schwellenländern, die aber bei den gegenwärtigen Weltmarktpreisen hart an der Schwelle der Rentabilität jonglieren. Alte Silberminen wurden stillgelegt. Das Verflixte am Silberpreis ist, daß Silber ein Nebenprodukt bei der Förderung von Nichteisenmetallen (NE-Metallen) ist. Wenn bei anderen Metallen die Nachfrage steigt, fällt automatisch auch Silber an, was dann sogleich auf den Preis drücken kann.

Immer wieder haben sich in den letzen Jahrzehnten Spekulanten am Silber »vergriffen«. Das berühmteste Beispiel war die große Silberspekulation der Gebrüder Hunt in Amerika. Sie hatten Milliarden mit Rohöl verdient und glaubten, mit ihrem eigenen Geld den gesamten Welt-Silbermarkt monopolisieren zu können. Dieses Experiment ging in den 70er Jahren schief, und die Hunts verloren einige Milliarden, ohne daß sie freilich verarmt sind. Im vergangenen Jahr versuchte ein anderer amerikanischer Großspekulant, Warren Buffett, sein Glück mit Silber. Er verhielt sich vorsichtiger als die Hunts, aber schließlich hatte auch er Pech. Im Kalenderjahr 2000

überließ die Spekulation resignierend das Silbergeschäft dem Markt, an dem die Umsätze schrumpften.

Hartnäckig hält sich bei den Verbrauchern immer noch ein Silber-Nimbus. Der Stolz aller Hausfrauen ist massives Silber im Schrank, obwohl es meist kaum gebraucht wird und letztlich vergilbt. Silberputzen ist nun einmal in unserer Zeit keine bevorzugte Beschäftigung im Haushalt. Aber dennoch: Die einschlägigen Geschäfte berichten übereinstimmend, daß die Nachfrage nach Silberbestecken und anderen Silberwaren erstaunlich stabil sei. Hauptsächlich werden Silberwaren als Geschenk gekauft. Wenn das nicht wäre, würde es noch schlechter um den Silberabsatz bestellt sein.

Aus der Sicht des Marktes dürfte sich auch im Kalenderjehr 2001 wenig an dem geschilderten schlappen Zustand des Metalls ändern. Silber als Kapitalanlage ist jedenfalls auch noch auf längere Sicht einfach kein Thema mehr.

Mit Palladium wäre man reich geworden

Wie Tag und Nacht verhalten sich am Rohstoffmarkt Silber und Palladium, dem kleinsten der vier Edelmetalle. Was noch vor wenigen Jahren niemand für wahrscheinlich hielt, daß nämlich das Palladium mal dem »wertvolleren« Platin davonlaufen würde, ist eingetreten. Eine Unze Palladium kletterte 1999 von etwa 300 bis auf etwa 700 Dollar pro Unze in eine schwindelnde Höhe. Mit Palladium wäre man im ersten Jahr dieses Jahrhunderts schnell reich geworden. In den vielen Büchern, in denen kluge Empfehlungen zum blitzschnellen Geldverdienen gegeben werden »Wie werde ich in 12 Monaten Millionär«, ist von Palladium nirgends die Rede. »Reich geworden« sind relativ wenige Produzenten und kluge Händler, die rechtzeitig die Hausse erkannt hatten. Sie ist künstlich von den Russen ausgelöst worden, dem bedeutesten Palladium-Produzenten der Welt und zugleich dem größten Palladium-Exporteur. Welche Gründe dafür letztlich verantwortlich waren, warum die Russen sich mit dem Verkauf

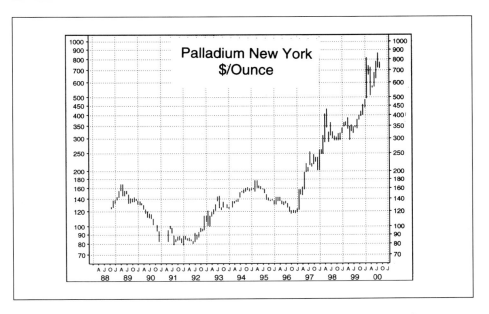

des wertvollen Metalls so zurückhielten, ist schwer zu ergründen. Die einen sagen, daß die Palladium-Produktion wegen fehlender Ersatzteile und Transportmittel eingeschränkt werden mußte, und andere glauben, daß die Russen gezielt das Palladium verknappt haben, indem sie den Exporthahn zudrehten und dem Rest der Welt »eine lange Nase machten«. Dies konnte man natürlich im Westen lange Zeit schwer nachvollziehen. So dürfte die Zahl der großen Gewinner am Palladiummarkt im abgelaufenen Jahr nicht sehr groß gewesen sein.

Da man den Russen schwer in die Karten schauen kann, ist jede Preisprognose für Palladium für 2001 ein Lotteriespiel. Von der Nachfrageseite her müßte eigentlich den Russen empfohlen werden, den Markt nicht zu überreizen. Es sind genügend Kräfte, vor allem in der Automobilindustrie, am Werk, das so teuer gewordene Palladium durch anderes Material zu ersetzen. Das gilt besonders für die Verwendung von Palladium für Autokatalysatoren, wo fieberhaft nach Alternativstoffen gesucht wird. Ist es erst einmal gelungen, auf Palladium in der Industrie zu verzichten, dürfte der Palladiumpreis schnell wieder sinken, und die Russen hätten das Nachsehen, und zwar dauerhaft.

Platin glänzt nicht

Die Nachfrage nach Platin basiert auf einem breiteren Niveau. Platin wird sowohl von der Industrie gebraucht als auch für Schmuck verwendet. Wird Platin zu teuer, bekommen das die Juweliere und Schmuckwarengeschäfte freilich zu spüren. Die Nachfrage

geht zurück, und dann tritt auch wieder eine Preisberuhigung ein. Am Platinmarkt sind hautsächlich die Südafrikaner am Ball. Sie zeigen mehr Marktgefühl als die Russen beim Palladium. Der Platinpreis ist zwar vom Palladium überrundet worden, aber der Anstieg von rund 350 auf rund 575 Dollar pro Unze im Jahre 2000 ist dennoch beachtlich. So leicht wie Palladium wird Platin nicht zu ersetzen sein. Aber würde es eines Tages einen Zusammenbruch des Palladiumpreises geben, würde wohl auch Platin mit in den Baisse-Sog – zumindest vorübergehend – gezogen werden. Die Verbraucher haben sich angesichts der Hausse für Platin in den Schmuckgeschäften zurückgehalten. Anstrengungen, Platin als Schmuck aufzuwerten, haben nicht ganz den gewünschten Effekt gebracht. Schmuck soll glänzen. Platin ist ein »stumpfes Metall«, das offensichtlich nicht alle Schmuckträgerinnen fasziniert. Männer schenken lieber Gold als Platin, wie Juweliere immer wieder feststellen können. Als Kapitalanlage gar dürfte sich Platin auch 2001 kaum eignen. Nach dem großen Preissprung nach oben ist die Gefahr von Preisrückschlägen zu kalkulieren, wenn die Konjunktur sich abflachen sollte.

Kapitel VI

Von der Liebhaberei
zum Vermögen

Kunstmärkte

Jäger – Sammler – Kapitalanleger
Die liebenswürdigste Art, Vermögen zu bilden

Von Heinz Brestel

Des Urmenschen erstes Hobby war das Sammeln. Um überleben zu können, mußten schon die Menschen in frühester Zeit Beeren pflücken und Tiere erlegen. Alsbald begann man, in den Höhlen Vorräte anzulegen. Später wurden Haustiere gezüchtet. Im Laufe der Zeit wurden aus Jägern Sammler. Griechische und römische Häuser wurden mit Kunstwerken ausgeschmückt. Die nächste große Sammlerperiode war das späte Mittelalter und die Renaisseance. Vom 19. Jahrhundert an begann das aufstrebende Bürgertum, in Fußstapfen der Könige, Fürsten und Päpste zu treten. Die Sammeltätigkeit war über die Jahrhunderte hinweg wortwörtlich grenzenlos. Kunstwerke aus Ägypten und aus dem klassischen Griechenland wurden über weite Entfernungen ins Römische Reich bis nach England verfrachtet. Das eindrucksvollste Denkmal der Antike in Deutschland ist der berühmte Pergamon-Altar in Berlin. Viele Kunstwerke wurden Opfer der Kriege. Was übriggeblieben ist, gehört zum Kulturerbe des Abendlandes. Die Kulturgüter der Vergangenheit regen immer noch die Sammelleidenschaft in unserer Zeit an.

Eine Voraussetzung zum Sammeln braucht der Mensch: Zeit. Heute wird uns die Freizeit von den elektronischen Medien förmlich geraubt, wenn wir nicht ganz standhaft sind und uns einen Freiraum – auch zum Sammeln – erhalten. Trotz vieler Ablenkungen hat die Zahl der Sammler im 20. Jahrhundert zugenommen. Das ist auf das Konto des Massenwohlstandes zu schreiben. Reiche Leute stecken einen Teil ihres Vermögens in Kunstwerke. Sie gründen Museen oder errichten Stiftungen. Sie bevölkern heute unsere Kunstauktionen. Der Nebeneffekt ist, daß die Preise für Spitzenobjekte auf eine schwindelnde Höhe getrieben werden, was besonders in der Malerei immer wieder Erstaunen auslöst.

Kunstwerke brauchen Raum

Es müssen nicht immer große Vermögen sein, um eine individuelle Sammelleidenschaft zu befriedigen. Schmetterlinge und Pflanzen kann man sammeln, wenn es einem Spaß macht, schon mit geringem Aufwand. Auch die meisten Briefmarkensammler haben ganz klein angefangen, schon als Schulkinder.

Ein richtiger Sammler wird ständig bemüht bleiben, seine Schätze abzurunden und anzureichern. Der größte Feind des Sammlers ist die Zersplitterung. Wer zu viel will, wird zu wenig können. Eine Sammlung sollte mehr als die Summe ihrer Teile sein. In der Beschränkung erkennt man den guten Sammler.

Ein großes Problem beim Sammeln ist oft genug der beschränkte Raum, welcher der Mehrheit der Sammler zur Verfügung steht. Nichts ist abstoßender als eine Wohnung. die mit Sammelstücken nicht geschmückt, sondern »vollgepackt« worden ist. Sicherlich kann sich nicht jeder Sammler sein Privatmuseum bauen. Aber einiges kann man schon tun, um seiner Sammlungen einen würdigen Rahmen zu geben. Millionen Menschen wohnen heute im eigenen Haus. Wer sich ein Dach über den Kopf bauen will, sollte von vornherein bei der Hausplanung nicht vergessen, auch Raum für seine Sammlung mit einzuplanen. Hier sind die Architekten gefordert. »Mini-Privatmuseen«, wie man sie verschiedentlich heute schon antrifft können reizvoll sein. Das Diebstahl-Problem kann ohne extremen Aufwand gelöst werden. Was für eine Freude und was für ein Stolz, wenn ein Sammler Besuch bekommt und er ihm seine Schätze zeigen kann. Je repräsentativer der Raum desto mehr kommen Kunstwerke zur Geltung. Räume regen Fantasie an. Die Fantasie von Sammlern kennt keine Grenzen.

Vor einem halben Jahrzehnt haben wir im »Jahrbuch für Kapitalanleger« ein »Dreieck der Lebensharmonie« vorgestellt. Die Basis ist die Gesundheit. Auf der linken Seite steht die finanzielle Sicherheit und auf der rechten Seite die persönliche und berufliche Zufriedenheit. So ergibt sich ein harmonisch gleichschenkliges Dreieck. Eine Pyramide der Lebensharmonie. Ein großer Teil dessen, was wir als »persönliche Zufriedenheit« in unserem Leben empfinden, hat der Sammler seinen Schätzen zu verdanken. Es kann das Gegengewicht zum Massenverhalten in unserer Zeit sein.

Sammler werden von selbst reich

Wer beim Sammeln vorrangig das Ziel »Geldverdienen« im Auge hat, wird nie ein »richtiger« Sammler werden, und er wird auch nur selten seine materiellen Ziele erreichen. Sammeln »auf dem Internet« wird kaum langfristig befriedigen. Zum Sammeln gehört auch der Kontakt von Mensch zu Mensch, das Gespräch unter Sammlern, der Gedankenaustausch. Die Erfahrung hat gezeigt, daß jene Sammler, die für ihre Leidenschaft auf viele andere Ausgaben und Annehmlichkeiten verzichten, am Ende durch Wertsteigerung ihrer Sammlungen »das meiste verdienen«, ohne daß sie mit dieser Absicht gelebt haben und Vermögen bilden wollten.

Was kann man nicht alles sammeln? Der Fantasie sind keine Grenzen gesetzt. Wo immer man im Leben hinschaut, so ziemlich alles eignet sich zum Sammeln. Nehmen wir ein immer noch nicht ganz selbstverständliches Sammelthema, die Fotografie. Fotografiert wird nun schon seit mehr als 150 Jahren. Der größte Teil der »ganz alten Bilder« aus den Anfangsjahrzehnten der Erfindung ist verlorengegangen oder verstaubt noch heute auf Dachböden und in Kellern. Was übriggeblieben ist, das kann von großem historischem und zuweilen auch von künstlerischem Wert sein. Schon 1850 gab es die ersten Sammler, die frühzeitig erkannten, welche Schätze die Fotogra-

Abbildung: Katharina Mayers »Sister« aus der Serie »Seance« kostet 9500 DM
Foto: Kraushaar

fie birgt und wie wertvoll es einmal sein würde, Bilder der Nachwelt zu erhalten. Heute besteht kein Zweifel mehr darüber: Die frühen Bilder sind ein Stück Geschichte und zugleich ein Stück Kultur. Es sind wichtige visuelle Dokumente der Vergangenheit, die »wie rohe Eier« behandelt und »hoch gehandelt« werden. Immer mehr findet man in Tageszeitungen und Zeitschriften heute Fotografien aus dem Alltag vor 100 und 150 Jahren. Manche Betrachter sind hellhörig geworden und haben begonnen, in Großmutters Schubladen zu stöbern. Dabei machen sie erstaunliche Entdeckungen. Auch Original-Fotografien aus den ersten Nachkriegsjahren der zerbombten deutschen Städte sind heute schon Raritäten. Ohne die fotografische Dokumentation wäre unsere jüngste Architekturgeschichte dürftig.

Wer Autographen liebt

Eine große Faszination kann das Sammeln von Autographen ausüben, also Handschriften bekannter Persönlichkeiten. Wer sich mit einem Dichter, einem Musiker, oder einem berühmten Wissenschaftler beschäftigt, für den können deren persönliche Zeugnisse ein Leben lang erfreuen. Jährlich veranstaltet das bekannte deutsche Antiquariat, J.A. Stargardt in Berlin eine Autographenauktion. Im Sommer 2000 sind hier rund 1500 verschiedene Originaldokumente unter den Hammer gekommen, in Preisklassen von wenigen 100 DM bis zu über 100000 DM. Eine paar handgeschriebene Manuskriptseiten von Ernst Jünger aus dem Jahre 1967 – also noch nicht einmal 50 Jahre alt – hatten im letzten Stargardt-Katalog einem Bietpreis von 12000 DM. Es kommt eben immer darauf an, wer sich für eine Handschrift interessiert. Hat man die richtigen Adressen, so können Auktionen ungewöhnlich erfolgreich sein. Ein Musiker, der Engelbert Humperdinck liebt, hat für ein kleines Notenblatt mit dem »Ständchen des Narren« kürzlich über 5000 DM bezahlt. Für acht Zeilen von Joseph Haydn aus Wien (1803), in einem versiegelten Umschlag, wurden 35000 DM geboten. Von Haydn haben eben nur wenige Originalzeugnisse die Zeiten überdauert. Eine Unterschrift von Goethe oder Schiller unter irgendeinem Text, kann heute ein Vermögen wert sein. (Eine kleine Kostprobe davon findet der Leser in diesem Kapitel mit der Unterschrift von Goethe unter ein Wertpapier.)

Zufälle

Teppiche können Räume schmücken, aber gleichzeitig auch eine Kapitalanlage werden. Wenn auch hier die Einschränkung gemacht werden muß, daß von 1000 verschiedenen Teppichen, die heute als Sammlerstücke angeboten werden, bestenfalls ein Stück den Rang eines Kunstwerkes haben wird. Ob es nun Autographen oder Teppiche sind: Man muß von dem was man sammelt, auch einiges verstehen. Darin liegt der Reiz und der Gewinn des Sammelns.

Manchmal sind es Zufälligkeiten, die Geld bringen können. In einem Zürcher Antiquariat wurde noch vor dem Fall der Mauer in Berlin 1989 eine Original-Zeichnung vom Deutschen Reichstag mit einer Sitzung von 1895 ins Schaufenster gestellt. Wochenlang hatte sich in der Schweiz für dieses Bild niemand interessiert. »Nach der Wende« und nach dem Beschluß, den Reichstag wieder aufzubauen, wurde das Original mit einmal zum begehrten Sammelobjekt. War es in den 80er Jahren nur 150

Schweizer Franken wert, so hat man dafür im Jahre 2000 über 4000 DM geboten. Kleine Kostproben vom großen Sammlermarkt.

Die Historischen Wertpapiere

Das Sammelgebiet der Historischen Wertpapiere ist eine Art Zwitter zwischen Autographen und Börsendokumenten. Bezahlt wird die grafische Ausstattung auf Aktienzertifikaten, aber auch die Unterschrift eines Unternehmers auf dem Dokument. Dazu kommt der Erhaltungszustand des Papiers. Alles zusammen können solche Objekte auf Auktionen gutes Geld bringen.

Die Preise für Historische Wertpapiere sind in den Anfangsjahren dieses Sammelgebietes – Ende der 60er und Anfang der 70er – schnell in die Höhe getrieben worden. Es erging dann schließlich den ausrangierten Effekten so wie den echten. Nach einer Übertreibungsphase gab es erst empfindliche Rückschläge. Je höher die Preise getrieben worden waren, desto mehr Material kam an den Markt. In Massen wurden historische amerikanische Wertapiere zwischen 10 und 30 Schweizer Franken in Europa angeboten. Nur die wortwörtlich »Historischen« Wertpapiere, etwa aus dem 17. und 18. Jahrhundert, sind Raritäten geblieben. Dafür werden heute viele tausend DM pro Stück bezahlt, zum Teil sogar mehrere 10 000 Mark. Dazu gehören Dokumente aus Holland, der ersten Börse auf dem Kontinent, oder Titel aus Spanien und Portugal, die bald nach der Entdeckung Amerikas gedruckt wurden. Wer sich mit diesem Sammelgebiet der Historischen Wertpapiere beschäftigt, braucht auch fundierte Kenntnisse, um die Spreu vom Weizen zu trennen.

Natürlich kann man auch Schmuck sammeln und als Kapitalanlage betrachten. Schmuck hat eine doppelte Bedeutung. Es kann ein Kunstwerk eines gestaltenden Künstlers sein und zugleich den Träger oder die Trägerin erfreuen. Schmuck paßt sich immer der Gesellschaft an. Der Goldschmied kann sich zu viele extreme Gestaltungsmöglichkeiten nicht leisten, wenn er seine Arbeit gut verkaufen will. Beim Schmuck dominiert die Kostbarkeit des Materials und der Einfall – dosiert die Fantasie – des Gestalters. Der Schmuck-Designer muß Disziplin üben, und darin liegt der besondere Reiz für Schmuckstücke auch als Kapitalanlage. Wie es heute mit dem Sammeln von Diamanten bestellt ist, haben wir in einem besonderen Beitrag zusammengestellt.

Auch Bücher sind Kunst

Mit größter Leidenschaft werden Bücher gesammelt. Wer einmal Gelegenheit hatte, in Privatvillen etwa am Genfer See hineinzuschauen, wird staunen, welche Bücherschätze dort, oft über Generationen hinweg, in Privatbibliotheken schlummern. Es sind nicht nur die großen Bibliotheken, die man bewundern kann, sondern auch Privatsammlungen im Millionenwert. Nicht selten schenken Besitzer kostbarer Bibliotheken der Nachwelt ihre Schätze. Keine Bibliothek wird ein ewiges Leben haben.

Der Aufwand, Bibliotheken zu erhalten, ist allerdings kostspielig geworden. Stärkere Schwankungen des Raumklimas durch Heizungen und Lüftungen können den Zustand der Werke verschlechtern.

Wir wollen hier nicht auf das Sammeln von Bildern und Skulpturen eingehen. Über dieses Thema sind schon unzählige Bücher geschrieben worden. Das Verhältnis zwischen vorhandenem Vermögen und den nicht beliebig vermehrbaren großen Bildern der Vergangenheit wird immer angespannt bleiben. Das Geld wächst heute schneller als das Angebot. Aber das sind Sorgen für Museums-Direktoren, für Wissenschaftler und Händler, die sich um die Beute balgen, wenn das eine oder andere Spitzenobjekt auf dem Weltmarkt angeboten wird.

Sammle jeder an seinem Platz, werde keiner neidisch auf den Nachbarn, versuche jeder seine Sammlung ständig zu veredeln.

Wenn man seiner Kunst folgt

Schweizer Banken schätzen, daß in ihren Tresoren in Zürich – genauer gesagt »unter Zürich« – Schätze im Werte von rund 100 Milliarden Schweizer Franken schlummern. Sie erscheinen auf keinen Konten- und Depot-Auszügen, sie bringen keine Zinsen und hinterlassen deshalb auch keine Überweisungsspuren. Es sind persönliche Dokumente und vor allem Kunstgegenstände, angefangen von wertvollem Schmuck bis zu Bildern im Millionenwert. Die Inhaber der Safes rekrutieren sich zu einem ansehnlichen Teil aus Ausländern, vorrangig Europäer und Südamerikaner, neuerdings auch Asiaten. Was in den Schweizer Banksafes liegt, ist zu einem Teil »verborgenes Vermögen«.

Die ausländischen Besitzer von Kunstwerken in der Schweiz machen sich natürlich Gedanken darüber, wie sie ihre wertvollen Schätze »aktivieren«, das heißt zu Geld machen könnten. Dabei wird zunehmend von Ausländern heute auch die Frage gestellt, ob es möglich sei, dem in der Schweiz deponierten Vermögen zu folgen, also den Wohnsitz in die Eidgenossenschaft zu verlagern.

Das ist kein besonders schwierig zu lösendes Problem, wenn der Antragsteller über genügend Vermögen verfügt. Er kann dann – bevorzugt in einigen Schweizer Kantonen – mit den Behörden Steuerverträge aushandeln, die ihn zum »Pauschalisten« macht. Der ausländische Zuzügler wird dann nach vereinbarten Bedingungen steuerlich eingeschätzt, gleichgültig wie hoch sein tatsächliches Vermögen ist oder in Zukunft sein wird. Er darf sich aber nicht in der Schweiz gegen Entgeld betätigen.

Die Pauschalistenregelung ist natürlich auch für solche Ausländer interessant, die bereits in der Schweiz über Vermögenswerte verfügen, darunter wertvolle Kunstgegenstände in Banktresoren. Es wird auch Gründe dafür geben, als Ausländer nicht Pauschalist zu werden, sondern sich der Normalversteuerung zu unterwerfen. Da Kunst ja keinen laufenden Ertrag bringt, gibt es auch keine Steuerbelastung aus Kunstvermögen.

Wer als Ausländer seinem Kunstbesitz in die Schweiz folgen will und nicht den

Status des Pauschalisten anstrebt, sollte sich vorher mit den Details der schweizerischen Steuergesetze beschäftigen. Nachstehend einige Grundsätze, die es für die Besteuerung von Kunst in der Schweiz zu beachten gilt.

Für den Schweizer Fiskus ist ein Kunstwerk nicht in erster Linie »einfach ein Kunstwerk« sondern wortwörtlich Vermögen. Vermögen muß in den Steuererklärungen ausgewiesen werden. Dabei spielt es keine Rolle, ob jemand seine Kunstsammlung an seinem ständigen Wohnsitz in der Schweiz deponiert hat, oder aber, ob er auch Kunstvermögen außerhalb der Schweiz irgendwo in der Welt besitzt. Wie aber soll der Wert von Kunst steuerlich bemessen werden? Hier pflegen die Behörden als Anhaltspunkt den Versicherungswert von Kunstgegenständen zu nutzen. Steuerehrlichkeit auf der Basis der abgeschlossenen Versicherungen empfiehlt sich bei besonders teueren Kunstwerken deshalb, weil bei einem späteren Verkauf die Herkunft der Objekte in der Regel schwer zu verschleiern sein wird. So könnte man nach dem Verkauf Ärger mit dem Fiskus bekommen. Hat man sich über den Steuerwert geeinigt, so bleiben die Gewinne nach dem Verkauf steuerfrei, denn Kapitalgewinne aus privatem beweglichem Vermögen werden in der Schweiz nicht belastet. Es ist die gleiche Regelung wie bei privaten Börsengewinnen.

Gewarnt wird vor dem Anwenden von allerlei Tricks, zu denen es gehört, etwa kostbare Gemälde zunächst einmal an eine Briefkastengesellschaft auf den Cayman-Inseln billig zu verkaufen und dann von dort an den »richtigen« Käufer. Die Schweizer Steuerbehörden kennen das und sind hellhörig.

Wenn nun ein privater Sammler mehrmals im Jahr Kunstgegenstände kauft und verkauft, können die Behörden einen »kommerziellen Handel« annehmen. In solchen Fällen müßte der Gewinn versteuert werden. Das schweizerische Bundesgericht hat in einem Musterprozeß einen Indizienkatalog zusammengestellt, wobei genau definiert worden ist, von welchem Punkt an der private Handel den Charakter eines gewerbsmäßigen Betriebes annimmt. Vorsicht ist auch geboten, wenn Kunstgegenstände öffentlich ausgestellt werden, was als Verkaufswerbung aufgefaßt werden könnte. Wer sich Steuern und zugleich Ärger ersparen will, dem sei deshalb geraten, beim privaten Handel mit Kunstwerken Maß zu halten. Das gilt natürlich nicht nur für Ausländer, die in die Schweiz ziehen, sondern auch für Schweizer selbst, die einen Teil ihres Vermögens in Kunst angelegt haben.

Zwey Laubthaler oder **Drey** Thaler in Friedrichsd'or zu 5 Rthlr. sind wegen des Ilmenauer Bergtheiles oder Kuxes No. 242. als ein an dem Gewerkentage im M. April d. J. regulirter Beytrag, baar entrichtet worden.

Weimar den 17. Oct. 1794.

Sr. Hochfürstl. Durchl. zu Sachsen-Weimar und Eisenach gnädigst verordnete Bergwerks-Commission.

Dividende von Herrn Goethe

Auf den Kux Nr. 242 der Ilmenauer Bergwerks-Commission zahlte der Bergwerksdirektor des Fürstentums Sachsen Weimar vor 206 Jahren eine »Ausbeute« aus der Grubenförderung von »zwei Laubthaler oder drei Thaler in Friedrichsd'or« den im Gewerkenbuch eingetragenen Empfangsberechtigten.

Wer weiß heute noch, was Kuxe sind? Sie wurden noch nach dem Zweiten Weltkrieg alle Tage an der Düsseldorfer und der Frankfurter Börse gehandelt und erschienen im Kursblatt als eigene Wertpapier-Kategorie unmittelbar hinter den Aktien. Längst sind sie an der Börse verschwunden. Sie wurden in Aktien getauscht. Ein Kux war ein Namenspapier, das im Gewerkenbuch eingetragen wurde und dem Inhaber ein Anrecht auf Gedeih und Verderben des Bergwerks bescheinigte. Die Krux der Kuxe war, daß die Anteilseigner notfalls in unbegrenzter Höhe zu Nachzahlungen verpflichtet waren, wenn es um die Erhaltung des Bergwerks ging oder gar die Grube ersoff. Dieser Haftung konnte man sich aber durch jederzeitigen Verkauf des Kuxes entziehen. Im schlimmsten Fall konnte der Wert eines Kuxes Null sein.

Kux Nr. 242 des »Ilmenauer Bergtheils« ist von besonderem Wert, nach 206 Jahren vielleicht das Fünfhundertfache dessen, was er einmal im Jahre 1794 kostete. Eine bessere Erbschaft hätte der damalige Kux-Eigentümer seinen Nachfahren bis heute nicht hinterlassen können. Warum? Nun, der damals zuständige Bergwerksdirektor, genauer gesagt der Leiter der Ilmenauer Bergwerks-Commission, war ein gewisser Johann Wolfgang von Goethe. Er stand auch nach Rücktritt vom Amt des Weimarer Finanzministers der Bergwerks-Commission vor. Als Naturforscher war ihm daran gelegen, gleichsam vor Ort praktische Erfahrungen im Bergbau zu sammeln. Die Quittung über die Auszahlung einer »Ausbeute« aus dem Ilmenauer Bergwerk wird nun heute wegen des Original-Namenszugs des Schatzmeisters auf einige tausend D-Mark getaxt. Die Kuxe sind mit Goethes Unterschrift im Original ein Leckerbissen für Sammler geworden.

Zuweilen werden noch vorhandene Kuxe mit der Unterschrift von Goethe auf Auktionen angeboten. Es kommt nun darauf an, wer sich gerade für diesen Kux interessiert. Nehmen wir an, eine noch heute existierende Bergwerksgesellschaft würde beabsichtigen, den Goethe-Kux in goldenem Rahmen im Zimmer des Vorstandsvorsitzenden aufzuhängen. Dann würde das Original vielleicht das Vielfache dessen bringen, was ein Museum in Weimar auszugeben bereit wäre. Auch ein privater Sammler, der sich auf Original-Goethe-Briefe spezialisiert hätte, würde vielleicht einen besonders hohen Preis zahlen, um seine Sammlung zu ergänzen. Es kommt eben immer darauf an, wer zufällig im Bietsaal sitzt, wenn der Hammer fällt und eine solche Rarität den Besitzer wechselt. Ein kleines Lehrstück vom reizvollen Autographen-Markt.

Robben – Pelze – Diamanten

Der Brillant in der Ethik-Falle

Die Geschichte ist verbürgt. Auf einem Empfang in einer ausländischen Botschaft in Berlin war auch eine Bundestagsabgeordnete der Grünen geladen worden. Sie erschien demonstrativ in Jeans und hatte vergessen, zum Friseur zu gehen. Kein Wunder, daß sie auffiel, und alsbald wurde es ihr denn doch etwas ungemütlich im Kreis gut gekleideter Gäste. Im Gedränge beim Aperitif wurde sie von einer Dame angestoßen, die auf ihrem »Kleinen Schwarzen« eine teure Perlenkette trug und an einem Finger einen strahlenden dicken Brillanten. Da konnte sich die Grüne nicht mehr halten: »Madame – tragen Sie auch Ethik?«

Solche Fragen müssen sich neuerdings Brillantenträgerinnen gefallen lassen. Die größte Tageszeitung der Schweiz, der Zürcher »Tages Anzeiger« titelte in ihrer Ausgabe vom 9. August 2000 auf der Frontseite dreispaltig: »Die Schweiz ist eine Drehscheibe für Blutdiamanten«. In der deutschen Fachzeitschrift »Gold und Silber« seufzte ein Juwelier: »Erst die Robben – dann die Pelze und nun auch noch die Diamanten. Sind Edelsteine jetzt vielleicht Ekelsteine geworden«? Von der Welt des edlen Schmucks gehe kein reiner Zauber mehr aus, nach dem man begonnen hat, sie zu diskriminieren. Der Diamant steht plötzlich als »ethisch unrein« dar. Der Grund: »Unvorstellbare Greuel würden in den Bürgerkriegswirren des südlichen Afrikas mit Diamantenfunden finanziert.« Die »Blutsteine« müßte man boykottieren, fordern die Ethik-Apostel. Aber wie? Keinem Stein kann man ja die Herkunft ansehen. Nun will man sich helfen. Diamanten sollen, wie Eier und Schweinefleisch, »ethisch etikettiert« werden. Nun gut. Aber so wie auf dem Teller kein Reinheitsetikett für Fleisch und Wurst mehr liegt, so wird man natürlich auch beim Tragen die reinen nicht von den unreinen Steinen unterscheiden können.

Ethik wird eingebrannt

Nun, der größte Diamantenhandelskonzern der Welt, De Beers, hat die Lösung gefunden. Im neuesten Geschäftsbericht des Konzerns heißt es: »Wir haben eigene Kosten nicht gescheut, um sicherzustellen, daß die Diamanten, die wir verkaufen, ausschließlich aus konfliktfreien Regionen stammen. Wir verkaufen nur noch angolanische Diamanten mit Herkunftsnachweis.« Die De Beers Gruppe, die immerhin 70 Prozent des gesamten Weltumsatzes mit Rohdiamanten vermarktet, will in jeden Stein ein Echtheitskennzeichen einbrennen lassen, was natürlich nur mit einem Vergrößerungsglas zu erkennen sein würde. Eine solche Kennzeichnung jedes einzelnen Steines wäre natürlich sehr aufwendig. Das wird sich wohl nur De Beers leisten können, so daß der Konzern zwei Fliegen mit einer Klappe schlagen würde. Nur er könnte vielleicht für seine Ware künftig lückenlos den Nachweis erbringen, daß sie »ethisch rein« wäre. Damit hätten die De Beer-Steine einen Wettbewerbsvorsprung gegenüber der Konkurrenz. Der Einzelhandel muß davon ausgehen, daß in Zukunft vielleicht Käufer von geschliffenen Diamanten, also den Brillanten, im Juweliergeschäft fragen werden: »Ist auch ein Echtheitszeichen drin«? Denkbar wäre allerdings, daß sich Käufer weniger um Ethik, aber mehr um den Preis kümmern würden. Unter der Hand würden Steine ohne Kennzeichen billiger verkauft werden, so daß es zu einer Art Marktspaltung kommen könnte. Die Russen zum Beispiel, die jährlich Rohdiamanten im Wert von 1,6 Milliarden Dollar fördern – womit sie nach Botswana der größte Diamantenproduzent der Welt sind – werden kaum ethisch mitspielen. Sie werden behaupten, daß bei Ihnen die Diamantenförderung »sauber« sei (obwohl es Gerüchte gibt, daß Zwangsarbeiter in den russischen Diamantenminen beschäftigt seien).

Neuerdings wird aus Moskau immer stärker betont, daß Rußland am Diamantenmarkt »eigene Wege« zu gehen gedenkt. Man will sich von De Beers trennen. Bisher vermarktet der Monopolist auch rund ein Drittel aller russischen Steine. Aber das Abnabeln von De Beers wird nicht so einfach sein. Diamanten müssen nicht nur gefördert, sondern auch verkauft werden. Der Aufbau einer schlagkräftigen eigenen weltweiten Verkaufsorganisation ist eine teuere Sache, wenn sie überhaupt gelingen wird.

Jetzt wird nicht mehr gehortet

Unabhängig vom »Ethikproblem« ist jetzt auf dem Diamantenmarkt noch anderes in Bewegung gekommen. Der De Beers-Konzern hat den Beschluß gefaßt, seine traditionelle Ausgleichsfunktion auf dem Markt aufzugeben. Um Preiseinbrüche in schlechten Zeiten zu verhindern, haben De Beers jahrzehntelang Steine aus dem Markt genommen, damit die Preise stabilisiert werden konnten. Auf eigene Rechnung wurden Lager gehalten, bis die Nachfrage wieder zunahm. Dann wurden die Reserven in den Markt geschleust, was dazu beitrug, daß allzu große Preissprünge in der Hausse vermieden wurden. Dieses ausgleichene Verhalten war freilich sehr kostspielig. Jetzt werden die Vorräte systematisch abgebaut. Der Umsatz in Rohdiamanten ist bei De Beers erheblich gestiegen und hat zur Preisstabilisierung beigetragen. Im Jahre 2000 dürften De Beers 5 Milliarden Dollar Umsatz gemacht haben. »Wir haben unsere Monopolrolle aufgegeben. Wir betreiben jetzt eine aggressive Verkaufspolitik mit aufwendigen Werbeaktionen verbunden«.

Um sich politisch abzusichern, tun De Beers noch mehr. Sie führen »Best practice-Prinzipien« für Diamanten ein, mit denen in der Diamantenindustrie Geschäftsgebaren nach höchsten berufsethischen Grundsätzen gewährleistet wird. Als Vorbedingung für den Verkauf von Rohdiamanten an Kunden wird das Einhalten dieser Prinzipien auf allen Ebenen der Lieferkette bis zu den Endverbrauchern gefordert. So hofft man im Laufe von einigen Jahren, das zu erreichen, was bei den Ethik-Offensiven im Falle der Robben und Pelze schon weitgehend gelungen ist. »Die Anti-Diamanten-

Kampagne würde wieder einschlafen.« Vielleicht – so hoffen De Beers – bricht auch irgendwann mal sogar der Friede in Afrika aus. Dann würden sich die Herkunftsprobleme natürlich von selber lösen.

Keine Sachwertanlage mehr

Die Zeiten, in denen Brillanten an der Haustür Konsumenten als die »härteste Währung der Welt« verkauft wurden, liegen jetzt zwei Jahrzehnte zurück. Als Folge der ersten Rohölhausse in den 70er Jahren stiegen die Inflationsraten in der westlichen Welt auf ein bedenkliches Niveau. Damals hieß es: »Rette sich wer kann – weg mit dem Papiergeld – hinein in die Sachwerte«. Im Januar 1980 erreichte die Inflationspsychose ihren Höhepunkt. Damals wurden für eine Goldunze sage und schreibe 850 Dollar bezahlt. Heute kann man die Unze für 270 Dollar kaufen. Brillanten erlebten einen ähnlichen Höhenflug. Ein Einkaräter Qualität Top Wesselton lupenrein wurde vor 20 Jahren in Zürich mit 30600 Franken an der Bahnhofstraße verkauft. Ende 2000 ist der Stein für knapp 16000 Franken zu haben gewesen. Einen ähnlichen Preissturz haben die kleinen Steine erlebt, während sich die großen etwas besser gehalten haben (vergleiche die Tabelle mit dem Preisvergleich von 1980–2000).

Heute spricht kein Mensch mehr davon, geschliffene Edelsteine als reine Vermögensanlage, alternativ etwa zu Wertpapieren, zu betrachten. Die Steine sind wieder das geworden, was sie früher immer waren: Ein hochwertiger Schmuck mit Substanzcharakter. Ein Diamant ist ein Wohlstandssymbol, und der Wohlstand dürfte im neuen Jahrhundert wohl eher weiter zunehmen, vor allem in Amerika, aber auch – mit Abstand – im Fernen Osten und schließlich in Europa. Das sind keine schlechten Aussichten für den Diamantenmarkt.

Der Dollar macht den Preis

Im Jahresvergleich von 1999 zum Jahresende 2000 haben sich die »Endverbraucherpreise« pro Karat nicht spektakulär verändert. Ein Halbkaräter Top Wesselton F, also in sehr guter Qualität war Ende 1999 zu 7700 Schweizer Franken in der Schweiz zu haben, 12 Monate später kostete er – nach der Richtpreisliste von Henri Weber – 8500 Franken. Der Preis für den Einkaräter lupenrein ist von 14300 auf knapp 16000 gestiegen. Aber dabei ist zu bedenken, daß Diamanten »in Dollar« gehandelt werden und die amerikanische Währung auch gegen Schweizer Franken im Jahre 2000 nicht unbeträchtlich gestiegen ist, fast parallel zum Euro. Sollten Franken und Euro gegen Dollar mal wieder steigen, würden auch die Karatpreise rechnerisch »in Franken« zurückgehen.

Wer als Ausländer Edelsteine in der Schweiz kauft, kann sich an der Grenze die schweizerische Mehrwertsteuer von 7,5 Prozent zurückvergüten lassen. Er erhält vom Schweizer Zoll eine Ausfuhrbescheinigung, die er dem Schweizer Verkäufer zurückschicken kann, der ihm dann den Steuerwert auf ein Schweizer Konto des Kunden überweisen kann. In der Regel aber wird der Juwelier beim nächsten Besuch des Ausländers in der Schweiz die Steuer zurückzahlen. Deklariert der Ausländer den Einkauf an der Grenze bei seinem eigenen Zoll, so wird dieser die ausländische Mehrwertsteuer (Einfuhrsteuer) wieder aufschlagen, und die liegt nun einmal in Deutschland doppelt so hoch wie in der Schweiz. Aus diesem Grund »verzichten« viele ausländische Schmuckkäufer auf die Präsenz ihres Einkaufs an der eigenen Grenze, um es diplomatisch auszudrücken. Aber wer schon Gesetze verletzt, sollte wenigstens keine Fehler machen und die Diamantenrechnung aus Zürich nicht in der Brieftasche mitführen. Die Kontrollen wegen »Geldwäscherei« sind ja inzwischen wesentlich dichter geworden.

Das Jahr 2001 wird voraussichtlich weltweit eine gewisse Abflachung des stürmischen Wachstums in Amerika – wohl auch mit Folgen für Europa – bringen. Wenn die Börsenkurse nicht mehr steigen, führt das erfahrungsgemäß dazu, daß auch weniger aufwendiger Schmuck gekauft wird. So dürften die Brillantenpreise im neuen Jahr wahrscheinlich keine großen Sprünge nach oben machen und vielleicht mehr von den Devisenkursen als von den Umsätzen in den Juweliergeschäften beeinflußt werden. Ein Tip: Wer einen Teil seines DM-Bargeldes nicht nach dem 1. Januar 2002 in Euro bei heimischen Banken tauschen möchte, der kann die Mark beim Schweizer Juwelier noch 2002 loswerden.

Brillanten-Preisvergleich in Schweizer Franken
(Qualität Top Wesselton F. lupenrein)

Gewicht (Karat)	1980	1990	2000
0,50	18 000	7 150	10 230
1,00	30 600	20 600	15 950
2,00	42 900	41 200	32 100

Richtpreisliste für lupenreine Brillanten

Preise in Schweizer Franken pro Karat, inkl. 7,5 % Mehrwertsteuer
Es handelt sich hier um Richtpreise, die – je nach Marktlage – eine leichte Verschiebung nach unten oder oben erfahren können.

Gewicht (Karat)	River D	River E	Top Wesselton F	G	Wesselton H
0,46 – 0,49	10 000	9 100	8 500	7 600	6 300
0,50 – 0,69	14 450	11 350	10 230	9 300	8 180
0,70 – 0,89	16 750	13 400	12 300	11 150	9 850
0,90 – 0,95	19 150	15 450	14 500	13 200	11 700
0,96 – 0,99	21 050	17 000	15 950	14 500	12 900
1,00 – 1,49	31 000	20 600	18 400	15 400	13 500
1,05 – 1,74	34 500	23 800	21 900	18 750	16 000
1,75 – 1,89	37 000	25 500	23 450	20 000	17 100
1,90 – 1,99	38 000	26 200	24 100	20 600	17 600
2,00 – 2,49	49 500	36 600	32 100	25 600	21 500
2,50 – 2,89	52 000	38 500	33 700	26 900	22 600
2,90 – 2,99	54 500	40 300	35 300	28 200	23 700
3,00 – 3,49	76 000	54 000	46 000	35 300	28 300

Berechnungsbeispiele:
Brillant von 0,50 ct, River E: Karatpreis SFr. 11350 x 0,50 ct = total SFr. 5675
Brillant von 1,25 ct, River E: Karatpreis SFr. 20600 x 1,25 ct = total SFr. 25750
Brillant von 1,25 ct, River E: Karatpreis SFr. 20600 x 1,25 ct = total SFr. 25750
Brillant von 2,01 ct, River E: Karatpreis SFr. 36600 x 2,01 ct = total SFr. 73566

Quelle: Handelshaus Henri Weber, Zürich

Briefmarken

Die Stunde Null auf dem Sammlermarkt

2001 darf die DM noch mit dem Euro flirten

Die Stimmung war gemischt, als im Herbst 2000 der Bund Deutscher Philatelisten in Frankfurt Bilanz zog: Mit einem lachenden und einem weinenden Auge wurde Abschied genommen von den DM-Postwertzeichen, die seit dem 21. Juni 1948 in Westdeutschland gültig waren. Bis 1990 gab es auch in Ostdeutschland eine »DDR-Briefmarkenwährung«, die Ostmark. Nun werden ab 1. Januar 2002 nur noch Euro-Briefmarken verkauft, in allen 11 Mitgliedsländern des gemeinsamen Währungsraums. Aber schon im Jahr 2001 wird man in Deutschland und in den anderen zehn Ländern des Euro-Raums postalisch zunächst in einem »Zwischenreich« leben. Auf den Briefmarken wird sowohl das Porto in nationaler Währung als auch schon in Euro aufgedruckt. Aber vor dem 1.1.2002 gibt es noch kein Euro-Bargeld, mit dem man am Postschalter bezahlen könnte. »Eine verrückte Situation«. Den Sammlern kann's nur recht sein. Freilich wurde die Freude, daß am Briefmarkenmarkt nun die »Stunde Null« ansteht und ein ganz neues Sammlerzeitalter in Europa beginnen wird, dadurch getrübt, daß auf dem Frankfurter Kongreß Abschiedschiedsstimmung von der DM herrschte, was manchem alten Sammler die Tränen in die Augen trieb.

Über 1200 Briefmarkenvereine gibt es in Deutschland. Aber das Durchschnittsalter der Sammler liegt nach Angaben des Verbandes bei »etwa 60 Jahren«. Die Sammlergemeinde ist also offensichtlich überaltert. Insgesamt gibt es bundesweit über 3,5 Millionen ernsthafte »Briefmarkenfans«, davon haben etwa eine Million ein festes Abonnement auf alle Neuerscheinungen. Man war sich einig, daß Mittel und Wege gefunden werden müßten, mehr junge Sammler zu gewinnen. Der größte Feind des Briefmarkensammelns sei heute das Internet und das Fernsehen, das den Jugendlichen die Zeit raube. Sammeln ist nun einmal aufwendig, es bedarf nicht nur der entsprechenden finanziellen Mittel, sondern auch der Mußestunden. Wie die »Faszination der kleinen Zacken« in der modernen Gesellschaft vermittelt werden kann, das wird auch nach dem Übergang zur Euro-Ära eine permanente Aufgabe am Sammlermarkt bleiben. Ohne ausreichende Liquidität kein Markt, und ohne Markt kein dauerhaftes Interesse am Sammeln.

Hermann E. Sieger aus Lorch in Württemberg, der als Briefmarkenhändler seit vielen Jahren in diesem Jahrbuch die Marktkommentare schreibt, beginnt diesmal seinen Bericht mit den Worten: »Der König ist tot – es lebe der König«. Die gute alte DM, der Österreichische Schilling, der Französische Franc, die Lira, die Pesete und einige andere nationale Währungen verschwinden unwiderruflich, wenn der Euro kommt. Vorerst – so schreibt Sieger – weiß man aber um die Jahreswende 2000/2001 noch gar nicht, wie die neuen Euro-Marken aussehen werden. Sicher ist nur, daß es im ganzen

Euroraum keine einheitlichen Marken geben wird, die in allen Teilnehmerstaaten gelten. Jedes Land behält seine Posthoheit, lediglich die Währung ist »gepoolt«. Das vereinigte Geld geht dem vereinigten Europa voraus. Im Gegensatz zu den neuen Euro-Münzen wird es noch keine einheitlichen Briefmarken im Euroraum geben.

Aus der Sammlerperspektive kann die Vielseitigkeit natürlich nur von Vorteil sein. Insgesamt wird es fast zwei Dutzend neue Sammelgebiete geben.

In 23 Territorien Euro-Briefmarken

»Euro-Land«, das sind politisch elf Länder. Aber für den Briefmarkensammler besteht das künftige Euro-Land aus 23 Territorien. Neben der Elfergruppe von Staaten, die ab 1.1.2002 eine gemeinsame Währung einschließlich Bargeld haben werden, gibt es noch vier Ministaaten, sechs Inseln, den Vatikan und sowie die Sonderzone UNO Wien, in denen auch der Euro als Währung gelten wird und dementsprechend Briefmarken in Euro in den Handel gebracht werden. Sammler haben also vielseitige Möglichkeiten, sich künftig völlig neue Sammelgebiete zu erschließen.

Besonders interessant sind vielleicht die künftigen »Vatikan-Briefmarken«, die ebenfalls auf Euro lauten werden, neben den Münzen, die der Vatikan mit großer Wahrscheinlichkeit in Euro herausgeben darf. Euro-Briefmarken werden bis zur Antarktis (französisches TAAF-Gebiet) und bis zum Indischen Ozean (Mayotte) emittiert werden. Da das Volumen an »Insel-Euro-Marken« nicht sehr groß sein wird, dürfte es recht reizvoll sein, diese »Euro-Exoten« zu sammeln.

Belgien
Deutschland
Finnland
   Aland
Frankreich
   Andorra (franz. Post)
   Monaco
   Mayotte
   St.Pierre et Miquelon
   TAAF (franz. Gebiete in der Antarktis)
Irland
Italien
   San Marino
   Vatikan
Luxemburg
Niederlande
Österreich
   UNO Wien
Portugal

Azoren
Madeira
Spanien
  Andorra (span. Post)

Die ersten Vorreiter sind schon da

Den Postverwaltungen bereitet der Übergang zur Euro-Ära einiges Kopfzerbrechen, meint Hermann Sieger. Einige Komplikationen kann es vielleicht an den Postschaltern geben. Schwer abzuschätzen ist, wie viele »alte« Briefmarken in den Haushaltungen, bei Sammlern und in Wirtschaftsunternehmen noch lagern und umgetauscht werden müssen. Die Post wird wohl den Umtausch spesenfrei vornehmen, wenn auch das letzte Wort darüber Ende 2000 noch nicht gesprochen war. Beschlossen wurde, im

Jahre 2001 für eine kurze Übergangszeit Postwertzeichen mit doppelter Währungsangabe herauszugeben. Die ersten »Zwitter« sind schon im Jahre 2000 gedruckt worden. Die Premiere der Übergangsmarken fand in Belgien statt. Die belgische Eisenbahn gab Paketmarken in Doppelwährungen (in Belgischen Franc und in Euro) heraus. Frankreich und Italien mit ihren Nebengebieten folgten. Das Sammeln ist nicht sehr kostspielig, weil man ja weiß, daß die Doppelwährungsmarken nur »Eintagsfliegen« sein können. Ab 2002 verschwinden sie wieder. Wenn nun viele »Zwitter« gekauft werden, dürfte die Chance, daß diese Marken einen hohen Sammlerwert erhalten, nicht groß sein. Mit einer Ausnahme: Die Doppelmarken aus den assoziierten Gebieten der 11 Euroländer, die wohl keine sehr große Auflage erleben werden. Vielleicht kann man mit französischen Antarktis-Marken in Doppelwährung gutes Geld verdienen. Wer deutsche Doppelmarken sammeln will, braucht sich nicht zu beeilen. Er kann den Kauf bis »kurz vor Ladenschluß« aufschieben. Bis dahin wird man auch etwa abschätzen können, wie hoch das Sammleraufgeld am Markt »nach Tisch« mal werden könnte.

Der Umtausch

Zu hoffen ist, daß die Postverwaltungen alte, nationale Markenbestände ohne Aufgeld in neue Marken umtauschen werden. (Aus Aland ist zu hören, daß man dort nicht tauschen will.) In Deutschland und Österreich stehen noch endgültige Regelungen einschließlich der Tauschfristen aus.

Bei Gebieten mit einem kleinen Binnenmarkt dürfte es keine großen Hortungsbestände an alten Marken bei den Händlern geben. Der Umtausch von Berliner Marken hat gezeigt, daß sich Sammler schwer verschätzen können. Die letzten Ausgaben von Berlin sind im Wert erheblich gestiegen, weil kurz vor Beendigung der Umtauschfrist die alten Marken noch bei der Post getauscht wurden. Ob sich das beim Übergang von DM- in Euro-Marken wiederholt, weiß man nicht.

Hermann Sieger verweist darauf, daß es jetzt den »Reiz des abgeschlossenen Sammelgebiets« am Briefmarkenmarkt gibt. Man weiß nun, daß kein Nachschub kommt. Dies macht das Sammeln sicherer. Wer den Ergeiz hat, etwa das komplette Sammelgebiet Deutschland abzuschließen, wird gut daran tun, frühzeitig Lücken zu schließen. Später werden fehlende Marken vielleicht teuer erworben werden müssen. Ein Tip: Interessant könnten Zuschlagmarken werden, etwa jene der deutschen Jugendserie 2000. Wegen der grafischen Gestaltung gefallen den meisten Sammlern diese Marken zwar nicht, aber zur Komplettierung von Sammlungen braucht man sie.

Viel Phantasie

In Deutschland werden eine Zeitlang Mischfrakturen möglich sein zwischen Briefmarken alter Währung, Briefmarken mit doppelter Währungsangabe und Briefmarken mit der neuen Wertangabe in Euro und alles auf einen Briefumschlag. Solche Mischfrakturen werden Spaß machen. Welchen Wert sie später haben werden, steht auf einem andern Blatt.

Ein Beispiel für interessante Mischfrakturen hat es schon bei der deutschen Wiedervereinigung gegeben. Der frühere Briefmarken-Auktionator Hartmut Schwenn, der heute noch begeisterter Philatelist ist, hat sich den Spaß gemacht, anläßlich der Währungsunion zwischen Westdeutschland und der DDR am 1. Juli 1990 (also ein paar Monate vor der staatsrechtlichen Vereinigung) alte Ulbricht-Briefmarken der DDR mit einem Aufdruck DDR-BRD DEUTSCHE EINHEIT 03. Oktober 1990 drucken zu lassen und zusammen mit anderen Briefmarken in Halberstadt/Harz und anderen Städten der Ex-DDR aufzugeben. Diese »Privatdrucke« wurden prompt von den Postämtern in der (noch) DDR abgestempelt. So gibt es denn Briefumschläge, auf denen

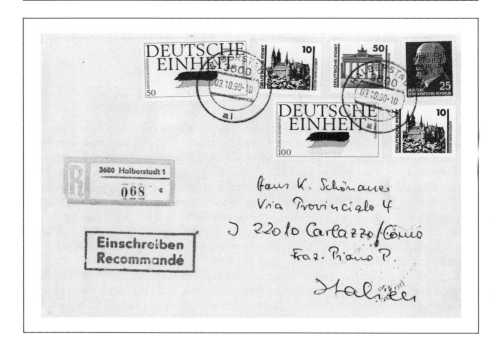

nebeneinander das Konterfei von Ulbricht neben der Privatmarke »Deutsche Einheit« steht. Da die Deutsche Post der DDR und die Deutsche Bundespost diese Briefe beförderte, wurden sie zu amtlichen Dokumenten und für Philatelisten begehrenswerte Sammlerobjekte. Die Unachtsamkeit der Post, die natürlich Privatmarken gar nicht anerkennen durfte, war ein Glück für die Sammler. Die Post wird's verschmerzen können, ein kleines Präsent für die Einheit. Im übrigen ein schönes Beispiel dafür, daß zum Briefmarkensammeln Phantasie gehört.

Kapitel VII

Aus der Praxis im Umgang mit Geld

»Zürcher Geldschule«
Hirt Institut

Hartmut Knüppel
Christian Lindner (Hrsg.)

Die Aktie als Marke

Wie Unternehmen mit Investoren kommunizieren sollen

*2000, 250 Seiten,
Hardcover, 68,00 DM
ISBN 3-933180-83-X*

Werner Lanthaler
Johanna Zugmann

Die ICH-Aktie

Mit neuem Karrieredenken auf Erfolgskurs

*2000, 256 Seiten,
Hardcover, 58,00 DM
ISBN 3-933180-84-8*

Beat Kappeler

Wirtschaft für Mutige

Plädoyer für eine Zukunft jenseits des Schablonendenkens

*2000, 258 Seiten,
kartoniert, 49,80 DM
ISBN 3-933180-74-0*

Walter Hamm

Das Ende der Bequemlichkeit

Ein Leitfaden zur Modernisierung von Wirtschaft und Gesellschaft

*2000, 246 Seiten,
kartoniert, 58,00 DM
ISBN 3-933180-75-9*

Hans Georg Graf

Globale Szenarien

Megatrends im weltweiten Kräftespiel

*2000, 196 Seiten,
Hardcover, 58,00 DM
ISBN 3-933180-73-2*

Debra M. Amidon

Das stille Erwachen

Innovationsstrategie für die Wissenswirtschaft

*1999, 240 Seiten,
Hardcover, 68,00 DM
ISBN 3-933180-38-4*

Bestell-Fax: ++69/75 91-21 87, Buchshop: www.fazbuch.de

Frankfurter Allgemeine Buch

Gedanken zum richtigen Umgang mit Geld

Von Heinz Brestel

Mit Geld richtig umgehen bleibt eine Lebensaufgabe. Zufriedenheit hängt nicht allein von der Höhe des Bankkontos ab. Als Quintessenz des Dialogs mit den Absolventen der »Zürcher Geldschule« fassen wir einige grundsätzliche Gedanken zum Geld zusammen. Sie basieren auf einem Vortrag anläßlich eines Seminars des Hirt Instituts in Bad Zurzach.

Wenn man Geld hat, so ist das beruhigend. Wenn man Schulden hat, dann macht das nervös. Nach meinen Lebenserfahrungen dürfte mehr als die Hälfte aller Lust- und Unlustgefühle, welche die Menschen heutzutage haben, im weitesten Sinne des Wortes mit Geld zu tun haben.

Was ist denn Geld? Genaugenommen ist es der gespeicherte Lohn für eine Leistung, die jemand erbracht hat und für die er eine Gegenleistung – in Geld – erhält. In der Frühzeit tauschte man einen Ochsen für ein gutes Schwert. Heutzutage ist Geld in diversen Formen, als Buchgeld oder als Bargeld das Tauschmittel, mit dem Leistungen und Gegenleistungen ausgeglichen werden können. Das Geniale am Geld ist, daß man die Leistung, für die jemand bezahlt wird, nicht nur wieder gleich ausgeben sondern auch nach Belieben horten kann. Obendrein sind die in Geld ausgedrückten Leistungen handelbar. Den klassischen Ausspruch von Bernhard Shaw, Geld sei zwar nicht alles im Leben, aber ohne Geld sei alles nichts, dieser Ausspruch muß freilich relativiert werden. Ein Krüppel, dem man die Chance gäbe, wieder laufen zu können, würde wahrscheinlich einen Schlafplatz unter den Brücken von Paris einem Appartement im Luxushotel vorziehen. So viel wäre es ihm wert, nicht mehr im Rollstuhl sitzen zu müssen.

Ob man sich reich oder arm fühlt, das ist – vorausgesetzt man muß nicht gerade hungern und frieren und verfügt über ein Paar solide Schuhe – wirklich außerordentlich relativ. Es gibt Menschen, die viel Geld sehr unglücklich macht und nicht recht schlafen läßt. Geld kann auch leicht den Charakter verderben. Andererseits kann uns Geld auch zufrieden werden lassen. Man hat ein Paar Sorgen weniger, wenn man etwas mehr Geld hat. Ausschlaggebend ist, daß man es versteht, sich selbst Grenzen für seine Bedürfnisse zu setzen. Wenn das gelingt, wird man »immer genug Geld haben«. Umgekehrt kann ein Millionär höchst unzufrieden sein, weil er es nicht geschafft hat, Milliardär zu werden. Umfragen in Deutschland und in der Schweiz haben ergeben, daß die meisten Menschen, die mit ihren finanziellen Verhältnissen zufrieden sind, nicht mit großen Reichtümern gesegnet waren. Die Zahl der Unzufriedenen – so ergab die Umfrage – wächst mit dem Vermögen. Dabei gibt es zwei Arten von Unzufriedenheit. Die einen bekommen nicht genug und die anderen leben nur in Angst, daß man ihnen das, was sie haben, nicht irgendwann unter irgendwelchen Umständen wieder abnehmen könnte.

Die Lehre vom richtigen Umgang mit Geld entspricht den Erfahrungen, die man in einem Dreieck der Lebensharmonie zusammenfassen kann. Die Basis dieses Dreiecks wird immer die Gesundheit sein, ohne die wirklich alles nichts im Leben ist. Auf der linken Seite des Dreiecks könnte man die persönliche und berufliche Zufriedenheit mit seinem Leben setzen. Das ist die Triebfeder für alles Positive im menschlichen Verhalten, es kann aber auch die Ursache alles Negativen sein. So ist nun mal das Leben. Auf der rechten Seite unseres Dreiecks steht das, was man die finanzielle Sicherheit nennen kann. Dies ist die beste Schlaftablette. Zumindest zwei dieser drei Voraussetzungen für ein harmonisches Leben berühren in irgendeiner Form das Geld. Damit wird unterstrichen, welche Rolle das Geld im weitesten Sinne des Wortes beim Streben nach Ausgeglichenheit, nach Lebensharmonie spielt. Zeitlebens bleibt es eine Aufgabe, diese Harmonie zu erhalten.

Unser heutiges Geld ist freilich kein Besitz mehr, den man »anfassen kann«, so wie das früher ein Batzen Gold war. Geldscheine oder Buchgeld auf dem Bankkonto stehen wortwörtlich auf Papier und damit auf recht tönernen Füßen. Das, was wir heute als Geld anerkennen, steht und fällt mit dem Vertrauen zu jenen Institutionen, die unser Geld drucken. Das ist mehr oder weniger der Staat, wenn auch im Gewande unabhängiger Notenbanken, »wenn man Glück hat«. Dieses Glück, über stabiles Geld zu verfügen, währt leider immer nur relativ kurze Zeit. Verlorenes Vertrauen zum Papiergeld führt uns zu der bitteren Erkenntnis, daß wir uns einen mehr oder weniger langen Zeitraum unseres begrenzten Lebens »umsonst« abgeplagt haben. Im 20. Jahrhundert wurde in Deutschland das Geld zweimal in Superinflationen nahezu total vernichtet. Kein Wunder, daß jene, die das miterlebt haben, ganz besonders sensibel und auch mißtrauisch gegenüber dem Staat geworden sind. Kann man es einem übelnehmen, wenn er Angst hat, die Früchte seiner Arbeit verlieren zu können?

Wer sich anschickt, darüber nachzudenken, wie man sein Erspartes erhalten oder gar vermehren kann, der muß in die Zukunft schauen. So muß gleichsam jedermann sein eigener Prognostiker werden, sei es der private Sparer, der Unternehmer, seien es Junge oder Alte, alle müssen versuchen, immer wieder darüber nachzudenken, was zu tun ist, um das eigene Geld zumindest zu erhalten, nach Inflation und auch nach Steuern.

Die Wahrscheinlichkeit, daß wir die Zukunft richtig einschätzen, ist freilich nicht sehr groß. Nicht jeder liest jeden Tag Zeitung und ist Volkswirtschaft versiert. Wir können alle nicht genau wissen, wie sich unsere Gesellschaft, die Politik, die Wirtschaft und auch der Wert unseres Geldes über einen längeren Zeitraum im voraus gedacht entwickeln werden. Je mehr wir über unser Geld nachdenken, desto intensiver werden wir unsere Zukunftsvorstellungen korrigieren. Das ist eine Sisyphosarbeit. Ehrlicherweise werden wir immer noch zugeben müssen, daß sich ohne eine Portion Glück nicht einigermaßen sicher voraussagen läßt, was aus unserem Geld in Zukunft wird.

Ein Marktforscher hat kürzlich festgestellt, daß nur 800 000 Deutsche, also gerade ein Prozent der Bevölkerung, sich als geborene Glückspilze betrachten können. Die bescheidene Trefferquote sei darauf zurückzuführen, sagen uns die Institute, welche die Meinungsumfragen gemacht haben, daß Menschen mit eingebauten Glücks-Genen eine spezielle Jupiter-Pluto-Konstellation in ihrem Grundhoroskop haben müßten. Da sind wir also schon bei den Sterndeutern, denen sich Glückliche und Unglückliche anvertrauen. Die Glücks- oder Unglückskonstellation sei schon bei der Geburt vorprogrammiert. Wenn wir dies bejahen würden, so wäre auch zum Beispiel der Börsenerfolg davon abhängig, unter welchem Stern wir zufällig geboren worden sind.

Nun, daran braucht man nicht zu glauben. Die modernen Zukunftsforscher korrespondieren nicht mit den Sternen, sie arbeiten mit Computern und sie glauben eher an die Präzision von Rechenmaschinen. Auch das ist aber ein Trugschluß. Die Zukunft läßt sich nicht einfach »eingeben«. Mit der Zukunftsforschung ist es eher wie mit dem Roulette. Daß die Kugel auf Zero fällt ist zwar mit der Wahrscheinlichkeitsrechnung zu erklären. Aber wir können uns nicht darauf verlassen, wann Zero kommt. Manchmal schnell zweimal hintereinander, ein andermal ein Paar Stunden oder gar Tage nicht.

Was die Konjunktur, die Zukunft unserer Wirtschaft angeht, so haben sich auch gewisse Meßinstrumente »auf Erden« herausgebildet, auf die man sich stützen kann. Wir meinen die Lehre von den Zyklen, vom ständigen Wechseln von Tag und Nacht, von Aufschwung und Abschwung, von Krieg und Frieden. Diese Lehre wird in unserem jährlichen Börsenbarometer in die Praxis umgesetzt. Wer ein Gefühl für Zyklen hat, kann sich viel Ärger und Verlust ersparen. Dieses Thema ist in unserem Jahrbuch 2001 in vielfältiger Weise vertieft worden.

Obwohl wir wissen, daß wir im Sinne Goethes »wissen, daß wir nichts wissen können«, werden wir immer wieder, solange wir leben, ständig versuchen müssen, nach vorn zu blicken, um einen Zipfel der Zukunft zu erhaschen. Das gilt auch für alle unsere Börsenerwartungen. Ohne die Zukunft ergründen zu wollen, ist das Leben gefährlich. Das wäre so, als wenn es auf einer belebten Straße, vollgestopft mit Autos, keine Fußgängerübergänge gäbe. Dennoch müßten wir die Straße überqueren. Es leuchtet ein, daß man auf dem Zebrastreifen sicherer über die Straße kommt, als wenn man lediglich Glück haben muß, nicht unter die Räder zu kommen. In diesem Sinne sind das Nachdenken über Geld und das Nachdenken über unsere Zukunft Siamesische Zwillinge.

Wieviel Geld braucht der Mensch zum Glücklichsein?
Plauderei über Reichtum und Zufriedenheit

> *Ich hab mal gelesen, man könne das Glück auch lernen.*
>
> Theodor Fontane

Es ist eine unendliche Geschichte, die sich durch die Geschichte zieht: Wenn alle reich wären... Wer träumt nicht davon? Wer möchte nicht reich sein? Aber dann stutzt man schon. Gönnt man seinem Nachbarn, daß er genauso reich werden möge? Auf jeden Fall werden nicht alle so menschenfreundlich sein. Denn sonst könnte man sich im Duden das Wörtchen »Neid« sparen.

Zu glauben, daß wir das Paradies auf Erden hätten, wenn alle Menschen reich wären, ist naiv. Wie langweilig würde es auf dieser Erde zugehen, wenn sich niemand mehr zu bemühen brauchte, Leistungen für andere zu erbringen. Wenn alle reich wären, dann wären alle arm. Dann begönne die Wirtschaftsgeschichte wieder von vorn.

Deshalb ist es auch eine Utopie, die Abschaffung des Eigentums zu fordern, wie es die Marxisten versuchten. Die Geschichte zeigt aber, daß die vom Glück Begünstigten, die ökonomisch Bessergestellten, also jene, die man heute die »Reichen« nennen würde, auch schon zu biblischen Zeiten den anderen etwas abgaben (Den berühmten Zehnten, aus dem Alten Testament). Heute werden Steuern erhoben, gleichgültig, welcher Kirche man angehört. Wer viel hat und viel verdient, den zwingt der Gesetzgeber abzugeben, und zwar ziemlich reichlich, bis an die Grenze dessen, wo es sich kaum noch lohnen würde, sich abzuplagen. Dies ist das Thema unserer Zeit geworden. Schon Schulkinder lernen, daß es kein Schlaraffenland geben kann, und wenn's eins gäbe, so würde es nur die Hölle sein. Ein Spötter hat zu unserer Zeit vermerkt: »Am Ende der Geschichte würden auch noch der liebe Gott und der Teufel fusionieren...«

Wenn wir alle reich wären? Glücklich werden wir auf jeden Fall nicht schon wegen unseres Geldes. Reich und glücklich sein, ist kein Synonym. In der »Zürcher Geldschule« ist Lehrgangsteilnehmern die Frage vorgelegt worden: »Wieviel Geld braucht der Mensch, um glücklich zu sein?« Die meisten antworteten mit dem geläufigen Slogan: »Geld allein macht nicht glücklich.« Für andere ist Glück: Gesundheit plus Fehlen von Unglück. Fast alle Befragten waren der Meinung, daß sich im Laufe des Lebens aber die Vorstellungen von Glück und auch von Reichtum erheblich ändern würden. Die Jagd nach dem Geld als vermeintliche Jagd nach dem Glück sei hauptsächlich den Jungen vorbehalten. Je älter man werde, desto mehr würde sich Glück auf »Zufriedenheit« reduzieren. Wie sagt der Volksmund: »Glück kann auch in der kleinsten Hütte sein.«

Ein Dichter wie Martin Walser drückt sich so aus: »Nicht hinaussehen über den Rand des Glücks, das wäre Glück«. Im Lexikon wird Glück so definiert: »Das zufällige Zusammentreffen günstiger Umstände«. Eine andere gängige Definition: »Glück ist nichts weiter als ein Zustand starker innerer Befriedigung.« Das Gegenteil vom Glück ist natürlich das Unglück, also das verhängnisvolle Zusammentreffen unglücklicher Umstände. Goethe schließlich hat am Ende seines Lebens in einem Gespräch mit Eckermann gesagt: »Wirklich glücklich ist der Mensch wohl nur für eine ganz kurze Spanne in seinem Leben.«

Eine besondere Art von Glücklichen sind die Glücksritter. Darunter versteht man Mitmenschen, die nicht lange denken, sondern einfach blind auf ihr Glück vertrauend alles Mögliche anstellen und dabei in Schwierigkeiten geraten oder noch schlimmer. Sie streben ausschließlich nach materiellem Glück, laufen dem Geld nach. Mögen einige auf diese Weise vielleicht eine Art von Glückseligkeit empfinden. Aber auf die meisten wird dies nicht zutreffen.

Das Glück ist relativ

Die Frage nach dem Glück läßt sich vielleicht auf den Punkt bringen: »Ist man glücklich, wenn man reich ist, oder reich, wenn man glücklich ist?« Die Wahrheit liegt wohl in der Mitte. In unserer Gesellschaft wird man schwerlich glücklich werden können, wenn man kein Auto, kein Handy und kein Konto auf der Bank besitzt. Das ist der Segen, aber auch der Fluch unserer Wohlstandsgesellschaft.

Zum Glücklichsein gehört auch, daß man über das, was man hat, frei verfügen kann. Genau das ist heute die große politische Frage. Vor dem Glück des einzelnen haben die Götter das Finanzamt gesetzt. Wer sich anschicken würde, das, was er verdiente, auch zu verbrauchen, der würde eine böse Überraschung erleben, wenn die Steuerrechnung kommt. Wer glaubt, die Börse würde ihn reich machen, der kann allzu schnell in die Räder spitzfindiger Steuerjuristen geraten, die ihn um die Frucht etwa seiner Spekulationsgewinne zu bringen trachten. Wer mit Hilfe seines wohlerworbenen Wissens reich geworden ist, kann über Nacht wieder arm werden, wenn sich die politischen Verhältnisse radikal ändern, wofür es in den letzten Jahrhunderten ja mannigfache Beispiele gab und noch immer gibt.

Vorsorgelücken können unglücklich machen

Sehr ungemütlich wird es heutzutage für einen Menschen, der jahrzehntelang brav Beiträge für die staatliche Altersversorgung abgeführt hat und nun erfahren muß, daß »die Rente nicht mehr sicher ist«. Wenn man wirklich reich ist – sagen wir besser materiell reich ist –, wird man schnell gewahr werden, wie relativ heutzutage der Begriff Reichtum geworden ist. Das fängt an in der Politik, wo die Mehrheit in den Parlamenten die Macht hat, die Steuergesetze beliebig zu verändern, und dabei von einem

Tag zum anderen die Bürger schröpfen kann. Wer im Vertrauen auf bestehende Steuergesetze gespart hat, dem kann heute vom Gesetzgeber jederzeit zugerufen werden: »April, April – das gilt nicht mehr.« Auf was ist da noch Verlaß? Der Verlust des Vertrauens ist die Mutter für »Steuerflucht« in unseren Tagen.

Verlaß ist heute nicht mal mehr auf das gehortete Geld, das unter dem Bett liegt. Das Jahrhundert hat gerade angefangen, und schon haben wir neues Geld. Deutsche hatten im 20. Jahrhundert erst die Goldmark, dann die Reichsmark und schließlich die Deutsche Mark. In der DDR war es die Ostmark, die jenseits der Mauer kaum mehr als zum Einwickeln taugte. Und nun kommt das neue Einheitsgeld für über 300 Millionen Europäer. Die Wetten, daß unsere Nachkommen noch im Jahre 2100 mit dem Euro rechnen werden, stehen nach Umfragen im gesamten Euro-Raum nicht mal fifty-fifty. Und das zeugt noch von Optimismus, der hoffentlich nicht enttäuscht werden wird. Nicht das Ende der Welt ist gekommen, wie es jetzt in vielen klugen Büchern prophezeit wird, sondern das Ende der Verläßlichkeit auf jede Form individuellen Eigentums. Da nutzt uns auch der Wahlspruch des seligen André Kostolany kaum mehr viel, der seinen Jüngern den guten Rat gab: »Geduld ist die Weisheit des Anlegers.«

Wer ist Millionär?

Wieviel Geld braucht der Mensch, um sich materiell reich zu fühlen? Da gibt es einen regelrechten Mythos, der offensichtlich unausrottbar ist: »Reich ist der, welcher sich Millionär nennen kann, und Millionär ist einer, der eine Million hat.« Aber – welch Illusion. Das beginnt damit, daß eine Million Dollar natürlich mehr als eine Million Schweizer Franken und erst recht mehr als eine Million DM ist. In Amerika würde sich niemand als Millionär bezeichnen können, wenn er nicht eine Million Dollar hätte, das sind aber schon zwei Millionen DM. Die Illusion, daß in Deutschland jemand Millionär ist, der eine Million DM hat, bricht 2002 in sich zusammen, wenn es keine DM, nicht mal unter dem Bett als Bargeld, geben wird. Der DM-Millionär wird über Nacht zum Neujahr 2002 nur noch ein halber Millionär sein, »in Euro«. Mit 500 000 Euro wird man wohl nach einigen Jahren kaum mehr kaufen können als heute mit einer Million DM. Es muß wohl davon ausgegangen werden, daß wir die aus politischen Gründen erwünschte Ausweitung der Europäischen Union und auch der Eurozone mit einer Aufweichung unserer europäischen Währung zu bezahlen haben. Spätestens im Jahre 2020 kann es so weit sein, daß die Kaufkraft eines Euros kaum mehr höher sein als heute die Kaufkraft einer DM.

»Jeder kehre vor seiner Tür«, auch in bezug auf Geld. Die vielen Ratgeber zum Geldverdienen, die sich heute – auch in deutscher Sprache – anbieten, mögen vielleicht dem einen oder anderen mit viel Glück zur »ersten Million« verhelfen. Aber was wird dann eine Million – nach Steuern – noch wert sein? Gerade die Tatsache, daß wir in den 90er Jahren des vorigen Jahrhunderts eine so erfreuliche Periode des relativ stabilen Geldes erlebt haben, läßt aufgrund aller Erfahrungen fürchten, daß in den nächsten zehn Jahren auch wieder eine Periode größerer Inflationierung zu befürchten sein wird.

Aber wie tief verankert der Mythos von der Million ist, mag man daran erkennen, daß heute noch die Bauern auf den Wochenmärkten in Frankreich mit dem »alten Franc« zu rechnen pflegen, obwohl der »neue« längst gesetzliches Zahlungsmittel ist, befreit von drei Nullen. Wer Kontakt mit Italienern hat, wird immer wieder erstaunt sein, wie reich sich dort die armen Leute fühlen. Sie sind alle Millionäre und Milliardäre geworden, dank der vielen Nullen, welche man in Italien bis zum 31. Dezember 2001 noch herumschleppt. Zu befürchten ist, daß sich die Italiener, wenn es keine Lire mehr gibt, schlagartig arm fühlen und zumindest für die ersten zwei Jahre wesentlich weniger konsumieren. Das italienische Sozialprodukt könnte sogar – von Nullen befreit – vorübergehend zurückgehen, weil zunächst keiner mit dem neuen Geld kaufen will. Die Europäische Zentralbank wird dann vielleicht viel Geld drucken müssen, um die »Kuh wieder vom Eis zu bekommen«. Das könnte die Ouvertüre zur Euro-Erosion sein. Es ist nun mal so: Nichts gibt's auf dieser Welt, was sich nicht wiederholen könnte.

Verheerende Kaufkraft-Erosion

Versuchen wir nachzuvollziehen, was sich in den letzten 30 Jahren bei der stärksten Währung in Europa, bei der DM getan hat. Nach den Berechnungen des Deutschen Statistischen Bundesamtes hat die Kaufkraft der Deutschen Mark (100 = 1950) 1970 nur noch 64 Prozent betragen – ein Kaufkraftschwund also in 20 Jahren von etwa 35 Prozent. Ende des Jahres 2000 beträgt die Binnenkaufkraft der Deutschen Mark nur noch rund 24 Prozent. Der Beschleunigungsfaktor der Kaufkraftvernichtung ist also offensichtlich. Übrigens muß auch die Illusion zerstört werden, daß das Schweizer Geld »mehr wert ist als das deutsche«. Das gilt nur für den Außenwert. Für 100 DM bekam man in den 60er Jahren vorübergehend 105 Franken. Ende 2000 mußten fast 124 Mark für 100 Franken gezahlt werden, eine Abwertung um fast 25 Prozent »nach außen«. Aber »nach innen« sind die Verbraucherpreise in Franken keineswegs gegenüber der DM gefallen. Das läßt sich schön optisch in der Nähe der größten Schweizer Stadt, Zürich, erkennen, wo sich jeden Tag Kolonnen von Fahrzeugen via Deutschland bewegen und ihren Wochenbedarf an Lebensmitteln und anderen Konsumgütern »bei Aldi decken«. Auf diese wunderbare Weise wird die Kaufkraft der Schweizer um etwa ein Viertel angehoben. Im Grenzgebiet zwischen Tessin und der Lombardei hat die italienische Regionalregierung den in Italien hochgetriebenen Lire-Benzinpreis auf das Schweizer Niveau heruntersubventioniert, mit dem Effekt, daß auf Schweizer Seite die Tankstellen »einpacken« können. Das ist so eine Art kleiner Grenz-Währungskrieg, über den man nicht gern in der EU spricht.

Eine nachdenkliche Rechnung

Werfen wir zur Illustration der geradezu verheerenden Kaufkraftvernichtung in Deutschland im letzten Drittel des vergangenen Jahrhunderts einen Blick in Kaufkraftberechnungen aus dem Jahre 1970. Schon damals wurde die provozierende Frage gestellt: »Leben Sie mal von einer Million«? In einem Buch des Autors dieses Jahrbuches »10 Gebote privater Vermögensanlage« aus dem Jahre 1970 wurde vorgerechnet, daß schon damals ein DM-Millionär keine großen Sprünge machen konnte, wenn er nur die Zinsen verleben und nicht sein Kapital angreifen würde. Die Rechnung sah 1970 so aus:

Angenommen, jemand hätte es vor 30 Jahren zu einem Barvermögen von einer Million DM gebracht und sich in den Kopf gesetzt, bis an sein Lebensende von den Zinsen zu leben, um das Kapital dann seinen Kindern vererben zu können.

Unser Millionär hätte sich eine sechsprozentige Staatsanleihe mit Laufzeit von zunächst zehn Jahren kaufen können, was ihm im Kalenderjahr gebracht hätte:

Kapital	**60 000 DM**
Vermögenssteuer	10 000 DM
es verblieben also pro Jahr	50 000 DM
davon ab Einkommensteuer lt. deutschem Tarif	12 000 DM
nach Steuern verblieben	38 000 DM
Auf 12 Monate umgerechnet könnte unser Millionär steuerfrei pro Kalendermonat also verfügen über	3 160 DM
Davon gingen ab für Miete und Mietnebenkosten für eine Vierzimmerwohnung	700 DM
Für sonstige Kosten: Telefon Zeitungen usw.	160 DM
Verbleiben	2 300 DM
Kosten für einen Wagen, (für Benzin pro Liter 42 Pfennig) Reparaturen und Abschreibung	300 DM
Garderobe, Geschenke, Versicherungen usw.	400 DM
Verbleiben	1 600 DM
Und dann noch ein wenig für Hundesteuer, etwas Bier und eine Flasche Wein jede Woche und eine Rücklage für die Ferien in Oberammergau und für den Weihnachtsbaum	700 DM
Lebensmittel, Arzt, Ausgaben für Kinder und »Sonstiges«	701 DM
Verbleiben	199 DM
Für alle Wechselfälle des Lebens	200 DM
Defizit	**1 DM**

Wer diese Rechnung heute nachvollzöge, könnte nur mild lächeln. Eine ganze Generation heute Lebender erinnert sich nur noch schwach oder überhaupt nicht mehr an die Preise vor 30 Jahren. Natürlich darf nicht vergessen werden, daß auch die Löhne und Gehälter im letzten Drittel des vorigen Jahrhunderts gestiegen sind, im Schnitt vielfach noch etwas mehr als die Preise. Aber: Dieser Vergleich hinkt, wenn man aus der Anlageperspektive die Preise von 1970 und vom Jahre 2000 vergleicht. Mehr als sechs Prozent Zinsen bekommt man heute auch nicht. Wenn die Preise für Grundstükke überdurchschnittlich gestiegen sind, so sind die Mieten mitgezogen. Sie haben sich in guten Lagen und angesichts des heutigen gewünschten Komforts vielfach um 200 Prozent gegenüber 1970 erhöht. Eingewandt werden könnte höchstens, daß man eben die Million in Aktien hätte anlegen müssen. Aber auch hier trügt der Schein. Der deutsche F.A.Z-Index, der 100 Aktien umfaßt, also wesentlich mehr als der DAX mit seinen nur 30 Werten, stand 1970 bei 190 Punkten (100 = Ende 1950). Im Jahrzehnt bis 1980 war er gerade auf 230 Punkte gestiegen. Das ist ein Kurssprung, wie er heute manchmal in einem Monat verzeichnet wird. Erst 1982 kam die Wende: Mit der Beendigung der Inflation in Amerika und dem Steuerprogramm des damals neuen amerikanischen Präsidenten Ronald Reagan kam die deutsche Börse in Bewegung. 1990 hatte der Index 700 Punkte erreicht und schließlich im Jahre 2000 rund 2.010 Punkte (Herbststand).

Was der Index verrät

»Da haben wir es ja: Aktien hätte man haben müssen.« Aber von 1962–1982, 20 Jahre lang, hatte sich der Index kaum bewegt. Ist es auszuschließen, daß es irgendwann im 21. Jahrhundert auch mal wieder »magere 20 Jahre« an der Börse geben könnte? Wer gezwungen ist, für sein Rentenalter zu sorgen, wird nicht umhinkommen, solche Fragen nicht zu verdrängen. Er kann nur hoffen, daß es nicht so übel kommt. Auf jeden Fall hätte ein Millionär damals ganz schön zusetzen müssen, um auf eine sechsprozentige Rendite aus seinem Vermögen zu kommen. Die Aktienkurse hätten nichts gebracht.

Wer sich den Spaß macht und einmal den deutschen Aktienindex seit 1970, die Verbraucherpreise in diesem Zeitraum und die Vermögensverluste durch Rückgriff auf »die Million« – von der wir ausgingen – miteinander in Beziehung setzt, wird zu einem enttäuschenden Ergebnis kommen. Man mußte Glück haben, um von der Aktien-Hausse wirklich überdurchschnittlich profitieren zu können, und man müßte heute wohl daran denken, daß auch die jährliche Entnahme zur Aufrechterhaltung des Lebensstandards die Summe von 60 000 DM im Jahr – wovon in unserer Rechnung ausgegangen wurde – wesentlich höher sein müßte, um den Lebensstandard zu halten. Es ist kaum überspitzt zu sagen, daß im Jahre 2001 ein Millionär mit einer Million eher wie ein Sozialhilfeempfänger in Deutschland leben müßte – wenn er auf den Rückgriff auf sein Vermögen verzichten würde.

Nun möge jemand, der nicht in der – sagen wir ruhig glücklichen – Lage ist, eine Million zu besitzen, ausrufen: »Die haben Sorgen.« Aber es muß auch schon mal gestattet sein, mit dem Rechenstift die Realitäten der permanenten Geldvernichtung nicht zu verdrängen.

Wer heute als »echter Millionär« gelten will, müßte eigentlich 20 Millionen Schweizer Franken haben, wurde kürzlich auf einer Anlagekonferenz betuchter Sparer in Zürich gesagt. 20 Millionen, die haben natürlich nur die wenigsten, nicht einmal fünf Prozent der Steuerzahler. Nur fünf Prozent Reiche gab es aber auch vor 1914 sowohl in der Schweiz als auch in Deutschland. Die Zahl der wirklichen Millionäre hätte sich demnach gar nicht erhöht. Auch über diese Rechnung mag man unterschiedlicher Meinung sein. Aber in der eben zitierten Diskussion sagte einer der »glücklichen Millionäre«, daß er beim Vergleich mit seinen Vorfahren selbst mit 20 Millionen noch ein »verhältnismäßig armer Mann« sei. Die Zinsen aus 20 Millionen werden es heute nicht mehr gestatten, sich ein halbes Dutzend Personal zu halten, eine Zofe für die Madame und einen Sekretär für den Hausherrn, der das Geld zu zählen hatte. Eine zweite und eine dritte Villa, die reiche Leute auch damals hatten, erforderte wiederum erheblich Personal. Dieses aber ist heute »für Geld und gute Worte« kaum mehr zu haben. Viele Annehmlichkeiten, welche sich die damaligen Reichen mit ihrem Geld verschaffen konnten, sind heute »unbezahlbar« geworden. »Von Hamburg an die Cote d'Azur« mit dem Salonschlafwagen 1. Klasse zu reisen (nebendran das Abteil für die Diener), hat die Deutsche Bahn nicht mehr zu bieten. Selbst in der 1. Klasse der Flugzeuge ist der Service im Vergleich zum Dinner, der in einem Zeppelin in den 30er Jahren bei der Überfahrt nach Amerika jeden Abend geboten wurde, nur eine »Imbiß-Stube«. Aber auch das mag heutigen »Nicht-Millionären« reichlich übertrieben erscheinen. Indessen wollten wir mit diesen Vergleichen zeigen, wie viel ärmer wir mit viel mehr Geld als damals inzwischen geworden sind.

Das Glück liegt nicht in der Brieftasche

Kehren wir zurück zum Beginn unserer Betrachtung. Wir hatten die Frage gestellt, wieviel Geld der Mensch braucht, um zufrieden zu sein, wenn man unter »Zufriedenheit« Glück verstehen würde. Mit Geld allein jedenfalls läßt sich kein Glück auf Erden kaufen. Überhaupt wird das Glück – strenggenommen – nicht käuflich sein. Aber ohne Geld wird auch niemand so recht glücklich werden können, weil er sich dann zu viel Gedanken um den nächsten Tag machen müßte. Geld sollte nichts weiter sein als ein lebenswichtiges Hilfsinstrument, um nicht unglücklich zu werden.

Wer es versteht, sich ein Leben einzurichten, mit dem er sich zufrieden gibt, der hat vielleicht schon mehr gewonnen als der andere, der die erste Million auf dem Bankkonto weiß. Zufrieden zu sein mit dem, was man hat, erfordert Disziplin. Diese Eigenschaft ist heute – wenn man sich umhört und umsieht – nicht mehr so ausgeprägt vorhanden. Das Glück liegt – um es anders auszudrücken – auf jeden Fall nicht allein in unserer Brieftasche. (b.)

Neid ist der große Wohlstandskiller
Die Zusammenhänge zwischen Steuern und demokratischer Gesellschaft

Von Dr. Konrad Hummler, St. Gallen

Steuern und Gesellschaft sind ein ständiges Objekt der Forschung. Es ist ein Glücksfall, wenn ein Privatbankier sich dieses heiklen Themas annimmt und in verständlicher Form unkonventionelle Gedanken formuliert. Die Zusammenhänge zwischen übermäßiger Besteuerung und dem Wohlstandswachstum in hoch entwickelten Industrieländern sind eine Analyse wert. Wir entnehmen sie einem Aufsatz von Dr. Konrad Hummler, Gesellschafter in der schweizerischen Privatbank Wegelin & Co. in St. Gallen. Der Autor öffnet uns die Augen für eine gefährliche Steuerpraxis auch in demokratisch regierten Ländern, die – mögen sie noch so gut gemeint sein – am Ende zum Wohlstandskiller werden können. Die Ursprünge der Neidkultur versucht der Autor aufzuzeichnen und dabei kommt er zu verblüffenden Ergebnissen. Die Ausführungen Hummlers sollten Politiker, die sich leichtfertig dem Umverteilen von Einkünften und Vermögen verschrieben haben, nachdenklich stimmen.

Die Redaktion

Wenn die Erinnerung an den Geschichtsunterricht nicht ganz täuscht, dann war es doch vor allem die schwer auf dem dritten Stand lastende Steuerbürde, welche 1789 die französische Revolution auslöste. Die Geistlichkeit war weitestgehend, der Adel völlig von Steuern befreit. Ja, die zu letzterem (zweiten) Stand gehörenden rund 4.000 Familien kamen in den Genuß von großzügigen Geschenken durch Pensionen und sonstige Zuwendungen, währenddem die »Gemeinen«, vorab Bauern, in Form von Ernteteilen, Grundbesitzsteuern, Kopfsteuern, Salz- und anderen indirekten Abgaben auf jede erdenkliche Art gemolken wurden. Überschlagsmäßig muß deren Steuerlast etwa 50 Prozent betragen haben.

Eine Mißernte im Jahr 1788 mit nachfolgender Teuerung brachte dann das Faß zum Überlaufen. Aus dem Lot geratene Staatsfinanzen hätten durch noch höhere, neue Steuern saniert werden sollen – aber das Volk machte nicht mehr mit, die französische Revolution nahm ihren Lauf.

Revolutionen, das heißt die völlige Umkrempelung der Zustände und eine totale Neustrukturierung der Gesellschaft, kommen in der Geschichte relativ selten vor. Sehr viel häufiger sind lokal und sachlich begrenzte Aufstände zu verzeichnen, ja sie machen die Geschichte Europas im Mittelalter und in der Neuzeit recht eigentlich aus.

Aber wenn man es sich nüchtern überlegt, dann kann man einen guten Teil der europäischen Sozial- und Wirtschaftsgeschichte, ja der europäischen Geschichte ganz allgemein, doch kaum anders interpretieren als eine Abfolge von Machtstrukturen, die, sich überlagernd und überlappend, keinen wesentlich anderen Zweck hatten, als den produktiven Teil der Bevölkerung systematisch auszunehmen. In immer wieder wechselnden Formen und in durchaus verschiedenartiger Legitimation. Der Raubritter am Rande der Handelsstraße darf gewiß nicht ohne weiteres mit dem lehensgebenden Fürstbischof verglichen werden. Bezüglich des ökonomischen Resultats gibt es aber wenig Unterschiede: Am Ende des Tages gab es Bereicherte, und es gab zähneknirschende Beraubte bzw. Besteuerte, soweit sie überhaupt noch am Leben waren und zähneknirschen konnten.

Ursprung der Neidkultur

Die Geschichte hinterläßt Spuren. Wenn es zu einer vorherrschenden Idee gesellschaftlichen Zusammenlebens gehört, daß es rechtens sei, wenn die einen den andern in die Tasche greifen, und daß es vor allem legitim sei, wenn der nichtproduktive Teil der Bevölkerung dem produktiven Teil von den Erträgnissen eine größere oder kleinere Tranche abschneidet, dann wird das Denken und Handeln, wird die Kultur dieser Gesellschaft auf die Länge von dieser spezifischen Anreizsituation geprägt. Anreizsituation: Zum einen setzt sich der produktive Teil der Bevölkerung zur Wehr, muß zwingend sich zur Wehr setzen, weil er sonst nicht überleben könnte. Er tut dies, wie gezeigt, in verschiedenen Formen. Von der Revolution über den Aufstand bis zur – ja eben – Verheimlichung des erarbeiteten Wohlstands. Das fehlt gänzlich in den Geschichtsbüchern: eine Darstellung über die *Steuer- und Abgabevermeidung* in Europa. Schade. Denn es wäre eine Darstellung über die tatsächlichen Lebensumstände – nicht der Helden, nicht der Fürsten, nicht der Päpste, sondern der Bauern, der Handwerker, der Händler. Es wäre keine spektakulärer Geschichte, dafür aber wäre sie wahr.

Die Geschichte würde die These bestätigen, daß zwingendes Korrelat zur Gefräßigkeit der höheren Stände die Klandestinität der unteren Schichten war. Ohne die Möglichkeit, erarbeiteten Reichtum auf alle erdenklichen Arten zu verstecken und zu verheimlichen, hätten zumeist die Anreize zu Arbeit und Produktion völlig gefehlt. Eine der Spuren, welche diese anhaltenden Lebensumstände hinterlassen haben, ist das zwiespältige Verhältnis des Europäers zu Reichtum und zu Profit. Man muß ihn verstecken. Jahrhunderte alte Erfahrung hat gezeigt, daß es sonst gefährlich werden kann, es sei denn, man schaffe es, Reichtum und politische Macht zu kombinieren.

Der erarbeitete Wohlstand steht als gefährdetes und deshalb möglichst zu verheimlichendes Objekt auf der einen Seite. Obrigkeitlicher Reichtum als Resultat andauernder und tiefer Griffe in die Taschen ist die andere Seite. Und beide Arten der Perzeption von Reichtum und Wohlstand haben etwas ungemein Negatives an sich. Wer Reichtum und Wohlstand verheimlicht, der bewegt sich an der Grenze oder jenseits einer (wie auch immer legitimierten) Legalität; wer offen über Reichtum verfügt, der signalisiert damit indirekt, daß er ihn nicht verdient haben könnte. Reichtum und Wohlstand werden auf diese Art *zu Objekten des Neides*.

Nicht zuletzt ist nach wie vor weder aus Gehirnen noch aus Gazetten die – unter anderem von Marx vertretene – Ansicht zu tilgen, daß immer dann, wenn jemand reicher wird, ein anderer in diesem Ausmaße beraubt werden müsse. Angesichts des negativen Bilds über Reichtum und Wohlstand verwundert die Persistenz dieser Ansicht überhaupt nicht. Denn in vielen Fällen war es eben so: Reichtum entstand nicht durch Produktivität, sondern durch Klau. Sowohl die französische Revolution wie auch der Sozialismus im 20. Jahrhundert bezogen einen wesentlichen Teil ihres gesellschaftspolitischen Erfolgs aus dem Willen zum Rückgängigmachen und Bereinigen der ungerechtfertigten Bereicherungsverhältnisse. Das Tragische an der Sache war und ist, daß die Idee des Nullsummenspiels den moderneren Erkenntnissen über Produktivität, Wachstum und Wohlstandsvermehrung keinesfalls standhält. Ökonomisch entsteht Wohlstandsvermehrung nicht durch »wealth extraction«, sondern nur durch »wealth creation«, und letztere ist untrennbar mit der Produktivitätsfrage verbunden. Oder anders gesagt: Reichtum und Wohlstand sind keine Zustandsgrößen, sondern dynamische Prozesse. Der Taschenklau führt zur allgemeinen Wohlstandsverminderung und nur bei einigen wenigen zu vorübergehendem Reichtum.

Vorrevolutionäre Zustände heute?

Ein Blick auf die heutzutage geltenden Steuerordnungen zeigt, daß nach wie vor der produktive Teil der Bevölkerung das Ziel von Konfiskationen ist. Die Grafik stellt die Abgabenbelastung (Steuern plus Sozialabgaben der Arbeitgeber- und der Arbeitnehmer) der durchschnittlichen Lohnempfänger in einigen ausgewählten Ländern dar.

Beim durchschnittlichen Lohnempfänger müßte zusätzlich die Mehrwertsteuer auf dessen Konsumausgaben gerechnet werden. Diese sind bei ihm relativ gewichtiger als bei einkommensstarken Personen. Man geht kaum fehl in der Annahme, daß in Hochsteuerländern wie Frankreich, Italien, Deutschland, Schweden oder Belgien die fiskalische Gesamtbelastung der Durchschnittsverdiener eher über als unter 50 Prozent liegt. Man bewegt sich also in Größenordnungen wie im vorrevolutionären Frankreich.

Wichtig, ja geradezu zentral ist die Feststellung, daß eben nicht nur die ganz Reichen zur Kasse gebeten werden, sondern daß die geltenden Steuerordnungen systematisch den produktiven Mittelstand treffen. Die resultierenden negativen Wachstumsanreize sind evident. Wenn man beispielsweise die Unternehmenssteuerreform in Deutschland einer genauen Analyse unterzieht, so profitiert zwar auf den ersten Blick die Unternehmung durch die Senkung der Körperschaftssteuern auf 25 Prozent. Da aber für die Aktionäre der Unternehmung die bisher gültige Anrechnung der Körperschaftssteuern auf den Dividendenerträgnissen im persönlichen Einkommen teilweise entfällt, entsteht eine Doppelbesteuerung, die sich anteilsmäßig bei tieferen Einkommen bedeutend stärker auswirkt als bei hohen Einkommen. In einem Artikel, den Prof. Rüdiger von Rosen beim Deutschen Aktieninstitut publiziert hat (www.dai.de), wird gezeigt, daß Steuerzahler mit einem Bruttoeinkommen von unter 120.000 Mark (Alleinstehende) bzw. 240.000 Mark (Verheiratete) durch die Unternehmenssteuer-

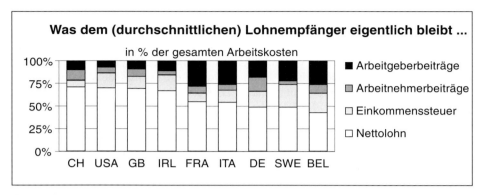

Quelle: OECD, Taxing Wages in OECD Countries 1998/1999

reform schlechter gestellt sein werden. Es handelt sich dabei um immerhin 80 Prozent der deutschen Steuerpflichtigen. Das alte Bild also: Einer Mehrheit von (offenbar recht duldsamen) Bürgern wird Geld aus der Tasche gezogen, während eine Minderheit profitiert.

Die negativen Anreize insbesondere einer Doppelbesteuerung auf Einkommen und auf einbehaltene oder ausgeschüttete Unternehmensgewinne dürfen keinesfalls unterschätzt werden. Sie ersticken nämlich die unternehmerische Initiative im Keim. Nicht jene von Großunternehmungen, sondern den jungunternehmerischen Drang in den KMU-Bereich. Die nachfolgende Aufstellung zeigt die Auswirkungen einer Besteuerung des Unternehmenserfolgs sowie des persönlichen Einkommens zu einem Satz von beidseitig 40 Prozent und unter der Annahme von keinerlei Verrechnungsmöglichkeiten. In den meisten real existierenden Steuersystemen sind durch komplexe Abzugsmöglichkeiten die Folgen einer solchen Doppelbesteuerung zwar gemindert. Was aber bleibt und in den wenigsten Untersuchungen berücksichtigt wird, ist die bei weitem höhere effektive Steuerlast, wenn man nicht die jährliche Bemessung als relevantes Intervall annimmt, sondern (den für das individuelle Steuersubjekt bei weitem belangreicheren!) längeren Zeitraum beispielsweise eines ganzen Lebens. *Grenzsteuersätze von 80 Prozent* und mehr: Wo bleiben da noch irgendwelche Anreize, mehr zu arbeiten als andere, mehr Risiken auf sich zu nehmen, mehr Ärger und Sorge mit Angestellten zu haben, mehr schlaflose Nächte durchzuwachen? Und wo bleibt denn noch Freude am Erfolg?

»Schädlich« – für wen?

In diesem Klima konfiskatorischer Steuergesetze schickt sich nun die Europäische Union an, gegen »schädlichen Steuerwettbewerb« und für »Harmonisierung« vorzugehen. Die Staats- und Regierungschefs haben am Gipfel im portugiesischen Feira beschlossen, innerhalb von 10 Jahren zu einem System der Zinsbesteuerung an der Quelle überzugehen und mittels Informationsaustausch zwischen den Behörden der einzelnen Länder die Steuerpflicht der Bürger auch zu erzwingen. Das System trete allerdings nur in Kraft, wenn auch die wesentlichsten Drittländer – gemeint ist damit in erster Linie die Schweiz – zu demselben System übergehen würden, da sonst der zusätzlichen Kapitalflucht Tor und Tür geöffnet wäre. Brüssel hat nun den Auftrag, mit den Drittländern Verhandlungen aufzunehmen.

Man könnte mit Achselzucken zur Tagesordnung übergehen, denn der Plan von Feira ist in verschiedener Hinsicht wenig realistisch. Erstens ist der innerhalb der EU alles andere als unumstritten. Kürzlich bezeichnete ihn die Frankfurter Allgemeine

Effektive Belastung des Gewinns aus der Veräußerung von Anteilen an Kapitalgesellschaften durch eine traditionelle Körperschafts- und Einkommensteuer von 40 %

Ohne Besteuerung	
Reingewinn im ersten Jahr	10.000
Investition im ersten Jahr	10.000
Reingewinn aus der Investition in den folgenden Jahren: 5 % des Eigenkapitals	
Eigenkapital nach 41 Jahren	70.400
Veräußerungsgewinn	70.400
Alterskonsumfonds	= 70.400
Mit Besteuerung	
Reingewinn im ersten Jahr	10.000
Körperschaftssteuer	–4.000
Investition im ersten Jahr	= 6.000
Reingewinn aus der Investition in den folgenden Jahren: 0,6*5 % = 3 % des Eigenkapitals	
Eigenkapital nach 41 Jahren	19.572
Veräußerungsgewinn	19.572
Einkommensteuer	7.829
Alterskonsumfonds	= 11.743
Gesamte Steuerlast:	
58.657 (83,32 % von 70.400)	

Quelle: Manfred Rose (Universität Heidelberg): »Plädoyer für ein lebenszeitlich orientiertes Einkommensteuersystem«, Referat anläßlich einer Tagung der Progress Foundation, Zürich im Juni 2000

Zeitung als »Monstrum der Unvernunft« mit »absurden Zügen«, der als »Muster für schlechtes Regieren« in die Schulbücher eingehen wird. Ein starkes Urteil für eine vornehm-zurückhaltende Zeitung. Zweitens ist die Wahrscheinlichkeit, daß mit den Drittländern und namentlich mit der Schweiz eine einvernehmliche Lösung gefunden werden kann, höchst gering. Der *Universalitätsanspruch Brüssels* wird auf *Gotthardgranit* stoßen, denn jeder einigermaßen mit Vernunft begabte Schweizer weiß, daß es mit der Infragestellung des Bankgeheimnisses an die Substanz geht. Drittens besteht aber innerhalb der EU bei einigen Mitgliedsländern hinter vorgehaltener Hand überhaupt kein Interesse, daß das Regime überhaupt in Kraft tritt. Luxemburg und Österreich sind direkt am Scheitern interessiert, London wegen der Kanalinseln, Frankreich wegen Monaco. Viertens muß man sich im klaren sein, daß die Besteuerung von »Zinsen«, so tatsächlich nur diese gemeint sind, die moderne Finanzwelt höchstens ein Lächeln kostet. Das Universum von Finanzinstrumenten hat sich längst weiterentwickelt. Die Zeiten des abschneidbaren und damit von einer Besteuerung leicht erfaßbaren Coupons sind längst vorbei.

Dennoch ist Achselzucken nicht angebracht. Denn die Mentalität, die sich hinter dem Plan von Feira verbirgt, läßt aufhorchen. Beginnen wir mit der Terminologie. »Schädlicher Steuerwettbewerb«: Länder, die Kapital und gegebenenfalls auch Zuwanderer anziehen, weil sie in bestimmten Bereichen deutlich günstigere Steuersätze anwenden oder auf einzelne Steuern gar verzichten, üben eine solche »Harmful Tax Competition« aus. Laut OECD gehe es bei deren Bekämpfung darum, daß »die Steuerlast gerecht verteilt werde«. Kein Wort darüber, daß erst mit allzu hohen Steuerbürden überhaupt die großen Diskrepanzen zwischen verschiedenen Ländern entstehen können. Kein Wort darüber, daß es, wenn schon, allem voran ein *schädliches Niveau für Steuern* gibt! Da ist sie eben wieder, die Stigmatisierung des (andernorts weniger besteuerten) Reichtums. Schädlich ist nach EU- und OECD-Terminologie, wer der Konfiskation entgeht bzw. wer den Entgangenen eine Oase zur Verfügung stellt, und nicht, wer die Konfiskation organisiert.

»Harmonisierung«, Ausgleich, faire Verteilung der Steuerlast: die euphemistische Umkehrung der Elimination des »schädlichen Steuerwettbewerbs«. Orwell läßt grüßen. Mit dem Bekenntnis zur Harmonisierung *verrät* die EU das *Subsidiaritätsprinzip* in drastischer Weise. Subsidiarität würde bedeuten, daß man es den verschiedenen Körperschaften freistellt, sich anders und besser zu organisieren als andere, und man würde es begrüßen, wenn sie ihre Ausgaben besser im Griff hätten als andere. »Harmonisierung« zerschlägt alle Anreize in dieser Richtung. In einem harmonisierten Europa sind die Sparsamen die Dummen.

Man wird das ungute Gefühl nicht los, mit der Brüsseler Verwaltung schiebe sich, ganz analog zur Geschichte Europas der letzten tausend Jahre, ein neuer Stand, ein neues Geflecht über den Kontinent, um die alten, teilweise ausgedienten nationalen Stände zu ersetzen. Und das Hauptziel sei, wie könnte es in Europa anders sein, einmal mehr »wealth extraction«.

Es gibt in Amerika keine doppelte Stigmatisierung, im Gegenteil: Prosperität gehört zu den positiven sozialen Eigenschaften. Entsprechend darf man Reichtum und

Wohlstand auch zur Schau stellen. Man denkt bei ökonomischen Gewinnen auch nicht zuerst und ausschließlich daran, wer denn dadurch geschädigt sein könnte. Die amerikanische Perzeption von wirtschaftlicher Tätigkeit entspricht viel mehr einem »Win-Win«-Schema; die europäische Idee des Null- oder gar Negativsummenspiels ist dort fremd.

Wir vermuten, daß zweierlei Gründe hinter dieser von Europa völlig verschiedenen Anschauungsweise stehen. Zunächst muß man sich vor Augen halten, daß die Strukturen der USA, gemessen an Europa, immer noch relativ jung und »nachrevolutionär« sind. Es konnte sich bis anhin nie wirklich ein Ständesystem wie auf dem alten Kontinent entwickeln. Wichtiger erscheint uns aber der zweite Grund. Im Gegensatz zu Europa konnte der Amerikaner im Verlaufe der letzten zweihundert Jahre immer ausweichen. »Go West« war (und ist immer noch in beschränktem Maße) eine Option, die dem Europäer weitgehend fehlte. »Go West« bedeutet, daß man wesentlich mobiler irgendwelchen unbilligen Ausbeutungsmethoden entgehen kann, es bedeutet, daß man ohne viel Aufhebens konkursgehen darf, es bedeutet, daß man ohne weiteres immer wieder sein Leben mit einem Neustart versehen kann.

Nicht, daß die Amerikaner im Laufe ihrer Geschichte nicht ebenfalls in die demokratische Staatsquotenfalle geraten wären. Auch in Amerika gibt es Steuern. Dennoch: Das Fehlen einer ausgesprochenen Neidkultur wie in Europa hat jenseits des Atlantiks den Boden bereitet für eine Wirtschaftsentwicklung, die ihresgleichen sucht. Amerika ist ausgesprochen KMU-freundlich und ermöglicht kostengünstige Start-Ups, wie sie in Europa nie und nimmer denkbar sind. Und wie die Grafik über die Gesamtbelastung des durchschnittlichen Steuerzahlers (S. 308) zeigt, liegt das Niveau beträchtlich tiefer als in einem großen Teil Europas.

Das hat seine Auswirkungen. Im Verlaufe der neunziger Jahre des zwanzigsten Jahrhunderts hat sich in den USA ein Teppich junger, innovativer Betriebe gebildet, der neue Jobs in Millionenhöhe kreierte. Die USA produzieren etwa 30 Prozent des Weltsozialprodukts und haben in den letzten Jahren etwa 90 Prozent der verwertbaren Patente generiert. Europa kann diesem Innovationsschub trotz (oder eher: wegen) des milliardenschweren, von der EU-Administration gehätschelten »Eureka«-Projekts in keiner Weise Gleichwertiges entgegensetzen.

Volkswirtschaftlicher Wohlstand als dynamische Größe: Je produktiver eine Wirtschaft arbeitet, desto »reicher« ist sie. Denn Produktivität bedeutet (verrechenbaren) Output pro Zeiteinheit. Je mehr Mehrwert herausschaut, desto besser geht es der Volkswirtschaft als Ganzes. So gesehen ist Amerika in den letzten Jahren bedeutend »reicher« geworden. Anhand der Börsenkapitalisierung von Aktien, deren Kurse ja den Zukunftswert dieser aus Produktivität fließenden Geldströme wiedergeben, kann man den Vermögenseffekt dieser Entwicklung zu berechnen versuchen. Gemessen am Wilshire-Index, der sämtliche amerikanischen Aktien umfaßt, stieg die Börsenkapitalisierung seit Anfang 1997 um 90 Prozent oder um 6500 Milliarden US-Dollar an. Auf den einzelnen der rund 270 Millionen Amerikaner macht das einen Vermögensanstieg von etwa 24.000 Dollar aus. Der direkte Vergleich mit Europa hinkt, bzw. er kann gar nicht durchgeführt werden, da der bei weitem kleinere Teil der europäischen Wirt-

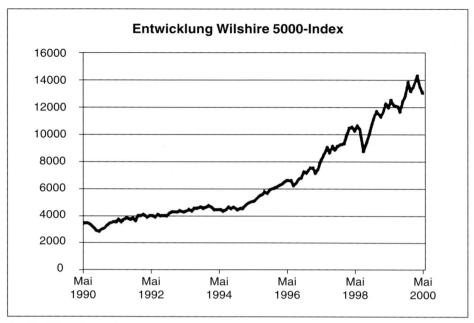

Quelle: Bloomberg; eigene Darstellung

schaft an der Börse vertreten ist. Dennoch: Der markante Unterschied im Wirtschaftswachstum sagt genug darüber aus, daß der Alte Kontinent in den letzten Jahren wenig zusätzlichen Wohlstand geschaffen hat. Daran ändert auch der Erfolg des Neuen Marktes in Deutschland und die generelle Nachholjagd der europäischen Börsen nichts. Wenn man bedenkt, wieviel europäischer Unternehmenserfolg letztlich von der amerikanischen Konjunktur abhängt, dann bestätigt sich die These, daß auf dem Kontinent »wealth creation« weitgehend ein Fremdwort geblieben ist.

Reichtumsschock mit Folgen

Nun wird man selbstverständlich einwenden, das alles sei ein Hohn gegenüber all den notorisch schlecht bezahlten amerikanischen Lohnempfängern. Sie hätten von diesem volkswirtschaftlichen Wohlstandsanstieg rein gar nichts. Im Gegenteil, sie würden durch das erhöhte Tempo der Wirtschaft noch zusätzlich ausgebeutet. Es stimmt natürlich, daß auch in Amerika der Wohlstand ungleich verteilt ist. Immerhin findet sich aber bis weit hinein in den unteren Mittelstand deutlich mehr Aktienbesitz als in Europa. Die Partizipation auch weniger begüterter Schichten am Wohlstandsanstieg ist also drüben eher gewährleistet als in unseren Längengraden.

Und ein Zweites: Selbst wenn es so wäre, daß auch in Amerika nur relativ wenige vom Wohlstandsanstieg profitieren, dann bedeutet das noch nicht, daß die Situation dort besser wäre, wo dieser Wohlstandsanstieg teilweise oder gänzlich ausbleibt. In Tat und Wahrheit diffundiert infolge erhöhter Ausgabefreudigkeit der »Reicheren« der erhaltene Segen relativ rasch in die Gesamtwirtschaft. Dies sehen wir derzeit sehr deutlich an den stupenden Wachstumszahlen und vor allem an den Daten über den US-Konsum: Die Amerikaner sind beinahe über Nacht reicher geworden, freuen sich daran und konsumieren sehr viel.

Das Ende aller Sicherheit
In 25 Jahren werden die Renten unbezahlbar –
Die Europäische Zentralbank zeichnet ein düsteres Bild

Regierungen und Parlamente in ganz Europa sind sich bewußt, daß ihre staatlichen Altersversorgungseinrichtungen in spätestens einem Vierteljahrhundert »Pleite gehen«, wenn nicht entweder die Renten drastisch reduziert oder aber die Beiträge ganz erheblich erhöht werden. Die dritte Möglichkeit – die »Einfuhr« ausländischer Arbeitskräfte von außerhalb des Euroraumes – wird aber auf erheblichen politischen Widerstand stoßen.

Spätestens nach 25 Jahren muß mit dem Ende aller Sicherheit für die staatlichen Renten gerechnet werden. Die nervös gewordenen Politiker versuchen krampfhaft »Reformen« auf die Beine zu stellen, von denen sie aber schon heute wissen, daß es sich nur um Flickwerke handeln kann, um die nächsten Jahre zu überbrücken. So lange es geht, wird versucht werden, die Versicherungspflichtigen bei Laune zu halten, von Wahl zu Wahl. Überall wird versucht, die Kosten der Rente zum Teil schon jetzt auf private Schultern zu verlagern, wobei gewisse steuerliche Anreize im jeweiligen Lande geboten werden sollen. Zu diesem Thema findet der Leser in diesem Buch eine Reihe praktischer Hinweise.

Die Europäische Zentralbank (EZB) als neutrale Institution hat im Jahr 2000 eine umfangreiche Analyse erarbeitet, die beweist, wie katastrophal es um die Sicherstellung der Renten bestellt ist. Wir veröffentlichen nachstehend einen Auszug aus der umfangreichen Studie der EZB. Sie macht dem Leser bewußt: Wer sich heute freiwillig in irgendeiner Form für seine spätere Versorgung bindet, geht ein Risiko ein. Niemand weiß heute, welche Kaufkraft der Euro in 25 Jahren noch haben wird und was sich an den Anlagemärkten – Aktien und Bonds – im Laufe der nächsten Jahre alles tun könnte. Es darf nicht vergessen werden, daß seit dem Zweiten Weltkrieg das Auf und Ab der Konjunkturen und auch der Kaufkraftverfall bei der staatlichen Altersversicherung im wesentlichen immer wieder ausgeglichen wurde. Das ist natürlich beim privaten Sparen nicht der Fall. Hier übernimmt der einzelne das volle Marktrisiko, das ihm der Staat nicht abnimmt. Um so vorsichtiger muß der Vorsorgesparer bei der Auswahl seiner Anlageinstrumente sein, um nicht eines Tages mit leeren Händen dazustehen. Wenn auch zu hoffen ist, daß uns auch künftig schwere Rezession und crashartige Situationen an den Kapitalmärkten erspart bleiben mögen, so ist es doch nicht sicher, daß über einen langen Zeitraum hinweg »alles so bleibt wie es heute ist und für morgen erwartet wird«.

Das erste Gebot, was sich bei allen Überlegungen zum Versorgungssparen aufdrängt, ist: Nicht zu starr und nicht zu langfristig vertraglich binden, sondern möglichst flexibel bleiben, um aufziehenden Gewittern frühzeitig ausweichen zu können, ohne daß dabei Verluste aus vertraglichen Bindungen entstehen.

Die Redaktion

Die Auswirkungen einer alternden Bevölkerung

Die Alterung der Bevölkerung ist ein im Euroraum und den meisten übrigen Industrieländern weit verbreitetes Phänomen. Hierzu haben insbesondere sinkende Geburtenraten und steigende Lebenserwartungen beigetragen. Demzufolge wird sich im Eurogebiet die Zahl der Personen im Rentenalter in Relation zur Bevölkerung im erwerbsfähigen Alter (oft als »Altenquotient« bezeichnet) mittel- bis langfristig voraussichtlich beträchtlich erhöhen, wobei von dem Jahr 2020 an mit einem besonders kräftigen Anstieg zu rechnen ist, da ab diesem Zeitpunkt die geburtenstärksten Jahrgänge das Renteneintrittsalter erreichen werden.

Während der letzten Jahrzehnte sind die Geburtenraten in den industrialisierten Volkswirtschaften erheblich zurückgegangen. Die derzeitigen Geburtenraten – im Durchschnitt rund $1^1/_2$ Kinder je Frau – sind zu niedrig, um einen natürlichen Ersatz der Bevölkerung und eine Stabilisierung ihrer Struktur zu gewährleisten. Ein weiterer wichtiger Bestimmungsfaktor für die Alterung der Bevölkerung ist die hohe Lebenserwartung. Nach Angaben von Eurostat ist die Lebenserwartung von männlichen Neugeborenen in den EWU-Ländern vor allem auf Grund der verbesserten medizinischen Versorgung und Gesundheitsvorsorge zwischen 1960 und 1997 von rund 67 Jahren auf 75 Jahre gestiegen. Bei weiblichen Neugeborenen hat sich die Lebenserwartung von 73 Jahren auf 81 Jahre erhöht. Zwar kann sich auch die Nettozuwanderung auf den Umfang und die Struktur der Bevölkerung auswirken, doch hat dieser Faktor nach allgemeiner Ansicht in den Mitgliedstaaten der Europäischen Union (EU) nur einen begrenzten Einfluß. Zwar wird häufig darauf hingewiesen, daß die Zuwanderung dazu beitragen könne, die aus der Alterung der Bevölkerung entstehenden finanziellen Probleme der gesetzlichen Alterssicherungssysteme abzumildern, doch wird der Zustrom von Arbeitskräften in EU-Staaten oft durch regulierte Arbeitsmärkte oder andere strukturelle Faktoren begrenzt. Darüber hinaus müßte die Nettozuwanderung, die erforderlich wäre, um eine erhebliche Verlangsamung des Alterungsprozesses der Bevölkerung herbeizuführen, deutlich über den bisher in Europa verzeichneten Zuwanderungszahlen liegen.

Die beschriebenen Tendenzen sind ausreichend belegt, um den Schluß zuzulassen, daß die mittelfristige demographische Entwicklung eine ernsthafte Herausforderung für die Tragfähigkeit der derzeitigen Alterssicherungssysteme darstellt. Der Zuwachs bei den Generationen im erwerbsfähigen Alter wird wesentlich von der Geburtenrate der Vergangenheit bestimmt, und die Zahl der zukünftigen Rentner hängt von der Lebenserwartung der gegenwärtig lebenden Generationen ab; deren Entwicklung ist im Zeitverlauf recht stabil. Mittelfristige Vorausberechnungen zur Bevölkerungsentwicklung werden daher als weitgehend zuverlässig angesehen. Den Prognosen von Eurostat zufolge werden sich die Altenquotienten in den EWU-Ländern im Zeitraum von 1995 bis 2040 im Durchschnitt von rund 23 % auf etwa 48 % erhöhen und damit mehr als verdoppeln (siehe Tabelle 1). Während diese Zahlen einen allgemeinen Trend beschreiben, sind zwischen den einzelnen Ländern sowohl in Bezug auf die

Ausgangslage als auch hinsichtlich der erwarteten Verlaufsmuster der Verschiebung der Altersstruktur Unterschiede festzustellen. Es gibt Anzeichen dafür, daß insbesondere die größten Volkswirtschaften des Euro-Währungsgebietes in den kommenden Jahrzehnten mit einer einschneidenden Veränderung ihrer demographischen Struktur konfrontiert sein werden.

Tabelle 1
Voraussichtliche Entwicklung der Altenquotienten im Euro-Währungsgebiet
(Bevölkerung im Alter von 65 Jahren und älter in Relation zur Bevölkerung zwischen 15 und 64 Jahren (in Prozent))

	1995	2000	2020	2040
Belgien	23,8	25,4	32,6	45,5
Deutschland	22,5	23,3	31,9	48,2
Spanien	22,2	24,4	29,8	49,2
Frankreich	22,9	24,3	32,6	45,6
Irland	18,0	17,4	24,5	34,6
Italien	24,0	26,5	35,5	54,9
Luxemburg	20,6	21,5	27,9	39,9
Niederlande	19,3	20,1	29,8	44,0
Österreich	22,4	22,6	28,5	45,3
Portugal	21,4	22,5	27,3	39,2
Finnland	21,1	21,9	35,0	42,1
Euro-Währungsgebiet	**22,6**	**24,0**	**32,0**	**47,8**

Quelle: Eurostat

Alterssicherungssysteme

In nahezu allen Ländern des Euroraums beruht der größte Teil der Altersversorgung auf einem staatlichen Pflichtversicherungssystem mit im voraus definierten Leistungen, das nach dem Umlageverfahren finanziert wird. In einigen Ländern wird dieses System durch kapitalgedeckte Rentenversicherungen ergänzt, die sich hinsichtlich des Umfangs und der konkreten Ausgestaltung unterscheiden. Traditionell wird als Hauptargument für ein umfassendes gesetzlich geregeltes Altersversorgungssystem angeführt, daß Personen im erwerbsfähigen Alter vor den Folgen einer unzureichenden Eigenvorsorge für ihre zukünftigen Bedürfnisse bewahrt und davon abgehalten werden sollen, im Alter als Trittbrettfahrer auf öffentliche Fürsorgeleistungen angewiesen zu sein. Ferner enthalten die gesetzlichen Alterssicherungssysteme der meisten EWU-Staaten auch Umverteilungselemente, wie z. B. Invaliden-, Witwen- oder Waisenrenten. Gesetzliche oder private Alterssicherungssysteme auf kapitalgedeckter Basis, in denen der Zunahme von Verbindlichkeiten auf Grund zukünftig zu leistender Rentenzahlungen ein kontinuierlicher Aufbau von Finanzaktiva gegenübersteht, haben im Eurogebiet eine eher geringe Bedeutung, wenngleich sie in einigen Mitgliedstaaten eine größere Rolle zu spielen beginnen. Insgesamt werden die Altersrenten im Euroraum also weitgehend aus Beiträgen der derzeit Erwerbstätigen sowie ihrer Arbeitgeber finanziert. Angesichts dieser Verbindung zwischen aktuellen Beitrags- und Rentenzahlungen ist die Bevölkerungsstruktur ein wichtiger Bestimmungsfaktor für die Finanzierung eines umlagefinanzierten Altersversorgungssystems.

Neben den Leistungen der gesetzlichen Altersversorgungssysteme, die im Vordergrund der aktuellen Diskussion stehen, können auch andere den öffentlichen Sektor betreffende Politikbereiche von der Veränderung der Altersstruktur der Bevölkerung beeinflußt werden. So wird darauf hingewiesen, daß sich die Folgen der höheren Lebenserwartung und geringeren Geburtenrate auch auf die Ausgaben im Gesundheits- und im Bildungswesen auswirken werden. Allerdings sind sowohl die theoretische Basis als auch die empirische Evidenz dieser Argumentation weniger eindeutig als im Fall der Altersversorgung. Hinsichtlich der zukünftigen Entwicklung im Gesundheitswesen stellt sich die Frage, inwieweit eine höhere Lebenserwartung und kostenintensive technische Innovationen zu einem Anstieg der Pro-Kopf-Ausgaben führen werden, und ob Produktivitätsgewinne und Anreize zur Kosteneinsparung diese ausgabensteigernden Effekte ausgleichen können. Es wird gemeinhin angenommen, daß die Auswirkungen einer alternden Bevölkerung auf diese öffentlichen Ausgabenbereiche leichter verkraftet werden können als die mittelfristig in der gesetzlichen Altersicherung entstehenden Kosten. Die Entwicklung der Ausgaben im Bildungswesen wird durch eine erhebliche Verkleinerung jüngerer Jahrgänge während der kommenden Jahrzehnte beeinflußt. Allerdings könnten verstärkte Investitionen in Humankapital die Pro-Kopf-Ausgaben erhöhen und damit die alterungsbedingten Einsparungen möglicherweise aufzehren. Insgesamt hat sich die bisher in der Öffentlichkeit und der Wissenschaft geführte Diskussion vor allem auf die Auswirkungen der alternden Bevölkerung auf die gesetzliche Altersversorgung konzentriert. (Vgl. Tabelle 2.)

Wer bezahlt an wen?

Angesichts dieser Ergebnisse sind Korrekturen in der Politik dringend erforderlich. Infolge der bevorstehenden Verschiebung der Altersstruktur kommt es zwangsläufig zu einer erheblichen Verschlechterung des Primärsaldos im Verhältnis zum BIP, wenn keine tiefgreifenden Anpassungen erfolgen. Dies würde die gegenwärtig bestehenden Haushaltsungleichgewichte weiter verschärfen und die in einigen Mitgliedstaaten ohnehin hohen Schuldenstände noch besorgniserregender erscheinen lassen. Um einen Aufbau übermäßiger Verbindlichkeiten aus der gesetzlichen Altersicherung zu vermeiden, wäre Schätzungen zufolge eine erhebliche Verbesserung der derzeitigen Primärsalden erforderlich. Ein Aufschub der notwendigen politischen Gegenmaßnahmen würde in späteren Jahren um so größere Anpassungen erfordern.

Tabelle 2
Merkmale der gesetzlichen Altersversorgungssysteme in den EWU-Staaten[1]

	Gesetzliches Renteneintrittsalter[2) 3)]		Durchschnittliches Renteneintrittsalter (1998)[3)]		Indexierungssystem[3)]	Öffentliche Ausgaben für die Altersversorgung in Relation zum BIP (1995)[4)]
	Männer	Frauen	Altersrente	Vorgezogene Rente[5)]		
Belgien	65	61	62,6	55,6	Preise	12,0
Deutschland	65	60	62,6[6)]	.	Nettolöhne	12,0
Spanien	65	65	65,3	60,9	Preise	10,6
Frankreich	60	60	58,8	.	Preise	13,3
Irland	65/66	65/66	62,0	.	Diskretionär	5,4
Italien	65	60	61,4	55,6	Preise	15,0
Luxemburg	65	65	.	.	Löhne/Preise	12,6
Niederlande	65	65	65,0	60,0	Löhne/Preise	11,9
Österreich	65	60	64,1	57,9	Nettolöhne	14,9
Portugal	65	65	65,8	–	Diskretionär	9,5
Finnland	65	65	64,5[7)]	60,4	Löhne/Preise	12,8
Euro-Währungsgebiet	.	.	.	.	.	**12,7**

1) Alle Angaben beziehen sich auf Beschäftigte in der Privatwirtschaft.
2) Wegen Alters.
3) Nationale Quellen.
4) Quellen: OECD, Social Expenditure Database 1980–1996; Durchschnittswerte für das Euro-Währungsgebiet: EZB-Berechnungen.
5) Ohne Invalidenrenten.
6) Einschließlich vorgezogener Renten.
7) Einkommensabhängiges Alterssicherungssystem.

Außerdem wird behauptet, daß gesetzliche Altersversorgungssysteme zu einer starken intergenerativen Umverteilung zu Lasten künftiger Generationen führen. Das Konzept des Generational Accounting, das die von den öffentlichen Haushalten ausgehende finanzielle Belastung verschiedener Altersklassen quantifiziert, geht davon aus, daß die heutigen Generationen von der Finanzpolitik und den öffentlichen Transfersystemen der Gegenwart betroffen sind, während die künftigen Generationen die volle Finanzlast zur Sicherung der langfristigen Zahlungsfähigkeit der öffentlichen Haushalte zu tragen haben werden. Diese Annahme dient hauptsächlich der Veranschaulichung, und die Ergebnisse verdeutlichen die Größenordnung der zur Einhaltung der gegenwärtigen Versprechungen notwendigen politischen Anpassungen. Die erforderliche Netto-Steuerlast während der gesamten Lebenszeit wäre in einigen Volkswirtschaften des Euro-Währungsgebiets für zukünftige Generationen mindestens um die Hälfte höher als für heute lebende Generationen. Außerdem zeigen diese Berechnungen, daß die Politik die schwierige Entscheidung zu treffen hat, welche

Generation die Finanzlast, die sich aus der alternden Gesellschaft ergibt, letztlich tragen muß.

Langfristige Vorausberechnungen zur Entwicklung der öffentlichen Haushalte beruhen naturgemäß auf zahlreichen, oftmals recht unsicheren und umstrittenen Annahmen über die künftige Entwicklung und sind daher mit entsprechender Vorsicht zu interpretieren. Allerdings scheinen die meisten Ergebnisse übereinstimmend darauf hinzuweisen, daß die Finanzpolitik und insbesondere die öffentlichen Transfersysteme in vielen EWU-Ländern auf längere Sicht kaum tragbar sind. Deshalb sind umfangreiche finanzpolitische Anpassungen tatsächlich sehr dringend erforderlich. Insbesondere könnte eine entsprechende Politik zur Rückführung der öffentlichen Defizite und Schuldenstände sowie der öffentlichen Ausgaben und der Steuern die alterungsbedingt zu erwartenden Haushaltsprobleme deutlich entschärfen.

Abbildung 1
Wirtschaftliche und finanzpolitische Folgen einer alternden Bevölkerung

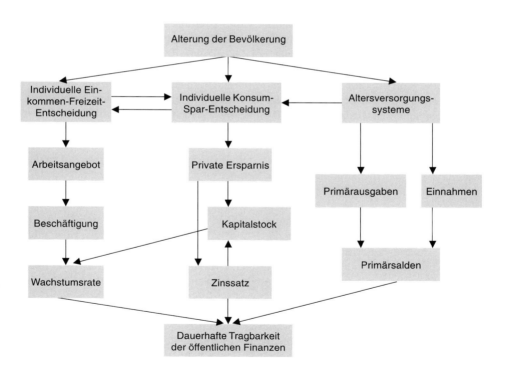

Reform der Altersversorgungssysteme

Die mit der Alterung der Bevölkerung verbundenen künftigen Probleme sind in ihren quantitativen Auswirkungen beispiellos. Das Bewußtsein der durch diese Entwicklung verursachten finanzpolitischen und gesamtwirtschaftlichen Risiken hat eine Diskussion über die Struktur der öffentlichen Transfersysteme ausgelöst und in vielen Ländern zu ersten Reformen der Alterssicherungssysteme geführt. Einzelne Mitgliedstaaten haben ihre Systeme bereits in der Vergangenheit auf eine solidere finanzielle Grundlage gestellt. Dennoch ist mittlerweile klar geworden, daß weitere, umfassendere Anpassungen der Rentensysteme in Verbindung mit Reformen in anderen Bereichen der öffentlichen Finanzen notwendig sind. Bleiben diese Anpassungen aus, werden beträchtliche Beitragssatzanhebungen, ein Anstieg der Staatsverschuldung oder spürbare Einschnitte bei den Leistungen die wirtschaftliche Effizienz sowie eine gleichmäßige Lastenverteilung zwischen den Generationen gefährden. Ein Aufschub der notwendigen finanzpolitischen Veränderungen wird letztlich dazu führen, daß später umso einschneidendere Maßnahmen ergriffen werden müssen. Grundsätzlich sind zwei Arten von Reformen der Alterssicherungssysteme ausführlich diskutiert worden: (1) die Anpassung der bestehenden gesetzlichen Altersversorgungssysteme hinsichtlich der Struktur ihrer Leistungen und Beiträge (häufig als »parametrische Reformen« bezeichnet) und (2) grundlegendere Veränderungen der Altersversorgung in Richtung kapitalgedeckter Systeme, bei denen zukünftige Leistungen auf akkumulierten Vermögenswerten beruhen (»Systemreformen«). In der politischen Praxis ist häufig eine Kombination dieser beiden Varianten vorgeschlagen worden.

Bevor nun auf diese beiden Arten der Reform der Alterssicherungssysteme im Einzelnen eingegangen wird, ist nochmals zu betonen, daß allgemeine strukturelle Reformen des Staatssektors und Einsparungen in den öffentlichen Haushalten insgesamt dazu beitragen, die Finanzierung des auf mittlere Sicht zu erwartenden starken Anstiegs der Rentenausgaben zu erleichtern. Die Lage der öffentlichen Finanzen zu dem Zeitpunkt, zu dem die demographischen Veränderungen am deutlichsten sichtbar werden, ist von entscheidender Bedeutung für die Fähigkeit des Staates, auf künftige Herausforderungen zu reagieren. Wenn erst die mit der alternden Bevölkerung verbundenen Ausgaben wie vorhergesagt dramatisch zu steigen beginnen, wird es für die Länder schwierig sein, die zwischen den EU-Mitgliedstaaten vereinbarten finanzpolitischen Vorgaben zu erfüllen und gleichzeitig flexibel genug zu bleiben, um auch auf konjunkturelle oder andere unvorhergesehene Veränderungen reagieren zu können. Daher wären die Regierungen heute gut beraten, wenn sie eine präventive Politik des beschleunigten Defizit- und Schuldenabbaus verfolgen würden. Die Notwendigkeit, in den öffentlichen Haushalten größere Spielräume zu schaffen, mit deren Hilfe auch demographisch bedingte Risiken bewältigt werden können, wird in vielen Ländern immer dringlicher. Die derzeitige positive Wirtschaftsentwicklung bietet den Regierungen die beste Voraussetzung, die erforderlichen Schritte in naher Zukunft durchzuführen, statt sie auf einen späteren Zeitpunkt zu verschieben.

Darüber hinaus ist die mittelfristige Entwicklung auf den Arbeitsmärkten ein zentraler Aspekt bei den mit der Alterung der Bevölkerung zusammenhängenden fiskalischen und gesamtwirtschaftlichen Belastungen. Wie bereits erwähnt, bestimmt nicht der »demographische« Altenquotient, sondern vielmehr die Beitragszahlerquote (d. h. die Anzahl der Beitragszahler in Relation zur Anzahl der Leistungsempfänger innerhalb eines Rentensystems) den zukünftigen Anstieg der finanziellen Belastungen in einem umlagefinanzierten öffentlichen Transfersystem. Daher ist eine Steigerung des Anteils der Erwerbstätigen an der Gesamtbevölkerung durch eine Verbesserung der Funktionsfähigkeit der Arbeitsmärkte und eine Verringerung der bestehenden negativen Anreize, Arbeit anzubieten und Arbeitskräfte einzustellen, eine grundlegende Voraussetzung dafür, die kommenden Herausforderungen meistern zu können.

Schlußbemerkungen

Die Alterung der Bevölkerung dürfte in den kommenden Jahrzehnten die größte absehbare Herausforderung für die Finanzpolitik im Eurogebiet darstellen. Angesichts der Dimension des zu erwartenden Bruchs in der Bevölkerungsstruktur und des hohen Anteils der Aufwendungen für die Altersversorgung an den Staatsausgaben sind sowohl Reformen der Alterssicherungssysteme als auch weit reichende Anpassungen innerhalb des öffentlichen Sektors vonnöten, um den zukünftigen finanziellen Verpflichtungen nachkommen zu können. Bei der Durchführung der Rentenreformen sollten sich die Regierungen nicht von ihrem kurzfristigen Finanzierungsbedarf, sondern von dem Ziel der langfristigen Tragfähigkeit der Altersversorgungssysteme leiten lassen. Die meisten Staaten des Euro-Währungsgebiets haben die Umsetzung der notwendigen Maßnahmen aufgeschoben und scheinen daher nicht ausreichend gerüstet zu sein, um das Problem des erwarteten sprunghaften Anstiegs der öffentlichen Transferzahlungen bewältigen zu können. Darüber hinaus weisen zahlreiche Länder noch eine übermäßig hohe explizite öffentliche Verschuldung auf oder müssen erst noch eine Haushaltsposition erreichen, die mit den Vorgaben des Stabilitäts- und Wachstumspakts vereinbar ist. Diesen Vorgaben zufolge müssen die Mitgliedstaaten zumindest Haushaltspositionen erzielen, die über den Konjunkturzyklus hinweg die volle Wirksamkeit der automatischen Stabilisatoren ermöglichen, ohne daß dabei die Defizitobergrenze von 3 Prozent des BIP überschritten wird. Es bedarf jedoch eines zusätzlichen Sicherheitsabstands zur Obergrenze, damit die öffentlichen Haushalte auch gegen Risiken gewappnet sind, die nicht auf konjunkturelle Schwankungen zurückzuführen sind. Durch eine Beschleunigung des Defizit- und Schuldenabbaus sollten die Regierungen schon bald einen solchen Sicherheitsabstand realisieren, damit die öffentlichen Finanzen auf eine ausreichend solide Grundlage gestellt sein werden, wenn die Alterung der Bevölkerung einmal ihren Höhepunkt erreicht haben wird. Das für die nächsten Jahre prognostizierte kräftige Wirtschaftswachstum bietet den Regierungen die günstigsten Voraussetzungen für die Durchführung der erforderlichen Maßnahmen.

Wenngleich insgesamt solide öffentliche Finanzen die sich aus der Alterung der Bevölkerung ergebenden finanziellen Belastungen abmildern würden, scheinen doch auch spezifische Reformen der öffentlichen Transfersysteme erforderlich. In diesen Zusammenhang gehört auch ein Abbau der Verzerrungen auf den Arbeitsmärkten der EU, die durch die hohe Abgabenlast und die negativen Anreize, Arbeit anzubieten und nachzufragen, entstanden sind. Von den Reformen sollte das klare Signal ausgehen, daß die Politik der Dringlichkeit des Problems Rechnung trägt und die langfristige Tragbarkeit der öffentlichen Finanzen zum Ziel hat, statt sich mit einer Korrektur der kurzfristigen Haushaltsungleichgewichte zu begnügen. Innerhalb der bestehenden Systeme ist die Anpassung der Regelaltersgrenzen und der Rentenniveaus – gegebenenfalls gekoppelt an die Entwicklung der Lebenserwartung – Teil einer effektiven Reform. Neben einer Reduzierung der Rentenansprüche gegenüber den umlagefinanzierten gesetzlichen Altersversorgungssystemen würde eine schrittweise Ergänzung dieser Alterssicherungssysteme durch kapitalgedeckte Elemente unter Beteiligung des privaten Sektors einen positiven Beitrag zur dauerhaften Tragbarkeit der öffentlichen Finanzen leisten. Einige Mitgliedstaaten haben diesen Weg bereits mit Erfolg eingeschlagen.

Zu guter Letzt:
Die Rothschilds

Die Geschichte wiederholt sich nicht. Aber es gibt Ähnlichkeiten, die erstaunlich sind. Das gilt auch für die Börsengeschichte in Europa. Zeitzeugen für den Zustand der Finanzwelt im Jahr 1900 gibt es anno 2000 nicht mehr. Wir müssen in vergilbten Ausgaben von Wirtschaftszeitungen und Zeitschriften blättern, die vor hundert Jahren erschienen waren. Sie vermitteln uns ein schillerndes Bild des damaligen Zustands der Finanzmärkte. Parallelen zu unserer heutigen Zeit des großen Umbruchs in der Banken- und Börsenstruktur sind erkennbar.

Vor einem Jahrhundert wurden die Bankiers, die persönlich hafteten, von Bankmanagern – die praktisch Angestellte sind – abgelöst. Man nannte sie damals schlicht »Direktoren«. Der Privatbankier alter Schule konnte am Ende des 19. Jahrhunderts nicht mehr mit dem stürmischen Wachsen der Weltwirtschaft Schritt halten. Immer größere Kredite wurden gebraucht. Die Aktienbanken kamen auf und dominierten bald. Der Privatbankier igelte sich ein, um seinen Reichtum wenigstens zu bewahren. Oder er verzichtete freiwillig auf seine frühere Position im Geld- und Börsengeschäft. Die Aktienmärkte wurden der große Transformator von Geld und Kapital, der – aus unzähligen Quellen gespeist – in stürmischem Tempo in die Hände weniger neuer Adressen gelangte, die so mächtig wie Kaiser und Könige wurden. Die letzteren haben die beiden Weltkriege nicht überlebt. Die ersteren haben sich im vergangenen Jahrhundert, allen Krisen zum Trotz, im Kern erhalten, ja sie wuchsen nach dem Zweiten Weltkrieg in immer größere Dimensionen hinein.

Das, was wir heute als Globalisierung der Geld- und Kapitalmärkte bezeichnen, gab es schon im 19. Jahrhundert! Zu den Figuren, die damals auf dem Schachbrett des wagemutigen Spiels rivalisierender Kräfte gesetzt wurden, gehörten vor 100 Jahren schon die Deutsche Bank in Deutschland und einige große Adressen in der Londoner City. Die deutschen Banken wurden zweimal im 20. Jahrhundert im Ausland enteignet. Es gelang ihnen, wenigstens zum Teil, wieder wie ein Phönix aus der Asche emporzusteigen. Dieser Prozeß ist heute noch nicht vollendet. Vor 100 Jahren hatte Europa das Geld, und Amerika brauchte es. Heute ist es umgekehrt.

Eine bedeutende Rolle spielte auf dem europäischen Finanzmarkt im 19. Jahrhundert eine einzige Familie, die der Rothschilds, deren Wiege im 18. Jahrhundert in Frankfurt am Main stand. Während sich heute die großen Aktienbanken im Ausland einkaufen, um mithalten zu können, schickte im 19. Jahrhundert der Gründervater der Rothschilddynastie, Meyer-Rothschild (1744-1812) seine Söhne in die Zentren der damaligen Finanzwelt.

Das Frankfurter Stammgeschäft übernahm der älteste Sohn Meyer-Rothschilds Anfang des 19. Jahrhunderts. Die anderen vier Söhne gingen nach London, Paris, Wien und Neapel. Die Rothschilds versuchten nach dem Prinzip zu handeln: »Getrennt schlagen, vereint siegen«. Auf die Dauer gelang ihnen das jedoch nicht.

Bethmann und Rothschild in Frankfurt,
(Lithographie 1848, Historisches Museum)

Im 19. Jahrhundert gab es zwei große Namen im Frankfurter Bankgeschäft: die Rothschilds und die Bethmanns. Die Lithographie läßt den Kontrast zwischen den beiden damals berühmten Bankhäusern sichtbar werden. Baron Moritz von Bethmann sitzt, elegant hochmodisch gekleidet, auf dem Kutscherbock. Er hat die Zügel selbstbewußt in die Hand genommen. Der Stalljunge darf den Regenschirm halten. Auf dem Sitz ist als Wappenschild ein Damenkorsett zu sehen, offensichtlich eine Anspielung auf die Lebensführung des verführerisch wirkenden reichen Mannes. Anders Baron Amschel von Rothschild. Im altmodischen Gewand gekleidet, steht er auf einer mit dicken Vorhängeschlössern gesicherten Geldkiste. Er hält den österreichischen Doppeladler im Griff, der eine ziemlich traurige Figur macht. Lässig hält der Bankier das Kaiserhaus an der Leine.

Aber sie hatten einen gewaltigen Anteil an der Finanzierung der industriellen Revolution im 19. Jahrhundert. Sie besaßen eine Zeitlang die Finanzkraft, das Eisenbahnsystem in Europa entscheidend mitzufinanzieren. Sie gaben auch noch 1875 das Geld für den Bau des Suez-Kanals. Sie waren schließlich, als sie die Grenzen ihrer Tätigkeit spürten, um die Absicherung ihres gewaltigen Vermögens bestrebt. Das Stammgeschäft in Frankfurt erlosch 1901, also vor genau 100 Jahren. Die heute in Paris, London und in der Schweiz arbeitenden Privatbanken mit dem Namen Rothschild haben noch den Charakter von Vermögensverwaltungsbanken, die aber auch in diesem Teilsektor des Bankgeschäftes heute keine dominierende Rolle mehr spielen können.

Banken und Börsen sind immer Dienstleister ihrer Zeit gewesen. Wohin die Reise im 20. Jahrhundert für die Rothschilds gehen würde, ließ sich im Jahre 1900 nur in Umrissen erkennen, und manches, was damals erwartet wurde, verlief ganz anders. Schuld daran sind natürlich zum großen Teil die beiden Weltkriege, die auch die Rothschilds nicht voraussehen konnten oder wollten.

Der folgende – gekürzte – Aufsatz über »Die Rothschilds«, genau vor 100 Jahren geschrieben, ist eine Momentaufnahme, die uns die damalige Zeit wieder lebendig werden läßt. Das gibt Anlaß zum Nachdenken über die Vergänglichkeit von Familien und von Vermögen. Wir entnehmen den Beitrag der vor einem Jahrhundert einflußreichen deutschen Wochenzeitschrift »Die Zukunft«, herausgegeben von Maximilian Harden.

War er der reichste Mann der Welt?

Das verflossene Jahr neigte sich gerade seinem Ende zu, als diejenigen Rothschilds, welche die „Kölnische Zeitung" lesen, gewiss einmal spöttisch lächeln mussten: Gelegentlich der unfreiwilligen Fortführung der Gruson-Aktionäre nach den Kruppschen Werken hatte nämlich das Rheinische Blatt die vielbesprochene 5-prozentige Dividendengarantie Krupps auf volle fünfundzwanzig Jahre, besprochen und sie gelobt, „weil in Bezug auf Größe des Vermögens und auf die geschäftliche Stellung das Kruppsche Unternehmen eine so offenkundige Ausnahmestellung einnimmt wie die Rothschilds". In Wirklichkeit ist natürlich der König von Essen nur so lange außerordentlich reich, als seine Industrie blüht. In dem Augenblick, da diese durch technische oder sozialpolitische Ereignisse abwärts gehen würde, hätte auch der weite Grundbesitz Krupps, nicht mehr Werth, genauso wie die Häuser Essens ohne die Kruppschen Fabriken. Mit einem Worte: Der Reichtum eines Mannes aus seinem geschäftlichen Einkommen ist ganz unvergleichbar mit dem greifbaren kapitalistischen Vermögen wie es die Rothschilds besitzen und in ihren Jahreszinsen ausweisen.

Ähnliche Irrtümer durchsprengen die Presse, sobald irgend ein amerikanischer Dollar-Mann in Berlin oder Paris abgestiegen ist; da spricht man stets von dem „reichsten Manne der Welt" und hat doch nie dessen Kapital gezählt. Vielleicht war das Vanderbiltsche Vermögen, bevor es in viele Erbtheile ging, eines der allergrößten in der sonst vielfach hungernden Menschheit, aber selbst Rockefeller, der Oelkönig der Union – heute drüben der wolhabendste Bürger – dürfte keinen Vergleich mit unseren europäischen Milliardären aushalten; und dennoch sollen sich kürzlich seine Wiener Geschäftsleute bemüht haben, einen der vielen Oesterreichischen Erzherzöge mit einer Tochter Rockefellers zu verheiraten. Bei der Sammelwuth, die heute jenseits des Ozeans für Prinzen und Grafen herrscht, könnte das alte Europa ganze Museen von Fürstenlinien, Secundogenituren, per Lloyddampfer verfrachten, ohne darum an Geist Charakter oder Gesundheit ärmer zu werden.

Doch kehren wir zu den Rothschilds zurück. Einst hat auch Neapel eines dieser Welthäuser besessen (bis die italienische Einheit den Inhaber nach dem herrlichen Orangins bei Genf lockte), heute gibt es solche erste Firmen noch in Frankfurt, Wien, Paris und London, und, wie gleich hinzugefügt werden soll, keineswegs mehr in der ehemals so wirkungsvollen Einigkeit. Altersunterschiede, größere Verwandschaftenentfernungen, Verschrobenheiten, selbst Neid, vor Allem aber das Nationale zerklüften in der Rothschildfamilie fast so viel, wie der Ehegott dann wieder zusammenschmiedet.

In Frankfurt besteht das Mutterhaus. Dem kinderlosen Anselm, der eine Art Holzbau von praktischem Verstand, Gutmüthigkeit und Brutalität vorstellte, folgten die Söhne des Neapolitanischen Charles: Meyer Karl und Wilhelm. Meyer Karl war eine imposante Erscheinung, nicht gewöhnlich begabt und von ausgeprägtem persönlichen Bewusstsein. Wilhelm, um so wunderbarer, als sein Vater ein vollständiges religiöses Neutrum gewesen ist, versinkt seit seinen Jünglingsjahren in die subtilste, orthodoxe

Frömmigkeit, die nur das eine Gute hat, dass der Baron wenigstens regelmäßig den alttestamentarischen Zehntel an die Armen weggiebt; notabene ist das der zehnte Theil seines Jahreseinkommens. Wilhelm v. Rothschild nun steht zwischen zwei eben so starken wie gegensätzlichen Empfindungen -: einer Religiosität, die ihm diese irdische Welt nur als eine Art von Kratzeisen vor den Pforten des Paradieses gelten lässt, und wiederum einer fatalistischen Einbildung von der geldlichen Mission seiner Familie. Aus diesem fortwährenden Anbeten einer milden Idee und einer groben Materie ist dann ein immer schleppenderer Gedankengang entstanden, der fast nur störrisch aber gar nicht scharf ist und der die geschäftliche Führung des größten deutschen Hauses auf den Nullpunkt sinken sieht. Wilhelm und auch sein verstorbener Bruder Meyer Karl lebten in einer Stadt, wo sie sich als Könige auf dem Thron dünken konnten. Als Lob Meyer Karls sollen Altfrankfurter wohl gesagt haben: „Er hat aber nie ein Kind überfahren!" Als Wilhelm seinen Wiener Schwiegervater beerbte (der Bruder hatte seinen englischen bereits vorher beerbt), fühlte sich Meyer Karl um so viele Hunderte Millionen ärmer (!!) dass er, der Weitüberlegene, seinen Bruder zu hassen beschloss. Von jetzt an sagte er nur noch von ihm: „Mein Associe" und redete überhaupt kaum mehr mit ihm. Es wird dies hier nur angeführt, um den ganz einzigen Gemüthszustand der heutigen Chefs jener Häuser etwas zu begreifen: Derjenige, welcher als älterer Bruder und bedeutendere Persönlichkeit vielleicht allein Einfluss ausüben konnte, hat die Neigung, sich stets lieblos und spöttisch zu gebärden. Es ist nun zwar vollkommen richtig, dass der Börsenaufschwung Frankfurts seit den 60er Jahren nicht wegen Rothschild, sondern trotz Rothschild eintrat. Indessen hatte die kaufmännische Art Meyer Karls bei allen Neid und allem Depotismus einen sehr großen Zug, so dass besonders die Schnelligkeit, in der er Staats-Anleihen zu placiren verstand, am ganzen Bankenmarkt günstig wirken musste.

Mit dem Regierungsantritte Wilhelms hat sich dies völlig geändert. Dieser wird niemals den bedeutenden Vermittlern eine Initiative zeigen, ihnen für viele Hunderttausende ein neues Papier auf Lieferung förmlich anbieten. Alles ist bei ihm Aengstlichkeit und Pedanterie, er ist viel weniger Geschäftsmann als eine Art von Buchhalter, und auch das nur unter beständiger Adjutantur eines erfahrenen Juristen. Eines muss ihm allerdings sein Feind lassen: er hat noch nie einen Fehler gemacht, seine Passivität hat ihn vor Verlusten bewahrt, wie sie in den Schreckensjahren des Kupfer- und des Baring-Krachs die Verwandten an der Themse und an der Seine schwer genug zu tragen hatten: notabene: da er mit 1/16 oder 1/32 an dem Londoner Hause partizipirt, so hat er zu allen darauf bezüglichen Garantiebeiträgen seine Zustimmung seufzend geben müssen. Umgekehrt existirt im Frankfurter Hause wieder eine Centralabrechnungstelle für alle Rothschildschen Firmen, die nach einem gewissen Satze noch immer mit einander im Associations-Verhältniss stehen; ein schöner Proletarierclub, wenn man das Geheimnis der Zins und Zins-Rechnung kennt.

„Lassen Sie uns doch auch noch etwas zukommen"

Baron Wilhelm richtet sich bei Emissionen nach dem Diktat der Diskontogesellschaft des Herrn von Hansemann. Allein sein Eigensinn lässt ihn auch hier manchesmal das Feuer und das Licht bewahren. Seinen Verwandten gegenüber ist er vielleicht mit Recht etwas misstrauisch geworden, seitdem ihm der Lord vor wenigen Jahren einmal schlechte amerikanische Bonds aufgehängt hat. Auch das Kommissionsgeschäft ist noch immer enorm, da die grossen fürstlichen Kapitalisten, die Dynasstien, z.B. die dänische Königsfamilie an ihrem alten Bankier festhalten. Die Durchschnittskundschaft ist natürlich längst zu den Aktien-Banken übergesiedelt; dies hatte schon Meyer Karl so schmerzlich gestimmt, dass er seinen Geschäftsbriefen zuweilen einhändige Nachschriften gab: „Lassen Sie doch auch uns einmal etwa zukommen! „Das ausserordentlich grosse Personal ist zum Haupttheil wegen der vielen Couponstellen da. Bekanntlich zahlt Rothschild fällige (natürlich gute) Coupons immer vierzehn Tage früher aus und zwar ohne weiteren Zinsenabzug. Das Diskontirungsgeschäft ist seit Generationen ein sehr wichtiges.

Der niedrige Zinssatz, zu dem Rothschild diskontirt, spielt natürlich bei gar manchen Frankfurter Waarenkalkulationen seine Rolle, weil der Kaufmann, der die betreffenden Wechsel in Zahlung bekommt, doch gemeinhin den Zinsfuss der Reichsbank in Anrechnung bringen kann. Es ist ausgeschlossen, dass in Deutschland exklusive der Reichsbank irgend eine gleich flüssige Kasse existirt, wie die Frankfurter Rothschild, dazu kommen nun noch die ungeheuren Summe auf Reichsbankgirokonto.

Das Vermögen der **Frankfurter Familie** ist unbeweglich: gar nicht zu schätzen, da allein um die Mainstadt herum ihr Grundbesitz eine förmliche Mauer bilden könnte; man mag dies vom Standpunkte der Bodenreform aus bedauern, für die Gesundheit der betreffenden Stadt sind diese weiten und auf absehbarer Zeit unbebauten Flächen unschätzbar. Es scheint aber nicht, als ob die alte Reichstadt den Treffer, den sie mit den Rothschilds machte, irgendwie würdigte.. Man soll sich gegen Meyer Karl, dessen einzige Kunstsammlung mit italienischer oder französischer Munizipalklugheit der Stadt wohl hätte erhalten werden könne, nichts weniger als gut gestellt haben und man hat auch für die Wohlthätigkeit der Familie – eine Wohlthätigkeit, die selbst im Verhältniss noch immer vorbildlich wirken könnte – nicht einmal rechten Dank gezeigt. Alle möglichen unbekannten Namen sollen die neuen Frankfurter Strassen tragen, an eine Rothschildstrasse hat noch Niemand gedacht. Das bewegliche Vermögen wird allein bei Wilhelm v. Rothschild auf 400 Millionen Mark taxirt und dies nicht in Kanonengiessereien, Grusonwerken, Eisenhütten ec. sondern in soliden Papieren. Ob dies ganz richtig ist, wird ja die neue Selbsteinschätzung lehren, wobei man natürlich annehmen muss, dass ein so ungeheurer Reichthum sich im Ganzen mit noch nicht 2 pCt. rentiren kann. Auch das Privatvermögen der Frau soll ungeheuer gross sein, und als der Kassirer so unfreundlich war, mit $1^3/_4$ Millionen nach Ägypten durchzubrennen, hat die Baronin angeblich die ganze Summe ersetzt, nur um die unbehagliche Stimmung auf der Grüneburg Park los zu werden. An Nachkommen sind nur zwei

Töchter vorhanden, die eine hat Edmund v. Rothschild in Paris, die andere einen Frankfurter Bankier, von dem aber nicht einmal sicher sein soll, dass er seine Heimatstadt immer gut genug finden werde.

Das **Wiener Haus** hat seine bedenkliche Schwächung in Folge des 1873er Krachs längst verwunden und steht heute potenter als je da. Sein Chef Albert, der in Hamburg lernte, ist sehr tüchtig und kann sich mit seinen Mitteln auch über die Rassenangriffe trösten, die ja an der schönen blauen Donau besonders starke Sturmböcke ansetzen. Was in der Habsburgischen Monarchie im Grossen zu verdienen ist, fliesst trotz Herrn Wekerle schon einigermassen in den Rothschildkanal, wie u.U. das Nickelgeschäft bei der neuen Münzprägung beweist. Die Verinteressirtheit aller österreichischen Verhältnisse, die zahllosen Nutzniessungen, in die dort fast alle Träger des öffentlichen Lebens eintreten, werden wohl auch dem Chef des Wiener Welthauses etwas zu schaffen machen, aber er hat wohl in dieser Beziehung den alten Trost der Geldgeber: „Die Barbezahlten sind die Billigsten." Ueber seine Popularität lässt sich aus den gelegentlichen Lobpreisungen der Wiener Zeitungen nur Ungewisses ersehen. Das Schöngeschriebene ist in Wien und Pest – von Prag noch gar nicht zu reden – keineswegs stets das Wahrgeschriebene. Seine gesellschaftliche Stellung ist „prima", es will das für eine Residenz etwas sagen, wo die Fürstin Eleonora Schwarzenberg den Feldzeugmeister Benedek nicht zu empfangen brauchte, weil er nur von ungarischem Kleinadel war, und wo dieser Hochmuth heute noch üppiger in die Halme geschossen ist.

Das **Pariser Haus** besitzt einen einzigen klugen Leiter: Alphonse. Man behauptete früher, die Firma habe ihre Inhaber auf alle politische Lager repartirt. Sicher ist aber, dass unter den Boulangisten kein Rothschildscher Anverwandter haust. Zur Börse gehen die Rothschilds in Paris nicht, weil dort die haute Banque überhaupt nicht diese Hallen betritt, – Zolas Gundermann (in „L'Argent"), bekanntlich der verstorbene James Rothschild, verdient daher durchaus nicht das Charakteristikum, das ihm der Romancier wegen seines Fernbleibens von der Börse ertheilt. Jedenfalls ist Alphonse v. Rothschild einer der erfahrensten Menschen der heutigen Welt, ein Mann, der an den Abgründen der französischen Ueberkultur thront und so manchen Wahnwitz von Politik oder Börse wie eine dunkle Wolke aufziehen sah, ohne deren endlichen Niedergang verhindern zu können. An seinen Geldbeutel ging es dabei schliesslich immer. Er hat Brüder, die so kolossal spekulirten, dass die Familie schliesslich einschreiten musste, und er besitzt angeheirathete Verwandte, die mit Eleganz und Verschwendungslust eine geschäftliche Aktivität verknüpfen. Verfolgt man die pikante Presse von Paris, so finden sich überhaupt oftmalige Anspielungen. Sicher erscheint, dass gegenwärtig die Pariser Firma auf Baron Alphonse steht. Dieser hat zwar schon vor Jahren geäussert: „Wir sind zu reich, um Geschäfte" machen zu müssen. Das Pariser Haus ist jedenfalls das reichste, vielleicht doppelt so reich als das Frankfurter und ebenfalls mit ungeheurem Grundbesitz ausgestattet. Von dort aus rührte auch schon vor Generationen die Initiative, in Amerika und Australien, und neuerdings im Transvaal ungemessenen Grund und Boden zu erwerben. Dessen steigender Werth füllt die Löcher wieder aus, welche die Heirathen nach aussen, an Nicht-Rolthschilds, gegraben haben. Ohne diese weise vorausberechneten Erwerbungen liessen sich die gemeinsamen Rothschildschen Reichthümer kaum als so unerschöpflich ansehen. Die gesellschaftliche Stellung der Familie ist in Frankreich eine nahezu fürstliche und selbst am Boulevard St. Germain hat man an der Heirath eines Herzogs von Gramont mit einer Frankfurter Rothschild nichts Unebenbürtiges gefunden. Meyer Karl aber fand dies und sprach mit seinem Schwiegersohne, dem er eine hohe Neigung für Millionen zutraute, niemals ein Wort.

Das **Londoner Haus**, das heute als das am wenigsten reiche, also noch immer als das reichste Englands gilt, hatte unter Lionel v. Rothschild ein feineres Ansehen. Lionel war es, zu dem im Herbst 1875 Diessraeli fuhr und der nach einem kurzen Gespräch für die Regierung 4 Millionen Pfund Suezaktien zu kaufen riskierte, die heute 19 Millionen werth sind. Der jetzige Chef: Lord Rothschild, der einzige Schwiegersohn Meyer Karls, mit dem dieser gut stand, ist nicht immer ganz vorsichtig gewesen. Es sind auch noch andere Tüchtige in dieser Firma, wie z.B. Alfred Rothschild, der jetzt auf dem Münzkongress zu Brüssel gar nicht schlecht debutirte. Auch das Grundeigenthum der englischen Familie ist, besonders ausserhalb der engeren Heimath, äusserst umfangreich. Aber auch sie haben bei aller noch so grossen Verzweigung ihrer Kapitalien den Grundsatz noch nicht aufgegeben, sich möglichst fern von fremden Thätigkeiten zu halten. Wie gross ihr gesellschaftliches Ansehen ist, geht jedenfalls aus der Verbindung des Earl of Roseberry mit Hanna v. Rothschild hervor, – die einen der angesehensten und auch reichen englischen Aristokraten bekam und sogar Jüdin bleiben konnte.

Die Rothschildsche Weltmacht wird nach länger dauern, als manche der neueren finanziellen Errungenschaften, die man bereits als Morgenröthe eines jungen Tages begrüsst hatte. Die Blütezeit des Aktienwesens ist heute schon wieder vorüber und gerade von ihr hatte man das Aufhören der Rothschild-Macht erwartet.

***

Die Prognosen unseres Autors vor 100 Jahren bewahrheiteten sich allerdings nicht. Die Rothschilds konnten den Wandel der Welt- und der Geldgeschichte im 20. Jahrhundert nicht in dem von ihnen geschaffenen Rahmen überleben. Das »Aktienwesen« hat auch ohne die Rothschilds im vergangenen Jahrhundert überlebt, wenn auch im veränderten Gewande. Die faszinierende Geschichte des Bankhauses Rothschild ist dennoch wert, nicht in Vergessenheit zu geraten.

PORTRÄTS
DER INSERENTEN

Auf den nachfolgenden Seiten haben wir den Inserenten die Möglichkeit gegeben, sich selbst und ihre Dienstleistung vorzustellen.

Die Redaktion

BANCO: Und Ihr Sparsäuli wird Mehrsäuli!

Sowohl der private als auch der institutionelle Anleger laufen ständig Gefahr, auf die Vorstellungen seiner Bank oder seines Beraters angewiesen zu sein. BANCO ist eine unabhängige Zeitschrift und widmet sich den Anlegern, die sich ihre eigene Meinung bilden wollen. Sie gibt jedem die Möglichkeit, auf angenehme und einfache Weise die Informationen und das Wissen zu erwerben, um im Anlagewesen Entscheidungen zu treffen.

Anlagefonds zählen nicht nur zu den beliebtesten Investitionsarten für private und institutionnelle Anleger, sie sind auch ein effizientes und einfaches Vergleichsinstrument. Deshalb legt BANCO das Schwergewicht auf Artikel und Analysen rund um Anlagefonds und veröffentlicht in jeder Ausgabe eine vollständige Klassifizierung einer Fondskategorie über 1, 3 und 5 Jahre berechnet.

BANCO ist seit September 1996 in französischer Sprache und seit Dezember 1997 auch auf Deutsch erhältlich. Forward AG, der in Lausanne ansässige Verlag von BANCO, gehört keiner Pressegruppe an und erfreut sich daher einer beneidenswerten Stellung gegenüber den Beteiligten der Anlagefondsindustrie. Seit der Gründung des Unternehmens 1995 sind Indira C. Tasan, Chefredaktorin, und Selim R. Chanderli, Herausgeber, jeweils zu 50% beteiligt.

Zur Bildung und Ausbildung
BANCO, der Anlagefondsführer, informiert Sie vierteljährlich ohne Firlefanz und Jägerlatein.
- Vollständiges Dossier über alle Fonds eines spezifischen Sektors, mit Angabe der Performance
- Klare Übersicht über die Finanzmärkte
- Lexikon der Fachausdrücke, um sich mit dem Jargon der Profis anzufreunden
- Detaillierte Vergleichstabellen verschiedener Anlagefonds
- Aktuelle Infos über Anlagefonds und Finanz

Bank Hofmann AG, Zürich

Bank Hofmann ist eine rechtlich selbstständige Bank innerhalb der Credit Suisse Group und als solche der Geschäftseinheit Credit Suisse Private Banking zugeordnet. Als renommiertes Institut mittlerer Grösse bietet die Bank alle Dienstleistungen an, die unter den Begriff „Private Banking" fallen und die anspruchsvolle internationale Kunden von einer schweizerischen Privatbank erwarten. Das Dienstleistungsangebot erstreckt sich von Anlageberatung und Vermögensverwaltung bis hin zur steueroptimierten strategischen Gesamtberatung (Financial Planning), Beratung in Treuhandgeschäften, bei der Gründung und Verwaltung von Gesellschaften, Trusts und Stiftungen sowie Festgelder und weitere, auf den Privatanleger zugeschnittene Bankdienstleistungen. Kredite werden als Lombardkredite und in ausgewählten Bereichen der Unternehmens-, Immobilien- und Handelsfinanzierung angeboten. Ein professioneller Börsen-, Devisen- und Edelmetallhandel unterstützt vornehmlich das Privatkundengeschäft, steht aber auch den kommerziellen Kunden und unabhängigen Vermögensverwaltern zur Verfügung. In ihrem Denken lässt sich die Bank Hofmann primär von den Bedürfnissen ihrer Kunden und dem erzielbaren Nutzen leiten. Erfahrene Kundenberater bürgen mit ihrem persönlichen Engagement dafür, dass jeder Kunde so individuell wie möglich beraten und unterstützt wird.

Faktoren wie persönliche Integrität, fachliche Kompetenz, absolute Diskretion, der Einsatz modernster technologischer Ressourcen und das gegenseitige Vertrauen bilden die Grundlage für eine dauerhafte, erfolgreiche Partnerschaft. Durch die Zugehörigkeit zur Credit Suisse Group kann die Bank Hofmann ihren Kunden „the best of both worlds" anbieten: Eine überschaubare Grösse, die einen individuellen Service garantiert, gepaart mit der Sicherheit einer finanzstarken Gruppe und dem Zugang zu deren universellen Dienstleistungen.

Ihre „Höst Persönlichen" Ansprechpartner:

Private Banking Deutschland und Österreich:
Egidio Parigi, Tel. +41 1 217 55 03, Fax +41 1 211 14 92

Private Banking & Wealth Management:
Roman Ziegler, Tel. +41 1 217 53 90, Fax +41 1 217 58 55

Trust und Vermögensplanung:
Philipp Novak, Tel. +41 1 211 59 54, Fax +41 1 211 42 62

CATAM ASSET MANAGEMENT AG

Die CATAM ASSET MANAGEMENT AG ist eine Tochter der 1988 gegründeten CAT FINANCE AG in Zürich.

Dienstleistungen: Individuelle Vermögensverwaltung nach abgesprochenen Richtlinien.
Jeder Kunde bestimmt seine eigene Depotbank.
Die CATAM ASSET MANAGEMENT AG unterhält eigene Fonds nach liechtensteinischem Recht. Diese liegen bei der Liechtensteinischen Landesbank in Vaduz.

Cat Finance AG

Die CAT FINANCE AG ist ein unabhängiges Finanzdienstleistungs-Unternehmen mit starkem Beziehungsnetz im japanischen und asiatischen Markt.

Am 24. Februar 2000 erteilte uns die Eidg. Bankenkommission die Lizenz als Effektenhändler.

Die CAT FINANCE AG unterhält eigene Fonds nach Schweiz. Anlagefondsgesetz.

Catam Asset Management AG
Zweistäpfle 4   Tel. 00423 384 40 00   catam@lol.li
FL-9496 Balzers   Fax 00423 384 40 01   www.catam.li

Cat Finance AG
Zweierstr. 18   Tel. 0041 1 299 93 93   info@catfinance.ch
CH-8004 Zürich   Fax 0041 1 241 43 50   www.catfinance.ch

CENTRUM BANK AG

Die CENTRUM BANK AG (1993 gegründet) ist eine Privatbank, spezialisiert auf Vermögensverwaltung und Anlageberatung. Ihr umfassendes Dienstleistungsangebot ist auf die Bedürfnisse ihrer anspruchsvollen und vermögenden Privatkundschaft im In- und Ausland abgestimmt. Eine dem Charakter einer unabhängigen Privatbank angepasste exklusive und persönliche Betreuung ist kennzeichnend für die CENTRUM BANK AG.

Für die ihr anvertrauten Gelder verfolgt sie eine ausgeprägte konservative Anlagestrategie mit sicherer Performance. Oberstes Ziel ist die Erhaltung und Vermehrung der ihr anvertrauten Vermögen und das flexible Eingehen auf Kundenwünsche.

Zusammen mit dem Advokaturbüro Dr. Marxer & Partner (1925) und der Confida Treuhand- & Revisions AG (1964) bildet die CENTRUM BANK AG eine Unternehmensgruppe mit rund 200 Mitarbeiterinnen und Mitarbeitern.

Die CENTRUM BANK AG verfügt über ein Aktienkapital von CHF 20,0 Millionen, das sich im alleinigen Besitz der drei Gründer und Verwaltungsräte Dr. Peter Marxer, Dr. Peter Goop und Dr. Walter Kieber befindet, sowie Reserven aus zurückbehaltenen Gewinnen von inzwischen CHF 50,6 Millionen. Der Ausweis per 30.06.2000 zeigt eine stetig positive Fortentwicklung.

CENTRUM BANK AG
Heiligkreuz 8
FL-9490 Vaduz

Telefon +423 / 235 85 85
Telefax +423 / 235 86 86

Coutts

Die **Coutts Gruppe** ist eine internationale Privatbank unter dem Dach der Royal Bank of Scotland Group. Sie bietet einer gehobenen Privatkundschaft weltweit – in erster Linie jedoch in Europa, im Mittleren Osten, in Lateinamerika und Asien – integrierte Dienstleistungen im Bereich der Vermögensverwaltung an und betreut insgesamt rund 70.000 vermögende Privatkunden. Die Gruppe umfasst fünf Hauptgeschäftsbereiche: Coutts & Co in Grossbritannien, Coutts Bank (Schweiz) AG, Coutts Offshore, NatWest Investments und NatWest Stockbrokers.

Coutts & Co ist die führende Privatbank in Grossbritannien. Sie wurde 1692 vom schottischen Goldschmied und Bankier John Campbell „unter dem Zeichen der drei Kronen im Band" gegründet. Sein Siegel existiert noch heute als Logo der Bank.

Die **Coutts Bank (Schweiz) AG** mit Hauptsitz in Zürich ist mit den Geschäftsaktivitäten der Gruppe auf dem europäischen Kontinent befasst. Sie wurde 1930 als „Bank für Industrie-Unternehmungen in Zürich" gegründet, wurde 1975 Teil der NatWest Gruppe und ging 1999 im Zuge der Übernahme der NatWest Group durch die Royal Bank of Scotland an die Royal Bank of Scotland Group über. Ihr heutiger Name stammt aus dem Jahr 1997. Die Coutts Bank (Schweiz) AG ist eine der führenden im Private Banking tätigen Banken mit Sitz in der Schweiz und offeriert einer gehobenen Privatkundschaft mit globalen Geschäftsinteressen und international diversifizierten Anlagen eine umfassende Palette an Finanzdienstleistungen.

Zurzeit beschäftigt die Coutts Bank (Schweiz) AG mehr als 400 Mitarbeiterinnen und Mitarbeiter in Zürich und Genf und unterhält Geschäftsstellen in Monte Carlo (Monaco), Wien (Österreich) und Athen (Griechenland). In Asien ist sie seit Mitte der neunziger Jahre durch Geschäftsstellen in Hongkong und Singapur präsent. Die Bank offeriert einer internationalen Kundschaft die gesamte Palette an Dienstleistungen im Bereich der Finanzberatung.

Coutts Bank (Schweiz) AG
Brandschenkestrasse 5
Postfach
CH-8022 Zürich

Telefon +41 (0)1 214 51 11
Telefax: +41 (0)1 214 53 96
e-mail: privatebanking@coutts.com

Credit Suisse Private Banking

In der Credit Suisse Group widmet sich Credit Suisse Private Banking der Betreuung einer wohlhabenden Privatkundschaft.

CSPB ist eines der grössten Private-Banking-Institute der Welt mit derzeit über 300.000 Kunden. Das Institut ist in der Schweiz aber auch international stark vertreten. Credit Suisse Private Banking hat sich auf persönliche Anlageberatung und professionelle Vermögensverwaltung für eine anspruchsvolle Kundschaft spezialisiert. Ihr Ziel ist, diesen Kunden – ausschliesslich Privatpersonen – exzellenten Mehrwert zu bieten. Sie erhalten u.a. eine umfassende Finanzberatung, die auch Themen wie Versicherung, Altersvorsorge, Erbschaft, Steuern und Finanzierung einschliesst. Dieser Ansatz ist eine der grössten Stärken von Credit Suisse Private Banking: Ihre Beratung ermöglicht es, dem Kunden ein Finanzpaket zusammenzustellen, das auf seine Wünsche und Ziele zugeschnitten ist. Credit Suisse Private Banking verfügt über 51 Niederlassungen in der Schweiz und einer Präsenz in weiteren Schlüsselmärkten.

Credit Suisse Private Banking kann die Anforderungen und Wünsche kritischer Kunden auf der ganzen Welt erfüllen, indem sie Tradition mit einer zukunftsgerichteten globalen Strategie verbindet.

Credit Suisse Private Banking
Telefon + 41 (0)1 228 29 90 oder
www.cspb.com

Lassen Sie Ihr Vermögen managen – in der Schweiz

Wer als Anleger über seine Anlagen selber entscheidet, muss sich heute beinahe 24 Stunden am Tag über die Börse informieren, muss sein Portfolio ständig überwachen, fällt oftmals kurzfristige Entscheide, könnte seine Zeit aber eigentlich besser und sinnvoller nutzen. Zudem ist es für den privaten Investor schwieriger – im Gegensatz zum professionellen Vermögensverwalter – die Flut an Informationen richtig zu gewichten, Trends rechtzeitig zu erkennen, die dazugehörende Strategie zu entwickeln und diese konsequent umzusetzen.

Lassen Sie deshalb Ihr Vermögen managen: Mit einer Anlage im Schweiz PrivatPortfolio, der Vermögensverwaltung in Investmentfonds.

Und so einfach geht es: Sie wählen aus drei Risikoprofilen aus. Der Unterschied liegt hauptsächlich in der Gewichtung des Aktienanteils. Erfahrene Anlageexperten stellen Ihr Depot aus einer Auswahl von insgesamt über 150 verschiedenen Geldmarkt- Renten- und Aktienfonds zusammen, überwachen es ständig, handeln. Als erstklassigen Partner arbeitet die Deka(Swiss) Privatbank AG mit einer der feinsten Adressen im Privatebanking zusammen, der renommierten Privatbank Lombard Odier & Cie, Genf. Dahinter stehen 7 Partner, über 1200 Mitarbeiter auf allen Kontinenten – und 200 Jahre Erfahrung und Tradition.

Mit Anlagen in deutschen Renten und insbesondere deutschen Aktien konnten in den letzten Jahren attraktive Renditen erzielt werden. Warum also investiert ein professioneller Vermögensverwalter international? Ausschliesslich in ein Land, eine Währung oder einen Kontinent zu investieren bedeutet, zahlreiche Anlagechancen ungenutzt zu lassen. Angesichts der generellen Globalisierung und der Einführung des Euro ist es nicht mehr sinnvoll, sich in den Anlagen freiwillig auf den heimischen Markt zu konzentrieren, weil dieser zu einer künstlichen Einheit geworden ist. Deshalb: Chancen dort nutzen, wo sie gerade vorhanden sind. Natürlich werden auch die wachstumsorientierten Spezialitätenfonds bei der Anlagen berücksichtigt. Die professionelle Beurteilung der Finanzmärkte, die weltweite Wirtschaftsentwicklung, sowie die Währungs- und Zinssituation der Länder werden permanent überwacht und entsprechend in den Anlageprofilen angepasst.

Ihre Vermögensverwaltung ist an keine festen Laufzeiten gebunden. Ihre Vermögenswerte oder Teile davon sind jederzeit ohne Kündigungsfristen verfügbar.

Die hervorragende Resonanz bei den Kunden gibt uns Recht: Seit der Einführung der Vermögensverwaltung im November 1997 wurden der Deka(Swiss) Privatbank AG von gegen 50'000 Kunden über DEM 5 Mia. anvertraut.

Wenn Sie weiter Fragen haben oder Informationen wünschen; Die Kundenberatung bei der Deka(Swiss) Privatbank AG, Zürich gibt Ihnen gerne Auskunft.

Dr. Jung & Partner GmbH, Grünwald

Die Dr. Jung & Partner GmbH mit Sitz in Grünwald bei München konzentriert sich auf die Vermittlung führender nationaler und internationaler Investmentfonds (z. B. Templeton, Fidelity, Pioneer, Zürich Invest, Frankfurt Trust, DWS, Mercury, ADIG, Threadneedle und viele mehr).

Unternehmensgründer Dr. Klaus Jung ist seit 1958 in der Investment-Beratung tätig und gilt in Fachkreisen als Pionier für die Verbreitung des Investmentgedankens. Die Faszination, dass sich Anleger über einen behördlich registrierten Investmentfonds an Gewinn und Wachstum erfolgreicher Unternehmen beteiligen können, hat ihn bis heute nicht mehr losgelassen.

Mehr als 500 unabhängige Investment-Berater in Deutschland, Österreich und der Schweiz vertrauen auf die offene Kooperation mit der Dr. Jung & Partner GmbH – und sichern sich damit Unabhängigkeit und Neutralität im Beratungsgespräch. Diese Berater sind keinem Dienstherren, keiner Bank oder Versicherungsgesellschaft verpflichtet. Umsatzvorgaben seitens der Dr. Jung & Partner GmbH bestehen nicht. Die Wahrung der Kundeninteressen steht im Vordergrund.

Finanzielle Unabhängigkeit für den Kunden lautet das Ziel. Ein Investmentfonds, der wie maßgeschneidert zum Anforderungs- und Risikoprofil sowie zum Anlagezeithorizont des Anlegers passt, ist der Weg dorthin. In vielen Fällen wird man sich für eine individuelle Kombination solcher Fonds entscheiden. Das Beratungsgespräch basiert stets auf einer individuellen Analyse der Ausgangsvoraussetzungen im persönlichen Gespräch.

Die Vermögensanlage in behördlich registrierte Investmentfonds eröffnet dem Investor – neben steuerlichen Vorzügen – ein besonders hohes Maß an Pflegeleichtigkeit, Flexibilität und Verfügbarkeit. Einmalanlage, Sparplan und Entnahmeplan (vererbbare Rente!) – fordern Sie Unterlagen an.

Dr. Jung & Partner GmbH, Südlicher Münchner Straße 24, D-82031 Grünwald bei München, Telefon 089/69 35 13 10, Telefax 089/69 35 13 15,
E-Mail info@dr-jung.de, Internet www.dr-jung.de

Dr. Höller Vermögensverwaltung und Anlageberatung AG, Zürich

Dr. Elisabeth Höller ist nach einer langjährigen Bankkarriere als Finanzanalystin und Portfoliomanagerin seit über 18 Jahren in ihrer eigenen Firma von Zürich aus tätig. Sie war zweimal mit erheblichem Vorsprung Gewinnerin des bekannten „Zeit"-Depotwettbewerbs und errang 1997 mit ihrem Team in der WamS-Bunds-Liga als einzige nichtdeutsche Teilnehmerin einen vorderen Platz. Ihr Anlageteam besteht aus zehn erstklassig geschulten Fachkräften, darunter vier Portfoliomanager, die private und institutionelle Anlagekunden bankenunabhängig beraten (Banken und Pensionskassen).

HAUPTDIENSTLEISTUNG: INDIVIDUELLE VERMÖGENSVERWALTUNG ab ca. CHF 500'000.– nach individuellen Anlagerichtlinien. Laufende Überwachung, regelmässige detaillierte Berichterstattung angepasst an die Risikotoleranz des Klienten. WEITERE DIENSTLEISTUNGEN: INDIVIDUELLE ANLAGEBERATUNG, ganzheitliche VERMÖGENS-, DEPOT-, FONDSANALYSEN.

Bereits ab ca. CHF 50'000.– können Investoren über FONDSGESTEUERTE DEPOTVERWALTUNG am umfassenden Investment-Know-how der Dr. Höller Vermögensverwaltung partizipieren. Die zwei vom Höller-Team gemanagten Fonds PRIME VALUE (D WKN 986.054, CH VN 433.023, Oe WP 097.302, global in Anleihen und Aktien investierender Anlagestrategiefonds-Ethikfonds) und PRIME GROWTH (D WKN 987.852, CH VN 832.424, Oe WP 080.368, global investierender Wachstumsfonds mit Schwergewicht auf Blue-Chip-Aktien) sind in Deutschland und Österreich zum öffentlichen Vertrieb zugelassen. Beide Fonds weisen in ihrer Kategorie eine überdurchschnittliche Performance auf. Neu = Unser Fonds-Picking Service TOP FUNDS ©.

Ihre Ansprechspartner:
Zürich: Dr. Elisabeth Höller, Marianne Schumacher, Georg Knapp
            Talstrasse 58, CH-8039 Zürich
            Tel. ++41 1 201 81 00, Fax ++41 1 201 81 05
            www.hoeller.ch hoellerhvag@access.ch
Nürnberg: Dr. Höller & Wouterson GmbH,
            Telefon ++49 911 587 39 58, Fax ++49 911 587 39 56
            www.hoellerfonds.de
München: Dr. Hans Karl Kandlbinder, Investment-Beratung
            Tel. ++49 809 270 81 55, Fax ++49 809 270 81 56
Wien: Dr. Höller Vermögensverwaltung GmbH
            Hotline: Tel. ++43 1 512 24 34
            Repräsentanz: Peter Zörer, Tel. ++43 1 533 84 69
            Fondsberatung: TOKOS Vermögensber. und Kapitalverm.
            Tel. ++43 1 512 01 49, Fax. ++43 1 512 01 49 77

FONDVEST AG

Die FONDVEST AG mit Sitz in Zürich ist eine renommierte Vermögensverwaltungsgesellschaft, die sich seit ihrer Gründung im Jahre 1993 ausschliesslich und konsequent mit Investment Fonds befasst. FONDVEST bietet privaten und institutionellen Kunden Fondsanalysen, Fondsberatung, Vermögensverwaltung mit Fonds, Fondsvertrieb sowie Fondshandel und –settlement an. Absolute Unabhängigkeit gegenüber Fondsgesellschaften und Banken garantiert, dass die Fondsauswahl objektiv und professionell erfolgt. Als unabhängiger Fondsanalyst führt FONDVEST alljährlich die Verleihungen der Mircopal Standard & Poor's Awards Schweiz durch.

Die im Frühjahr 1998 gegründete, 100%-ige Tochtergesellschaft FONDCENTER AG besitzt eine Vertriebsbewilligung für Anlagefonds der Eidgenössischen Bankenkommission (EBK). Mit FONDCENTER bietet die Gesellschaft auch kleineren Anlegern die Möglichkeit, zu interessanten Konditionen vom gesamten Fondsmarkt zu profitieren. FONDCENTER ist der erste umfassende Marktplatz für Investment Fonds in der Schweiz. FONDVEST und FONDCENTER sind Mitglied im Verband Schweizerischer Vermögensverwalter (VSV) und unterstehen der entsprechenden Selbstregulierungsorganisation (SRO). Beide Gesellschaften zusammen beschäftigen zur Zeit 40 Mitarbeiter.

Ansprechpartner:
Dr. Rainer Landert, Partner FONDVEST / FONDCENTER AG
Birmensdorferstrasse 94, Postfach 9422, CH-8036 Zürich
Telefon ++41 + 575 50 00
Telefax ++41 + 575 50 09
Homepage: www.fondcenter.ch

Hirt Institut AG, Zürich

Das HIRT Institut wurde 1953 von Josef Hirt in Zürich gegründet und steht seither im Dienste erfolgsorientierter Personen.

Zweck des Institutes ist es, Menschen zu folgenden Zielen zu führen:

- persönliche und berufliche Zufriedenheit
- körperliches, geistiges und seelisches Wohlbefinden
- finanzielle Sicherheit

Diese Ziele werden erreicht durch unsere Kurse

1. ‚Hirt Methode' von Josef Hirt und einem Autorenteam
2. ‚Geistige Fitness' von Prof. Bernd Fischer und Dr. Bernd Dickreiter
3. ‚Der richtige Umgang mit Geld' von Heinz Brestel

Als Ergänzung zu letzterem Kurs werden folgende Finanzdienstleistungen angeboten:

- Hirt Geldseminare von Heinz Brestel in Zürich, Berlin, Düsseldorf, Frankfurt, München und Stuttgart
- Vermögensberatung durch die Schwestergesellschaft Hirt Finance Plus
- Hirt Global Fund (Zulassung noch pendent) gestützt auf die Anlagephilosophie von Michael Keppler, New York

Das HIRT Institut beschäftigt rund 50 Angestellte und freie Mitarbeiter. Ein wissenschaftlicher Beirat überwacht die Ausbildungsqualität.

Die 1978 ins Leben gerufene Josef und Hildegard HIRT-Stiftung zeichnet hervorragende Leistungen für die Verbesserung der Lebensqualität aus. Bisherige Preisträger waren unter anderem: Karlheinz Böhm, Gräfin Marion Dönhoff, Professor Dr. Hans Küng, Nobelpreisträger Prof. Dr. Konrad Lorenz, Prof. Dr. Klaus Schwab, Prof. Dr. Frederic Vester.

HIRT Institut
Telefon: +41-1-321.10.20
Telefax: +41-1-321.34.18
E-Mail: hirt@hirt-institut.ch
Internet: www.hirt-institut.ch

Die Hypo Investment Bank AG ist eine kleine Privatbank

… mit profitablen Standortvorteilen
Das EWR Abkommen von 1995 ist Garant dafür, dass Anlegern die erstaunlichen Vorteile des attraktiven Finanzplatzes Liechtenstein auch in Zukunft erhalten bleiben. Sie werden überrascht sein, was wir für Sie tun können.

… mit triple-A-Seriosität
Als liechtensteinisches Institut sind wir ein nach der Landesgesetzgebung konzessioniertes Bankunternehmen, welches sich ausschliesslich auf die Veranlagung von Kundenvermögen spezialisiert hat. Unser Mutterhaus, die Vorarlberger Landes- und Hypothekenbank AG blickt stolz auf 100 erfolgreiche Jahre zurück, geniesst die Ausfallhaftung des Bundeslandes Vorarlberg und mit „AAA" das höchstmögliche Bonitäts-Ranking überhaupt.

… mit 100%iger Diskretion
Wir unterstehen der protektiven liechtensteinischen Gesetzgebung.

Aktuelle Kundenmeinungen

Ein Kunde aus Wien:
„Eine kleine Bank mit individuellen Lösungen. Ich habe nur einen einzigen Ansprechpartner. Auf Wunsch treffe ich mich mit meinem Anlageberater privat bei mir zu Hause".

Ein Wirtschaftsprüfer aus Dornbirn:
„Im Gegensatz zu vielen Grossbanken verfügt die Hypo Investment Bank über keine eigene Fondsgesellschaft. Dadurch ist sie in der Fondsselektion völlig frei und hat mir die renditestärksten Fonds angeboten."

Ein Kunde aus Mailand:
„Für meine Geldangelegenheiten habe ich wenig Zeit. Aus administrativen Gründen bleiben alle Bankbelege bei der Bank. Sporadisch interessiert mich die Wertentwicklung meiner Anlagen. Die Kurse der Fonds und Anleihen finde ich alle im Internet."

Dr. Brigitte Waldenberger, Vorstandsmitglied der Impulse Privatstiftung, Feldkirch:
„Die Statuten unserer gemeinnützigen österreichischen Stiftung schreiben eine ethisch, ökologische Veranlagung vor. Wir haben lange gesucht und mit der Hypo Investment Bank AG Profis auf diesem Gebiet gefunden."

Die Krattiger, Holzer & Partner Vermögensverwaltungs AG – Ihr vertrauensvoller Partner

Die Krattiger, Holzer & Partner Vermögensverwaltungs AG ist eine international tätige, bankenunabhängige Gesellschaft. Ihre massgeschneiderten Dienstleistungen umfassen Vermögensverwaltung, Anlagen, Portfoliomanagement, Hypotheken sowie Finanzplanung mit Vorsorge- und Versicherungslösungen.

Die gehobene Privat- und Geschäftskundschaft erhält bei der kh&p eine flexible, kundenorientierte Beratung. Ausgangspunkt bilden die persönlichen Bedürfnisse der Kunden, für welche jeweils die individuelle Lösung im Rahmen einer umfassenden Finanzplanung gesucht wird. Dazu wird eine ganzheitliche Analyse erstellt, aufgrund welcher sich ein persönliches Risikoprofil ergibt. Danach kann Ihnen aufgezeigt werden, welche Anlagestrategie diesem Profil langfristig am besten entspricht.

Mit ihrem Standort in der Schweiz, welche seit jeher als Synonym für politische und wirtschaftliche Stabilität und professionelle Vermögensverwaltung gilt, bietet Ihnen die kh&p Sicherheit für Ihre Vermögenswerte. Eine moderne Infrastruktur garantiert Ihnen zudem den weltweiten Zugang zu den wichtigsten Finanzmärkten.

Die Mitarbeiter der kh&p nehmen sich immer Zeit für ein persönliches Gespräch in diskreter, persönlicher Atmosphäre. Das grösste Kapital der kh&p ist das Vertrauen ihrer Kunden.

Wir bieten unseren Kunden aus dem In- und Ausland eine persönliche, langfristige Beziehung und sind ihnen ein vertrauensvoller Partner.

Liechtensteinische Landesbank AG, Vaduz Liechtenstein

Als älteste Bank im Fürstentum Liechtenstein verfügt die Liechtensteinische Landesbank AG über langjährige Erfahrung in der Vermögensverwaltung. Mit einem betreuten Kundenvermögen von über 30 Milliarden Schweizerfranken gehört sie nicht nur zu den traditionsreichsten, sondern auch zu den bedeutendsten Vermögensverwaltern auf dem schweizerisch-liechtensteinischen Finanzplatz.

Die führende Position der Landesbank als Vermögensverwalterin für liechtensteinische institutionelle Anleger und ihre starke Stellung in der Vermögensverwaltung bei einer anspruchsvollen, internationalen Privatkundschaft sind das Ergebnis kontinuierlicher Anstrengungen. Vom besonderen Vertrauen internationaler Anleger zeugt der stetig steigende Anteil von Kundenvermögen unter Verwaltungsvollmacht.

Seit der Einführung des neuen liechtensteinischen Anlagefondsgesetzes im Jahre 1996 hat die Landesbank im Rahmen ihrer konsequenten Nischenstrategie 12 einzigartige Anlagefonds lanciert. Parallel dazu wurden, ebenfalls sehr erfolgreich, 7 bankinterne Sondervermögen (Inhouse Funds) mit Aktien und Obligationen geschaffen.

Die Anlagepolitik der Landesbank ist performanceorientiert, wobei der Sicherheit einen hohen Stellenwert beigemessen wird. Ein klar strukturierter Anlageprozess, modernste Infrastruktur und ein unabhängiger, flexibler Zugang zu erstklassigem globalem "Primärresearch" bieten Gewähr für eine professionelle Vermögensverwaltung. Im Zentrum der Kundenbetreuung der LLB steht die sorgfältige Definition einer auf den Kunden individuell abgestimmten optimalen Anlagestrategie.

Liechtensteinische Landesbank
Aktiengesellschaft
Städtle 44
Postfach 384
FL-9490 Vaduz
Telefon +423 / 236 88 11
Fax +423 / 236 88 22
Internet www.llb.li
E-Mail llb@llb.li

Beratung Anlagekunden
Telefon +423 /236 86 85
Fax +423 / 236 87 54

Asset Management
Telefon +423 / 236 86 86
Fax +423 /236 85 98

Llyods TSB

Lloyds TSB Bank plc wurde im Jahre 1765 in England gegründet und gehört zu den renommiertesten und erfolgreichsten Bankadressen weltweit und ist seit 1920 in der Schweiz vertreten. Die Niederlassung Zürich befasst sich vor allem mit der individuellen Gesamtbetreuung und Beratung von anspruchvoller Privat- und institutioneller Kundschaft.

Unsere Dienstleistungen beinhalten das Private Banking wie Anlageberatung, Vermögensverwaltung, Fondmanagement, Rechtsdienst, Vorsorge- und Steuerplanung.

Wir freuen uns, Sie als Kunde mit einem Anlagekapital ab CHF 250.000 zu empfangen.

MAERKI BAUMANN & CO. AG

Maerki Baumann & Co. AG ist eine 1932 gegründete, unabhängige Privatbank. Seither betreuen wir erfolgreich eine anspruchsvolle private und institutionelle Kundschaft auf den Gebieten der internationalen Vermögensverwaltung und Anlageberatung.

Als Mitglied der SWX Swiss Exchange und der XETRA, das elektronische Handelssystem der Deutsche Börse AG, sind wir aktiv als Broker in Aktien und Obligationen tätig. Der „Maerki Baumann Internet-Trader" ist eine elektronische Handelsplattform, mit der unsere institutionellen und privaten Kunden ihre Börsentransaktionen schnell und kostengünstig abwickeln können. Dieses Angebot im Internet-Trading ist ein Beispiel für unseren Anspruch, technologisch eine führende Stellung einzunehmen.

Für unsere Kundschaft investieren wir in allen wichtigen Märkten, neben Wertschriften auch in Devisen und Edelmetallen. Auf andere Arten des Bankgeschäftes wie z.B. das kommerzielle Kreditgeschäft verzichten wir bewusst.

Um unsere eigene Bonität sowie unser Ansehen unter keinen Umständen zu gefährden, wird Maerki Baumann & Co. AG mit möglichst geringem Risiko geführt. Wir legen Wert auf eine nach allen Massstäben solide Bilanz und überdurchschnittlich hohe Eigenmittel.

Als Vermögensverwaltungsbank ist es unsere vornehmste Aufgabe, für unsere Kundinnen und Kunden eine angemessene Rendite auf ihren Vermögenswerten zu erzielen.

Unsere Dienstleistungen zeichnen sich aus durch eine Beschränkung auf das Wesentliche und die Konzentration auf echte Kundennähe. Deutlich wird dies in der Investment-Performance sowie in der Qualität der administrativen, organisatorischen und strategischen Beratung unserer Kundschaft.

Unsere Kundinnen und Kunden erwarten und erhalten aktive Orientierungshilfe bei der Bewahrung und Vermehrung ihres Vermögens. Sie pflegen mit den Entscheidungsträgern der Bank einen engen Kontakt. Wir bieten ihnen die überschaubaren Strukturen einer Zürcher Privatbank. Sie dürfen auch damit rechnen, stabile Verhältnisse in der Bankleitung und unter den Mitarbeiterinnen und Mitarbeitern unseres Hauses vorzufinden. Daraus entsteht eine langfristige, von gegenseitigem Vertrauen geprägte Beziehung, welche erfahrungsgemäss die besten Früchte trägt.

MAERKI BAUMANN & CO. AG
Dreikönigstrasse 6
8002 Zürich
Telefon ++41 1286 25 25
Telefax ++41 1286 25 00
Internet www.mbczh.ch
E-mail helpdesk@mbczh.ch

ORBITEX Investment Services GmbH

Das internationale Investmenthaus ORBITEX Group of Funds wurde 1986 mit dem Ziel gegründet, privaten und institutionellen Anlegern eine umfassende Vermögensverwaltung auf höchstem Niveau anzubieten. Die Geschäftsstellen sind strategisch an den weltweit wichtigen Handelsplätzen New York, London, Zürich und Frankfurt am Main angesiedelt.

Ihre Marktpositionierung in Deutschland erreichte die Gesellschaft in erster Linie durch das Angebot zukunftsorientierter Branchenfonds, insbesondere auf den Sektoren Rohstoffe, Kommunikations- und Informationstechnologie sowie Biotechnologie. Weltweit umfaßt die Produktpalette der ORBITEX Group of Funds 31 Investmentfonds, von welchen 9 Fonds in Deutschland angeboten werden:

- ORBITEX Health & Biotechnology Fund
- ORBITEX Communications & Information Technology Fund
- ORBITEX Growth Fund
- ORBITEX U.S. West Coast Fund
- ORBITEX Natural Resources Fund
- ORBITEX Asia Pacific Fund
- ORBITEX Japan Fund
- ORBITEX Euro Equity Fund
- ORBITEX Euro Income Fund

Verwaltet werden diese Fonds von ORBITEX Management Inc., New York und der ORBITEX Investment Ltd., London. Die Depotbank ist die State Street Bank & Trust Company, Boston, USA.

Anlagepolitik und Erfolgsfaktoren

Die Erfahrung hat uns gelehrt, die globale Sichtweise mit regionalen Perspektiven abzustimmen. Daraus entstand eine Kombination aus internen und externen Resourcen: erfahrene Wertpapieranalysten und Researchmitarbeiter und das KnowHow von Anlageexperten mit geographisch und kulturell verschiedener Prägung, die einen direkten Einblick in einzelne Märkte und Unternehmen gewähren.

Bei der Auswahl der Aktien geht das ORBITEX Fondsmanagement mit einem hohen analytischen Aufwand vor. Das Anlageziel ist es, langfristig überdurchschnittliche Wertentwicklungen bei gleichzeitig überschaubarem Risiko zu erzielen.

Besondere Beachtung finden bei der Einzelwertanalyse zudem die Qualitäten der jeweiligen Unternehmensführung. Das Management achtet bei der Titelauswahl auf eine umfassende geographische und sektorale Diversifizierung sowie eine ausgewogene Aktiendepotstruktur aus hoch-, mittel- und geringkapitalisierten Gesellschaften. Der Erfolg dieser Strategie wird u.a. durch Auszeichnungen der Meßgesellschaft Standard & Poor's Micropal dokumentiert.

Entsprechend den Bedürfnissen des deutschen Anlegers in Bezug auf steuerliche Aspekte und der abzusehenden Rentenproblematik bietet die ORBITEX Investment Services GmbH in Kooperation mit der AXA Colonia Lebensversicherung AG die ORBITEX InvestmentPolice an.

Informationen für Anleger

- Informationen zu den einzelnen Fonds können telefonisch, per Fax und Email oder persönlich bei ORBITEX Investment Services GmbH eingeholt werden.
- Aktuelle Fondspreise können unter der Telefonnummer (069) 23 85 86 89 abgehört oder per Fax angefordert werden.
- Allgemeine Informationen können über Internet abgefragt werden (www.orbitex-funds.com).
- Wünsche, Anregungen und Anforderungen nimmt ORBITEX Investment Services GmbH auch per e-mail entgegen (orbitex@t-online.de).
- Die Rücknahme bzw. der Umtausch von Anteilen ist kostenlos börsentäglich möglich.
- Die Anteilsbewertung wird börsentäglich in der Frankfurter Allgemeinen Zeitung, Börsenblatt, Das Handelsblatt, Münchner Merkur, Financial Times und International Herald Tribune veröffentlicht.
- Anteile der Aktienfonds können jederzeit über Anlageberater, alle Banken oder ORBITEX direkt gekauft werden.

Service für Preisabfragen:
Abruf-Tel.: (069) 23 85 86 89

Adresse:
Bockenheimer Landstraße 97-99
60325 Frankfurt am Main

Telekommunikation:
Tel.: (069) 23 85 86 0
Fax: (069) 23 85 86 87
Orbitex@t-online.de
www.orbitex-funds.com

PERNET PORTFOLIO MANAGEMENT

Unsere Aufgabe und wie wir sie lösen!

Die Vermögenswerte unserer Kunden liegen bei ausgewählten, erstklassigen Banken, die auf das internationale Anlagegeschäft ausgerichtet sind. Wir übernehmen die Aufgabe, diese Vermögenswerte optimal, unabhängig von bankinternen Vorgaben, anzulegen und zu verwalten.

Die Erfahrung zeigt, dass ein qualifizierter Vermögensverwalter aufgrund eines klaren Verwaltungsmandats am besten in der Lage ist, sich auf seine eigentliche Arbeit zu konzentrieren, nämlich die gemeinsam mit dem Kunden festgelegte Anlagepolitik zu realisieren. Als unabhängige Portfolio Manager verfügen wir über international etablierte Verbindungen, die wir zusammen mit unserer langjährigen Erfahrung in unsere erfolgreiche Anlagetätigkeit einbringen.

Ein mit dem Kunden ausgearbeiteter und auf seine Bedürfnisse zugeschnittener Verwaltungsauftrag schliesst grundsätzlich Auszahlungen oder Vergütungen ohne spezifischen Kundenauftrag an die Bank aus.

Für Kunden, die bei Anlageentscheiden miteinbezogen sein wollen, bietet sich das Beratungsmandat an. Ein solches Mandat kann aus Gründen der höheren zeitlichen Beanspruchung grundsätzlich erst ab einer Depotgrösse von SFr. 2,5 Mio. und unter klar definierten Vorgaben übernommen werden.

PERNET PORTFOLIO MANAGEMENT
Bärengasse 25
8001 Zürich
Telefon   0041 1 224 3010
Telefax   0041 1 224 3019
E-Mail   epernet@access.ch

Primus Finanz- und Wirtschafts-Beratung AG

Die **Primus Finanz- und Wirtschafts-Beratung AG** wurde 1997 mit dem Gedanken gegründet, Finanzdienstleistern intelligente und äusserst leistungsfähige Produkte zur Verfügung zu stellen, die der jeweiligen Marktsituation angepasst sind, eine hohe Akzeptanz im Markt haben und auf ihre Weise einmalig sind. Die Gesellschaft konnte sich dabei insbesondere auf die zahllosen bestehenden Kontakte stützen, die während über 25 Jahren Tätigkeit im Finanz- und Versicherungsbereich aufgebaut wurden.

Primus bietet heute über ihre Vertriebspartner eine Reihe hochwertiger und exklusiver Nischenprodukte im Anlage- und Finanzierungsbereich an. Einige dieser Produkte sind speziell auf die oberen Einkommensschichten zugeschnitten. Dadurch wurde Primus hauptsächlich im Segment mittelständischer Unternehmer zu einem bekannten und zuverlässigen Ansprechpartner. Obwohl der Schwerpunkt der Tätigkeit weiterhin im deutschsprachigen Bereich liegt (Deutschland, Osterreich und Schweiz), hat sich die Geschäftstätigkeit zunehmend auch auf Italien und andere europäische Länder erweitert.

Primus ist einer der wenigen Premier Master Distributor für den Vertrieb der renditestarken Produkte von Clerical Medical International und Scottish Mutual International weltweit. Weitere wichtige Geschäftspartner sind Standard Life Versicherung, Aspecta Lebensversicherung und verschiedene international tätige Banken.

Um die Kunden optimal betreuen zu können, wurde 1998 die Primus Vermögensverwaltung AG gegründet. Bestens qualifizierte und hoch angesehene Vermögensverwalter gewährleisten, dass innerhalb der Gruppe eine unabhängige und äusserst professionelle Beratung und Betreuung im klassischen Bereich der Vermögensverwaltung angeboten werden kann.

Primus Finanz- und Wirtschafts-Beratung AG
Via San Gottardo 10
CH-6900 Lugano
Telefon ++41-91-911.88.50
Telefax ++41-91-911.88.52
E-Mail   primus.finanz@ticino.com

THE INVESTOR - Der St.Galler Börsenbrief

The Investor erscheint seit **1985**. Er ist der meistgelesene und daher bekannteste Börsenbrief der Schweiz.

Wöchentlich werden Kommentare sowie klare Kauf- und Verkaufsempfehlungen zu Aktien, Aktienmärkten, Währungen und Zinsen in gedruckter Form abgegeben. Dabei basieren die Empfehlungen (Kaufen, Verkaufen, Limiten, Stops) auf einem selbstentwickelten, computergestützten **Experten-System**. Technische und fundamentale Kommentare und Analysen halten sich aber insgesamt die Waage.

Neu!
Via **Internet** können sich die Leser zudem **täglich** über veränderte Marktsituationen und angepasste Analysen und Empfehlungen informieren.

8-wöchiges **Gratisabo** (anstatt Fr. 95.-) anfordern unter: www.TheInvestor.ch

INDIVIDUELLE VERMÖGENSVERWALTUNG in der Schweiz

Ab Fr. 1 Mio. werden *individuelle Vermögensverwaltungsmandate* übernommen. Der Kunde kann zwischen defensiven und progressiven Anlagemodellen wählen. Die Verwaltung erfolgt über renommierte Schweizer oder Deutsche Banken.

DYNAMIC RETURN SYSTEM PLUS - Trading à la Hausse und à la Baisse

Auf der Basis einer *computergestützten Tradingstrategie* wird mit Index-Futures auf den DAX, SMI, Eurostoxx50 und S&P500 getradet. Dabei soll die Performance in Hausse- **und** Baissephasen erzielt werden. Die Tradingstrategie besteht aus einer Symbiose von 15-jähriger Erfahrung, High-Tech-Analyse und Disziplin.

Das *Dynamic Return System plus* eignet sich als ergänzende Alternativanlage für Besitzer von Immobilien, Obligationen und Aktien.

Straightline Investment AG
Haus zur Quelle
Burggraben 27
CH-9004 St.Gallen

Telefon ++41 / 71 / 225 20 10
Telefax ++41 / 71 / 225 20 19
Internet www.TheInvestor.ch

VGZ Vermögensverwaltungs-Gesellschaft Zürich, Zürich

Die 1973 vom heutigen Präsidenten des Aufsichtsrates, Diplom-Volkswirt Markus Winkler, gegründete VGZ ist auf die Verwaltung von Wertschriftenportefeuilles für private und institutionelle Anleger spezialisiert. Gestützt auf eine auf Verwaltungshandlungen beschränkte Vollmacht werden die im Namen der Kunden bei erstklassigen Schweizer Banken liegenden Depots gegen ein hauptsächlich von der Performance abhängiges Honorar betreut. Die VGZ ist also am Erfolg – und nicht am Umsatz oder der Plazierung gewisser Titel – interessiert. Somit kann der Kunde von der Sicherheit und Infrastruktur einer erstklassigen (Gross-)Bank profitieren, ohne auf eine neutrale, individuelle und fachmännische Betreuung verzichten zu müssen. Gleichzeitig werden die bei einer bankinternen Vermögensverwaltung vorhandenen Interessenskonflikte zum vornherein ausgeschlossen. – Als (Gründungs-)Mitglied des Verband Schweizerischer Vermögensverwalter (VSV) ist die VGZ bei ihrer Tätigkeit auf hohe fachliche und ethische Normen verpflichtet.

Die VGZ ist seit 1975 auch Herausgeberin der nunmehr im 42. Jahrgang erscheinenden *Briefe an Kapitalanleger*. Die Auswertung aller Empfehlungen der wichtigsten deutschsprachigen Finanzpublikationen während zwei fünfjährigen Untersuchungsperioden (1984–88 durch *Trend & Performance* sowie 1992–96 durch das *manager magazin*) hat ergeben, dass die *"Briefe"* mit Abstand der erfolgreichste deutschsprachige Börsenbrief ist.

Diese überdurchschnittlichen Resultate sind auf die laufende Überwachung der politischen, wirtschaftlichen und monetären Rahmenbedingungen sowie – auf mikroökonomischer Ebene – die ständige Suche nach Unterbewertungssituationen zurückzuführen. Durch ein systematisches Vorgehen im Anlageprozess ("top-down approach", d.h. strategische und taktische Allokation vor Titelauswahl und Timing), ein konsequentes "Value Investing" sowie den Einsatz innovativer (z.B. kapitalgarantierter) Produkte wird das Anlagerisiko begrenzt.

Aufgaben und Zweck des VuV – Verband unabhängiger Vermögensverwalter Deutschland e.V.

Der VuV will dazu beitragen, dass Finanzportfolioverwalter sich als wichtige Partner am Kapitalmarkt verstehen, den Kontakt untereinander stärken, ein Branchenbewusstsein entwickeln und von der Öffentlichkeit positiv wahrgenommen werden.

Dazu gehört, dass Finanzportfolioverwalter in der Sache kompetent sind und unabhängig in der Vertretung der Interessen ihrer Kunden.

Die Mitglieder des VuV haben sich einem Ehrenkodex unterworfen, der ein faires und offenes Verhältnis zu ihren Kunden sicherstellen soll.

Zu den wesentlichen Punkten des Ehrenkodex gehört, dass Finanzportfolioverwalter eventuelle Vergünstigungen aus der Kundenverbindung ihren Kunden offen legen, keine persönlichen Nutzen aus der Orderlage ziehen; insbesondere nicht aus möglichen Insider-Kenntnissen.

Im Verhältnis mit dem Gesetzgeber und seinen Aufsichtsämtern bemüht sich der VuV um einen konstruktiven Dialog. Er vertritt dabei zum einen die Interessen der Finanzportfolioverwalter und wirbt zum anderen gleichzeitig um Verständnis für notwendige Gesetzesmaßnahmen bei seinen Mitgliedern.

Frankfurt, den 12.10.2000

Wegelin & Co.: Älteste Bank der Schweiz mit modernsten Ambitionen

Als Caspar Zyli 1741 in den Handelsbetrieb seines Vaters eintrat, dominierte der Fernhandel. Aus Warenbevorschussungen wurden traditionelle Bankgeschäfte. Seit der Aufnahme von Emil Wegelin als Teilhaber 1893 firmiert die Privatbank als Wegelin & Co. Im 20. Jahrhundert konzentrierte sie sich immer mehr auf den Wertschriftenhandel und die Vermögensverwaltung. Wegelin-Nachkommen sind zwar noch als Kommanditäre an der Bank beteiligt, doch tragen Dr. Konrad Hummler, Dr. Otto Bruderer und Dr. Steffen Tolle heute als unbeschränkt haftende Teilhaber die Verantwortung. Seit 1998 besitzt Wegelin eine eigene Fondsgesellschaft, eine Niederlassung in Zürich und Lugano und eine Beteiligung an der Bank Wegelin (Liechtenstein) in Vaduz. Spezialisiert ist Wegelin auf Private Banking und derivate Produkte.

Die spannende Differenzierung der Bank Wegelin besteht in der Mischung der gewahrten traditionellen Werte der alten Privatbank mit aktuellster Technologie und einem sehr jungen, modern konzipierten Kader, das sich zu guten Teilen aus Abgängern der nahen Universität St. Gallen (HSG) formiert. Heute beschäftigt die Privatbank rund 130 Personen. Die Teilhaber setzten sich für 2000 die Verwaltung von CHF 6 Mrd. Depotvermögen zum Ziel.

ZKB Private Banking

Schweizer Qualität weltweit

Das ZKB Private Banking gehört zur Zürcher Kantonalbank (ZKB), der drittgrössten Bank der Schweiz. Die Kompetenz der ZKB im Unternehmens- und Wertschriftenresearch und im Asset Management ist weiterum anerkannt, die Prognosen des ZKB Research sind in den Schweizer Medien seit langem hoch geschätzt. Das ZKB Private Banking erfüllt damit in der Vermögensverwaltung höchste Ansprüche sowohl bezüglich Performance, Beratung, Diskretion sowie Servicequalität.

Die Zürcher Kantonalbank wurde 1870 als Bank des Kantons Zürich mit dem Ziel gegründet, gesellschaftspolitische Verantwortung gegenüber breiten Bevölkerungsschichten wahrzunehmen. Diese Maxime gilt in zeitangepasster Form auch heute noch. Auch im Firmen-, wie im Privatkunden- und dem Investmentbankinggeschäft bietet sie individuelle, massgeschneiderte Lösungen aus einer Hand an: Die Beziehung der Betreuer und Betreuerinnen zu ihren Kunden geniesst bei allen Dienstleistungen der Zürcher Kantonalbank die höchste Priorität. Kundennähe ist ihr zentrales, unverwechselbares Motto. Zugleich bietet die ZKB ihre Dienstleistungen auch über die modernsten Kommunikationsmittel an, zum Beispiel über ihre Homepage www.zkb.ch.

Die Zürcher Kantonalbank geniesst die Staatsgarantie: Der Kanton Zürich bürgt vollumfänglich für die Verbindlichkeiten der ZKB. Mit einer 80-prozentigen Mehrheit hat die Zürcher Bevölkerung in einer Abstimmung 1997 der Bank wegen ihres Erfolgs diesen Status bestätigt. Die Bonität der ZKB wurde von der Ratingagentur Standard & Poor's mit der Höchstnote AAA bewertet.

Bei der Zürcher Kantonalbank und dem ZKB Private Banking im Besonderen wird die lokale Verankerung vortrefflich mit internationaler Ausrichtung kombiniert. Die Bank unterhält seit langem erfolgreich Geschäftsbeziehungen mit anderen Instituten und Kunden in der ganzen Welt. Vor allem der deutsche Markt erweist sich für Geschäftsbeziehungen als sehr interessant und herausfordernd.

Alois Weimer (Hrsg.)

Zwischen Rebstöcken und Zeilen

Ein Wein-Lese-Buch

2000, 336 Seiten,
Hardcover, 48,00 DM
ISBN 3-933180-57-0

Jürgen Fuchs

Märchenbuch für Manager

„Gute-Nacht-Geschichten" für Leitende und Leidende

2. ergänzte Auflage 2000,
173 Seiten,
Hardcover, 48,00 DM
ISBN 3-933180-42-2

Auch als Hörbuch erhältlich

Günther Mohr

Lebendige Unternehmen führen

Die Kunst, Führungskräfte erfolgreich zu aktivieren

2000, 228 Seiten,
kartoniert, 58,00 DM
ISBN 3-89843-003-0

Bernd Rödl
Thomas Zinser

Going Public

Der Gang mittelständischer Unternehmen an die Börse

2. überarbeitete Auflage
2000, 399 Seiten,
Hardcover, 68,00 DM
ISBN 3-933180-12-0

Harald Heber (Hrsg.)

Erfolgsprinzip Mitunternehmer

Wie Mitarbeiter unternehmerisch handeln

2000, 228 Seiten,
kartoniert, 58,00 DM
ISBN 3-933180-77-5

EURO-Point
Frankfurt e. V. (Hrsg.)

EURO-World

Europa malt für krebskranke Kinder

2000, 368 Seiten,
vierfarbig,
kartoniert, 49,80 DM
ISBN 3-89843-000-6

Bestell-Fax: ++69/75 91-21 87, Buchshop: www.fazbuch.de

Frankfurter Allgemeine Buch

Matthias Hirzel
Peter Wollmann (Hrsg.)

**Mit Selbst-
steuerung
Performance
steigern**

*So sichern Sie
die Wettbewerbsfähigkeit
Ihrer Organisation*

*2000, 200 Seiten,
Hardcover, 68,00 DM
ISBN 3-933180-72-4*

Klaus Mangold (Hrsg.)

**Dienstleistungen
im Zeitalter
globaler Märkte**

*Strategien für
eine vernetzte Welt*

*2000, 304 Seiten,
gebunden mit Schutz-
umschlag, 72,00 DM
ISBN 3-409-11551-X*

Ulrich Gonschorrek
Norbert Gonschorrek

**Managementpraxis
von A bis Z**

*Leitfaden durch
die aktuellen Manage-
mentkonzepte*

*1999, 456 Seiten,
Hardcover, 72,00 DM
ISBN 3-933180-17-1*

Christoph Herrmann
Sonja Sulzmaier

E-Marketing

*Erfolgskonzepte
der dritten Generation*

*2001, 256 Seiten,
Hardcover, 68,00 DM
ISBN 3-89843-006-5*

Günther Würtele (Hrsg.)

**Agenda für
das 21. Jahrhundert**

*Politik und Wirtschaft
auf dem Weg
in eine neue Zeit*

*3. überarbeitete Auflage
2000, 416 Seiten,
Hardcover, 68,00 DM
ISBN 3-929368-49-8*

Jürgen Weber
Stefan Frank
Thorsten Reitmeyer

**Erfolgreich
entscheiden**

*Der Managementleitfaden
für den Mittelstand*

*2000, 298 Seiten,
gebunden mit Schutz-
umschlag, 72,00 DM
ISBN 3-409-11552-8*

Bestell-Fax: ++69/75 91-21 87, Buchshop: www.fazbuch.de

Frankfurter Allgemeine Buch